Aloys Meister

Sphragistik, Heraldik und Deutsche Münzgeschichte

Verlag
der
Wissenschaften

Aloys Meister

Sphragistik, Heraldik und Deutsche Münzgeschichte

ISBN/EAN: 9783957006479

Auflage: 1

Erscheinungsjahr: 2015

Erscheinungsort: Norderstedt, Deutschland

© Verlag der Wissenschaften in Vero Verlag GmbH & Co. KG. Alle Rechte beim Verlag und bei den jeweiligen Lizenzgebern.

Webseite: http://www.vdw-verlag.de

Verlag
der
Wissenschaften

SPHRAGISTIK   HERALDIK
DEUTSCHE MÜNZGESCHICHTE

VON

DR. TH. ILGEN
ARCHIVDIREKTOR IN DÜSSELDORF

DR. E. GRITZNER
REGIERUNGSRAT IN DRESDEN

DR. F. FRIEDENSBURG
GEH. REGIERUNGSRAT IN BRESLAU

ZWEITE AUFLAGE

DRUCK UND VERLAG VON B. G. TEUBNER IN LEIPZIG UND BERLIN 1912

INHALTSVERZEICHNIS

SPHRAGISTIK

	Seite
Verzeichnis der abgekürzt zitierten Bücher	1
I. Die Literatur	2
II. Die Bedeutung und das Aufkommen der Siegel, deren Gebrauch im allgemeinen	5
III. Die äußere Beschaffenheit der Siegel	10
1. Die Siegelstoffe	10
2. Die Siegelformen	13
3. Die Bestempelung der Siegel	15
IV. Die Siegelinstrumente	16
1. Das Material und die Form der Stempel	16
2. Der Stempelschnitt und die Verfertiger der Stempel	19
V. Die Herstellung der Siegel und die Befestigung an den Schriftstücken	20
1. Die Herstellung der Siegel	20
2. Die Befestigung und das Anbringen der Siegel	23
3. Der Zeitpunkt der Besiegelung und deren feierliche Vornahme	27
4. Die Siegeltaxen und -gebühren	28
VI. Die verschiedenen Arten der Siegelstempel (Siegel), deren Verwahrung, Vererbung usw.	30
1. Die verschiedenen Arten der Siegelstempel	30
2. Die Kontrolle über den Gebrauch der Siegelstempel	34
3. Gemeinsame Stempel mehrerer Personen, Vererbung und Anpassung der Stempel	36
VII. Der Inhalt der Siegel (Siegelstempel)	37
1. Die Siegel nach ihren Typen	37
a) Personalsiegel	41
b) Siegel unpersönlicher Inhaber	45
2. Die Inschriften der Siegel	48
VIII. Die rechtliche Bedeutung, die Beweiskraft des Siegels	49
IX. Siegelfälschungen und Siegelmißbrauch	57

HERALDIK

	Seite
I. Einführung	59
Vorwort	59
1. Literatur im allgemeinen	59
2. Quellen	59
3. Einiges über die heraldische Wissenschaft	62
II. Geschichte des Wappenwesens (Wappenkunde)	63
1. Von der Entstehung der Wappen	63
2. Die Blütezeit des Wappenwesens	67
3. Niedergang des Wappenwesens	75
Anhang zum zweiten Abschnitt (Länderwappen)	82
III. Wappenkunst	85
1. Der Schild	86
2. Der Helm	92
3. Heraldische Prachtstücke	97

DEUTSCHE MÜNZGESCHICHTE

	Seite
Vorwort	98
Erster Abschnitt: Bedeutung, Grenzen und Literatur der deutschen Münzgeschichte	99
Zweiter Abschnitt: Münzrecht, Gewichtssysteme, Zahlungsmittel, Münzbetrieb	102
Dritter Abschnitt: Die älteste Zeit	111
A. Die Karolinger	111
B. Die sächsischen und fränkischen Kaiser	113
Vierter Abschnitt: Die Brakteatenzeit	115
Fünfter Abschnitt: Der Ausgang des Mittelalters	119
Sechster Abschnitt: Von Maximilian I. bis zum Vertrage von Zinna	125
Siebenter Abschnitt: Die neueste Zeit	130

VERZEICHNIS DER ABKÜRZUNGEN IM GRUNDRISS DER GESCHICHTSWISSENSCHAFT.

A.	Archiv	KR.	Kirchenrecht
Abh.	Abhandlung	KUiA.	Kaiserurkunden in Abbildungen
Abh.BAk.	Abhandlungen der Bayerischen Akademie	Lbl.	Literaturblatt
AdB.	Allg. deutsche Bibliographie	LCbl. (LZbl.)	Literarisches Centralblatt
Ak	Akademie	LR.	Literarische Rundschau
AkathKR.	Archiv f. kath. Kirchenrecht		
ALitKgMA.	Archiv f. Literatur und Kirchengesch. d. Mittelalters	M.	Mitteilungen
		MHL.	Mitteilungen aus d. Hist. Literatur
Ann.	Annalen	MIÖG.	Mitteilungen des Instituts für österreichische Geschichtswissenschaft
AU.	Archiv f. Urkundenforschung		
AZ.	Archivalische Zeitschrift		
		MA.	Mittelalter
B.	Bibliothek	MGH. (MG.)	Monumenta Germaniae historica
BECh.	Bibliothèque de l'École de Chartes	MHV.	Mitteilungen des Histor. Vereins
Ber.	Bericht		
Bl.	Blatt (Bll.: Blätter)	NA.	Neues Archiv
		NF.	Neue Folge
CBl.	Centralblatt		
Chr.	Chronik	PrJbb.	Preußische Jahrbücher
CIL.	Corpus Inscriptionum Latinarum		
		QE.	Quellen und Erörterungen
D.	Deutsch	QF.	Quellen und Forschungen
DG.	Deutsche Geschichtsquellen		
DLbl.	Deutsches Literaturblatt	R.	Revue, Rivista
DLZ.	Deutsche Literaturzeitung	RE.	Realenzyklopädie
DWG.	Deutsche Wirtschaftsgeschichte	Rg.	Rechtsgeschichte
DWl.	Deutsches Wirtschaftsleben	RH.	Revue historique
DZG	Deutsche Zeitschrift f. Geschichtswissenschaft	RQH.	Revue des questions historiques
		RQSchr.	Römische Quartalschrift
F.	Forschungen	SB.	Sitzungsberichte
FDG.	Forschungen zur Deutschen Geschichte	SBAk.	Sitzungsberichte der Akademie
		St.	Studien
FBPrG.	Forschungen zur Brandenburg. Preußisch. Gesch.	ThJb.	Theologisches Jahrbuch
		ThJB.	Theologischer Jahresbericht
G.	Geschichte	ThQ.	Theologische Quartalschrift
GBll.	Geschichtsblätter	ThZ.	Theologische Zeitschrift
GGA.	Göttinger Gelehrten-Anzeiger		
GVer.	Geschichtsverein	Ub.	Urkundenbuch
Gw.	Geschichtswissenschaft		
		VSozWG.	Vierteljahrsschrift f. Sozial- und Wirtschaftsgesch.
H	Historisch		
Hb. (Hdb.)	Handbuch	Vfg.	Verfassungsgeschichte
HdWbStW.	Handwörterbuch der Staatswissenschaften		
		WbVW.	Wörterbuch der Volkswirtschaft
HJb (HJ.)	Historisches Jahrbuch	WZ.	Westdeutsche Zeitschrift
HTb.	Historisches Taschenbuch		
HVSchr.	Historische Vierteljahrsschrift	Z.	Zeitschrift
HZ.	Historische Zeitschrift	ZA.	Zeitalter
		Zbl.	Zentralblatt
Jb.	Jahrbuch	ZblB.	Zentralblatt für Bibliothekswesen
JB.	Jahresbericht	ZDA.	Zeitschrift für deutsches Altertum
JBG.	Jahresbericht der Geschichtswissenschaft	ZGORh.	Zeitschrift für Geschichte des Oberrheins
JbGesVV.	Jahrbuch für Gesetzgebung, Verwaltung und Volkswirtschaft	ZKG.	Zeitschrift für Kirchengeschichte
		ZKR.	Zeitschrift für Kirchenrecht
JbbNSt.	Jahrbücher der Nationalökonomie u Statistik	ZSavStRGGA.	Zeitschrift der Savigny-Stiftung für Rechtsgeschichte, Germanistische Abteilung
Kbl.	Korrespondenzblatt		
KblGV.	Korrespondenzblatt des Gesamtvereins	ZSozWG.	Zeitschrift für Sozial- und Wirtschaftsgeschichte
KG.	Kirchengeschichte	ZVerG.	Zeitschrift des Vereins für Geschichte . . .

SPHRAGISTIK.

Von Th. Ilgen.

Verzeichnis der abgekürzt zitierten Bücher.

Bresslau, Ul. Handbuch der Urkundenlehre für Deutschland und Italien von Harry Bresslau. I. Bd. Leipzig 1889. 2⁰. I. Bd. 1912 umfassend die neun ersten Kapitel der früheren Auflage.¹)
Endrulat. Niederrheinische Städtesiegel des 12. bis 16. Jhs. Herausg. von Bernh. Endrulat. Düsseldorf 1882.
Erben und Redlich, Ul. Urkundenlehre von W. Erben, (L. Schmitz-Kallenberg) und O. Redlich in Hb. der Mittelalterlichen und Neueren Geschichte. Herausg. von G. von Below und F. Meinecke. I. Teil: Allgem. Einleitung von O. Redlich und Die Kaiser- und Königsurkunden des Mittelalters in Deutschland, Frankreich und Italien von W. Erben; III. Teil: Die Privaturkunden des Mittelalters von O. Redlich. München u. Berlin 1907 u. 1911.
Ewald, Siegelmißbrauch. Siegelmißbrauch und Siegelfälschung im MA., untersucht an den Urkunden der Erzbischöfe von Trier bis zum Jahr 1212 von Wilh. Ewald in der Westd. Z. 30, 1—100 mit Siegeltafeln.
Geib, AZ. Die Siegel deutscher Könige und Kaiser von Karl dem Großen bis Friedrich I. im allgem. Reichsarchive. Archivalische Zeitschrift NF. II 78—183 u. III 1—20.
Grotefend. Über Sphragistik. Beiträge zum Aufbau der Urkundenwissenschaft von Dr. H. Grotefend. Breslau 1875.
Hohenlohe. Sphragistische Aphorismen. 300 mittelalterliche Siegel, systematisch klassifiziert und erläutert von Dr. F. K. zu Hohenlohe-Waldenburg. Heilbronn 1882.
Lindner. Das Urkundenwesen Karls IV. und seiner Nachfolger (1346—1437) von Th. Lindner. Stuttgart 1882.
Melly. Beiträge zur Siegelkunde des Mittelalters von E. Melly. I. T. Wien 1846.
MKKCC. Mitteilungen der k. k. Zentralkommission zur Erhaltung und Erforschung der Kunst- und historischen Denkmale (Baudenkmale); früher auch unter dem Titel Jahrbuch (Jb). Wien 1856 ff.
Philippi. Zur Geschichte der Reichskanzlei unter den letzten Staufern Friedrich II., Heinrich VII. und Konrad IV. von F. Philippi. Münster 1885.
Posse, Ul. Die Lehre von den Privaturkunden von O. Posse. Leipzig 1887.
—— Wettiner Fürstensiegel. Die Siegel der Wettiner und der Landgrafen von Thüringen usw. nebst einer Abhandlung über Heraldik und Sphragistik der Wettiner. Herausg. von O. Posse. Bd. I u. II. Leipzig 1888 u. 1893.
—— Wettiner Adelssiegel. Die Siegel des Adels der Wettiner Lande bis zum Jahre 1500. Im Auftrage der sächsischen Staatsregierung herausg. von O. Posse. Bd. I—IV, Buchstaben A—M. Dresden 1903—1911.
—— Kaisersiegel. Die Siegel der deutschen Kaiser und Könige von 751—1806. Bd. I 751—1347, Bd. II 1347—1493. Dresden 1909 u. 1910. Vgl. dazu H. Wibel, Die Siegel der deutschen Kaiser und Könige NA. 35, 246—262 u. 36, 308—312.
Redlich, Ul. s. Erben.
Seyler, Abriß. Abriß der Sphragistik. Ein Versuch von G. A. Seyler im Jahrbuch der k. k. heraldischen Gesellschaft Adler. Wien 1884. Bd. XIV (XI), S. 25—52. Auch separat erschienen.
—— Gesch. Geschichte der Siegel von Gustav A. Seyler. Illustrierte Bibliothek der Kunst- und Kulturgeschichte. Leipzig 1894.
Siegel, Rhein. Rheinische Siegel. I. Die Siegel der Erzbischöfe von Köln (948—1795). II. Die Siegel der Erzbischöfe von Trier (956—1795). Bearb. von W. Ewald. (Publikationen der Gesellschaft für Rheinische Geschichtskunde XXVII.) Bonn 1906 u. 1910.

---

1) Die zweite Auflage von Bresslaus Ul. hat nur noch bei der Korrektur berücksichtigt werden können.

Siegel., Schles. Die Schlesischen Siegel bis 1250 von A. Schultz (Bd. I). Die Schlesischen Siegel von 1250—1300 von P. Pfotenhauer (Bd. II). Breslau 1871 u. 1879.
— Westfäl. Die Westfälischen Siegel des Mittelalters. Mit Unterstützung der Landstände der Provinz herausg. vom Verein für Geschichte und Altertumskunde Westfalens. I, 1. Die Siegel des 11. u. 12. Jhs. und die Reitersiegel. Bearb. von F. Philippi. I, 2, Die Siegel der Dynasten von G. Tumbült. II, 1, Die Siegel der Bischöfe von G. Tumbült. II, 2. Die Siegel der Städte, Burgmannschaften und Ministerialitäten von G. Tumbült. III, Die Siegel der geistlichen Korporationen und der Stifts-, Kloster- und Pfarrgeistlichkeit von Th. Ilgen. IV, Die Siegel von Adligen, Bürgern und Bauern von Th. Ilgen. Münster i. W. 1882—1900.
Weech, Karlsruher Siegel. Siegel von Urkunden aus dem Großherzoglich Badischen General-Landesarchiv zu Karlsruhe. Herausg. von Fr. von Weech. Ser. I u. II. Frankfurt a. M. 1883 u. 1886.
— Cod. Salem. Codex diplomaticus Salemitanus. UB. der Zisterzienser Abtei Salem. Bearb. von Fr. von Weech. Bd. I—III. Karlsruhe 1883—1895.

I. Die Literatur.

Des Züricher Stillehrers Konrad v. Mure in den Jahren 1275 und 1276 verfaßte Summa de arte prosandi[2]) behandelt in einigen freilich nur kurzen Auslassungen sowohl die äußere Form der Siegelstempel und Siegel wie deren Gebrauch und rechtliche Bedeutung[3]), so daß wir ihn als den ältesten sphragistischen Theoretiker ansprechen dürfen.

Die frühesten eigentlich wissenschaftlichen Erörterungen über Sphragistik[4]) setzen aber erst mit dem 17. Jh. ein und befassen sich zunächst nur mit bestimmten rechtlichen Seiten des Siegelwesens. Sie knüpfen an die bis in die Neuzeit hinein vielfach erörterte, nunmehr jedoch als gegenstandslos geltende Frage des sogenannten Siegelrechtes an, die Frage nämlich, wem die Befugnis zustand, ein eigenes Siegel zu führen. Bereits im Jahre 1642 beschäftigte sich ein Traktat des Soesters Th. Hoepingk[5]) mit ihr, dessen Arbeit im Laufe des 17. Jhs. noch einige Abhandlungen anderer Autoren[6]) über den gleichen Gegenstand gefolgt sind.

Naturgemäß erweckten dann die Siegel die Aufmerksamkeit der Diplomatiker im Zusammenhang mit der Urkundenbehandlung. Wie auf den meisten Gebieten der eigentlich erst von ihm neu erschlossenen Disziplin der Diplomatik hat Mabillon auch auf dem der Siegelkunde weiteren Untersuchungen die Pfade gewiesen.[7]) Das umfassende Werk über die Siegel, welches 1709 der Theologe Johann Michael Heineccius[8]) veröffentlicht hat, gibt sich in der Vorrede geradezu als ein Supplement zu Mabillons De re diplomatica aus. Hierin zuerst erfahren die Siegel nach Form, Inhalt und Arten, in ihrer rechtlichen, geschichtlichen und kunsthistorischen Bedeutung eine so eingehende Würdigung, daß bis auf den heutigen Tag auf dem Grund, welchen Heineccius gelegt hat, weiter gebaut wird.

Im Laufe des 18. Jhs. wurde der Sphragistik — diese Bezeichnung hat zuerst Johann Heumann[9]) gebraucht — von den Systematikern der Diplomatik ein Plätzchen innerhalb der von ihnen als Semiotik oder diplomatischer Zeichenkunde benannten Abteilung eingeräumt[10]), eine

---

2) Herausgegeben von L. Rockinger, Briefsteller und Formelbücher des 11.—14. Jhs. in QE. 9, 403ff. Vgl. auch den Aufsatz von Franz J. Bendel: Konrad von Mure in MIÖG. 30, 51—101. Über die Summa handelt Bendel S. 82ff.; Konrads Bemerkungen über die Siegel druckt er S. 87ff. in korrekterer Aufeinanderfolge ab.

3) S. besonders QE. 9, S. 459 und 474ff.

4) Die beste Übersicht über die Literatur zur Siegelkunde bis zum Ausgang des 18. Jhs. liefert Fr. Aug. Huch, Versuch einer Literatur der Diplomatik, Erlangen 1792, S. 292—364. Hier findet man die über diesen Gegenstand erschienenen Schriften, auch die in größeren Sammelwerken veröffentlichten Aufsätze nach den Rubriken zusammengestellt, welche die Diplomatiker der damaligen Zeit für die Siegelkunde festgelegt hatten. Vgl. auch Phil. Wilh. Gercken, Anmerkungen über die Siegel, II. Teil, Stendal 1786, Vorbericht S. XXV—XXX und Joh. Chr. Gatterer, Abriß der Diplomatik, Göttingen 1798, S. 153f.

5) De sigillorum prisco et novo jure tractatus, Norimbergae 1642.

6) S. Huch a. a. O. S. 363f. Vgl. zu der Frage jetzt Roth v. Schreckenstein, Beitrag zum Siegelrechte, insbesondere zur Lehre von der Siegelmäßigkeit, ZGORh. 32, 369—443.

7) De re diplomatica libri VI opera et studio dom. Joannis Mabillon, Paris 1681.

8) Jo. Mich. Heineccii, De veterum Germanorum aliarumque nationum sigillis, eorumque usu et praestantia, syntagma historicum ... Accedunt sigillorum icones tabulis aeneis comprehensae. Francof. et Lipsiae 1709. Fol. Editio altera. Ibid. 1719.

9) Commentarii de re diplomatica imperatorum etc. Norimbergae 1745 und 1753; Tom. II im Vorwort Fol. XX redet Heumann von der ars sphragistica.

10) So noch in Joh. Christ. Gatterers Abriß der Diplomatik, Göttingen 1798, S. 153ff. Gercken bezeichnet seine „Anmerkungen über die Siegel", welche er 1781 und 1786 herausgegeben hat, ebenfalls als „zum Nutzen der Diplomatik" bestimmt. Gercken behandelt nur Einzelfragen

I. Die Literatur.

Unterordnung, mit der freilich nicht selten der verhältnismäßig bedeutende Umfang, welchen die Erörterungen über das Siegelwesen in den Lehrbüchern der Diplomatik einnehmen, in auffälligem Gegensatz steht.

Als einer der ersten, welche die Bedeutung der Siegel gemäß unserer heutigen Auffassung mit richtiger Sachkenntnis behandelt haben, ist HEINRICH AUGUST ERHARD zu nennen. Er stellte in einem im Jahre 1836 erschienenen Aufsatz[11]) die Sphragistik als einen Hauptteil der Diplomatik auf, weil die Siegel nicht ausschließlich dem Urkundenwesen angehören, sondern auch zum Verschluß der Briefe und zu manchen anderen Zwecken gebraucht werden. ERHARD rechtfertigt dieses Herausheben der Siegelkunde aus ihrem bisherigen Abhängigkeitsverhältnis mit deren bedeutendem Umfang und zugleich der Mannigfaltigkeit der in ihr enthaltenen Gegenstände, wenn er auch anderseits zugesteht, daß die Untersuchung der Verwendung der Siegel im Urkundenwesen in erster Linie die wissenschaftliche Seite der Sphragistik ausmache. Das von ihm kurz skizzierte System[12]) einer Siegelkunde muß man als durchaus zweckentsprechend anerkennen; es bedarf nur nach verschiedenen Richtungen hin der Erweiterung.

ERHARDS Bemerkungen zur Siegelkunde haben bei den Sphragistikern des 19. Jhs. im ganzen wenig Beachtung gefunden. Unter ihnen trat zunächst eine Richtung hervor, welche die Bedeutung der Siegel für die Kunstgeschichte in den Vordergrund schob. Angeregt durch die Bemerkungen der Kunsthistoriker, insbesondere KUGLERS, und unterstützt durch die reichhaltigen Wiener Sammlungen hat sich eine Anzahl Österreicher um die Entwickelung der Sphragistik nach dieser Richtung entschiedene Verdienste erworben. MELLY[13]) darf hier die erste Stelle beanspruchen; denn obwohl er in seinen Beiträgen zur Siegelkunde nur Städte- und Damensiegel Österreichs behandelt hat, ist es ihm gelungen, bei der Betrachtung dieser Sondergruppen so viele allgemeine Gesichtspunkte für die Würdigung der Siegel herauszuschälen, daß seine Arbeiten als Vorbilder für derartige Forschungen benutzt worden sind. Eine allgemeine Sphragistik von K. v. SAVA, der schon vorher Aufsätze über die Siegel geistlicher Korporationen in Österreich und Wien veröffentlicht hatte[14]), ist in dessen Abhandlung „Die Siegel der österreichischen Regenten", die 1864 nach seinem Tode herausgegeben wurde[15]), versteckt.

In Preußen und dem übrigen Deutschland sind es dann vorwiegend Genealogen[16]), denen die Sphragistik mannigfache Förderung und Anregung verdankt.

Als unermüdlicher Fürsprecher einer wissenschaftlichen Behandlung des Siegelwesens, für die er seit dem Jahre 1857 in zahlreichen Schriften eingetreten ist, muß Fürst KARL FRIEDRICH ZU HOHENLOHE-WALDENBURG rühmlich erwähnt werden. Mit Vorliebe hat der fürstliche Forscher auf die Besonderheiten einzelner Siegel und größerer Gruppen von Siegeln sein Augenmerk gerichtet. Seine darüber zumeist im Anzeiger für Kunde der deutschen Vorzeit niedergelegten Abhandlungen hat er, ergänzt durch die Mitteilungen gleichgesinnter Forscher wie LEPSIUS, LISCH u. a. und unter Benützung des inzwischen erschienenen reicheren Abbildungsmaterials, in seinen Sphragistischen Aphorismen[17]) zusammengefaßt. Da HOHENLOHE Sammler war, interessierte ihn hauptsächlich der Inhalt des Siegels, das Siegelbild, der Typus mit Aufschrift. Sein sphragistisches System nimmt denn auch nur eine Klassifikation der Siegel nach ihren Bildern vor. Der Stoff und die Befestigung, die Form und Bestempelung der Siegel, die verschiedenen Arten von Siegeln und

---

aus dem Gebiete der Sphragistik und Heraldik, aber seine Auslassungen sind mit so kritischem Verständnis gemacht und zeugen von einem so sicheren Urteil, daß man sie immer noch mit Vorteil zu Rate ziehen kann.

11) Kritische Übersicht der Diplomatik in ihren bisherigen Bearbeitungen und Entwurf eines Systems der Geschichtsquellenkunde von Dr. HEINRICH AUGUST ERHARD in der von ihm, L. F. HOEFER und FR. L. B. v. MEDEM herausgegebenen Zeitschrift für Archivkunde, Diplomatik und Geschichte, II. Bd., S. 217—317 und 371—445. Über die Sphragistik s. S. 417 ff.

12) S. 420. ERHARD unterscheidet 7 Hauptabteilungen:
  1. Von den Siegeln, ihrer Entstehung und Geschichte, ihrem Gebrauch usw. im allgemeinen.
  2. Von den Massen, aus welchen die Siegel bereitet werden.
  3. Von der verschiedenen Gestalt der Siegel.
  4. Von der Befestigungsweise der Siegel an den Urkunden und Briefen.
  5. Von den auf den Siegeln befindlichen Figuren (mit zahlreichen Untergruppen).
  6. Von den auf den Siegeln befindlichen Inschriften.
  7. Von gewissen besonderen Verschiedenheiten der Siegel unter sich, als den Sekret- und Kontrasiegeln u. v. m.

Es sei hier ausdrücklich hervorgehoben, daß ERHARDS Auslassungen noch vor dem Erscheinen von Bd. II der Éléments de paléographie von M. NATALIS DE WAILLY (Paris 1838), welcher die Siegel behandelt, gedruckt sind. In diesem für seine Zeit glänzend ausgestatteten Werke ist vorwiegend außerdeutsches Material verarbeitet.

13) S. das Verzeichnis der abgekürzt zitierten Bücher.
14) Jb. KKCC. III, 197 ff. und M. IV, 128—135 und 149—156.
15) MKKCC. IX, 147 ff.
16) Hier seien nur die Namen L. v. LEDEBUR und Graf R. STILLFRIED genannt.
17) S. das Verzeichnis der abgekürzt zitierten Bücher.

deren Gebrauch und Bedeutung treten bei seinem System in den Hintergrund. Hier hat H. GROTEFEND eingesetzt und in seinem Schriftchen „Über Sphragistik" [18]) das System einer Terminologie der Sphragistik in Vorschlag gebracht, das auch dieser Seite des Siegelwesens gerecht wird. Wenn der Verfasser zugleich den Untertitel: „Beiträge zum Aufbau der Urkundenwissenschaft" wählt, so offenbart sich schon darin der von ihm mit Recht betonte Standpunkt sofort sehr deutlich, daß das Siegel notwendig im Zusammenhang mit dem Schriftstück, an dem es befestigt ist oder war, betrachtet werden muß, daß die Siegelkunde und erst recht die Siegellehre der äußeren Beschaffenheit des Siegels sowohl wie den Zwecken, denen es dient, und der Art und Weise, wie diesen bei dessen Gebrauch entsprochen ist, die vollste Beachtung zu schenken hat.

GROTEFENDS Darlegungen mußten in fachwissenschaftlichen Kreisen auf fruchtbaren Boden fallen. Die Werke von POSSE [19]) und BRESSLAU [20]), die im Zusammenhang mit der Urkundenlehre den Siegeln eine ausführlichere Behandlung zu widmen genötigt waren, benutzten zum Teil die von ihm empfohlene Terminologie direkt. Auch in dem nachfolgenden Grundriß ist sie bei den entsprechenden Kapiteln angezogen.

Eine wieder mehr isolierte Bearbeitung der Sphragistik, wenngleich auf breitester Grundlage strebt neuerdings GUSTAV A. SEYLER an, der gleich dem Fürsten HOHENLOHE durch heraldische Studien auf die Siegel hingeleitet ist.[21]) Der im Jahre 1884 veröffentlichte [22]) „Abriß der Sphragistik" wird von SEYLER selbst als Versuch bezeichnet. Diesem hat er 1894 die „Geschichte der Siegel" [23]) folgen lassen, in welcher in drei Büchern die Vorgeschichte des Siegelwesens, der Ursprung des mittelalterlichen Siegelwesens und schließlich das mittelalterliche Siegelwesen selbst behandelt ist; ein viertes und fünftes Buch, in deren einem auch die Entwickelung der Sphragistik als Wissenschaft dargelegt werden soll, stellt SEYLER für spätere Zeit in Aussicht. SEYLERS Schriften, insbesondere die Geschichte der Siegel, sind als Materialsammlungen schätzenswert. Leider fehlen dem letzteren Buch die Quellenangaben vielfach ganz, oder sie sind derart unvollständig, daß es schon der genaueren Kenntnis der sphragistischen Literatur bedarf, um die Vorlagen für des Verfassers Ausführungen, die zu weiterem Studium anregen, ermitteln zu können. In ganz ansprechender Form hat FRIEDRICH WALTER „Die Grundzüge der Siegelkunde" entwickelt, um weiteren Kreisen bei der Benützung der Siegelsammlung des Mannheimer Altertumsvereins einen Leitfaden zu geben.[24])

Zur Abfassung einer allgemeinen deutschen Siegelkunde und Siegellehre fehlt es aber zurzeit noch an den Haupterfordernissen, nämlich an kritisch verarbeitetem Material [25]) aus den verschiedensten Gegenden und an genügend guten Siegelabbildungen. Wohl sind von den älteren Diplomatikern und den Genealogen ihren Werken zahlreiche Siegeltafeln beigegeben, die seit dem Anfang des 19. Jhs. für einzelne Gegenden Deutschlands in Angriff genommenen Urkundensammlungen und -bücher haben aus den reichen Schätzen der in Betracht kommenden Archive Beispiele von Siegeln ausgewählt, um sie zur Erläuterung besonderer Merkmale einzelner Stücke oder zur Unterstützung der kritischen Beurteilung von zweifelhaften Urkunden der Öffentlichkeit zu unterbreiten. Aber diese Abbildungen wurden in der Regel nach Zeichnungen hergestellt [26]) und entbehren deshalb der diplomatischen Treue in der Wiedergabe, die für wissenschaftliche Untersuchungen bei Siegeln ganz unerläßlich ist. Vor allem mangelt es jedoch an geschlossenen Aufarbeitungen des sphragistischen Materials aus bestimmten Ländergebieten."[27]) Denn so zweifel-

---

18) S. das Verzeichnis der abgekürzt zitierten Bücher.
19) Ebenda. 20) Ebenda.
21) SEYLER ist einer der tätigsten Mitarbeiter des Neuen Siebmacher. S. dessen Geschichte der Heraldik in diesem Sammelwerk.
22) S. das Verzeichnis der abgekürzt zitierten Bücher. 23) Ebenda.
24) Die Siegelsammlung des Mannheimer Altertumsvereins. Im Auftrag des Vereinsvorstandes katalogisiert und beschrieben von Dr. FRIEDRICH WALTER. Mannheim 1897. S. 4—21.
25) Was in dieser Hinsicht noch zu leisten ist, zeigt an einer Siegelgruppe EWALDS Abhandlung über den Siegelmißbrauch usw. (s. o. S. 1).
26) Nach Zeichnungen sind auch noch die von ENDRULAT herausgegebenen Niederrheinischen Städtesiegel (s. oben S. 1) reproduziert, ebenso die „Siegel der Badischen Städte in chron. Reihenfolge" herausg. von der Bad. Hist. Kom. Heidelberg 1899 ff.
27) Der erste, der nach diesem Gesichtspunkt ein umfangreicheres Material zusammengebracht hat, ist F. A. VOSSBERG, dessen Sammlungen das Geh. Staatsarchiv in Berlin verwahrt. Über VOSSBERGS Veröffentlichungen vgl. O. HUPP, Die Wappen und Siegel der deutschen Städte, Flecken und Dörfer. Frankfurt a. M. 1896 ff. I. 1. u. II. 3. Der Verein für Lübeckische Gesch. hat in den Jahren 1856—1879 „Siegel des Mittelalters aus den Archiven der Stadt Lübeck" in 10 Heften herausgegeben. „Mittelalterliche Siegel aus dem Erzstift Magdeburg" sind von A. v. MÜLVERSTEDT in 2 Lief., Magdeburg 1869 f., bekannt gemacht. Die mittelalterlichen Siegel des Thorner Ratsarchivs hat ENGEL in dem M. des Kopernikusver. in Thorn, Heft 9 u. 10 veröffentlicht. Ein Vortrag von R. PRÜMERS beschäftigt sich mit den Siegeln des Posener Staatsarchivs (KBlGV. 58, 591—599 und TILLE, GBll. 12, 30 ff.); hoffentlich folgen die Reproduktionen bald nach. Als Fundstätten für Siegelabbildungen und sphragistische Abhandlungen müssen dann noch angeführt werden: Die MKKCC. (Jb.). S. das Verzeichnis der abgekürzt zitierten Bücher — Heraldisch-genealogische Zeitschrift. Organ des herald.-geneal. Vereins Adler (später mit dem

los man das deutsche Siegelwesen als von Norden und Westen, hauptsächlich von England [28]) und Frankreich [29]) her beeinflußt ansehen muß, so sicher ist doch auch, daß die einzelnen Siegel und Siegelgruppen nicht selten Produkte lokaler Bräuche, ja auch persönlicher Laune, und insbesondere Erzeugnisse einer begrenzten heimatlichen Kunsttätigkeit sind, und daß wir deshalb bei ihnen in den verschiedenen Territorien recht erhebliche Abwandlungen und Besonderheiten nachzuweisen vermögen.

Der Vervollkommnung der mechanischen Reproduktionsweise, wie sie uns Photographie und Lichtdruck gebracht haben, auf der einen und der eifrigen Förderung, welche die Herausgabe kostspieligerer Quellenwerke durch provinzielle Publikationsinstitute und Vereine in den letzten 40 Jahren erfahren hat, auf der anderen Seite verdanken wir es, daß nunmehr einige Siegelwerke fertig vorliegen, welche uns gestatten, das Siegelwesen in seiner Ausbildung in mehreren Landstrichen oder in besonderen Gruppen durch die verschiedenen Jahrhunderte des MA. hindurch verfolgen zu können. Schlesien ist unter Führung von ALWIN SCHULTZ auf diesem Wege vorangeschritten [30]), in Baden hat F. v. WEECH [31]) dieses Beispiel nachgeahmt, und Westfalen verdankt die am umfangreichsten angelegte systematische Siegelpublikation der Anregung und tätigen Mitarbeiterschaft PHILIPPIS. [32]) Von POSSE [33]) ist für Sachsen außer den Siegeln der Wettiner und denen der Landgrafen von Thüringen jetzt die Herausgabe der Siegel des Adels der Wettiner Lande in Angriff genommen. Durch POSSE wird auch die neueste Bearbeitung der Siegel der Deutschen Kaiser und Könige ausgeführt, von welcher Publikation bereits zwei Bände erschienen sind. In andern Provinzen, so in den Rheinlanden [34]), sind größere Siegelwerke im Erscheinen begriffen oder wenigstens in Vorbereitung. Gleichzeitig hat man sich bei der Edition von Urkundenbüchern die Fortschritte der neueren Vervielfältigungsmethoden zunutze gemacht und hier zum Teil Abbildungen von Siegeln nach den Originalen geliefert, welche zu den besten Leistungen auf diesem Gebiet gezählt werden müssen. [35])

II. Die Bedeutung und das Aufkommen der Siegel, deren Gebrauch im allgemeinen.

Das deutsche Wort „Siegel", welches dem lateinischen „sigillum" (= Bildchen) entlehnt ist, bedeutet wie dieses sowohl die meist vertieft geschnittene Form (Typar, Stempel), mit welcher der Siegelabdruck hergestellt wird, als auch ebendies durch sie erzielte Produkt, für das hier weiterhin der Ausdruck „Siegel" ausschließlich angewendet wird.

In dem Siegel erkennen wir ein vermittels eines harten Stempels angefertigtes Zeichen in Metall, Wachs oder einer anderen leicht zu erweichenden und sich wieder erhärtenden Masse, an deren Stelle in neuerer Zeit auch vielfach der Farbdruck getreten ist. Unter Beobachtung einer herkömmlichen Gestalt und Bestempelungsart und mit einer auf eine bestimmte Person oder Gemeinschaft hinweisenden Darstellung in bildlicher oder zeichenartiger Form und in der Regel mit einer den Siegelführer

---

Titel: Jahrbuch) Wien 1871 (fortges. 1874) — Vierteljahrsschrift für Heraldik, Sphragistik und Genealogie (Wappen-, Siegel- und Familienkunde), welche der Berliner Verein „Herold" neben der Monatsschrift „Der deutsche Herold" (1870) seit 1873 herausgibt.

28) Die Frage wird W. EWALD demnächst in seiner Sphragistik (Hb. von G. VON BELOW u. MEINECKE) ausführlicher behandeln.   29) Vgl. Westf. Siegel I 1, 2.

30) S. das Verzeichnis der abgekürzt zitierten Bücher.

31) Ebenda.   32) Ebenda.   33) Ebenda.   34) Ebenda.

35) Vgl. F. v. WEECH, Codex diplomaticus Salemitanus. Bd. I—III, Karlsruhe 1883—1895. — K. JANICKE, UB. des Hochstifts Hildesheim Bd. I (Publ. aus den Kgl. Preuß. Staatsarchiven Bd. 65), Leipzig 1896, fortgesetzt von H. HOOGEWEG, Bd. II—VI (Quellen und Darstellungen zur Gesch. Niedersachsens, Bd. VI, XI, XXII, XXIV u. XXVIII), Hannover u. Leipzig 1901—1911. — R. DOEBNER, UB. der Stadt Hildesheim. Bd. VII, Hildesheim 1899. — P. KEHR, UB. des Hochstifts Merseburg, I. Teil (Geschichtsquellen der Provinz Sachsen, Bd. 36), Halle 1899.

Aus deutschen Nachbarländern liegt ebenfalls eine Reihe vortrefflicher neuerer Siegelpublikationen vor:

Abbildungen Oberrheinischer Siegel, herausg. von der historischen und antiquar. Gesellschaft zu Basel, I. Reihe usw., Basel 1890ff. — P. SCHWEIZER und H. ZELLER-WERDMÜLLER, Siegelabbildungen zum Züricher UB. Lief. I—VIII, Zürich 1891—1911. — Ferner verweise ich auf die Siegelabbildungen, welche P. GANZ seiner Gesch. der Heraldischen Kunst in der Schweiz im 12. u. 13. Jh., Frauenfeld 1899, beigegeben hat, und auf das Werk von J. Th. de RAADT, Sceaux armoriés des Pays-Bas et des pays avoisinants (darunter auch Luxembourg, Allemagne) T. I—IV, Brüssel 1898—1901.

kennzeichnenden Inschrift versehen, ist es an einem Schriftstück zum Beweis der Echtheit und Vollziehung wie zur anderweitigen Beglaubigung oder an einem vor unberechtigter Öffnung zu schützenden Gegenstand zum Verschluß angebracht.[36]) Das vorgewiesene bloße Siegel diente seit dem frühen MA. ebenfalls dazu, um gleich anderen symbolischen Gegenständen wie Richter- und Botenstab einen Befehl oder eine Botschaft zu übermitteln. Es ersetzte auch den geschriebenen Schutz- und Geleitsbrief. Ein einfacher Siegelstempelabdruck hat ferner im MA. auch als Ursprungszeugnis gegolten, auf Grund dessen Kaufmannswaren an bestimmten Zollstätten zollfrei passieren konnten. Desgleichen ist die vorschriftsmäßige Herstellung und Qualität einer Ware durch ihn bezeugt worden.

Das Siegel ist demnach als Erkennungs- und Beglaubigungszeichen im weitesten Umfang verwendet worden. Daß es im MA. zu so hoher Wertung gelangt ist, erklärt sich besonders daraus, weil ihm in Zeiten, in denen die Mehrzahl der Bevölkerung des Lesens und Schreibens unkundig war, die Aufgabe zufiel, die eigenhändige Unterschrift zu ersetzen und in gewissem Sinne eine Vertretungsvollmacht des Siegelführers, und zwar selbst über dessen Tod hinaus, auszuüben. Das findet sich im MA. sehr bald auch im Inhalt des Siegels, in Bild und Schrift, die auf ihm angebracht sind, ausgeprägt. Für das Siegelbild wählte man gern figürliche Darstellungen, die Amtseigenschaften und charakteristische Besonderheiten des Sieglers darboten, oder aber Bilder und Zeichen, die wenigstens deutlich Bezug auf ihn und seinen Namen oder Besitz nahmen. Entscheidend bei deren Auswahl dürften namentlich die Stellung der Persönlichkeit und der Umkreis gewesen sein, in dem das Siegel Geltung haben sollte. Die Umschrift ward danach angelegt, daß sie die im Siegelbild gegebene Kennzeichnung des Siegelführers vervollständigen konnte.

Soweit wir den Gebrauch des Siegels zurückzuverfolgen vermögen, hat es ähnlichen Zwecken zu allen Zeiten gedient. Zum Verschluß erfolgte Versiegelung, wie sie im Briefverkehr noch heute üblich ist, die übrigens bei einem Schriftstück auch die Beglaubigung mit einschließen konnte. Zum Echtheitsbeweis für Urkunden und zur Beglaubigung von Schriftstücken hat sich im MA. als die gebräuchlichste Form die Untersiegelung herausgebildet, die, wie neuerdings erwiesen ist, auch den Römern nicht unbekannt war.[37]) Sie kommt vornehmlich im MA. bei Schriftstücken zur Anwendung, die in bestimmter Form abgefaßte Erklärungen, Zeugnisse und Belege über Vorgänge und Willensäußerungen rechtlicher Natur enthalten[38]) oder Auslassungen von autoritativen Persönlichkeiten und Amtsstellen offiziell verkünden. Für die erstere Kategorie hat sich der technische Ausdruck Urkunden eingebürgert, zu der zweiten zählt man Mandate, Patente, Erlasse, Verordnungen, Bekanntmachungen usw.

Daß wir Perioden feststellen können, in denen die eine Verwendungsart der Siegel vor der anderen auffällig stark in die Erscheinung tritt, hängt mit den praktischen Bedürfnissen und Gewohnheiten der Völker und Zeiten zusammen. Der jeweilige Siegelgebrauch steht vielfach im umgekehrten Verhältnis zur Ausbreitung der Schreibkunst.

Unser Urteil in dieser Beziehung ist freilich auch stark von der Gebrauchsart und von dem Zufall abhängig, die bei der Erhaltung von Siegeln früherer Jahrhunderte mitgespielt haben. Nicht die Zeit allein hat bei ihnen zerstörend gewirkt. Es ist natürlich, daß Siegel, die ohne Verbindung mit einem Schriftstück ausgegeben wurden und nur für einen augenblicklichen Zweck bestimmt waren, keine besondere Beachtung fanden. Die Verschlußsiegel wurden wertlos, sobald Veranlassung zur Öffnung des geschlossenen Gegenstandes gegeben war.

Den alten Volksrechten zufolge waren bei den Westgoten, Langobarden, Alemannen und anderen älteren Völkerschaften schon Siegel im Gebrauch. Die richterlichen Beamten im Westgotenreich bedienten sich ihrer, um Ladungen vor Gericht ergehen zu lassen.[39]) Bei den Langobarden führten die Richter, welche die Rompilger beim Überschreiten der Landesgrenze überwachten, Siegelstempel, von denen sie den Passanten offenbar Abdrücke mit auf den Weg gaben.[40]) Solche Ausweise und stumme Befehlszeichen aufzubewahren, nachdem sie ihren Zweck erfüllt hatten, lag keine Veranlassung vor. Deshalb haben sich auch solche Stücke nicht erhalten.

Der Entstehung nach geht derartige Verwendung der Siegel auf die frühesten Zeiten zurück, in denen das bloße Symbol im Rechts- und Verkehrsleben noch redende Kraft besaß. War das Siegel bei den germanischen Völkerstämmen auch römisch-byzantinische Importware, so ist es

---

[36]) Wir schließen uns mit dieser Definition in der Hauptsache der von Grotefend S. 8 gegebenen Fassung an.

[37]) K. Zangemeister, Tabulae ceratae Pompeis repertae annis 1875 et 1887 im Corpus Inscr. Lat. vol. IV. suppl. besonders S. 429 ff. Hierzu ist zu vergleichen der Aufsatz von Heinr. Erman, Die Siegelung der Papyrusurkunde in Wilckens Archiv für Papyrusforschung I, S. 68 ff. S. auch Bresslau, Ul. 2°. 1, 679 ff.

[38]) Vgl. die Definition der Urk. von Th. Sickel, Acta Karolinorum digesta 1, 1 ff. und Redlich-Erben, Ul. 18 ff.

[39]) Vgl. darüber jetzt Redlich, Ul. 105 ff.   [40]) Bresslau, Ul. 514.

II. Die Bedeutung, das Aufkommen und der Gebrauch der Siegel im allgemeinen.

hier doch früh Verbindungen mit altüberlieferten Volksgebräuchen eingegangen, deren Spuren uns noch später gelegentlich entgegentreten. Hantgemal, Hausmarke und verwandte Zeichen leben im späteren Siegelwesen fort oder wieder auf. Und wie im Geltungsbereich der alten Volksrechte die Ladung vor Gericht außer durch schriftlichen Befehl nicht selten durch Übergabe des Siegels des Gerichtsherrn oder seiner Beamten erfolgte, wobei der Stempelabdruck auch durch den Stempel selbst ersetzt werden konnte, der dann nur vorgewiesen wurde, so hat das nackte Siegel diese Tätigkeit in Ungarn bis in das späte MA. hinein bewahrt.[41]) In diesem Falle gelangt die Eigenschaft des Siegels, ohne begleitenden Schriftsatz seinen Inhaber zu vertreten, recht greifbar zum Ausdruck. Das geschieht ebenfalls, wenn Bischöfe oder andere Geistliche bloße Siegelabdrücke in die Reliquienschreine, die nach dem kirchlichen Vorschriften für gewöhnlich unter festen Verschluß zu halten waren, einlegten[42]), offenbar doch zum Zeichen, daß sie für die Echtheit der Reliquien in ihrer Amtseigenschaft eintreten wollten.

Ein einfaches Siegel ohne Schrift hatte im MA. am Niederrhein auch die Bedeutung eines Ursprungszeugnisses. Die Schiffer und Kaufleute, die Bürger der niederrheinischen Städte waren, präsentierten an den Zollstätten ihrer Landesherrn in Wachs abgedruckte Siegel oder Zeichen ihrer Stadt, um mit den Schiffen und Waren zollfrei passieren zu können.[43]) In anderen Fällen war das Stadtsiegel so gut wie ein Legitimationspapier oder ein Schutz- und Geleitsbrief. Die für solche Zeichen in den Städten benutzten Stempel drückte man aber nicht selten gleichzeitig den großen Stadtsiegeln als Rücksiegel auf.[44]) Zeichen, vermutlich mit den nämlichen Bildern, dienten

41) MILAN V. SUFFLAY, Sigillum citationis in MIÖG. 28, 515—518. In diesem Zusammenhang verdient auch das Siegel eines Herrn OTTO VON TRIXEN aus dem Kärntnerland (um 1193) Erwähnung, dessen Umschrift lautet: *Ott de Trussen miset me*; REDLICH, Ul. 110. BRESSLAU, Ul. 2°. I, 684, Anm. 1, will von SUFFLAYS und besonders REDLICHS Darlegungen nicht gelten lassen. Bei der Auslegung der Urkunde Erzbischofs Stephan von Kalocsa aus dem Jahr 1268 tut BRESSLAU dem einfachen Wortlaut doch aber Gewalt an. Die nachfolgenden Belege über die Verwendung der in Wachs abgedruckten Stadtzeichen ohne jede schriftliche Beigabe, die noch im 15. Jh. am Niederrhein stattfand, widersprechen aufs nachdrücklichste der Auffassung, die BRESSLAU in dieser ganzen Frage vertritt.

42) S. dazu demnächst W. EWALD, Sphragistik.

43) Am 10. Januar 1473 erklärt Herzog Johann von Kleve: Wy Johan etc. doin kont, also unse burgere unser liever stat Wesel *myt eynen teyken in wass gedruckt sunder ennige schrift deirby wesende* oere schip ind guet vur unsen tollen to verteykenen ind dairop oere vryheit vur unsen tollen to gebruken plegen, ind wy dan nu mit der selver unser stat averdragen syn, dat die burgere derselver unser stat van nu vortan eyne schrifte, dair dat teyken vurger. angedruckt sy, an unse tolle brengen sullen, wilke schrift inhalden sall den name des burgers und oick iair ind dach, as dat teyken bewairt in gegeven wurdt. Am Schluß der Urkunde findet man das für die Zukunft vorgeschriebene Formular:

Alsus sullen die tollteyken der burgeren von Wesel in forma stain als herna volgt:

Teyken N. burgers to Wesel an den toll to N. upverdich van schip ind guede, dat hy myt synen eyden bewairt hevet, ast geboirt, in den jaeren unss heren 1473 etc. (StA. Düsseldorf, Registrum Clivense XVIII fol 4). Welcher Art das bislang gebrauchte Zeichen war, ist leider nicht vermerkt. Da jedoch in dem Text der Urkunde mehrfach nur von dem Zeichen die Rede ist, kann es sich m. E. hier nur um das Stadtzeichen, von dem gleich die Rede sein wird, und nicht um die Handelsmarke oder das Handelszeichen des einzelnen Kaufmannes oder Schiffsführers handeln. Daß diese Auslegung richtig ist, beweist folgender Eintrag in den Statuten der Stadt Kleve, deren Niederschrift aus dem 15. Jh. stammt:

Dieghoene, die der *stat teyken* begeren to ontfangen, umb vryheyt onser stat voirby den toillen onss landsheren to genyeten, sullen aldus sweren: Dat alle alsulck guet, dair hie dat teyken af begeert end ontfangen sall, synsselves is of onser ingesetenen burgere, die schattynge end schillingh end der stat onraet mede gelden, end anders nyemantz ind datselve teycken en sall nyemantz presenteyren voir onss gueden heren toillen dan hie selver of onser stat geswaren baide sonder argelyst; dat oen Got soe helpe ende die heiligen (StA. Düsseldorf, Stadtrecht von Kleve Ms. A 77 fol. 126).

Das Privileg, das König Erich von Dänemark am 7. März 1270 den Bürgern von Neuß erteilte, quod omnis vestra universitas de cetero *ferens vestre civitatis intersignum* per totam nostram regionem nullis de suis propriis bonis thelonium aliquod persolvent (LAU, Q. z. Rechts- u. Wirtschaftsgesch. von Neuß, Publ. der Rhein. Gesellsch. 29, Köln. Stdte. 1, 46 f.), lehrt uns ferner, daß diese Sitte schon lange bestand und vermutlich in die ältesten Zeiten des Verkehrs hinaufreichte. Das Neußer „intersignum" kennen wir bereits aus einer Beschreibung des 13. Jhs.; vgl. unten. Über die Kaufmannsmarken s. jetzt O. HELD, Marke und Zeichen im hansischen Verkehr bis zum Ende des 15. Jhs. Hans. GBll. (1911) 17, 481 ff.

44) Das älteste Stadtsiegel von Wesel, dessen Stempel um 1250 angefertigt ist (s. die Abbildung bei ENDRULAT Taf. 6, 24), bringt auf dem Gesamtbild im unteren Teil unter einem Bogen mit der Aufschrift: „Mustela" ein laufendes Wiesel. In dem ersten halben Jahrhundert, in dem es vorkommt (s. StA. Düsseldorf, Urkk. Stdt. Wesel aus den Jahren 1269 u. 1308, Kleve-Mark 1291), wird ihm regelmäßig, was Endrulat nicht beachtet hat, ein kleines, rundes Rücksiegel aufgedrückt, das ebenfalls ein sehr gut geschnittenes, naturalistisch dargestelltes, rechts schreitendes Wiesel

ferner dazu, die Waren und Gegenstände abzustempeln, über deren vorschriftsmäßige Herstellung und Güte Bürgermeister und Rat entweder selber die Kontrolle ausübten oder kraft Vollmacht durch die Vorsteher der betreffenden Zünfte ausüben ließen. Allgemein war es bei den Wollwebern Brauch, daß man an die Fabrikate das Siegel der betreffenden Stadt hängen ließ. Die in Neuß und Siegburg angefertigten Wolltücher wurden im 15. Jh. mit Bleisiegeln (Plomben) abgestempelt; vordem scheint jedoch auch hierfür Wachs verwendet zu sein.[45]

In den Museen wird man Bleisiegeln, die ehedem die Güte und den Herstellungsort der Ware bezeugt hatten, wohl gelegentlich auch heute noch begegnen.[46]

Ist uns das Siegel als Symbol, das im Rechtsleben und im Verkehr während des ganzen MA. eine Rolle spielte, nur aus schriftlichen Aufzeichnungen bekannt, so hat es sich im Zusammenhang mit dem Schriftwesen dauerhafter erwiesen, trotzdem es eigentlich dem MA. überhaupt nicht enthält, über dem: *„Pax"* und unter dem: *„ Wesela"* steht. Diese Aufschrift deutet mit ziemlicher Bestimmtheit darauf hin, daß wir das Schutzzeichen vor uns haben, das Handeltreibende erhielten, die von auswärts zum Weseler Markt zogen. Vielleicht waren mit dem nämlichen Stempel auch die Pfähle gebrannt, die den städtischen Bann- und Friedensbezirk abgrenzten (s. Bergische Z. 4, 35). Aus diesem Stadtzeichen nun ist das Weseler Wappen hervorgegangen, dessen älteste Form uns in einem Ratsbeschluß von 1397 überliefert wird (StA. Düsseldorf, Städt. Wesel, caps. 38, 5 fol. 119ᵛ):
Borghermester, schepen end rade hebben gheorloft Peter den tenenmeker, dat he der *stat wapen, dat syn drie weselken up enen schildeken* mach slaen up syn tenenwerck, dat he maket, mer dat tenenwerck, dair he des statwapen so upsleyt, dat sal also guet end fyn wesen alse Coelsch werk. Gleichwie das Zeichen übt demnach auch das Wappen die Funktion des Ursprungszeugnisses aus.

Das Stadtzeichen von Kleve, dessen ursprüngliche Form und Weiterentwicklung zum Wappen, ferner seinen mannigfachen Gebrauch können wir von der ersten Hälfte des 14. Jhs. ab ebenfalls sehr gut verfolgen. Es erscheint als einfaches Kleeblatt mit Stiel (Klever im nrh. Dialekt für Klee) in einem Kreise; die Buchstaben des Wortes „Cleva" sind an vier Stellen das Kleeblatt herumgesetzt, ein Siegelrand ist nicht vorhanden. Abdrücke des Stempels zeigten die Klever Bürger an der fürstlichen Zollstellen vor. In dieser Form ist es aber auch als Rücksiegel gleich wie das Weseler Paxsiegel dem großen Stadtsiegel von Kleve (s. Endrulat, Taf. 3, 4, den RS. fehlt jedoch auch hier) aufgedrückt. Im 15. Jh. begegnet uns, ausdrücklich als Stadtzeichen in der Aufschrift bezeichnet, ein Schild mit 3 (2:1) Kleeblättern. Dessen silberner Stempel ist noch erhalten. Seit dem Jahr 1529 hat man noch dem Mittelschildchen der Grafen von Kleve, das auch unter der Klevischen Lilienhaspel hervortritt (s. W. Ewald in den Veröffentl. des Hist. Ver. NRhein. 2, 285) hinzugefügt. Im roten Feld drei (2:1) silberne Kleeblätter um ein silbernes Mittelschildchen gesetzt bilden noch heute das Wappen der Stadt Kleve. Abdrücke des angeführten Stempels von 1529 finden sich ebenfalls häufiger auf der Rückseite der Stadt- und Schöffensiegel von Kleve. Vgl. Rob. Scholten, Die Stadt Kleve 1⁰, S. 27 ff. u. Siegeltafel; ferner Urkk. des StA. Düsseldorf. In Orsoy, dessen Siegel uns bereits in Abdruck von 1284 vorliegt (StA. Düsseldorf Kl. Camp. 217; s. die Abbildung bei Endrulat Taf. 5, 17) und in dem 3 Pferdeköpfe über einem Stück Mauerzug dargestellt sind, führte man in den kleinen runden Rücksiegel einen Pferdekopf. Dieses Siegel heißt in Orsoy auf der Umschrift: Contrasigillum.

---

45) Bis zum Jahre 1260 (1261) hatte der Rat von Soest die in der Stadt angefertigten „lanei panni" selbst geprüft und mit dem *Stadtzeichen* „signum civitatis" versehen, wofür von jedem gestempelten Stück Tuch 1 Obolus in den Stadtsäckel floß. Am ersten April des genannten Jahres wurde die „examinatio pannorum cum *signo civitatis*" der Wollenweberbruderschaft gegen eine jährliche Abfindungssumme übertragen; Seibertz, Westf. UB. 1, 316. Leider können wir die Form des Soester Stadtzeichens im 13. Jh. mit Hilfe der vorhandenen Siegeltypen (s. Westf. Siegel II 2 unter Soest) nicht ermitteln. Bei den Wollenwebern gab es im 14./15. Jh. besondere „Siegelmeister" für die Prüfung des Tuches. Sie wurden gewöhnlich aus den Zunftmitgliedern genommen, mußten aber der Stadt und auch dem Stadtherrn auf ihr Amt den Eid ablegen; vgl. die Statuten der Wollenweber in Aachen von 1387 (NRhein. Ann. 28, 86 ff.), Dortmund von 1472 (Fahne, Dortmund 3, 232), Kleve ebenfalls aus dem Jahre 1387 (Scholten, Die Stadt Kleve, Urkk. Nr. 75) und Wesel von 1426 (Berg. Ztschr. 9, 77 ff. insbesondere 93). In Aachen, Dortmund und Wesel wurden verschiedene Stempel für einzelne Tuchsorten benutzt. Da in den Statuten der Klever Wollenweber auch Wachsbrüchten — en ponet was, dat the kyren is in behuef des amts — vorgesehen sind, so darf man wohl auch hieraus, von anderen Erwägungen abgesehen, vermuten, daß die Siegel in älterer Zeit aus Wachs bestanden. Auch mit ihnen wurde Mißbrauch getrieben, wie uns § 41 der Weseler Statuten lehrt: Wert sake, dat enich man en duech solve segeldon myt ene segel, dair he ander laken mede gesegelt hed gewest, die broke 10 Rh. Fl. ind sulő eyn jair lanck des wullenamptz nyet plegen. Gegen Ende des 15. Jhs. scheint Blei — „eine cleine blyeken", wie es in Neuß heißt — allgemein verwendet zu sein. Die Anschaffung der Zangen und des Bleis und Zinns zum Plombieren der Tücher geschieht z. B. in Siegburg noch im 15. Jh. zu Lasten der Stadtkasse; Lau, Q. z. Rechts- u. Wirtschaftsgesch. von Siegburg, Publ. der Rhein. Gesellsch. 29, Berg. Stdte. 1 Einl. S. 89 u. Texte 194; vgl. Köln. Stdte. 1, Texte 169. Eine Beschreibung der Neußer und Siegburger Zeichens ist nicht beigefügt.

46) Vgl. darüber jetzt die Habilitationsschrift von A. Eitel, Über Blei- und Goldbullen im MA. Freiburg i. B. 1912. S. 77 ff.

gelungen ist, das Siegel mit dem Schreibstoff in rechte organische Verbindung zu bringen. Die Siegelkunde im Zusammenhang insbesondere mit dem Urkundenwesen ist ein sprechender Beleg dafür, wie zäh ein altüberlieferter, aber recht unpraktischer Brauch standhält, zumal wenn er durch Rechtsgewohnheiten gestützt wird.

Gegenüber den Siegelarten beim Schriftverkehr, die im Altertum gehandhabt wurden, macht sich im MA. insofern ein grundlegender Unterschied bemerkbar, als dessen vorzüglichster Schreibstoff, das Pergament, die älteren Schreibstoffe Wachstafel und Papyrus bald vollständig aus dem Felde geschlagen hat. Es kann fast scheinen, als ob das schwerfällige Format des Pergaments auch für die Auswüchse in der Siegelbildung verantwortlich gemacht werden müßte. Aus dem frühen MA. ist uns das Siegelinstrument nur in der Form des Siegelrings überliefert, und seinem eigentlichen Wesen nach könnte das Siegel infolge der engen Verbindung, in der es zum Siegler steht, aus diesem Gebrauch auch seinen Ursprung genommen haben. Auf jeden Fall hören wir, daß die germanischen Könige, der Westgote Alarich[47]), der Vandale Thrasamund und der Franke Sigibert[48]) Siegelringe getragen haben. Schriftstücke, die sie damit besiegelt haben, sind jedoch nicht auf uns gekommen. Die Siegel, deren sich die Geistlichkeit im Frankenreich schon während des 6. Jhs. für den Schriftverkehr in ausgedehntem Maße bediente[49]), sind uns auch der Form nach unbekannt. Erst die Merowingerzeit bietet urkundliches Material in originaler Form.

Die Siegel der Merowingerkönige an deren Urkunden sind auf der Schriftseite des Papyrus oder des Pergaments angebracht. Sie waren also nicht zum Verschluß bestimmt; aber sie galten doch auch noch nicht, trotzdem sie wohl kaum einer Urkunde gefehlt haben, als Beglaubigungsmittel, das die Echtheit des Inhalts derselben vornehmlich beweisen und zugleich gewährleisten sollte. Diese Bedeutung haben im vollen Umfange die Siegel erst durch die Urkunden der karolingischen Herrscher gewonnen, weil sie geeignet waren, einen Ersatz der Unterschrift zu bieten, dessen Karl der Große und mehr noch seine Nachfolger, da sie des Schreibens unkundig waren, bedurften. Nachrichten über die ältesten besiegelten päpstlichen Bullen stammen aus dem 7. Jh. Erhalten hat sich jedoch erst das Original eines Privilegs Papst Paschalis I. von 819.[50])

Zunächst nach den Kaisern und Päpsten beginnt dann die hohe Geistlichkeit Urkunden auszustellen, denen zur Beglaubigung ein Siegel aufgedrückt ist. Die frühesten erhaltenen, sicher echten Beispiele rühren von den Erzbischöfen der drei rheinischen Diözesen aus der Mitte des 10. Jhs. her.[51]) Ihnen schließen sich die Erzbischöfe von Bremen, Salzburg und Magdeburg in der Zeitfolge an. Die Suffragane der genannten Erzbischöfe folgen in diesem Brauche bald nach, zuerst, soweit sich zurzeit übersehen läßt, die Bischöfe der Erzdiözese Köln, nämlich die von Hildesheim, Halberstadt, Lüttich und Straßburg.[52]) Die ältesten Siegel der Domkapitel von Paderborn und Münster stammen aus dem Anfang des 11. Jhs. und sind Urkunden von 1018 und ca. 1022 aufgedrückt, das erstere, ohne daß dessen Ankündigung im Text geschehen ist.[53]) Ihnen annähernd gleichaltrig sind die Siegelstempel der Benediktinerabteien Corvey[54]) und Werden.[55]) Die Kapitel anderer geistlicher Stifte und der Klöster[56]) überhaupt treten dann im Laufe der Zeit immer häufiger im Besitz von Stempeln auf, je nachdem Ansehen und Vermögen für sie Veranlassung wurden, selbständig Urkunden auszustellen. Siegel der Äbte von Hersfeld, Fulda und Corvey, der Äbtissinnen von Herford, Gandersheim u. a. m. kennen wir ungefähr seit dem Jahre 1000.[57])

47) Nach Mitteilung des Herrn Dr. W. EWALD wird dessen Siegelring im Wiener Museum aufbewahrt; ob echt?
48) REDLICH, Ul. 105.   49) BRESSLAU, Ul. 514, 2⁰, I, 684 f.
50) L. SCHMITZ-KALLENBERG, Grundriß II 1, Abschn. II.
51) Die Überlieferung, daß eine Urkunde Erzbischof Leodoins von Trier von 707 besiegelt gewesen sein soll (Rhein. Siegel II Einl. S. 3), ist doch nicht gesichert genug. Über die frühen Siegel der Bischöfe von Toul und Metz s. REDLICH, Ul. 110 und BRESSLAU, Ul. 2⁰, I, 703. Das Siegel Erzbischof Liudberts von Mainz, mit dem das Privileg der Mainzer Synode von 888 für Corvey und Herford besiegelt war (vgl. BRESSLAU, Ul. 2⁰, I, 696), hat sich ebenfalls nicht erhalten. Wenn BRESSLAU, a. a. O. 695, aufs neue für die Echtheit der Bleibulle Bischof Altfrids von Hildesheim von 874 an einer Essener Urkunde eintritt und sich dabei auf das Zeugnis H. WIBELS beruft, der meint, daß das Siegel ursprünglich an einer anderen Urkunde als derjenigen, der es jetzt beiliegt, befestigt gewesen sein müsse, so hat sich dieser durch Fäden täuschen lassen, mit denen das abgefallene Siegel in neuerer Zeit wieder an das Pergament angeheftet wurde. Die beiden Löcher in der Bleibulle, die mit den Abständen der Löcher im Pergament, durch welche die Siegelschnüre gezogen waren, genau korrespondieren, sprechen ebenso für die ursprüngliche Befestigung der Bulle an der der Schrift nach im 10. bis 11. Jh. geschriebenen Urkunde, wie die Reste von Fäden in den Löchern der Bleibulle, die von den am Pergament noch vorhandenen alten Befestigungsschnüren herrühren.
52) Die Belege s. bei BRESSLAU, Ul. 2⁰, I, 697 ff. Zu Hildesheim vgl. JANICKE, UB. I, Tafel I.
53) Westfäl. Siegel I, 1, Tafel 6, 1, 3 u. 5. Zum Paderborner Siegel vgl. Westf. UB., Suppl. Nr. 768 und Westfäl. Siegel III., Einl. S. 28.
54) Westfäl. Siegel I, 1, Tafel 4, 3 u. 8, 6.
55) Ein Abdruck findet sich an einer Urkunde von 1052 (StA. Düsseldorf, Werden Nr. 15), von LACOMBLET, UB. für die Gesch. des Niederrheins I, 188, Anm. 6, als das des Abtes bezeichnet.
56) Beispiele bei BRESSLAU, Ul. 2⁰, I, 705.
57) S. ebenda und Westfäl. Siegel, III. Einl., 29.

Aus der nämlichen Zeit sind uns auch schon Beispiele von Siegeln weltlicher Fürsten namentlich aus dem Süden und Westen des Reiches erhalten; auch vereinzelt kommen Siegel von Fürstinnen vor.[58])
Fortgesetzt nimmt im Laufe des 12. Jhs. der Kreis der Persönlichkeiten und Genossenschaften, welche im eigenen Namen und zunächst nur in eigener Sache Urkunden ausgestellt und sich zu diesem Zweck mit Siegeltypen versehen haben, zu. Grafen und Edelherren, von weltlichen Gemeinschaften die Städte mit zunehmender Selbständigkeit, bedienen sich seit etwa 1150 eigener Siegel.[59]) Es folgen mit dem Beginn des 13. Jhs. die Gräfinnen und Edelfrauen, die Geistlichen der Domstifte (die Dignitare) und die Vorsteher der Klöster, die Pfarrgemeinden und die einzelnen Kirchenvorstände, die Ministerialenverbände und Burgmannschaften (Ganerbschaften), angesehene Ministerialen (der niedere Adel); endlich schließen sich von der Mitte des 13. Jhs. ab die Bürger in den Städten an. Wer häufiger über Besitz und fahrende Habe Verfügungen zu treffen hatte, wer richterliche Funktionen ausübte oder als Schöffe gerichtlichen Akten beiwohnen mußte, wurde mit der Zeit genötigt, sich einen Siegelstempel anzuschaffen. Begegnen wir den Bemerkungen über die sogenannte Siegelkarenz[60]) in den Urkunden aus der ersten Hälfte des 14. Jhs. noch verhältnismäßig häufig, im Laufe dieses Jhs. verschwinden sie mehr und mehr. Am Ausgang des MA. siegelt jedermann, wie auch eine Beschränkung in der Fähigkeit, Urkunden auszustellen, nicht besteht. Geistliche und weltliche Bruderschaften, Gilden und Zünfte, Bürger und Bauern, selbst die Juden, ja auch nichtadelige Frauen führen Siegeltype, um in eigenen Angelegenheiten urkunden zu können. Der Begriff der Siegelmäßigkeit als des Vorrechtes bestimmter Bevölkerungsschichten oder -gruppen, sich eines Siegelstempels bedienen zu dürfen, hat im späteren MA. auf jeden Fall nicht existiert. Dem steht nicht entgegen, daß nicht bloß Privatpersonen, sondern auch Genossenschaften, insbesondere die Städte, vom Kaiser oder dem Territorialherrn Siegelstempel verliehen erhalten haben. Man sah darin offenbar eine sicherere Gewähr für die öffentliche Anerkennung des Siegels. Es sind aber Ansehen, Stellung und Beruf des Siegelführers für die rechtliche Geltung des Siegels zu allen Zeiten von entscheidender Bedeutung gewesen.

Über Siegel, welche zum Verschluß gedient haben, sind schon aus der Zeit der Volksrechte Nachrichten auf uns gelangt.[61]) Im Briefverkehr hat man Siegel auch schon im frühen MA. zum Verschluß verwendet.[62]) Belege dafür besitzen wir jedoch erst aus dem 12. Jh. Und selbst für diese Zeit ist die Zahl der im Original heute vorhandenen, geschlossen gewesenen Briefe, welche auf Pergament geschrieben sind, noch recht gering, sie steigert sich jedoch seit dem Anfang des 13. Jhs. zusehends; einen erheblichen Beitrag zu ihr die aus der kaiserlichen Kanzlei herrührenden Stücke bei.[63]) Mit dem Übergang zur Neuzeit und der seit dem Schluß des 14. Jhs. stetig wachsenden Schreibtätigkeit, die mit der Verbreitung des Papiers Hand in Hand geht, nimmt das Siegel recht eigentlich die Funktion, als Verschlußmittel zu dienen, wieder auf, die es ja bei den Römern in erster Linie gehabt hatte. Welche Umwälzungen dadurch im Siegelwesen herbeigeführt wurden, wie die vermehrte Anwendung der Siegel zum Verschließen von Briefen neue Stoffe und Formen zum Siegeln geschaffen hat, werden die nächsten Abschnitte zeigen.

III. Die äußere Beschaffenheit der Siegel.

1. Die Siegelstoffe.

Metall und Wachs sind diejenigen Stoffe, aus denen im MA. die Siegel geformt wurden. Seit dem 16. Jh. treten dazu Siegellack, auch spanischer Lack genannt, und Oblaten. Der das Siegel vielfach ersetzende modernere Stempeldruck wird mit Druckerschwärze oder in anderen Farben hergestellt.

Die Wachssiegel herrschen diesseits der Alpen unbedingt vor. Der Gebrauch von Stempelabdrücken in Blei zur Besiegelung der Urkunden, von Bleibullen[64]), die stets massiv sind, und die im oströmischen Reich von alters herkömmlich waren, ist hier nur in bestimmten Perioden nachweisbar, in denen italienische oder auch byzantinische Einflüsse besonders wirksam gewesen.

---

58) Nach BRESSLAU, Ul. 2°, I, 707 und REDLICH, Ul. 109 führten schon 927 Herzog Arnulf von Bayern und etwas später dessen Bruder Berthold Siegel, desgleichen 987 Herzog Otto von Worms. Auch vom Grafen Arnulf dem älteren von Flandern wird uns ein Siegel von 941 überliefert, das doch wohl echt ist; vgl. H. PIRENNE, Album Belge de Diplomatique Pl. 2 u. 3; von BRESSLAU a. a. O. 707, Anm. 2 jedoch angezweifelt. Die Beispiele mehren sich beträchtlich im 11. Jh. s. BRESSLAU, Ul. 2°, I, 708 f. und SEYLER, Gesch. 74 ff.

59) Am frühesten von Köln überliefert.

60) Sie bedeutet, daß jemand entweder überhaupt kein eigenes Siegel führt, oder daß ihm zurzeit die Anwendung seines Siegelstempels aus irgendwelchen Gründen unmöglich gemacht ist. POSSE, Ul. 130 ff.

61) BRESSLAU, Ul. 514 f. u. 955, Anm. 4. Vgl. auch 2°, I, 684.   62) Ebenda.

63) PHILIPPI 14 u. 69 ff., ERBEN, Ul. 226.

64) S. darüber jetzt A. EITEL, Über Blei- und Goldbullen im MA. Ihre Herleitung und ihre Verbreitung S. 1 ff.

III. Die äußere Beschaffenheit der Siegel.

Außer den in Italien herrschenden Karolingern bedienten sich ihrer die deutschen Könige und Kaiser von Otto II. bis auf Heinrich III.; doch vermochten die Bleibullen nur unter Otto III. die Wachssiegel zeitweise vollständig zu verdrängen.[65]) Bleibullen führten auch die Erzbischöfe Pilgrim[66]) (1021—1036) und Hermann[67]) (1036—1056) von Köln, die Bischöfe Bruno (1034—1045) und Adalbero (1045—1085) von Würzburg[68]), der Erzbischof Liemar von Bremen-Hamburg[69]) (1072—1101), die sämtlich dem 11. Jh. angehören. Wir dürfen in diese Zeit wohl auch die Anfertigung der Bleibulle Bischof Altfrids von Hildesheim[70]) setzen, für welche der Schriftcharakter der zugehörigen Urkunde ebenfalls spricht. Auffällig ist die Benutzung von Bleibullen zur Besiegelung unter Bischof Conrad von Halberstadt noch im Anfang des 13. Jhs.[71])

Die päpstliche Kanzlei siegelt, abgesehen von einigen Ausnahmen in der ältesten Zeit, das ganze MA. hindurch bis zur Gegenwart mit Bleibullen, die auch von den Konzilien zu Konstanz und Basel verwendet sind. Der Bleibullen haben sich auch Ritterorden bedient, so die Johanniter.

Goldbullen, deren Ursprung wir ebenfalls auf Byzanz zurückführen müssen, kommen zuerst bei den Karolingern[72]) vor und bleiben dann bei den deutschen Kaisern bis auf Franz I.[73]) in Mode. Von Päpsten sind uns Exemplare von Goldbullen aus dem 16. Jh. erhalten.[74])

Die Goldbullen, soweit sie nicht massiv sind, bestehen aus zwei dünnen Platten mit nach innen umgelegten Rändern, die so gearbeitet sind, daß sich der eine in den anderen einschieben läßt; bisweilen sind auch die Platten auf den Rand aufgelötet. Siegel aus Silber oder Erz scheinen in Deutschland nicht angefertigt zu sein.[75])

Der eigentlichste Siegelstoff ist hier im MA. das Wachs. Aus Wachs sind die Siegel der Kaiser und Könige, ein Wachssiegel hängt auch der einfachste Bauer im 15. Jh. an die ihn interessierende Urkunde. Noch bis in das 17. Jh. hinein benützt man Wachs zum Untersiegeln der Urkunden und zum Verschließen der Briefe.

In den ältesten Zeiten wurde reines Wachs verwandt; die Wachssiegel der Karolingerurkunden haben ein bernsteinartiges Aussehen. Dann hat man sichtlich aus Sparsamkeitsrücksichten, da die Siegel im Laufe der Jahrhunderte an Umfang zunahmen, und zugleich, um der Masse größere Festigkeit zu geben, das Wachs mit Weißpech, gelegentlich wohl mit Mehlteig, unter Zusatz einer fettigen Substanz (Schmalz, Leinöl, Terpentin) gemischt.[76]) Wurde schon hierdurch eine dunklere

---

65) Bresslau, Ul. 936f. und Posse, Kaisersiegel I.

66) Jb. des Ver. von Altertumsfreunden im Rheinlande (Bonn) 52, 117ff. u. 54, 306f. u. Rhein. Siegel I.

67) Koehne, Z. f. Münz-, Siegel- u. Wappenkunde VI, 348, Anm.

68) Monumenta Boica 37, 24 u. 28.

69) Urkunden von 1091 im StA. Hannover, Stift Bremen Nr. 27 u. 28.

70) S. oben 9 Anm. 51.

71) G. Schmidt, UB. des Hochstifts Halberstadt (Publ. aus den Preuß. StA. 17) Siegeltafel IV, 25. Vielleicht hat Bischof Conrad die Stempel für die Bleibullen von seiner Pilgerfahrt mit zurückgebracht.

72) Vgl. hierzu L. de Grandmaison, Les bulles d'or de Saint Martin de Tour, in Mélanges Julien Havet, Paris, 1895, S. 111—129, welcher die Echtheit der mit Goldbullen versehenen Urkunden von Ludwig dem Frommen, Karl dem Kahlen und Otto III. nachweist. Bresslaus Ausführungen zufolge (Zur Lehre von den Siegeln der Karolinger und Ottonen im AUf. 1, 355—370) hat sich bereits Karl der Große der Goldbullen bedient; er schreibt auch Otto I. Goldbullen zu. Danach werden die Bemerkungen von Erben, Ul. 171, Anm. 3 hinfällig.

73) S. Bresslau, Ul. 938 und Lindner 40. Die älteste erhaltene Goldbulle ist eine solche Heinrichs II. an einer Urkunde von 1020, Stumpf 1747. Abbildungen der Goldbullen Heinrichs IV., Friedrichs I. s. Philippi, Westf. KU. II, Tafel 2 u. 3, der Friedrichs II. und Heinrichs VII., Philippi, Reichskanzlei, Siegeltafeln, der Henrich Raspes mit den Apostelköpfen unter der Roma aurea bei Posse, die Siegel der Wettiner, Tafel XVI, 2ᵃ u. 2ᵇ. Der Goldbulle Maximilians ist abgebildet Jb. der kunsthistor. Sammlungen des Kaiserhauses (Wien) 1892, XIII, 2, S. 50. Vgl. jetzt auch Posse, Kaisersiegel Bd. I u. II. Die Goldbullen der Normannischen Herrscher im 12. Jh. waren massiv; vgl. Erben, Ul. 229.

74) P. M. Baumgarten, Aus Kanzlei und Kammer. Erörterungen zur kurialen Hof- u. Verw.-Gesch. im 13., 14. und 15. Jh. Freiburg 1907. S. 208ff. Eine Goldbulle von 1530, die im Vatikanischen Archiv sich heute befindet, ist massiv geprägt. Die Päpste ließen jedoch ebenfalls Goldbullen aus dünnen Platten prägen, deren Herstellung Goldschmieden übertragen wurde; vgl. Baumgarten 208 und Philippi, Eine päpstliche Goldbulle Papst Pius VI. (1780), MIÖG. XIV., 126—128. Daß Goldbullen bei den Päpsten jedoch seit alters im Gebrauch gewesen sind, beweist die Notiz bei Konrad von Mure, QE. 9, 475 und MIÖG. 30, 88: tamen papa famosis indulgentiis vel statutis auream bullam quandoque appendit. Vgl. auch Eitel S. 87 f.

75) S. Bresslau, Ul. 931.

76) Über das für die Siegelung benutzte Wachs bemerkt Konrad von Mure (MIÖG. 30, 87) Generaliter, sive litera sit clausa vel aperta, sigillum sit de cera recenti sine sophisticatione, vel de cera cum pice bene depurata seu defecata, vel de cera viridis vel rubei vel crocei coloris pulvere mixta sit proportionaliter et confecta. Vgl. Grotefend 23ff., E. Gem, AZ. NF. II, 111—116, Philippi, M. des Ver. für Gesch. Osnabrücks XXVII, 248ff. und Seyler, Gesch. 162ff. Das Siegel-

Färbung des Wachses erzielt, so griff man vom Ende des 12. Jhs. ab auch zu Färbmitteln, unter denen rot[77]) und grün[78]) als die beliebtesten galten.[79]) Deren Wahl hängt zunächst durchaus von der Willkür des Siegelführers ab und richtete sich zumeist wohl nach den in bestimmten Gegenden und in den verschiedenen Bevölkerungskreisen verbreiteten Siegelwachsrezepten.[80]) Erst im 15. Jh. wird es als eine kaiserliche Gnade verliehen, mit rotem Wachs siegeln zu dürfen.[81]) Als eine besondere Art sind die sogenannten Malthasiegel gekennzeichnet worden, deren Wachs mit einer eisenhaltigen Tonerde vermengt wurde.[82]) Sie waren bei bestimmten geistlichen Korporationen, einigen Zisterzienserklöstern und insbesondere beim Deutschen Orden beliebt; doch kennen wir auch Privatsiegel, welche aus dem gleichen Material gefertigt worden sind.

Da die Wachsmasse bei den älteren Kaiserurkunden in der Regel sehr dick auf der Vorderseite des Pergaments aufgelegt war, bildete sich beim Eindrücken des Stempels ein erhöhter Rand, den man offenbar zum Schutz des Siegelbildes hat stehen lassen. Bei manchen Siegeln des 12. Jhs. trägt die im stumpfen Winkel zum Siegelfeld stehende Innenseite dieses Randes die Siegelumschrift. Diesen Rand formt man zunächst auch noch bei den ältesten Hängesiegeln, ja er erhält sich hier und da durch das 13. Jh. hin und länger. Daneben bricht sich aber seit dessen erster Hälfte der Brauch Bahn, die angehängten Siegel in der Weise herzustellen, daß ihr äußerer Rand mit dem des Stempels haarscharf abschneidet. Und wiederum im 14. Jh. nimmt dann die äußere Hülle des Siegels so bedeutend zu, daß ein breiter Überrand stehen bleibt und der Stempelabdruck wie in einer Schale oder Schüssel ruht. Die Glätte und Gleichförmigkeit des Überrandes und des Rückens der Schüssel setzen deren gelegentliche Herstellung mit einer Form (Siegelmodel genannt) voraus.[83]) Tonangebend für diese Siegelform sind die herzoglich-österreichische und die kaiserliche[84]) Kanzlei gewesen. Aus Österreich sind auch Privat- und Klostersiegel vom 15. Jh. erhalten, deren auf dem Rücken verzierte Schalen mit solchen Modeln angefertigt sind.[85]) Im Norden und Westen Deutschlands kommen die geformten Schüsseln erst später und seltener vor.[86])

Von den Wachsschalen zu den Holz-, Elfenbein-, Blech- und Metallkapseln der verschiedensten Art, welche die Wachs- und später die Lacksiegel der Urkunden vom 16. Jh. bis in die Neuzeit hinein auch bei uns in Deutschland häufig einschließen[87]), um sie vor Beschädigungen zu schützen, war der Schritt um so kürzer, als die Vorbilder für diese Siegelform in Italien schon längst vorhanden waren.[88]) Im 18. Jh. wird es Sitte, die an wichtigen Staatsverträgen, Heiratsurkunden, Erbverträgen und ähnlichen zwischen fürstlichen Familien abgeschlossenen Vereinbarungen zu befestigenden Siegel in silberne oder vergoldete Kapseln einzulassen.

wachs scheint im 14. und 15. Jh. ein fertiger Handelsartikel gewesen zu sein. KNIPPING, Die Kölner Stadtrechnungen des Mittelalters I, 231 u. 407, II, 126, und häufiger. Vgl. eine entsprechende Notiz in der Aachener Stadtrechnung von 1333 bei LAURENT, Aachener Zustände S. 411, und die zahlreichen Posten „vor seghelwas" in den Hildesheimer Stadtrechnungen von 1416 ab; DOERNER UB. der Stadt Hildesheim VI, Register unter Hildesheim: Siegelwachs. Nachrichten über angekauftes Wachs für die kaiserliche Kanzlei aus späterer Zeit bei SEELIGER, Kanzleistudien, MIÖG, VIII, 50 ff.

77) Dazu wurde Zinnober benutzt, seltener Mennig. GROTEFEND 24.

78) Durch Grünspan hergestellt. GROTEFEND a. a. O.

79) Über Siegel aus blauem und schwarzem Wachs s. POSSE, Ul. 142, Anm. 5 u. 6. Vgl. zu den farbigen Siegeln überhaupt VON SAVA, MKKCC. IX, 153f. und Rhein. Siegel I u. II Einl.

80) Daher hängen auch an ein und derselben Urkunde häufig genug Siegel, die aus dem verschiedensten Wachs hergestellt sind, ohne daß Unterschiede in der Stellung der Siegelführer nachzuweisen wären.

81) POSSE, Ul. 142, Anm. 3. Auch das Siegeln mit andersfarbigem Wachs galt gelegentlich als besonderes Privilegium; s. BRESSLAU, Ul. 933. Die Kaiserrücksiegel sind vom 14. Jh. ab meist in rotem Wachs geformt. S. LINDNER 39.

82) BRESSLAU, Ul. 933, Anm. 1.

83) Vgl. den Aufsatz von ZAHN, Über Siegelmodel im Anz. für Kunde der deutschen Vorzeit, 1867, Sp. 5—10, mit Siegeltafel.

84) PHILIPPI 57 nimmt diese Art der Herstellung der äußeren Hülle schon für die Zeit Friedrichs II. an.

85) ZAHN a. a. O., Sp. 6.

86) GROTEFEND 26.

87) In eine Holzkapsel eingefügt ist das Siegel Graf Philipps von Nassau von 1555 (StA. Düsseldorf, Kurköln 2267); die rote Platte ruht auf grüner Masse. Interessant ist, daß das Marienstift in Aachen die Siegel seiner älteren Kaiserurkunden nachträglich mit Holzkapseln umgeben hat. Vgl. LINDNER 44. Die Siegel der im StA. Düsseldorf beruhenden Kaiserurkunden des Marienstifts von 1357, 1435, 1442 sind mit Holzkapseln versehen, die nicht original sein können. S. auch GEIB, AZ. NF. II, 109.

88) Vgl. PHILIPPI 63. Die sizilianischen Königssiegel Friedrichs II. sitzen in Kapseln von Olivenholz. Ein Beispiel bei WEECH, Karlsruher Siegel, Tafel I, 3.

III. Die äußere Beschaffenheit der Siegel.

Dem Abdruck des päpstlichen Fischerringes, der auf der Rückseite des Dokumentes angebracht wurde, hat man regelmäßig eine aus schmalen Pergamentstreifen gedrehte Kordel umgelegt, um ihn auf diese Weise besser vor dem Abbröckeln und der Zerstörung zu bewahren. Das Siegel bedeckt aber in älterer Zeit zugleich den Schnitt durch das Pergament, durch den der zum Verschluß verwendete Pergamentstreifen gezogen war, der offenbar von der Kordel ausging.[89])

Unter dem Einfluß der fortschreitenden Papierbereitung hatte sich seit der zweiten Hälfte des 14. Jhs. eine eigenartige Manier zum Schutz des auf Papier aufgedrückten Siegels entwickelt; man gab ihm einfach einen Papierüberzug[90]), welcher durch den Stempeldruck mit dem Wachs verbunden wurde. Dies Verfahren dürfte sich durch die Erfahrung empfohlen haben, daß beim Zusammenfalten das ältere, immer etwas faserige Papier auf dem frischen, unbedeckten Wachssiegel, mit dem es in Berührung kam, kleben blieb. Derartige Siegel kommen noch bis zum Ende des 18. Jhs. auch als angehängte Stücke vor. In dieser Zeit wurden sie ganz dünn hergestellt und ihnen auf den Rücken, um ihre Festigkeit zu erhöhen, eine Pergamentscheibe angedrückt. Es ist das im allgemeinen dieselbe Anfertigungsweise von Stempelabdrücken, auf die wir heutzutage noch unsere Oblatensiegel fabrizieren. Diese und die Anwendung des Siegellacks, welche ebenso wie die der Oblaten in der zweiten Hälfte des 16. Jhs. in Deutschland ihren Anfang nimmt[91]), die hier jedoch nicht näher beschrieben zu werden braucht, haben das Siegeln mit Wachs zurückgedrängt. In der modernen Siegelmarke lebt die Papierschutzhülle des alten Wachssiegels gewissermaßen noch fort.

Der Stempeldruck kommt im 17. Jh. im Westen Deutschlands in die Mode.[92]) Anfänglich wird er noch vielfach mit dem vertieft geschnittenen Stempel hergestellt, den man durch den Lichtschwaden schwärzte. Siegelbild und Schrift blieben auf diese Weise beim Abdruck weiß. Ein derartiger Abdruck verwischte sich leicht. Erst um die Wende des 17./18. Jhs. bürgerte sich der Farbdruck mit erhabenem Stempel ein.

2. Die Siegelformen.

Während die Metallsiegel, die Gold- und Bleibullen, von Anfang an die runde Form beibehalten haben, zeigen die Wachssiegel in der äußeren Gestaltung die größte Mannigfaltigkeit und bunten Wechsel. Auch in bezug auf die Größe lassen sich bei Goldbullen so wenig wie bei Bleibullen unter den einzelnen Kategorien der Stempel-

---

89) S. das Breve Papst Sixtus IV. von 1484 (StA. Düsseldorf, Herrschaft Odenkirchen) und das Papst Paul III. von 1536 (StA. Düsseldorf, Stift Emmerich), an dem auch der Abdruck des Fischerrings noch ziemlich gut erhalten ist. Die um den Fischerring gelegte Kordel an dem Breve von 1536 ist mit dem Messer oder der Schere glatt durchschnitten, so daß es zweifellos ist, daß sie eben dem Verschluß gedient hatte. L. Schmitz-Kallenberg, Papsturkunden (s. diesen Grundriß I 1, 226) will die Kordel nur zum Schutz des Fischerringes angebracht sein lassen.

90) O. Hupp, Die Wappen und Siegel der deutschen Städte I, Vorbemerkungen S. IV, schlägt für sie die nicht ganz zutreffende Bezeichnung: „Papiersiegel" vor, weil der in älterer Zeit dafür gebrauchte Ausdruck „Pressel" nie recht allgemein geworden sei. Belege hierfür aus dem 14. Jh. bringt Seyler, Gesch. 186. Über die Siegel, welche mittelalterliche Siegelbeschreibungen in pressulo pergameneo zu nennen scheinen, wird bei der Herstellung der Siegel gehandelt werden; s. unten S. 22, Anm. 170. „Pressel" = „Pergamentstreifen" s. unten S. 25 f.

91) Phil. Ernst Spiess, Angelegentlicher Unterricht von dem ältesten Gebrauch der Siegeloblaten begleitet mit Zusätzen von Joh. Phil. Roos, Frankfurt a. M. 1797 und N. Kindlinger, Nähere Nachrichten vom ältesten Gebrauche der Siegeloblaten und des Siegellacks in dem 16. und 17. Jh. Dortmund und Essen 1799. Kindlinger hat die älteste Siegeloblate an einem Schreiben von 1579 ermittelt. (S. 17.) Einen Lackabdruck weist er aus derselben Quelle für das J. 1582 nach; im Wild- und Rheingräflichen Archiv zu Daun sollen sich solche schon aus dem J. 1553 befunden haben. Gütiger Mitteilung des Kollegen Gundlach in Marburg zufolge ist ein Schreiben der Herzogin Sidonie von Braunschweig-Kalenberg an Landgraf Wilhelm von Hessen aus dem J. 1564, Nov. 23. (StA. Marburg) mit Siegellack versiegelt gewesen. Was es mit dem *Sigillum oblativum* prioris claustre (?) virginum Septistagnensium, dessen erhaltener Stempel aus dem 15. Jh. zu stammen scheint, für eine Bewandtnis hat, muß noch näher untersucht werden. Die Erklärung, die Seyler (Herold 1908, S. 218) dafür gibt, halte ich nicht für zutreffend. Die Erzeugnisse des „Sigel und offlatencisengreber", den der Zimmerischen Chronik zufolge (ed. Barack, B. lit. Ver. Stuttgart) 1, 491 der Graf Johann Werner von Zimmern sich zeitweise hielt, darf man wohl für die Herstellung von Siegeloblaten noch nicht in Anspruch nehmen. Mit diesen Oblateneisen werden Hostien geformt sein.

92) Soweit sich aus Archivalien des StA.'s Düsseldorf feststellen ließ, wenden Notare für ihre Zeichen dies Verfahren am frühesten an. Belege von 1668 und 1683 finden sich daselbst Kl. Altenberg, Akten Nr. 10. Hier sind erhaben geschnittene Stempel benutzt, die also schon für den Schwarzdruck (Druckerschwärze) ausschließlich bestimmt waren.

führer in den verschiedenen Jahrhunderten sehr erhebliche Unterschiede feststellen. Dagegen stehen unter den Wachssiegeln Exemplare mit einem Durchmesser von unter 20 mm solchen gegenüber, deren doppelter Radius 127 mm mißt.

Die Tendenz, für die Wachssiegel immer größere Formen zu wählen, herrscht im allgemeinen bis in die Mitte des 14. Jhs. Der Durchmesser der Kaisersiegel wächst durch die verschiedenen Jahrhunderte, bis er etwa bei den Siegeln Friedrichs III. das höchste Maß erreicht.[93] Auch die Siegel der Bischöfe und der weltlichen Fürsten nehmen an Umfang in dem angegebenen Zeitraum ziemlich regelmäßig zu, wenn sich schon bei ihnen gelegentlich Beispiele finden, daß der Nachfolger nicht das Bestreben hat, in der Größe seines Siegelstempels seinen Vorgänger zu übertreffen.[94] Man darf wohl annehmen, daß in den Maßen des Siegels nicht selten der Anspruch auf Ansehen und Geltung, zu denen sich der Siegelführer für seine Person berechtigt glaubte, zur Anschauung gebracht werden sollte.[95] Die Stempel der geistlichen Kapitel, der Städte und sonstigen Genossenschaften, welche vielfach im 13. Jh. neu eingeführt wurden, unterschieden sich in der Größe meistens ebenfalls nicht unbedeutend von den vorher gebrauchten. Gerade bei ihnen jedoch trat eine gewisse Reaktion gegen die allzugroßen Siegelstempel aus praktischen Rücksichten sehr bald ein. Das sigillum majus erzeugte in diesen Kreisen sofort das sigillum minus oder ad causas, dem das Sekretsiegel im Gebrauch zur Seite trat.

Die reiche Fülle von wechselnden Formen der Wachssiegel kommt erst von der Mitte des 12. Jhs. ab zum Vorschein. Bis dahin waren die Siegel rund mit Ausnahme der ovalen[96] Gemmensiegel der Kaiser und Bischöfe. Dann aber werden für bestimmte Gruppen der Siegelführer sowohl wie für gewisse Arten der Siegel besondere Formen Mode, ohne daß sich jedoch feste Regeln für deren Gebrauch im Einzelfall herausgebildet hätten. Stücke jeder Kategorie der Siegelführer und der verschiedensten Typen der Siegel begegnen uns in allen möglichen Formen. Bevorzugt werden die spitzovalen Siegel (früher „parabolisch" genannt) von den hohen Kirchenfürsten[97], den geistlichen Herren überhaupt, den Äbtissinnen; aber auch die weltlichen Damen von Stand, die Fürsten, Grafen und Herren, die ihr Abbild stehend in voller Rüstung anbringen ließen, bedienten sich ihrer, wohl deshalb, weil sich die menschliche Figur in solcher Haltung am besten dieser Siegelform anpaßte.[98] Konventssiegel sind vielfach spitzoval, aber wir kennen auch solche von Städten, Schöffengerichten, Zünften; und selbst den Schild mit Helm und Zier hat man in spitzovale Siegel gesetzt.

Umgekehrt mußte das Schildsiegel, die eigentlichste Schöpfung des Wappenwesens, statt des Wappens auch bisweilen dem Siegelführer zu Pferd, dessen Porträt, ja auch der Siegelführerin, symbolischen Engelsfiguren u. ä. Aufnahme gewähren. Die Verwendung des Vier- und Mehrecks als Siegelform tritt gegenüber der des Dreiecks (Schildform) entschieden in den Hintergrund. Und das runde Siegel, deren sich die Kaiser zu allen Zeiten bedienten, bleibt sozusagen die Grundform des Siegels, was sich schon darin äußert, daß auch nach dem Aufkommen der Herrschaft der Schildform trotzdem der Schild sehr häufig in einer Rundung sitzt. Seit dem Ausgang des MA. ist die runde Stempelform wiederum fast die allein herrschende geworden.[99]

Als Besonderheiten der Form sind noch die mit konvex geschnittenen Stempeln hergestellten Siegel[100] zu erwähnen, für welche die Gemmensiegel Vorbild gewesen sein können. Bei den Hohlsiegeln ist freilich der Schriftrand mit in die Wölbung mit einbezogen. An einer ganzen Reihe von Siegeln des 12. Jhs. erscheint indessen nur der Schriftrand zum Siegelfeld schräg gestellt, so daß das Siegel einer flachen Schüssel ähnelt.

---

93) Vgl. Seyler, Gesch. 206 ff. und Posse, Kaisersiegel I und II. Einige Siegel der Kaiser des 18. Jhs. scheinen die Friedrichs III. noch an Größe zu übertreffen.

94) So führt der Erzbischof von Köln, Conrad von Hochstaden (Rhein. Siegel I), Siegel, die kleiner sind, als die seiner Vorgänger und Nachfolger. Vgl. noch Weech, Cod. Salem. I. Taf. IX 37, 40 u. X 41 u. Karlsruher Siegel Taf. 14 u. 15.

95) Als Beleg hierfür können auch die verhältnismäßig kleinen Siegel der fürstlichen Knaben gelten. Vgl. auch Seyler, Gesch. 204.

96) Oval ist auch das im Anfang des 11. Jhs. auftretende Siegel des Domkapitels in Münster. Westf. Siegel I., 1. Taf. 3, 5.

97) Bemerkenswert ist eine Übergangsform, welche sich vom runden zum spitzovalen Siegel findet. Das in der Grundform runde Siegel Erzbischof Adalberts von Bremen-Hamburg aus dem J. 1143 ist oben zugespitzt. StA. Hannover, Bistum Bremen Nr. 30.

98) Vgl. hierzu Sello, die Siegel der Markgrafen von Brandenburg, Märk. Forsch. XX, 266 ff. Die Auffassung, daß diese Form der Mandorla entlehnt sei, dürfte doch kaum stichhaltig sein, ebensowenig wie die symbolische Bedeutung zu erweisen ist, die man ihr bei einzelnen Fürstensiegeln gegeben hat; s. Seyler, Gesch. 79 u. 84 ff.

99) Der päpstliche Fischerring nähert sich der ovalen. Petschafte werden gern eckig geformt.

100) Das interessante Siegel der Pfalzgräfin Adelheid von 1097 bei Hohenlohe Nr. 33. Vgl. auch Ewald, Siegelmißbrauch S. 19.

III. Die äußere Beschaffenheit der Siegel.

Für die Bezeichnung der Form der Siegel empfiehlt sich durchaus die von GROTEFEND [101]) vorgeschlagene Terminologie, die wir, mit BRESSLAUS [102]) Zusätzen versehen, hier anschließen.

◯ rund	◡ schildförmig, oben abgerundet	◇ viereckig, oben spitz (rautenförmig)
◯ oval	⊔ schildförmig, unten abgerundet	▯ oblong
⬭ queroval	♡ herzförmig	▭ queroblong
◯ rund, oben zugespitzt [103])	⌂ herzförmig, die Spitze nach oben [104])	⌂ fünf- und mehreckig
◯ spitzoval	△ dreieckig	⚜ Dreipaß
⬭ querspitzoval	△ dreieckig, oben spitz	✙ Vierpaß [105])
▽ schildförmig	▢ viereckig	

3. Die Bestempelung der Siegel.

Die Bestempelung der Siegel ist entweder eine ein- oder eine zweiseitige. Die Gold- und Bleibullen sind regelmäßig zweiseitig bestempelt gewesen, derart, daß das Siegelbild mit Umschrift auf Vorder- und Rückseite den gleichen Durchmesser zeigte. Die ältesten Wachssiegel hatten gewöhnlich nur eine bestempelte Seite. Erst im 12. Jh. kommt die Sitte in Deutschland auf, auch deren Rückseite mit einem Stempelabdruck zu versehen. Ist dieser ebenso groß wie der der Vorderseite, so pflegt man die Siegel „Münzsiegel" [106]) zu benennen; einen Abdruck eines kleineren Stempels auf der Kehrseite des Siegels bezeichnet man mit dem Ausdruck „Rücksiegel".

Einseitig beprägter Bleibullen, sogenannter Halbbullen, haben sich die Päpste seit Innozenz III. für die Zeit zwischen Wahl und Weihe bedient. [107])

Solange die Wachssiegel dem Schreibstoff unmittelbar angefügt werden, kommt in Deutschland deren zweiseitige Bestempelung nur gelegentlich vor. [108]) Erst als es Brauch wurde, sie den Urkunden anzuhängen, sind sie häufiger zweiseitig bestempelt worden, und zwar zunächst als Münzsiegel. [109]) Das legt den Schluß nahe, daß hier als Muster die Metallbullen wirksam gewesen

---

101) GROTEFEND 17.   102) BRESSLAU, Ul. 941.
103) S. oben Anm. 97. Sie scheint mit der von BRESSLAU als birnenförmig charakterisierten Form übereinzukommen.   104) S. HOHENLOHE, Nr. 96.
105) Die verschiedenartigsten Formen von Siegeln hat HOHENLOHE auf Taf. IX und im Text zu Nr. 96 zusammengestellt.
106) Die von GROTEFEND 17 u. 28 f. vorgeschlagene Bezeichnung „zweiseitige Siegel" trifft den wesentlichen Unterschied dieser Sorte von Siegeln gegenüber der mit Rücksiegeln versehenen nicht. Vgl. BRESSLAU, Ul. 941 Anm. 6.
107) BRESSLAU, Ul. 941 und BAUMGARTEN, Aus Kanzlei und Kammer S. 163, der sie unter der Bezeichnung „Bullae defectivae" bringt.
108) Eine Gerresheimer Urkunde, die zwischen die Jahre 1167 und 1190 fällt (StA. Düsseldorf), weist ein kleines rundes Siegel mit zweiseitiger Bestempelung auf. Es ist das des Konventes von Gerresheim mit dem Brustbild des Stiftsheiligen, des hl. Hippolyt, und der Aufschrift: Scs. Ippolitus. Dieses ist im Wachs auf der Rückseite des Pergaments ausgedrückt. Der Revers auf der Schriftseite zeigt vertieft Christus am Kreuz, ist also mit einem erhaben geschnittenen Stempel hergestellt. Das Kreuzbild umgibt ein Rand ohne Schrift. Die beiden Stempel dieser Abdrücke sind von gleicher Größe gewesen und hatten beide am Kopf ein Öhr; sie gehörten demnach zueinander. Ein zweiter erhaltener Abdruck dieses ältesten Gerresheimer Konventssiegels (Stift Gerresheim Urk. von 1208—1212) bietet freilich nur das Bild des Heiligen ohne Rücksiegel. Auch ein Siegel an einer Laacher Urk. von 1154 (StA. Coblenz) ist zweiseitig bestempelt. S. demnächst EWALD, Sphragistik.
109) Die ältesten Beispiele fürstlicher Münzsiegel stammen aus dem Südosten des Deutschen Reiches. Vgl. POSSE, Ul. 139 Anm. 1 und BRESSLAU, Ul. 942. Über die italischen und englischen Münzsiegel vgl. demnächst EWALD, Sphragistik.

sind. Das Rücksiegel scheint dem Bedürfnis nach „Gegensiegelung" seinen Ursprung zu verdanken. Die ältesten uns erhaltenen Rücksiegel sind Abdrücke eines zweiten Stempels, welchen der Siegler neben seinem Hauptsiegel führt. Oder aber das Rücksiegel gehört einer Persönlichkeit oder Korporation an, welche für den Inhalt oder die Ausfertigung der Urkunde, die vom Hauptsiegelführer ausgestellt ist, in irgendeiner Beziehung eine Verantwortung mit übernimmt. In die erstere Klasse der Rücksiegel gehören die Sekretsiegel, welche bei fast allen Kategorien von angeseheneren Siegelführern, mögen es Personen oder Körperschaften sein, im Laufe des 13. Jhs. in Aufnahme kommen. Zu der letzteren zählen die Siegel fürstlicher Damen, welche ihrer Gatten auf der Rückseite aufgedrückt sind[110]), die Siegel von Beamten der Reichskanzlei auf der Kehrseite der Kaisersiegel[111]), die Kontrasiegel der Zisterzienserkonvente auf den Siegeln der Äbte[112]), die Siegel der Bürgermeister und Schöffen, welche wir nicht selten auf der Rückseite der Städtesiegel[113]) angebracht sehen. Gelegentlich hat man wohl auch aus Sparsamkeitsrücksichten die Stempelabdrücke zweier Mitsiegler auf einer Wachsschicht vereinigt[114]), ähnlich wie man im 14. und 15. Jh. zwei und mehr Siegel an einem Pergamentstreifen oder einer Siegelschnur befestigt hat.

Die Bestempelung der Verschlußsiegel ebenso wie der zur Beglaubigung angehängten Oblatensiegel ist nur eine einseitige. Überhaupt verliert sich mit dem Ausgang des MA. der Gebrauch von Rücksiegeln wieder mehr und mehr dank der Veränderung vornehmlich, welche die Siegelinstrumente erfahren hatten, und da nunmehr die Unterschrift als Beglaubigungsmittel wieder in Aufnahme gekommen war.

IV. Die Siegelinstrumente.

1. Das Material und die Form der Stempel.

Die verschiedene Beschaffenheit der Siegelstoffe bedingte, daß die Instrumente[115]), mit denen die Stempelabdrücke hergestellt wurden, je von besonderer Art waren. Für die Stempel der Metallbullen mußte notwendig eine härtere Masse verwendet werden, als die war, aus welcher die Bullen angefertigt werden sollten. Aus dem weichen Wachs ließen sich auch mit Typaren von geringerer Härte scharfe Abdrücke erzielen. Die Stempel für die Metallbullen waren daher aus Stahl oder Eisen; auch Messing ist dazu verwendet worden. Wachssiegelstempel sind uns aus Gold, Silber, Bronze, Messing, Eisen, Stahl, Blei, aus geschnittenen edlen und unedlen Steinen[116]), aus Elfenbein, Knochen und harten Holzsorten erhalten, ja man hat wohl zu Fälschungen noch weichere Stoffe benutzt. Es bildet die Regel, daß dem Siegelstempel das negative Siegelbild eingegraben ist.

Die Eisenkolben für die goldenen Bullen Friedrichs I. hat Wibald von Stablo 1152 in Aachen in Auftrag gegeben. Über ihre Form läßt sich der Abt in seinem bekannten Schreiben[117]) nicht näher aus, und überliefert ist uns ein derartiges Stück aus dem früheren MA. nicht. Schon der Umstand jedoch, daß bei dieser Gelegenheit von ferramenta die Rede ist, läßt darauf schließen, daß die Stempel für Avers und Revers nicht etwa in einer Presse vereinigt waren, sondern daß sie lose jeder für sich besonders gehandhabt wurden.

Die beiden aus Eisen oder Stahl gefertigten Stempel, mit denen die päpstlichen Bullen fabriziert wurden, waren in älterer Zeit ebenfalls nicht in eine dauernde feste Vereinigung zueinander gebracht, Namenstempel und Apostelstempel bestanden für sich.[118]) Da im späteren MA.

---

110) Beispiele bei HOHENLOHE, Nr. 70—73.
111) Vgl. PHILIPPI 49f. und BRESSLAU, Ul. 943, Anm. 2.
112) Westf. Siegel III Einl. S. 2.
113) Vgl. hierzu Westf. Siegel IV Einl. Sp. 6.
114) Ob unter diese Kategorie das Siegel des Herrand von Wildon (1195—1197) gehört, das dem des Abtes Rudolf von Admont auf der Rückseite aufgedrückt ist? Vgl. HOHENLOHE Nr. 52.
115) Vgl. darüber demnächst W. EWALDS Sphragistik.
116 Für die Verwendung dieser Stoffe haben wir schon das Zeugnis Konrads von Mure aus dem 13. Jh. QE. 9, 476 und MIÖG. 30, 88. Typarium pape fit ex calibe vel ferro; set alia meliora sigillorum typaria habent fieri ex puro auricalco. Quandoque tamen fiunt ex gemmis, quandoque ex cupro vel ex plumbo vel ex argento. SEYLER, Abriß 84.
117) Wibaldi Epist. ed. JAFFÉ (Mon. Corbeiensia, Bibl. rer. Germ. I) Nr. 377 perfecta sunt ferramenta ad bullandum de auro.
118) DIEKAMP MIÖG. III 609f., I. v. PFLUG-HARTTUNG, Die Bullen der Päpste bis zum Ende des 12. Jhs., 42f. und BAUMGARTEN, Aus Kanzlei und Kammer S. 112ff., der die zum Bullieren verwendeten Instrumente eingehend beschreibt. Vgl. auch EITEL S. 3 ff.

IV. Die Siegelinstrumente.

beim Tode eines Papstes zum mindesten der erstere durch die Plumbatoren regelmäßig vernichtet wurde, dürften sich echte Bullenstempel aus früheren Jahrhunderten nicht erhalten haben. Die bei Köln im Rhein gefundenen Bullenstempel Papst Innozenz IV. aus Bronze [119]) sind zwar zweifellos in betrügerischer Absicht angefertigt worden, trotzdem jedoch werden sie nach echten Vorlagen gearbeitet sein, so daß sie für das Aussehen dieser Instrumente überhaupt zu verwenden sind. Von ihnen ist der Namenstempel durchaus zylindrisch geformt [120]); der Apostelstempel jedoch, der am Kopf der Platte ebenfalls zylindrisch ist, läuft in eine stumpfe Pyramide aus, die sichtlich dazu diente, ihn in die entsprechend gearbeitete Nute eines Holzblockes oder einer Eisenplatte einzulassen. Seit dem Ende des 14. Jhs. hat man zum Prägen der Bullen wohl zangenartig geformte Maschinen benutzt. [121])

Die goldenen Ringe Alarichs (Ende des 4. Jhs.) und des Königs Childerich († 481), falls sie überhaupt echt sind, dürften als die ältesten Originalwachssiegelstempel von allgemeinerer Bedeutung unter denen, welche sich aus dem MA. erhalten hatten [122]), anzusprechen sein. Ringform zeigen auch die sämtlichen Siegelinstrumente, die uns bis zur Zeit der ersten Karolinger freilich ausschließlich durch ihre Produkte bekannt sind. [123]) Schwerlich jedoch wurden sie noch an den Fingern getragen, wenn sie, wie uns Abdrücke auf Merowingerurkunden lehren, einen Durchmesser bis zu 33 mm erreichten. Die ersten Karolinger ließen geschnittene Steine mit den Bildnissen römischer Imperatoren in Gold fassen und verwendeten sie als Siegelstempel, indem meist auf den Metallrand die Umschrift eingraviert wurde. [124]) Später ersetzte man die ovalgeformten antiken Gemmenbilder nicht selten durch gleichzeitig geschnittene Steine, die uns in der verschiedenartigsten Fassung begegnen und bei denen, da sie bisweilen oben mit einem Öhr versehen sind, die Ringform aufgegeben scheint. Im Siegelring Karls des Großen lag die Gemme tiefer als der sie einschließende Metallrand, bei den Typaren Ludwigs des Frommen hatten Steine und Fassung das gleiche Niveau, auf den späteren überragte der Stein die Fassung um $1\frac{1}{2}$—2 mm. [125])

Der Brauch, in Metall gefaßte Gemmen als Siegelstempel zu benutzen, ist durch das ganze MA. hindurch bis in die Neuzeit hinein lebendig geblieben. [126]) Er ist nicht nur von Fürsten, Bischöfen und kirchlichen Dignitaren gern gepflegt, selbst geistliche Korporationen verwenden antike oder nachgeschnittene Gemmen zu Siegeltyparen [127]) und die wohlhabenden Bürger in den größeren Städten am Rhein im 14. und 15. Jh. [128]), die Humanisten und deutschen Gelehrten der Reformationszeit bedienten sich ihrer zu dem gleichen Zwecken. Die kleineren Steine werden in den meisten Fällen zu Ringen verarbeitet gewesen und am Finger getragen sein, wie wir denn auch aus dem MA. Ringe mit siegelmäßigen Bildern und Aufschriften besitzen, die nicht als Siegeltypare verwendet zu sein scheinen. [129]) Im Beginn der Neuzeit wurde die Petschaftform dafür beliebt.

---

119) L. Schmitz-Kallenberg, Ein Bullenstempel des Papstes Innozenz IV., MIÖG. XVII, 64 bis 70. Schmitz ist geneigt, die Instrumente für echt zu halten. Es genügt aber, darauf hinzuweisen, daß die Stempel entgegen dem Zeugnis Conrads von Mure aus Bronze bestehen, daß ferner, wie mir mein Kollege Knipping mitteilt, deren Abdrücke von den echten Bullen Innozenz IV., welche in den Rheinlanden existieren, erhebliche Verschiedenheiten aufweisen.

120) Die gleiche Form hat der Namenstempel Papst Clemens III. im Wiener Hofmuseum (Jb. der kunsthistor. Samml. des Kaiserhauses [Wien] XIII, 2. T., S. 44), der doch ebenfalls als Fälschung anzusehen sein dürfte.

121) Baumgarten a. a. O. S. 148f.

122) S. oben S. 9, Anm. 47 u. 48. Der im Jahre 1653 im Grabe des Königs Childerich zu Tournay aufgefundene Ring 23:18 mm ist 1831 aus der Königl. Bibliothek in Paris gestohlen worden und seitdem nicht wieder zum Vorschein gekommen; Bresslau, Ul. 923f. Eine Abbildung bringt auch Seyler, Gesch. 56. Ein Damensiegelring soll mit römischen Goldmünzen aus dem Ende des 4. Jhs. zusammen in Corbridge bei Hexham in England ausgegraben sein; s. Deutsche LZ. 1908, Sp. 2607.

123) E. Gein, AZ. NF. II. 80ff. Vgl. auch demnächst W. Ewald's Sphragistik.

124) Erhalten hat sich die Siegelplatte eines Ringes Lothars II., welche jetzt dem sogenannten Lotharkreuz des Aachener Domschatzes eingefügt ist; die Aufschrift ist bei ihr auf den Stein gesetzt. Vgl. Bock, Karls d. Gr. Pfalzkapelle, S. 34 u. 35.

125) Geib a. a. O., S. 82 und Posse, Kaisersiegel I.

126) Der ausschließliche Gebrauch der Gemmensiegel seitens der deutschen Könige und Kaiser erlischt mit Ludwig dem Kind. Es ist aber sehr wahrscheinlich, daß unter den Geheimsiegeln der Kaiser, über die wir zuerst seit Heinrich VII. nähere Kunde erhalten (Bresslau, Ul. 949f., vgl. auch Lindner, 50ff.), sich ebenfalls Gemmensiegel befanden.

127) Die Literatur bei Posse, Ul. 136. Vgl. auch Westfäl. Siegel III Taf. 114, 5 und Posse, Wettiner Adelssiegel I Taf. 22 u. 29.

128) Zahlreiche Belege aus Köln und Neuß im StA. Düsseldorf; vgl. B. Kuske, Die Handelsbeziehungen zwischen Köln und Italien im späteren MA., Westd. Z. 27, 438—441 nebst Siegeltafel.

129) Hier sei auf die Pansiner Ringe hingewiesen; vgl. G. Sello, GQu. des Geschlechts v. Borcke III 2 (1910), S. 365ff.

Da seit Ludwig dem Deutschen der Durchmesser der Siegel sich mehr und mehr vergrößert, so ist wohl schon aus diesem Grunde der Schluß berechtigt, daß man mit diesem Zeitpunkt dazu überging, die Stempel zu deren Herstellung aus weniger wertvollem Material zu schneiden. Ein Abdruck des Siegels Ottos I. von 956[130]) — echte Siegelstempel der deutschen Könige und Kaiser haben sich aus dem MA. nicht erhalten[131]) — läßt erkennen, daß damals das zum Siegeln benutzte Instrument in der Mitte entzwei gesprungen war; also wird es wohl aus Schiefer bestanden haben gleich dem auf Erzbischof Adaldag von Bremen (936—988) gedeuteten Typar[132]), das zu den ältesten uns überlieferten Stücken zählt. Siegelstempel aus Schiefer, die doch nicht sehr widerstandsfähig sind, dürften die Erzbischöfe und Bischöfe in der frühesten Zeit häufiger benutzt haben. Eine solche Annahme vermag uns am leichtesten zu erklären, wie es kommt, daß von einer ganzen Reihe derselben verschiedene Typen von Siegeln, die unverdächtig sind, vorliegen, während die Kirchenfürsten vom 13. Jh. ab mit ihren Stempeln seltener wechselten.

Einen goldenen Siegelstempel spricht man dem Erzbischof Bruno I. von Köln zu, weil dieser Veranlassung genommen hat, testamentarisch darüber zu verfügen.[133]) Von Silber ist die Siegelplatte Erzbischof Thietmars von Salzburg, die, 8 mm dick, auf dem Rücken keine Handhabe trägt.[134]) Auch das Instrument für die Siegel Friedrichs I., welches Wibald v. Stablo 1152 in Aachen anfertigen ließ, wurde aus dem gleichen Material hergestellt.[135])

Das sigillum stagneum diligenter expressum ad formam argentei, das der genannte Abt bei dieser Gelegenheit erwähnt, muß demnach als ein dem silbernen vollkommen getreu nachgebildeter zinnerner Siegelstempel gelten.[136]) Bleistempel waren ebenfalls im Gebrauch; einige unzweifelhaft echte Exemplare aus der zweiten Hälfte des 13. Jhs. haben sich erhalten.[137]) Sollte nicht dies weiche Material häufiger zu Stempelfälschungen verwendet worden sein, mit denen man den Typus von Originalsiegeln nachahmte?

Die weit überwiegende Menge der Siegelmatrizen des MA. aber bestand aus Bronze oder aus Messing.[138]) Von den Stempeln der ehemaligen geistlichen Korporationen, der Fürsten und Edelherren, der Städte, Gerichte, Genossenschaften und Zünfte, der Adligen und Bürger, die sich in großer Zahl vom Ausgang des 12. Jhs. ab erhalten haben[139]), sind wohl gut an die 80 %

130) K. Foltz, Die Siegel der deutschen Könige und Kaiser aus dem Sächsischen Hause. NA. III 30.

131) Der neuerdings in Italien aufgetauchte Siegelstempel Friedrichs II. (vgl. Winkelmann in den MIÖG. XV 485—487) dürfte ebenso eine Fälschung sein, wie die Wilhelms von Holland, Thronsiegel nebst Rücksiegel, im Reichsarchiv im Haag (F. M. Haberditzl, Über die Siegel der deutschen Herrscher vom Interregnum bis Kaiser Sigmund, MIÖG. 29, 627 ff. und Posse, Kaisersiegel II Taf. 50, 7—10) und Rudolfs von Habsburg in Wien (I. v. Schlosser. Typare und Bullen des Allerhöchsten Kaiserhauses. Jb. der kunsthistor. Samml. Wien XIII, S. 37 ff., Haberditzl a. a. O. S. 632 ff. und Posse, Kaisersiegel I Taf. 41, 1 u. 2). Verdächtig erscheint mir auch der Reichshofgerichtsstempel Sigismunds im Germ. Museum in Nürnberg; vgl. auch Haberditzl a. a. O. S. 639. Über die gefälschten Stempel König Heinrichs III. und Karls IV. s. Posse, MIÖG. XIV, 489 und Kaisersiegel II Taf. 42, 2 u. 51, 5.

132) Mit einem Durchmesser von 40 und einer Dicke von 7 mm. Vgl. Anz. für Kunde der deutschen Vorzeit, 1878, Sp. 11. Dieser sowie ein zweiter aus dem 11. Jh. stammender Schieferstempel, wahrscheinlich ebenfalls einem Bremer Erzbischof zugehörig, ist im Besitze der Gesellschaft für bildende Kunst in Emden.

133) Ruotger, Vita Brunonis c. 49. MG. SS. IV 274, s. Bresslau, Ul. 926 n. 2°, I, 698, Anm. 1.

134) MKKCC. NF. VIII, S. CXXI ff.   135) Wibaldi Epist. Nr. 377.

136) Bresslau, Ul. 926. Über dessen spezielle Verwendung s. unten. Vgl. auch Ewald, Siegelmißbrauch S. 16.

137) Ich führe hier den Bleistempel Gottschalks v. Plesse an (StA. Hannover AS. Nr. 8), der dem Ausgang des 13. oder dem Anfang des 14. Jhs. angehört. Hohenlohe, Anz. für Kunde der D. Vorzeit, 1878, Sp. 12, macht einen aus dem 12. Jh. stammenden Bleistempel des Königs Geisa II. von Ungarn (Nationalmuseum in Pest) namhaft. S. auch Seyler, Abriß, S. 25. Im Nationalmuseum zu Kopenhagen wird der bleierne Stempel eines angeblichen Herzogs (?) Balduin von Flandern aufbewahrt, den J. Cuvelier (Revue des bibliothèques et archives de Belgique IV (1906) 372—383) für echt hält und dem Grafen Balduin IV (988—1035) zuweist. Schon der Throntypus des Siegelbildes läßt das Stück verdächtig erscheinen.

138) Bei Beschreibungen der Stempel wird zwischen diesen beiden Mischmetallen nicht immer streng unterschieden.

139) Vgl. Melly 163 u. 164, Posse, Ul. 144, Anm. 2, Bresslau, Ul. 927, Anm. 2. Fast sämtliche Städte, die es im MA. zu einiger Bedeutung gebracht haben — ich nenne nur Köln, Trier, Frankfurt a. M. —, sind noch im Besitze von Stempeln, die im 13. Jh. und später gebraucht wurden. Von größeren Fundstätten für Siegelstempel sei in erster Linie das Germanische Nationalmuseum in Nürnberg genannt, dem die Warneckesche Sammlung überwiesen ist. Jedes Provinzialmuseum, die Archive in Preußen und dem übrigen Deutschland verwahren Siegelstempel in ziemlicher Anzahl, unter denen es freilich auch an Fälschungen nicht fehlt. Über die falschen Stempel in den Wiener Instituten vgl. Posse, MIÖG. XIV 488 ff. Eine Reihe der schönsten

aus diesem Metall geschnitten. Die wohlhabenderen Kreise der Gemeinschaften wie der Einzelpersonen benutzen namentlich seit dem 14. Jh. gern, gleich den Königen und Erzbischöfen, Silber, wogegen das Eisen, offenbar weil es zu stark oxydierte, keine große Rolle in dieser Hinsicht gespielt hat. Erst im Beginn der Neuzeit, als man zum Siegellack- und Oblatenabdruck überging, kam der Stahlstempel in Aufnahme, dem man aber häufig noch die Stempelplatte in Bronze oder Messing auflegte, weil der Schnitt darin leichter auszuführen ist.

Die modernsten Erzeugnisse dieser Art, der Gummi- und Kautschukstempel, seien wenigstens hier kurz erwähnt.

Die ältesten Stempel haben die Form von Platten, deren Dicke in der Regel weniger als 10 mm beträgt. Am Kopf tragen sie gewöhnlich einen in der Verlängerung des Kreuzes oder der Rosette der Umschrift liegenden durchlochten Ansatz, der auch bisweilen auf den Siegeln sichtbar ist.[140]) Durch dessen Öhr wurde die zum Umhängen des Stempels — das große Kaisersiegel trug der Erzkanzler bei bestimmten feierlichen Anlässen an einer Halskette[141]) — benutzte Kette gezogen. Es scheint nicht ausgeschlossen, daß die Öse auch noch einen weiteren praktischen Zweck hatte.[142]) Seit dem 13. Jh. werden die Stempel auf der Rückseite neben oder anstatt des Kopfansatzes sehr häufig mit einem Steg versehen, der bei manchen Exemplaren erst später aufgelötet worden ist. Nicht selten weitet sich der Steg zu einem verzierten Bügel aus, der durch Scharniere zum Umlegen eingerichtet ist. Die Holzfassungen mit Griff, welche jetzt Typare selbst des 13. Jhs. tragen, sind nicht original, sie stammen frühestens aus dem 15. Jh., der Zeit, mit der vielfach eine veränderte Herstellungsweise der Siegel Platz greift.[143]) Über deren frühere Art vermag uns der Stempel der S. Johannis-Kapelle von Cleve[144]) einige belehrende Aufklärungen zu geben. Wir sehen ihn, was erst nachträglich geschehen sein kann, in einen der Form des Stempels entsprechenden Metallblock von nahezu 20 mm Dicke eingelassen, so daß die gravierte Seite des Stempels nach oben zu frei liegt. Der Block hat an seiner unteren Fläche einen schmalen längeren Eisenblechansatz, dessen äußerstes Ende ein viereckiges Loch zeigt, mit dem man wahrscheinlich das Instrument an einem auf der Tischplatte angebrachten Stift festlegen konnte.[145]）

Erst die neue Manier zu Siegeln, welche das 15. Jh. einführte, gab der Matrize einen Griff, welcher sie sowohl für die Anwendung eines kräftigeren Handdrucks wie die eventuelle Benutzung eines Schlagkolbens zur schärferen Ausprägung des Siegelbildes geeignet machte. An Stelle des letzteren trat dann in der Presse die mechanische Hebelkraft oder die mit Kolben versehene Schraube.

2. Der Stempelschnitt und die Verfertiger der Stempel.

Die Herstellung der Siegelstempel erfolgte gewöhnlich durch Guß[146]) über einer zunächst angefertigten Patrize; die auf diese Weise gewonnene Matrize wurde darauf mit der Feile oder dem Stichel[147]) bearbeitet. Fehler, die sich namentlich häufig in den Umschriften der Siegel finden, sprechen dafür, daß Stempel ganz oder zum Teil

---

Stempel aus den Rheinlanden, der des Stadtsiegels von Deutz, die einer Anzahl Kölner Stifte sind im Laufe des 19. Jhs. nach England verkauft und befinden sich jetzt in London im Britischen und South-Kensington Museum. Über die in Paris im Jahre 1880 versteigerte Sammlung von Siegelstempeln vgl. CHARVET, Description des collections de sceaux-matrices de M. E. Dongé. Paris 1880.

140) S. die Abbildungen bei SEYLER, Gesch. S. 100 und HOHENLOHE 54.

141) LINDNER 14. Auch in den Städten scheint der Brauch bestanden zu haben, die Siegelstempel in dieser Weise zu tragen. In der Rechnung der Stadt Wesel (StA. Düsseldorf) von 1550 findet sich der Eintrag: meister Hinrich Vurst eyn nygge sylveren ketten an der stadt secreitsigel, weght drie loit un ein fierdel, dat loit 25 alb. und tho maicken 13 s.

142) Vgl. darüber: Herstellung der Siegel.

143) In der Stadt Jülich ließ man erst 1607 den großen Siegelstempel mit einem hölzernen Griff versehen. KUHL, Gesch. der Stadt Jülich I. 193: weil ein erbar rhat den großen siegell bequemer zu gebrauchen erachtet, hab ein holzernen stempel laßen drehen, darmit der siegel desto baß eingedruckt werde.

144) Im Germ. Museum Nürnberg, Siegelstempelsammlung.

145) Für die Herstellung des Siegels durch Einpressen des Wachses in den aufliegenden Stempel ist auch die Schieferstempel des Drechslerhandwerks in Köln aus dem 16. Jh. eingerichtet. Die rechteckige Form für das runde Siegel hat in der Längsrichtung einen besonderen Einschnitt für die Siegelschnüre. Das Stück wird im städtischen Museum in Köln aufbewahrt.

146) Beschrieben bei SEYLER, Gesch. 100 ff.; vgl. MELLY 191.

147) Darauf scheint auch folgende Bemerkung in der aus dem 12. Jh. stammenden Passio ss. Virginum undecim millium (Analecta Bollandiana III 19) hinzuzielen: Sigillum aliquod sculptoris studio subtilissime expressum omnis jam populus videt et laudat, artifex tamen adhuc imperfectum videt et *limat*.

(Inschrift) auch durch direktes Eingravieren in die Platte gegraben[148]) wurden, wahrscheinlich nach einem über einer Matrize gewonnenen Modell.

Zu dem Abgußverfahren wird man auch dann seine Zuflucht genommen haben, wenn es sich darum handelte, eine bis in alle Einzelheiten getreue Nachbildung eines bereits vorhandenen Stempels zu liefern.[149]) Die modernen gefälschten Stempel, welche in die meist von echten Siegeln herrührenden Matrizen gegossen sind, lassen sich von mittelalterlichen Originalen durch die körnige Zusammensetzung der Metallmasse und die eigentümliche Färbung[150]) unterscheiden, zu welchen Merkmalen dann häufig noch die stumpfen Züge des Siegelbildes und der Buchstaben treten.

Gewerbsmäßig befaßten sich — darauf weisen alle unsere Quellenzeugnisse hin — vom MA. bis in die Neuzeit hinein mit der Anfertigung der Siegelstempel die Goldschmiede.[151]) Einem Lübecker Goldschmied ward der Auftrag gegeben, den Stempel für ein Siegel Bischof Everhards von Münster zu schneiden.[152]) Häufig genug enthalten die Zunftordnungen der Goldschmiede Vorschriften, welche bei der Herstellung von Siegelstempeln für Privatpersonen zu beobachten waren.[153]) Die Herzöge Albert III. und Leopold von Österreich nennen in einer Urkunde von 1366[154]) neben den Goldschmieden auch Geistliche und Juden, die das Stempelgraben betrieben haben. Aber auch die bildenden Künstler beteiligten sich bei der Herstellung der Siegelstempel, und ihrer Tätigkeit haben wir zweifelsohne die Prachtstücke zu verdanken, deren sich aus den verschiedensten Jahrhunderten und Gegenden eine ganze Anzahl erhalten hat. Albrecht Dürer fertigte dem Goldschmiedemeister Jan in Brüssel die Zeichnung für dessen Siegel an und bezog für diese Arbeit, wobei freilich auch zwei Porträtköpfe mit eingerechnet waren, drei Philippsgulden.[155])

Die Ausgaben für den künstlerischen Entwurf trugen neben dem wertvollen Material (Silber) der Stempel offensichtlich dazu bei, daß die Kosten dafür so beträchtliche waren. Angaben über die den Stempelschneidern gezahlten Preise besitzen wir seit dem 14. Jh. mehrfach.[156])

Beachtenswert ist die Notiz über die Beteiligung der Geistlichkeit an der Herstellung von Siegelstempeln, die ja durchaus in den Rahmen ihres allgemeinen künstlerischen Schaffens fällt. Mag diese von ihr ausgeübte Tätigkeit auch nur in bestimmten Korporationen an eine gewisse Tradition geknüpft gewesen sein und im Interesse der Angehörigen und Wohltäter eines Klosters eingesetzt haben, sie hat zugleich den Siegel- und damit den Urkundenfälschungen, die uns aus diesen Kreisen überliefert sind, sicherlich Vorschub geleistet.

V. Die Herstellung der Siegel und die Befestigung an den Schriftstücken.

1. Die Herstellung der Siegel.

In den früheren Jahrhunderten des MA. wurden die Fingerringe und die an deren Stelle tretenden Stempel mit der Bildseite in die auf dem Schriftstück ausgebreitete erweichte Siegelmasse aufgedrückt, so daß unter dem abgehobenen Siegelinstrument das Siegel zum Vorschein kam. Nach demselben Verfahren hat man seit dem 14. Jh. die unmittelbar dem Papier angefügten, in der Regel mit einer Papierdecke belegten Siegel hergestellt, welche auch zum Verschluß von Briefen usw. verwendet wurden.

---

148) S. Seyler a. a. O.
149) Dieser Fall liegt sichtlich bei dem zinnernen Siegelstempel Friedrichs I. von 1152 vor, der diligenter *expressum* ad formam argentei war.
150) Beissel in den Stimmen aus Maria-Laach VI 51.
151) Seyler, Abriß 34 u. Gesch. 116 und 213 Anm., Beissel a. a. O. 56. Ein „Factor sigillorum" erscheint in Urk. von 1336, NRhein. Ann. 83, 27. Auch Simon von Bonn, ein Kölner, wird 1360 ausdrücklich als „sculptor sigillorum" bezeichnet; StA. Düsseldorf, Kopiar Köln - Gr. Martin B fol. 57. S. übrigens auch Anm. 147.
152) Es verschlägt in diesem Falle nichts, wenn es sich dabei um eine Fälschung gehandelt haben sollte. Vgl. Westfäl. Siegel II 1 S. 13 und Bresslau, Ul. 980.
153) Vgl. MKKCC. IX. 150.
154) Ebenda und Posse, Ul. 156, Anm. 5.
155) Fr. Leitschuh, Albrecht Dürers Tagebuch der Reise in die Niederlande, S. 85: Meister Jan goldtschmiedt von Prüssel hat mir für das ich ihm gemacht hab die viesierung zum siegel und die 2 conterfetten angesiehrt 3 Philippsgulden. Über den Goldschmied, wahrscheinlich Jan van der Perre, s. Leitschuh 186. Der Entwurf zum Stempel für eine neue Goldbulle Maximilians I. rührt von Ulrich Ursenthaler her, einem Künstler, der zu den bedeutenderen im Kreise dieses kunstsinnigen Kaisers zählt. Vgl. Jb. der kunsthistor. Sammlungen des Kaiserhauses (Wien) XIII 49 ff.
156) S. oben Anm. 155, Bresslau, Ul. 927 Anm. 2, MIÖG. XVII 197 Anm. 1 und demnächst Ewalds Sphragistik.

Oblaten- und Lacksiegel sind ebenfalls Stempelaufdruckprodukte, wie selbstverständlich auch die Stempeldrucke.

Mit dem Aufkommen der Siegelinstrumente von größerem Durchmesser, nachweislich seit dem 11. Jh., entwickelt sich der Brauch, die Siegelmasse in die Bildseite des platt aufliegenden Stempels mit der Hand einzupressen oder einzugießen. Auch die Hängewachssiegel werden regelmäßig in der nämlichen Weise durch Einpressen oder Eingießen über dem liegenden Stempel geformt.

Die Goldbullen aus Plattengold wurden durch Goldschmiede getrieben, denen die eisernen Stempel für diesen Zweck anvertraut waren. Massive Goldbullen prägte man wie die Bleibullen.

Die Prägung der Bleibullen erfolgte vermittels eines Schrötlings aus Blei, der einen Kanal zum Durchziehen der Fäden, Schnüre usw. aufwies. Das Verfahren war das gleiche, das man beim Schlagen der Münzen anwendete. Welche Form die Maschine hatte, mit der seit dem 14. Jh. die päpstlichen Bullen angefertigt wurden, wissen wir nicht genauer.[157] Daß sie zangenförmig gestaltet war, dafür spricht der Umstand, daß im 15. Jh. auch die Warenplomben mit Zangen angehängt wurden.[158]

Schon eine flüchtige Betrachtung der älteren Kaisersiegel zeigt uns deutlich, daß sie durch Eindrücken des Fingerrings in das Wachs entstanden sind[159], in ganz ähnlicher Weise, wie wir heutzutage unsere Lackabdrücke usw. gewinnen. Deshalb ist auch das Wachs auf der Rückseite des Pergaments, das zum Festhalten des Siegels an diesem dort aufgelegt war, regelmäßig vollständig platt gedrückt; die Spuren des Widerstandes der horizontalen Fläche, auf der dieses Wachs beim Anfertigen des Siegels ruhte, kommen hier zum Vorschein. Der in der Regel stark überragende Rand auf der Vorderseite des Siegels ist durch den senkrechten Druck des Ringes oder Stempels hervorgerufen, indem bei dieser Gelegenheit die Wachsmasse neben dem Stempel ausgetreten ist. Unter der vom Druck des Stempels getroffenen Stelle hat daher das Wachs meist auch die geringste Dicke.

Seit dem 10. Jh. nimmt der Durchmesser der Stempel, wie bereits erwähnt wurde[160], für eine längere Periode fortgesetzt zu. Da ist es zunächst auffällig, daß allen uns erhaltenen Stempeln auf dem Rücken eine bequeme Handhabe zur Ausübung eines senkrechten Druckes fehlt. Sie haben keinen Griff zum Erfassen mit der ganzen Hand, der zugleich die größere Kraft der inneren Handfläche auf den Stempel überleitete. Dazu sind die Öse am Kopf, der schmale Steg und selbst der etwas erhöhtere Bügel auf dem Rücken völlig ungeeignet. Nun bemerken wir bereits an besiegelten Urkunden des 11. Jhs., daß die äußeren Hüllen der Siegel keine Wirkungen des vorn gerichteten senkrechten Stempeldruckes und der vorn rückwärts einsetzenden Widerstandsfläche mehr erkennen lassen; die Rücken der Siegel sind gewölbt, ihre Dicke ist in der Mitte vielfach am stärksten, nach den Rändern zu tritt eine mäßige Abflachung ein. Dazu kommt, daß wir schon im 11. Jh. Siegel nachweisen können, die aus zwei Teilen geformt sind; für das Siegelbild mit Umschrift vermögen wir eine feinere Wachsschicht zu unterscheiden, welche sich von dem gröberen Wachs des äußeren Siegelkörpers, der zum Schutz diente, mehr oder weniger deutlich abhebt.[161] Diesen Siegeln ist sehr zu Unrecht die besondere Bezeichnung „Plattensiegel"[162] zuteil geworden. Sie sind lediglich das Produkt der veränderten Herstellungsweise der Siegel, welche, mit dem Aufkommen der größeren Stempel beginnend, im 12. Jh. an Ausbreitung gewonnen hat und für die angehängten Siegel die Regel geworden ist.[163]

Wir besitzen vom 12. Jh. ab Siegel[164], darunter auch Kaisersiegel[165], bei denen sich die dünne Wachsschicht mit dem Siegelbild, die, wie bemerkt, vielfach von feinerem Stoffe ist, vom Siegelkörper losgelöst hat. Auf der Rückseite dieser Siegelplatten sind häufig die Spuren, wie

---

157) Die Herstellung der Papstbullen behandelt sehr eingehend BAUMGARTEN, Aus Kanzlei und Kammer 112 ff. Über die Goldbullen ebenda S. 206 ff. Vgl. ferner die betreffenden Abschnitte bei EITEL, Über Blei- und Goldbullen S. 1 ff.
158) S. oben S. 8, Anm. 45.
159) Vgl. E. GRID. AZ. NF. II 104 ff.
160) S. oben S. 14 u. 18. 161) Vgl. FOLTZ, NA. III 17.
162) So hat sie G. v. BUCHWALD in seinem zum Teil recht sonderbaren Buch: Bischofs- und Fürstenurkunden des 12. u. 13. Jhs. S. 177 f. getauft.
163) KONRAD V. MURE QE. 9, 476 kennt allein dies Verfahren: sigillum quandoque dicitur typarium, cui cera imprimitur sigillaris. MELLY 166 f. und GEIB 107 ff. haben diese Art der Anfertigung schon richtig erkannt. Vgl. auch TUMBÜLT, Westf. Siegel II 2, S. 21. Für die angehängten Siegel nimmt auch POSSE, Ul. 158 das Einpressen oder Eingießen an.
164) Vgl. v. BUCHWALD 177.
165) Von dem Siegel Heinrichs IV. vom 30. Nov. 1112 (Aachen-Marienstift Nr. 5 im StA. Düsseldorf, STUMPF 3092) ist nur der Siegelkörper erhalten, auf dessen glatter innerer Fläche man die Wiederabdrücke der auf der Rückseite der Siegelplatte vorhanden gewesenen Finger-

sie angefertigt wurden, noch sichtbar; man kann Furchen menschlicher Haut und Eindrücke von gewebtem Stoff, wohl Leinwand, gelegentlich mit Sicherheit feststellen. Demnach wurde das Wachs mit der Hand oder mit einem Zeugbällchen in den Stempel eingedrückt. Dieser lag mit der Rückseite auf einem Tisch oder Block, vielleicht gehalten durch einen Stift, der in das Loch der Öse eingriff, oder durch den Steg, welcher in eine Nute der Unterlage paßte.[166]) War das Wachs in die Matrize derart eingepreßt oder in späterer Zeit eingegossen, daß man überzeugt sein konnte, daß alle Vertiefungen derselben gehörig ausgefüllt, so wurde in den Jahrhunderten, in denen man die Siegel dem Pergament noch unmittelbar anfügte, zunächst über die Rückseite der noch auf dem Stempel ruhenden Platte die äußere Schutzschicht des Siegels geformt, die man auch jetzt noch über den Rand des Stempels übergreifen ließ, zumal wenn dieser Rand, wie das bei Stempeln des 12. Jhs. nicht selten vorkommt[167]), auf einer Abschrägung die Umschrift trug. Darauf drückte man das Pergament mit der Schriftseite, an der Stelle, an welcher der Kreuzschnitt angebracht war, in die Rückseite des Siegelkörpers, wohl so, daß das Wachs durch das Loch des Schnittes auf der anderen Seite etwas hervortrat, wo es nun durch einen neuangesetzten Wachsklumpen verstärkt wurde, welchen der Siegler mit der Hand oder einem harten Gegenstand über dem Kreuzschnitt ausbreitete und gelegentlich durch sorgfältigere Behandlung in eine viereckige oder runde Form[168]) brachte. Jetzt erst, nachdem das Wachs erkaltet war, wurde das Siegel mit dem eingedrückten Pergament von dem Stempel abgehoben. Hier und da, namentlich bei den sogenannten „eingehängten Siegeln"[169]) mag man auch den Stempel mit der vorher in ihn eingepreßten Siegelplatte in den auf dem Pergament hergerichteten Siegelkörper eingedrückt haben; war die Siegelplatte mit dem letzteren durch den Druck eng verbunden, so entfernte man den Stempel.

Das Verfahren bei der Anfertigung der Hängesiegel war das gleiche, nur ward über den Rücken der Siegelplatte zunächst das Band, die Schnur oder der Streifen gelegt, vermittels dessen das Siegel mit der Urkunde in Verbindung gebracht werden sollte, worauf erst über Platte und Befestigung der Siegelkörper mit der Hand geformt wurde.[170]) Das Hängesiegel trägt die Spuren der Handarbeit — es sei nur an die Daumeneindrücke auf dem Grat erinnert —, die nur auszuführen war, wenn man es liegend vor sich hatte, auf dem Rücken so unverkennbar zur Schau, daß es eines weiteren Beweises für diese Hantierungsart bei der Herstellung nicht bedarf.

Spuren von Hebelkraft, die angewendet wäre, um die Wachsmasse in die Matrize einzupressen[171]), habe ich an den Siegeln, welche mir zu Gesicht gekommen sind, nicht feststellen können. Und ebensowenig sind mir Eindrücke der Arme zangenartiger Instrumente, die den Oblaten- (Hostien-) und Waffeleisen ähneln, und welche angeblich bereits im 11. Jh. zur Herstellung der Siegel benutzt wurden[172]), auf den Siegelkörpern begegnet. Von Siegeln, deren Schüsseln oder Schalen in Formen (Modeln) gegossen wurden, dürften in den Archiven Westdeutschlands die ältesten Exemplare aus der kaiserlichen Kanzlei stammend nachweisbar sein.[173]) In diesen Gegenden tritt der Gebrauch der geformten Wachsschüsseln nur sporadisch und erst, soweit ich feststellen konnte, im 15. Jh. auf. Von den Instrumenten zur Herstellung solcher Wachsschalen hören wir in unseren Quellenzeugnissen nichts, insbesondere ist deren Nichterwähnung in den Stadtrechnungen[174]) auffällig. Das einzige bisher bekannt gewordene Exemplar eines Model — auch der Ausdruck weist auf süddeutschen Ursprung — scheint das ehedem in Holenburg an der Donau bei Götweih befindliche zu sein, das auf der Konstruktion des Kugelgießapparats beruht.[175])

Die Methode des Einpressens der Wachsmasse in die Siegelstempel macht es erklärlich, daß sich in den Siegelnotizen der Korroborationsformeln der Urkunden die Ausdrücke: sigilli

---

eindrücke beobachten kann; s. auch die Urkunde König Konrads von 1138 (BURTSCHEID Nr. 8 im StA. Düsseldorf, STUMPF 3369). Bei dem Siegel desselben Königs von 1147 (Aachen-Marienstift Nr. 7b, STUMPF 3546) ist die losgelöste Platte noch vollständig erhalten und auf der Rückseite mit Hautfurchen übersät. Vgl. auch EWALD, Siegelmißbrauch Taf. I.

166) S. oben S. 19.   167) S. oben S. 12.

168) Beispiele hierfür bieten die Urkunden der Abtei Siegburg (StA. Düsseldorf) aus dem 12. Jh.

169) S. den nächsten Abschnitt.

170) Das an einer Urkunde von 1237 hängende runde Stadtsiegel von Emmerich (Stift Emmerich Nr. 11, StA. Düsseldorf), welches stark beschädigt ist, zeigt zwischen der Siegelplatte und dem Siegelkörper an der Stelle, an welcher auch die Pergamentstreifen zum Befestigen des Siegels durchgezogen sind, ein der Stempelgröße entsprechendes rundes Pergamentblättchen, das offenbar eingelegt ist, um dem Siegel größere Festigkeit zu geben. Auf dieses Stück trifft also die Beschreibung: in pressulo pergameneo, die GROTEFEND 16, Note, gibt, zu.

171) Sie setzt SEYLER, Gesch. 169, voraus, ohne einen Beleg dafür beizubringen.

172) Ebenda 170.

173) Auch die Siegel italienischen Ursprungs, namentlich die in deutschen Archiven vorhandenen Siegel der Kardinäle, fremdländischen Bischöfe und der Beamten der römischen Kurie sind seit dem 14. Jh. Schüsselsiegel; bei ihnen ist das Wachs der Stempelabdrücke von anderer Farbe als das der Schüsseln.

174) Die von Köln und Hildesheim enthalten beispielsweise keine Eintragungen darüber.

175) S. die Beschreibung bei ZAUN, Anz. für Kunde der deutschen Vorzeit, 1867, Sp. 9.

nostri impressione insigniri mandavimus" u. a. noch erhalten konnten, seitdem der Brauch, die Siegel aufzudrücken, längst verschwunden war.[176]) Danach wird es uns auch begreiflich, wie man für die kaiserlichen Patente im 13. und 14. Jh. das große Herrschersiegel mit einer Wachsunterlage von nur wenigen Millimetern Dicke unmittelbar auf dem Pergament hat anbringen können.[177])

Auch das Formen der Münzsiegel ließ sich auf diese Weise ohne einen komplizierten Apparat einfach bewerkstelligen. Nachdem die beiden Siegelplatten eingedrückt waren, preßte man sie, während sie noch an den Stempeln hafteten, mit den Rückseiten, zwischen welche zuvor jedoch die Siegelbefestigungen eingelegt wurden, gegeneinander; das an den Rändern austretende Wachs glättete man mit einem scharfen Instrument. Dafür, daß Avers und Revers ohne Schwierigkeit gleichmäßig orientiert werden konnten, sorgten die Kopfösen der beiden Stempel. Bisweilen hatte der untere Stempel an der Peripherie auch Stöpsel, die in gelochte Ansätze am Rande des oberen paßten.

Die Anwendung der Rücksiegel ist durch das seit dem 12. Jh. allgemein übliche Siegelanfertigungsverfahren wenn auch nicht direkt hervorgerufen, so doch auf jeden Fall in hervorragendem Maße begünstigt worden. Das über der liegenden Matrize geformte Siegel forderte, indem es dem Siegler zunächst mit seiner ausdruckslosen Rückseite entgegentrat, geradezu dazu heraus, zum Schluß dem Siegel das Siegel aufzudrücken. Daher sind auch die Rücksiegel in der Mehrzahl wieder Aufdrucksiegel, zu deren Herstellung die Rücksiegelstempel bei ihrem kleineren Durchmesser und flacheren Bildschnitt sich ja auch bequemer gebrauchen ließen. Nur wenn das Wachs des Rücksiegels eine andere Farbe zeigt, als sie uns am Siegelkörper erscheint, hat man offenbar vorher einen dünnen Plattendruck in den Stempel eingepreßt oder gegossen und diesen dann mit Hilfe des letzteren in die vorbereitete Fläche eingesetzt.[178])

Die Manier, das Siegel über dem liegenden Stempel anzufertigen, dürfte auch eine einfache Erklärung dafür abgeben, daß die Abdrücke gar nicht selten verkehrt, der Kopf des Siegels nach unten gerichtet, ausgeführt sind.[179])

2. Die Befestigung und das Anbringen der Siegel.[180])

Die Siegel werden den Schriftstücken entweder unmittelbar angefügt und bedecken infolgedessen einen Teil der Vorder- oder Rückseite des Schreibstoffes oder sie sind mit Hilfe eines anderen Stoffes oder eines aus dem Pergament der Urkunde selbst gewonnenen Streifens an dieses angehängt, so daß sie frei herabbaumeln. Der Siegelort (L. S. = Locus Sigilli) ist bei den verschiedenen Urkundenarten ein verschiedener Waren mehrere Siegel an einer Urkunde zu befestigen, so entschied für die Reihenfolge der Stand oder Rang der Stempelführer.

Das direkte Anfügen der Siegel geschieht am einfachsten durch Abdrücken des Stempels in die auf dem Schreibstoff vorbereitete Siegelmasse. Wie das im einzelnen bei den ältesten

---

176) Westfäl. UB., III, Nr. 371 Urk. von 1240, ferner Nr. 391 von 1241. Vgl. demgegenüber FICKER, Beitr. zur Urkundenlehre, II, S. 199.

177) Meist finden sich davon naturgemäß nur spärliche Reste vor. Im 14. Jh. wird in der Regel das Sekretsiegel aufgedrückt. LINDNER S. 8.

178) LINDNER 39 f. nimmt an, daß man das flüssige rote Wachs für die Kaisersekrete in die sorgfältig geglättete Höhlung, die in dem Siegelkörper hergerichtet worden sei, zunächst eingegossen und erst darein dem Stempel gedrückt habe. Mir will scheinen, als ob die geringe Dicke der roten Wachsschicht, die sich bei zerbrochenen Siegeln feststellen läßt, und der Umstand, daß die rote Wachsschicht mit dem Stempelrand glatt abschneidet, gegen die Anwendung eines solchen Verfahrens geltend gemacht werden könnte.

179) Vgl. z. B. WEECH, Cod. Salem. I, 178, Urk. von 1235.

180) Hierfür hat GROTEFEND 15 f. die nachstehende Terminologie in Vorschlag gebracht:
1. [Vorn] aufgedrückt. 2. Rückseitig aufgedrückt. 3. Eingehängt. 4. Zum Verschluß aufgedrückt. 5. Zum Verschluß eingehängt. 6. Abhangend.
7. [Angehängt]: a) an Pergamentstreifen,
    b) an (weißen oder braunen) Lederstreifen,
    c) an Bindfaden,
    d) an (Farbe) seidenen / leinenen / (hanfenen) / wollenen — Fäden, zusammengedrehten Fäden, zusammengeflochtenen Fäden, Schnüren (Schnur), geflochtene Schnur, Plattlitze (Breitschnur), Klöppelschnur (Soutachelitze), Band.

untersiegelten Urkunden im MA. ausgeführt ist, wurde bereits im Abschnitt über die Herstellung der Siegel erörtert. Hier sei nur bemerkt, daß der Brauch, die Siegel zur Beglaubigung aufzudrücken, und zwar in der Regel auf der Vorderseite des Pergaments, mit den 60er Jahren des 12. Jhs. allmählich verschwindet, so daß wir im 13. Jh. dafür nur noch vereinzelte Belege aus dem Gebiet der Privaturkunde beizubringen vermögen.[181]) Den kaiserlichen Patenten ward das Siegel auch im 13. Jh. und später aufgedrückt, und mit dem Aufkommen der Papierurkunde am Ende des 14. Jhs. gewinnt das Druckverfahren überhaupt wieder an Ausdehnung. Um dem Wachs auf dem Papier besseren Halt zu geben, versah man dieses unter der Siegelfläche bisweilen mit einem oder mehreren Einschnitten, damit jenes auf der Rückseite etwas austreten konnte; eine zum Festhalten des Siegels dienende Wachsschicht, die man den Pergamenturkunden des früheren MA. auf der Rückseite aufsetzte, hat man in dieser Zeit nicht mehr angewendet.

Im 11. und 12. Jh. werden, um die Siegel unmittelbar auf dem Pergament zu befestigen, statt der durch ein Loch im Pergament kommunizierenden Wachsklumpen Pergamentstreifen benutzt, welche in der Einzahl durch zwei, oder in der Zweizahl übers Kreuz gelegt durch vier Einschnitte von der einen Seite des Schreibstoffes nach der anderen durchgezogen sind[182]); hier hat man sie etwas verschlungen oder verknotet in die Rückseite des Siegelkörpers eingeknetet, derart, daß das ganze Siegel fest auf dem Pergament aufsitzt. Das Aufdruckverfahren scheint für diese Siegel noch häufiger angewendet zu sein; doch ist wohl meistens die Siegelplatte zuvor in den Stempel gepreßt worden. Es sind dies die „eingehängten Siegel" der vorstehend wiedergegebenen Terminologie, unter denen auf der Rückseite des Pergaments sitzende Stücke[183]) gerade nicht zu den Seltenheiten gehören.

Es mag dieser letztere Umstand seinen Grund darin haben, daß diese Manier, das Siegel auf die Enden durchgezogener Pergament- oder später Papierstreifen zu setzen, durch das ganze MA. hindurch für den Verschluß von Schriftstücken im Gebrauch war. Das Siegel kam bei dieser Verwendung stets auf die Außenseite des Schreibstoffes zu stehen, und zwar haftete es auf der Seite, auf welcher die umgeschlagenen Flügel des Briefes übereinander lagen, an welcher Stelle auch die Pergamentstreifen zusammentrafen, die durch ein oder zwei mit der Schmalseite des zusammengefalteten Briefes parallel laufende Schnitte gezogen waren.[184]) Die Öffnung eines auf diese Weise geschlossenen Schriftstückes erzielte man in der Regel durch Zerschneiden der Haltestreifen; meist wurde freilich dabei auch das nur mit dünner Wachsschicht aufgesetzte Siegel beschädigt.[185])

Mit einer Kordel aus gedrehtem Pergament oder Bast erfolgte in gleicher Weise auch der Verschluß der auf ein kleines Viereck zusammengefalteten päpstlichen Breven. Die Enden der Kordel, die um die äußere Seite des Schriftstücks gelegt und durch das mit einem kleinen Schnitt versehene Pergament durchgesteckt waren, wurden durch Wachs zusammengehalten, das man mit dem Abdruck des päpstlichen Fischerrings versah.[186]) Der mittlere verstärkte Teil der Kordel kam als Schutz um das Fischerringsiegel zu liegen.

Dieser Verschlußweise ist die vermittels des sogenannten Kompressums, welche im 16. Jh. nachweisbar ist, konform. Hierbei wurde der zusammengefaltete Brief auch einmal durchschnitten. Ein Stück Papier, das die doppelte Länge des gefalteten Briefes hatte, ward um ihn gelegt. Von diesem Papier wurde die eine Seite so gebrochen, daß ein Endchen desselben durch den Schnitt des Briefes gesteckt werden konnte und nun auf der anderen Seite heraustrat. Hier ward es mit Wachs versehen und durch das Aufdrücken des Siegelstempels mit der anderen Hälfte der Papierdecke verbunden. Die Adresse schrieb man quer über das Kompressum und den eigentlichen Brief hinweg.[187])

---

181) Einer Breitunger Urkunde von 1209 waren die Siegel noch aufgedrückt; jetzt sind freilich nur zwei runde Löcher im Pergament erhalten. (StA. Marburg, Abtei Hersfeld s. a.) Das Siegel des Abtes von Gladbach ist einem Chirograph von 1244 mittels eines durchgezogenen Pergamentstreifens auf der Rückseite angedrückt (eingehängt nach GROTEFEND), StA. Düsseldorf, Abtei Gladbach Nr. 17. Trotzdem es Chirograph ist, hat es Briefform.

182) Um das Einreißen der Pergamentstreifen zu verhindern, ist gelegentlich ein Pergamentblatt der Urkunde auf der Rückseite aufgelegt. StA. Düsseldorf, Abtei Gladbach Nr. 1, Urkunde Erzbischof Friedrichs von Köln von 1116; desgl. Urkunde von 1118, Abtei Siegburg, Nr. 26. Vgl. auch ERBEN, Ul. 227.

183) Im Archiv der Abtei Gladbach (StA. Düsseldorf) an Urkunden von 1163 (Nr. 3) und 1170 (Nr. 5). Bei der letzteren Nummer ist das Verfahren um so auffälliger, als auf der Vorderseite des Pergaments unter der Schrift so viel Raum freigeblieben ist, daß das Siegel hier vollkommen Platz gefunden hätte.

184) L. SCHMITZ-KALLENBERG, Zwei Originalbriefe von ca. 1188, MIÖG. XXIV, 345 ff.

185) Siegelreste haben sich noch erhalten an einem Brief Erzbischof Siegfrieds von Mainz vom 25. Mai 1239. StA. Marburg, Abtei Hersfeld s. d.

186) J. GAHL BEZE, Specimen inaugurale sphragistico-diplomaticum de annulo piscatoris, Altorfii 1787. S. 18f. S. oben S. 13. Wie die Breven zum Versand hergerichtet waren, zeigt L. SCHMITZ-KALLENBERG, Die Umhüllung eines päpstlichen Breves von 1453, im AU. 2, 513—514 mit Tafel.

187) Die Kenntnis dieses Verfahrens verdanke ich der freundlichen Mitteilung meines Kollegen Küch in Marburg.

V. Die Herstellung der Siegel und die Befestigung an den Schriftstücken. 25

Äußerst mannigfaltig sind dann die Methoden[188]), welche man seit dem 16. Jh. anwandte, um Briefe und Aktenstücke unter Zuhilfenahme eines unbeschriebenen Abschnittes des Papierbogens, der den Schriftsatz enthielt, zu verschließen und zu besiegeln. Das Siegel wurde hierbei, ebenso wie bei den Briefen, zu deren Verschluß man besondere Umschläge aus Papier faltete — eine Mode, die zugleich mit der mit Schnüren versehenen Paketform für umfangreichere Aktenstücke ebenfalls im 16. Jh. aufkam —, durch Aufdrücken des Stempels hergestellt.

Für die angehängten Siegel hat der Satz ziemlich allgemeine Geltung, daß je prunkvoller im Text und in sonstigen äußeren Merkmalen die Ausfertigung einer Urkunde gestaltet ist, um so größere Sorgfalt auch auf die Auswahl der Siegelbefestigung verwendet wurde. Da die Metallsiegel, die Blei- sowohl wie die Goldbullen in allen Perioden angehängt wurden, so veranschaulichen sie uns die Entwicklung der in dieser Beziehung stattgehabten Gebräuche für den größten Zeitraum, freilich nur in einem kleinen Kreis der Siegelführer.

Zum Anhängen der päpstlichen Bullen pflegt man von den ältesten Zeiten ab gern gedrehte Seidenfäden zu verwenden, die jedoch in der Farbenzusammensetzung keinen festen Brauch verraten; daneben kommen auch Lederriemen und Bindfäden aus Hanf vor. Die letzteren (litterae cum filo canapis) werden seit dem Ausgang des 12. Jhs. für die Justizbriefe mit Vorliebe gewählt, während für Privilegien und Gnadenbriefe Seidenfäden (litterae cum filo serico) die Regel sind.[189]) Im 17. Jh. sieht man sie bisweilen geflochten und mit Gold- oder anderen Metallfäden durchwirkt. Die Bleibullen der Könige und Kaiser[190]) und der Erzbischöfe und Bischöfe in Deutschland hängen an Bindfäden oder an Lederriemen.

Bei den Goldbullen bildet Seide den regelmäßigen Befestigungsstoff.[191]) Sie war meist in losen Fäden zusammengefaßt, welche durch die im Rand der Bullen oben und unten angebrachten Öffnungen hindurchgezogen und im Inneren entweder durch die in der Dicke des Randes eingelegte Wachsschicht oder vermittels Knoten durch die Ösen, welche auf der Rückseite der dünnen Platten aufgelötet waren, festgehalten wurden.

Wachssiegel beginnt man im dritten und vierten Jahrzehnt des 12. Jhs. im westlichen Deutschland anzuhängen[192]), und es werden jeder Stoff, dessen Fäden einige Dauerhaftigkeit garantierten, ebenso wie aus Leder oder Pergament[193]) geschnittene Streifen dazu benutzt; Seide, Leinen, Hanf, Wolle erscheinen in den verschiedensten Formen der Verarbeitung als Fäden, Schnüre, Litzen, Bänder und in den wechselndsten Farben und Farbenzusammenstellungen. Die Verwendung von Lederriemen[194]) bei Wachssiegeln gehört gerade auch nicht zu den Seltenheiten. Der Gebrauch von verarbeiteten Pflanzenstoffen, von Seide und Wolle erfährt jedoch im Laufe des 14. Jhs. starke Einschränkungen, um dem Pergamentstreifen die unbedingte Vorherrschaft einzuräumen.[195]) In der deutschen Reichskanzlei bleiben Seidenfäden und Schnüre vom 13. Jh. ab nur noch für das große, später so genannte Majestätssiegel und überhaupt für feierlich ausgestattete Diplome im Gebrauch, während die Reichshofgerichts- und Sekretsiegel mit Pergamentstreifen angehängt werden. Die übrigen Befestigungsarten sind fast ganz in Wegfall gekommen.[196])

Unter den Farben spielen Blau für Leinenfäden und Band, Grün, Rot, Gelb für Seide die Hauptrolle. Die Seidenfäden werden meist zweifarbig genommen. Der häufige Wechsel in der Farbenzusammenstellung, den wir bei den einzelnen Siegelführern im 13. und 14. Jh. beobachten können, spricht gegen die Annahme, daß schon damals bei der Auswahl die Wappenfarben der Betreffenden oder der Farben ihres Landes maßgebend gewesen seien. Erst unter Karl IV. wird Schwarz-Gelb, die Tingierung des Reichswappens, die regelmäßige Farbe der Schnüre für das Kaisersiegel, ein Brauch, den jedoch Friedrich III. wieder unterbrochen hat.[197])

Bevor die Fäden, Schnüre oder Streifen dem Siegel oder der Bulle einverleibt wurden, waren sie dem Schriftstück bereits angefügt. Das geschah in der Regel durch Einschnitte am unteren Rande des Schriftstückes, deren man in der älteren Zeit einen, oder zwei übereinander, anbrachte. Durch sie wurde die Befestigung zunächst gezogen, ohne dem Pergament an dieser

---

188) Eine nähere Darlegung derselben gehört in die Aktenlehre, die freilich noch nicht vorhanden ist.
189) Vgl. hierzu Tangl, (Arndts) Schrifttafeln III zu Taf. 89 u. 90 und Baumgarten, Aus Kanzlei und Kammer, S. 190ff. 190) S. Erben, Ul. 1, 173.
191) Vgl. Philippi 65f. und Lindner 40.
192) Urkunden im StA. Düsseldorf: 1124, Aachen-Marienstift Nr. 7 an Pergamentstreifen (die Urkunde erscheint freilich verdächtig); 1130, Aachen-Adalbertstift Nr. 4 an Pergamentstreifen ohne Umbug, durch zwei Einschnitte gezogen; 1139 Abtei Siegburg 37 an Seidenfäden. Vgl. Posse, Ul. 157 Anm. 3 und Rhein. Siegel I u. II.
193) Als generelle Bezeichnung hierfür findet sich der Ausdruck „Pressel". Seyler, Gesch. 185.
194) Vgl. Grotefend 22. Bresslau, Ul. 957 meint, sie seien nur für Bleibullen gebraucht worden. Ich füge ein Beispiel aus dem StA. Düsseldorf an: 1158 Köln-Severin Nr. 1, weiße Lederriemen sind durch zwei Löcher im Umbug gesteckt und vermittels einer Schlaufe unten an diesem festgezogen. Vgl. auch Rhein. Siegel II Einl. S. 11.
195) Die Arten des Anhängens der Siegel vermittels Pergamentstreifen sind so einfache, daß sie keiner weiteren Erläuterungen bedürfen. Erwähnt sei nur, daß Grotefend unter „abhängenden Siegeln" solche versteht, welche an einfachen Streifen hängen, die man aus dem untersten Rand des Pergaments mit einem nicht vollständig durchgeführten Querschnitt gewonnen hat.
196) Bresslau, Ul. 957 u. 958 und Erben, Ul. 228.   197) S. Erben, Ul. 282.

Stelle eine Verstärkung zuteil werden zu lassen. Die Folge davon war, daß bei der Schwere der Siegel das Pergament sehr bald einriß. So verfiel man darauf, die Urkunde am unteren Rande umzuschlagen, wodurch der Bug oder Umbug (plica, plicatura) entstand.[198]) Das führte weiter zu komplizierteren Verbindungsformen der Fäden oder Schnüre mit dem Pergament, indem man diese bisweilen durch drei ins Dreieck oder durch vier in Rautenordnung gestellte Löcher durchzog, gelegentlich noch in eine Schlinge brachte oder verknotete. Knoten wurden nicht selten auch an den Stellen der Fäden geknüpft, mit denen sie im Siegelkörper lagen, um ein Durchrutschen zu verhüten.

Die lang herabhängenden Fäden der Papstbullen, der Kaiser- und Bischofssiegel, letztere freilich nur in dem Fall, daß bloß ein Siegel vorhanden war, scheint man im 12. und 13. Jh. gelegentlich dazu benutzt zu haben, um eine Art Verschluß[199]) für das meist auf ein handgroßes Viereck zusammengefaltete Pergament abzugeben. Da aber dabei die Möglichkeit vorhanden war, durch Einbiegen des Pergaments dieses jederzeit aus der Verschlingung der Fäden zu lösen, so will es mich bedünken, als ob das Verfahren mehr den Zweck gehabt habe, die Urkunde für den Transport in geeigneter Weise herzurichten.[200]) Man wollte das Herumbaumeln des Siegels oder der Bulle unmöglich machen und so eine größere Gewähr dafür schaffen, daß der Bote das Schriftstück mit dem Beglaubigungsanhängsel in unversehrtem Zustand dem Empfänger überliefern konnte.

Wohl zu unterscheiden hiervon sind die litterae clausae der päpstlichen Kanzlei, die wir schon aus dem 12. Jh. kennen, bei denen das mehrfach gefaltete Pergament durchlocht und am unteren Rande mit der Schnur durchzogen wurde, deren Enden in der Bleibulle lagen.[201])

Als es im 13. und mehr noch in den folgenden Jahrhunderten Sitte wurde, möglichst viele der Personen, welche an dem Inhalt der Urkunde ein Interesse oder der ihr zugrunde liegenden Handlung oder der Urkundenausfertigung beigewohnt hatten, zur Besiegelung heranzuziehen, reichte der Umbug häufig nicht aus, um die Siegel nebeneinander aufzunehmen. Man benutzte daher entweder die Seitenränder der Urkunde[202]) oder hing an einen Pergamentstreifen zwei, drei und mehr Siegel an.[203]) Im 15. Jh. wird der Umbug so hoch genommen, daß eine ganze Anzahl von Einschnitten übereinander Platz nehmen; man scheute sich auch nicht, in einen Einschnitt mehrere Pergamentstreifen mit Siegel einzuhängen.[204]) Bei Urkunden wie den Verträgen der Territorialfürsten mit ihren Ständen, an denen 100 und mehr Siegel anzubringen waren[205]), mußte man sich eben mit verschiedenen Mitteln, welche sonst nicht üblich waren, helfen.

Urkunden, welche aus mehreren der Länge nach angereihten Pergamentstücken zusammengesetzt sind, hat man an den äußeren Nähstellen je ein oder zwei Siegel, und zwar unter Benutzung der zum Aneinandernähen gebrauchten Fäden oder Streifen angehängt.[206]) Auch die alten Prozeßrollen des MA. weisen an den Nähten Siegel auf[207], wo sie neben der Beglaubigung des einzelnen Schriftstückes zugleich den Zweck erfüllen, dessen Zusammenhang mit dem folgenden Aktenstück zu wahren.

Den Urkunden in Heftform, welche im 15. Jh. in Aufnahme kommen, wurde das Siegel entweder angehängt, und zwar vermittels der unterhalb des Bruches des Pergaments oder Papiers heraustretenden Heftschnur — eine Mehrzahl von Siegeln fand untereinander an der Schnur Platz[208]) — oder aber man fertigte das Siegel über der auf der letzten beschriebenen Seite des Heftes ausgelegten Heftschnur durch Stempelaufdruck an.

In den Diplomen der Merowinger und der Karolinger hat das Siegel in der Regel seine Stelle in der rechten (vom Beschauer gesehen) unteren Ecke des Schreibstoffs erhalten und ist gewöhnlich auch in Verbindung mit den Formeln des Schlußprotokolls gesetzt. Die Hängesiegel der späteren Kaiserdiplome finden ebenso wie die Bullen der Päpste ihren Platz in der Mitte des umgeschlagenen unteren Randes des Pergaments.[209])

198) Bresslau, Ul. 959.
199) Philippi 55 ff. Diekamp in den MIÖG. III 610 u. IV 529 und Bresslau, Ul. 960. Vgl. dazu jetzt MIÖG. XVI 180, wo gegen die Theorie von T(angl?) geltend gemacht wird, daß die Gratialbriefe erst nach der Bullierung, und zwar meist auf Grund des Originals registriert seien.
200) So legt jetzt auch Baumgarten, Aus Kanzlei und Kammer S. 194 die Verwendung der Schnüre aus.
201) Vgl. Diekamp, MIÖG. III 612, Bresslau, Ul. 961 Anm. 1 u. Baumgarten, a. a. O. S. 194 ff.
202) S. das Urkundenfaksimile bei Seyler, Gesch. S. 175.
203) An Urkunde von 1290 hängen an 3 Pergamentstreifen 6 Siegel. Weech, Cod. Salem. II 768.
204) Auf diese Weise wurden auch die Transfixe mit den Hauptbriefen verbunden.
205) Beispiele hierfür bringt Bresslau, Ul. 961 Anm. 6. Sie lassen sich durch solche größeren Territorialarchiven beträchtlich vermehren.
206) Der sogenannte große Kölner Schied von 1258 ist in dieser Weise besiegelt. Vgl. Ennen, Quellen zur Gesch. der Stadt Köln II 384. Ausfertigungen davon StA. Düsseldorf, Köln-Domkapitel.
207) Sie kommen vom Anfang des 14. Jhs. ab häufiger vor.
208) Einer in Heftform ausgefertigten Urkunde von 1451 (StA. Düsseldorf, Urkk. Jülich-Berg) hat man die Siegel einzeln am Rücken (der Bruchstelle des Heftes), wie es sonst beim Umbug geschehen ist, angehängt.
209) S. Erben Ul. 172.

Wie bei der Reihenfolge der Zeugen in den Urkunden Rang und Ansehen der einzelnen Persönlichkeiten berücksichtigt sind, so ist auch diesen Umständen bei der Anordnung der an die Urkunden angehängten Siegel im allgemeinen Rechnung getragen worden.[210]) Der Ehrenplatz wechselt nur verschiedentlich; bald haben wir ihn in der Mitte des Umbugs[211]), bald an der linken Kante[212]) zu suchen. Bisweilen hat der Schreiber der Urkunde die Stellen für die einzelnen Siegel vorgemerkt, indem er die Namen der betreffenden Siegelführer auf der Vorder- oder Rückseite des Umbugs oder des Pergaments über den jedesmaligen Einschnitten oder auf den verschiedenen Pergamentstreifen aufgeschrieben hat.

3. Der Zeitpunkt der Besiegelung und deren feierliche Vornahme.

Der Zeitpunkt, in welchem bei der Entstehung der Urkunde das oder die Siegel an ihr befestigt wurden, konnte ein verschiedener sein. Im allgemeinen müssen wir die Besiegelung als den Schlußakt der Beurkundung ansehen, wie ihrer ja auch im Protokoll der Urkunde an letzter Stelle Erwähnung geschieht.[213])

In den Karolingerurkunden, in denen das Siegel einen Teil des Rekognitionszeichens bedeckt, liegt ein sicherer Beweis dafür vor, daß die Anfügung des Siegels zu den letzten Hantierungen gehörte, welche mit diesen Urkunden vorgenommen wurden.[214]) Die Form des Blanketts hat man zwar im MA. gekannt.[215]) Ob wir dazu auch Urkunden der Empfängerhand, deren Besiegelung demnach älter als die Schrift wäre, in größerer Zahl rechnen dürfen[216]), scheint doch zweifelhaft. Ebenso fehlt es den Beispielen, welche für Siegelung vor der Datierung beigebracht werden, an sicherer Begründung[217]); auf jeden Fall lassen sie neben der ihnen gegebenen Auslegung meist auch eine andere zu. Dagegen haben sich unanfechtbare Belege dafür erhalten, daß die Besiegelung häufig gleichzeitig mit der Datierung vorgenommen wurde, die ja dem Termin der Handlung vielfach erst in größeren oder geringeren Zeitabständen gefolgt ist.[218])

Galt es die Siegel einer größeren Zahl von Personen der Urkunde anzuhängen, so verzögerte sich der Zeitpunkt der Besiegelung durch den einzelnen auch über den der Datierung hinaus oft recht erheblich dadurch, daß man sich gezwungen sah, die Reinschrift der Urkunde bei den verschiedenen an weit auseinandergelegenen Orten wohnenden Mitsieglern herumzuschicken, damit sie den Abdruck ihres Siegelstempels anfügen konnten.[219]) Auf diese Weise erklären sich wohl auch am einfachsten die Verschiedenheiten sowohl des Wachses wie der Befestigungsmittel für die Siegel an ein und derselben Urkunde.[220]) Daß eine Urkunde erst drei Jahre nach der Konzipierung und Datierung besiegelt worden ist, hat ein Versehen eines Notars veranlaßt.[221])

In diesem Zusammenhang verdienen die Rundschreiben und Rückgabeschreiben Erwähnung, die im 13. und 14. Jh. vorkommen. Sie waren gewöhnlich mit dem Vermerk: reddito litteras sigillatas versehen; der Adressat oder die Adressaten reichten das Schriftstück, nachdem sie ihre Kenntnisnahme durch Anhängen des Siegels bescheinigt hatten, wieder zurück oder setzten es weiter in Umlauf, bis es dann der letzte Empfänger wieder dem Absender zuschickte.[222])

---

210) S. dazu die Bemerkung Konrads von Mure, MIÖG. 30, 88.
211) So häufiger bei Urkunden der Erzbischöfe Engelberts I. und Heinrichs I. von Köln.
212) Diese wird unter dem Kölner Erzbischof Conrad von Hochstaden die bevorzugtere und bleibt es auch allgemein. Vgl. Rhein. Siegel I u. II, besonders II Einl. S. 11.
213) Vgl. Geir, AZ. NF. II 101, Seeliger, Kanzleistudien MIÖG VIII, 30 ff. und für die Papstbullen Diekamp MIÖG. III 608. 214) Geib a. a. O.
215) Ficker, Beitr. zur Urkundenlehre II S. 191 ff.
216) Posse, Ul. 163 f. tut das sichtlich.
217) Posse, Ul. 164 Anm. 5.
218) Vgl. Ficker, Beitr. zur Urkundenlehre II S. 190 f. besonders 197; Posse, Ul. 163 Anm. und Westfäl. UB. VII 738.
219) Aus der Moselgegend hat Lamprecht, Deutsches Wirtschaftsleben im MA. III 33 u. 34 ein treffendes Beispiel für diesen Vorgang zum Jahr 1265 geliefert. Hier wird urkundlich für die Befestigung genannter Siegel eine Frist von nahezu drei Monaten stipuliert. Vgl. auch die Notiz von N. van Werveke, Besiegelung einer Urkunde längere Zeit nach der Datierung im Kbl. der WZ. II (1883) 20 und G. v. Buchwald 214 ff. Weitere Belege aus den Jahren 1266 u. 1281 Westfäl. UB. VII 1235 u. 1919/23. Ferner StA. Düsseldorf, Köln-Aposteln (121) Urkunde von 1308: da einer der aufgeführten Siegler inzwischen gestorben war, wurde dessen Siegel 1310 (1311) durch ein anderes ersetzt. Vgl. auch Wech, Cod. Salem. II 600, 620 u. 737.
220) Vgl. Posse, Ul. 163 Anm. 6.
221) Vgl. Bresslau, Ul. 991 Nachtrag zu S. 866.
222) Ein Beleg von 1284 hierfür im Westf. UB. VII 1924; besonders interessant ist das Rundschreiben Bischof Ludwigs von Minden von 1337 an seine Diözesangeistlichen, das mit 27 Siegeln versehen wieder in die bischöfliche Kanzlei eingeliefert wurde. Meinardus, Hameler UB. I 317.

Es hängt mit der Wertschätzung des Siegels zusammen, daß dessen Anheftung an die Urkunde in der älteren Zeit in feierlicher Weise gesch. In den Korroborationsformeln der Urkunden der Kirchenfürsten sehen wir sie in engste Beziehung zur Verkündigung des Bannes gesetzt, welcher dem angedroht wurde, der die Urkunde schelten oder gegen ihren Rechtsinhalt freveln würde.[223]) Daher nahm man auch die Besiegelung vor Zeugen vor und, Erzbischöfe und Bischöfe beteiligten sich bei der Herstellung des Siegels.[224]) Auch aus Laienkreisen erfahren wir, daß man dem Besiegelungsakte besondere Bedeutung beilegte. Eine Dame edler Geburt besorgte noch im Jahre 1250 eigenhändig das Einpressen des Wachses in den Siegelstempel ihres Ehegatten.[225]) Trotzdem muß man die angebliche recognitio per pollicem, eine Vollziehungsmanipulation, welche der Siegler durch Eindrücken seines Daumens auf dem Rücken des Siegels unter Anrufung des dreieinigen Gottes ausgeführt haben soll[226]), in den Bereich der Gelehrtenphantasie verweisen. Die Mehrzahl dieser Spuren auf den Siegeln dürfte von der Mitte des 13. Jhs. ab durch die Daumen der Sigillatoren hervorgerufen sein, Angehörige der fürstlichen Kanzleien, denen berufsmäßig die Anfertigung der Siegel oblag.[227]) Der Siegler (sigillifer) war der zweite Beamte der Kölner Offizialatskurie[228]), und der Sigillator der Reichskanzlei zählte zu den einflußreichen Persönlichkeiten am kaiserlichen Hofe.[229])

4. Die Siegeltaxen und -gebühren.

Für die Ausfertigung besiegelter Urkunden, welche durch päpstliche, kaiserliche, fürstliche und städtische Kanzleien, durch Gerichtsstellen, sonstige Behörden und durch Genossenschaften erfolgte, mußte, wie wir aus der zweiten Hälfte des MA. erfahren, regelmäßig eine Siegeltaxe entrichtet werden, deren Höhe wohl im allgemeinen nach der Verwendung der verschiedenen Siegelstempel fest normiert war. Es steht zu vermuten, daß auch in der ältesten Periode, in welcher die Besiegelung von Urkunden ausschließlich durch weltliche Fürsten und die höhere Geistlichkeit ausgeübt wurde, Bezahlung dafür zu leisten war. In späterer Zeit bezogen außerdem die Unterbeamten der Kanzleien, welche die Siegelung oder Bullierung der Schriftstücke besorgten, gewöhnlich noch besondere Gebühren.

Da in den uns erhaltenen Taxregistern aus den Kanzleien meist die Beträge für Konzipierung, Mundierung, Besiegelung und zugleich auch die Registrierung in den amtlichen Registerbüchern zusammengefaßt sind, so bedarf es erst noch eingehender Spezialstudien, um zu versuchen, ob sich nicht die Posten für die Siegelung gelegentlich herausschälen lassen. Aus der päpstlichen Kanzlei stehen uns Nachrichten über die Kosten der Bullierung von der zweiten Hälfte des 13. Jhs. ab zur Verfügung.[230]) Die Taxbücher der kaiserlichen Kanzlei reichen jedoch erst in die letzten Jahrzehnte des 15. Jhs. zurück.[231]) Etwas älteres Material bieten uns die

---

223) Bresslau, Ul. 2⁰, I, 711 f.
224) Die Zeugnisse gehören meist der Zeit vor 1200 an.
225) Westfäl. UB. VII 738.
226) Diese Theorie ist von G. v. Buchwald, Bischofs- und Fürstenurkunden, 259 ff. aufgestellt worden, ohne daß es ihm gelungen wäre, einen Beweis dafür beizubringen. Inwieweit den geometrischen und sonstigen meist wappen- und bildmäßigen Figuren, die wir bisweilen auf den Rückseiten der Siegel antreffen (vgl. Sello, Märkische Forsch. XX, 269, Anm. 2), eine tiefere symbolische Bedeutung beizumessen ist, läßt sich erst bei eingehenderen Untersuchungen ermitteln.
227) Der Notar des Grafen Bernhard v. Ravensberg hat laut seinen Notizen auf den Rückseiten von Urkunden aus den Jahren 1344 und 1345 seines Herrn Urkunden besiegelt; ego Borchardus de Gretesche notarius scripsi et sigillavi. S. Westfäl. Siegel IV, Sp. 4, Anm. 7.
228) S. die Bestallung Hermanns v. Goch zum Siegler der Kölner Kurie durch Erzbischof Friedrich von Köln 1383 Oktober 16 (Ennen, Qu. zur Gesch. d. St. Köln V, 301). Die Befugnisse des Sigillifer und seines Substituten sind noch ausführlicher dargelegt in einer Concordia dominorum officialis et sigilliferi curie Coloniensis des 14. Jhs. (StA. Düsseldorf, Kurköln, städtisches hohes Gericht 8½). Vgl. auch die Statuten der Kölner Kurie von 1356 bei W. Stein, Acten zur Gesch. der Verf. u. Verw. der Stadt Köln (Publ. der Rhein. Ges. X) 2, 672 ff.
229) Seeliger, Kanzleistudien (1471—1475), MIÖG. VIII, 33. Über die ältere Zeit vgl Ficker, Beitr. zur Urkundenlehre II 189 f.
230) MIÖG. IV 507 ff. und P. M. Baumgarten, Aus Kanzlei und Kammer 247 ff. Über die besonderen Gebühren der Bullatoren s. Baumgarten 260. Vgl. auch Westfäl. UB. V Einl. S. XXVII.
231) Lindner 147 und Seeliger in MIÖG., VIII 1 ff. Bei den französischen Königsurkunden werden in Nachahmung des päpstlichen Urkundenwesens seit dem 14. Jh. Taxvermerke auf den ausgefertigten Urkunden angebracht, bei denen man auf die Besiegelung meist ausdrücklich Bezug nimmt; Erben, Ul. 269 f.

V Die Herstellung der Siegel und die Befestigung an den Schriftstücken.

Rechnungen und Registerbücher bischöflicher Siegelbewahrer[232]) und von Offizialatskurien[233]), von denen uns vereinzelte Stücke schon aus dem 14. Jh. überliefert sind. Bevor in den Territorialstaaten ständige Kanzleien eingerichtet waren, von denen dann aller Schriftverkehr ausging und die daher auch die Siegelstempel in Verwahrung hatten, pflegten die Fürsten diese einem ihrer nächsten Hofbeamten anzuvertrauen. Bei den Grafen von Jülich waren die Erbkämmerer im 14. Jh. Siegelbewahrer, und sie bezogen daher auch die Emolumente, die durch die Handhabung des Siegels erzielt wurden. Die Fürsten selbst verschmähten es aber nicht, sich davon eine „Opfergabe" abtreten zu lassen.[234]) In den städtischen Rechnungen dürften die Einnahmen, welche aus der Besiegelung von Urkunden eingingen, meist in allgemeinen Rubriken versteckt enthalten sein; sie flossen zum Teil den Verwahrern der Stempel, den Bürgermeistern, Rentmeistern, Schöffen usw. zu.[235])

Sehr lehrreich ist für uns eine Urkunde von 1347, mit der Erzbischof Balduin von Trier der Gemeinde Kobern den Siegelstempel überschickt, welchen er für sie hat stechen lassen. Gemäß den in der Urkunde getroffenen Bestimmungen sind bei dem jedesmaligen Gebrauch des Stempels zu zahlen; 12 Pfennige für den Erzbischof, je 2 Pfennige für die drei Persönlichkeiten des erzbischöflichen hovemann, des Heimburgen und des Schöffen — von denen jede einen besonderen Schlüssel zu der Kiste führte, in der das Siegel verschlossen war — und endlich je 2 Pfennige für als Zeugen auftretende und siegelnde Schöffen.[236])

Über die Kosten für die Siegelung gerichtlicher Urkunden findet man reichliche Angaben in der Erkundigung über die Gerichtsverfassung im Herzogtum Berg vom Jahre 1555.[237])

Für die Ausfertigung von Pachtverträgen erhob man schon im 12. Jh. eine Siegelgebühr.[238]) Daß auch geistliche Herren dafür Bezahlung nahmen, wenn sie sich bewegen ließen, ihr Siegel an ein Schriftstück zu hängen, beweist uns eine Eintragung in die Hildesheimer Stadtrechnung aus dem Jahre 1436.[239]) Aus diesem Gesichtspunkte gewinnt ein Streit zwischen der Stadt Aachen und dem Dekan des Marienstifts daselbst die richtige Beleuchtung, über den uns nur der Spruch eines Fürstengerichts aus Frankfurt a. M. vom 6. Januar 1221 vorliegt, der kurz besagt, daß der Siegelstempel der Stadt Aachen in Zukunft in der Obhut des Dekans des genannten Stiftes ruhen solle.[240]) Das Streitobjekt bilden wohl zweifellos die Emolumente der Besiegelung[241]), so daß wir uns den Sachverhalt folgendermaßen zurechtlegen müssen. Von dem Kapitel bzw. dem Dekan des Marienstifts waren, bevor die Stadt sich einen Siegelstempel angeschafft oder sie einen solchen verliehen erhalten hatte, die Besiegelungen öffentlicher Urkunden am Orte ausgeführt und daraus Einkünfte erzielt worden. Diese sah man durch die neuauftretende Konkurrenz der Stadt ernstlich bedroht. Daß die Sache zur Entscheidung an das Oberhaupt des Reiches gelangte, beweist, welche Wichtigkeit man ihr beilegte, und daß die Siegelsporteln wohl ganz erheblich gewesen sind. In den praktischen Folgen müssen wir uns den zugunsten des Stiftes ergangenen Rechtsspruch dahin ausmalen, daß dessen Dekan für die jedesmalige Hergabe

---

232) LAMPRECHT, Deutsches Wirtschaftsleben im MA. III Nr. 292 u. 296; Die Rechnungen der Trierer Siegelbewahrer 1339/41 und 1350.

233) HANSEN, Jahresrechnung des Kölnischen Offizialatgerichts in Soest von 1438/39 in Westd. Z. VII 35 ff. Eine ausführliche Siegeltaxe der Propstei Xanten aus der Mitte des 15. Jhs. ist im Registrum prepositure ecclesie Xancetensis (StA. Düsseldorf, Stift Xanten, Rep. u. Hs. 3 fol. 23ᵛ) enthalten; s. auch J. LÖHR, Die Verwaltung des Kölnischen Großarchidiakonates Xanten (Kirchenrechtl. Abh. herausgeg. von U. STUTZ 59/60) S. 42—52.

234) Siegelbewahrer des Grafen Florenz von Holland war 1291 (VAN DEN BERGH, Oorkondenboek van Holland en Zeeland 2, 772) der Knappe Philipp von Wassenaer. Weil Philipp „onse zeghele draghet nu ter tyt", ließ der Graf Florenz eine den Philipp selbst betreffende Urkunde durch den Grafen von Cleve besiegeln.
Die Instruktion — „das Recht", wie es in der Urkunde genannt wird — die Graf Wilhelm von Jülich für seinen Erbkämmerer 1331 erlassen hat (LACOMBLET, A. NRhein. I, 392 ff.), schreibt vor: Vort sal hey uns seygel alle dragen, usgenomen uns heymeligh seygel, ende sal upheven, wat danayfe velt. Danayfe ys hey schuldigh uns ende unser vrouwen offer zo geven, als hey by uns ys, ende unsme gesinde veyrwerf des jayrs, de yt nemen willen. Vort ys hey scudigh zo dragen de slussele van unsen groysen seygel.

235) Vgl. hierzu AL. SCHULTE, UB. der Stadt Straßburg III, Einl. S. XXIV. Über die Taxen in Köln s. den Ratsbeschluß von 1384, M. aus dem StA. Köln VII 113f.; vgl. ferner W. STEIN, A. zur Gesch. der Verf. u. Verw. der Stadt Köln I 134 u. II 308. LACOMBLET UB. IV 451; s. auch Berg. Ztschr. 4, 74, wo in den Weseler Statuten Bestimmungen über die Siegelgelder getroffen sind. Auch Zünfte erhoben für die Benutzung ihres Siegelstempels im 15. Jh. Gebühren; s. SEYLER Abriß 38.

236) LAMPRECHT a. a. O. III Nr. 175. 237) Berg. Z. 20, 117 ff.

238) Im Jahre 1186 tut das Kapitel von S. Lambert in Lüttich einen Wald zu Erbzins aus, im Pachtbrief heißt es: propter *testimoniale signum* habebit capitulum iuxta consuetudinem anam vini et 12 denarios habebunt pares capituli; s. BORMANS et SCHOOLMEESTERS, Cartulaire de Saint-Lambert de Liège I Nr. 64.

239) UB. der Stadt Hildesheim VI 574: .. vor des abbedes van sunte Godeharde ingesegele unde Hinrike Eltzen vor schrivent des processus 4p. 2s. 240) Lacomblet UB. II, 92.

241) So nimmt auch ENDRULAT, S. 2 an.

des städtischen Siegelstempels zu einem Beurkundungsfall eine Entschädigung zu zahlen war. Mit zunehmender Selbständigkeit wird natürlich die städtische Behörde in Aachen sehr bald Veranlassung genommen haben, diese Einschränkung ihres Verfügungsrechtes über das Typar der Stadt zu beseitigen.

Unter diesen Umständen begreifen wir es auch, daß die weltlichen und geistlichen Fürsten in der früheren Periode des MA., als sie noch ausschließlich über Siegelstempel verfügten, sich gern bereit finden ließen, den an sie ergangenen Siegelbitten [242]) zu entsprechen. Schade nur, daß bei dem Mangel eines geordneten Kanzleiwesens und, da den Privaturkunden Notizen über die Kosten der Ausfertigung durchgängig fehlen, jede Möglichkeit ausgeschlossen erscheint, daß hierüber noch einmal sichere Ermittelungen, insbesondere für die ältere Periode des MA., angestellt werden könnten.

VI. Die verschiedenen Arten der Siegelstempel (Siegel), deren Verwahrung, Vererbung usw.

1. Die verschiedenen Arten der Siegelstempel.

Da das Siegelinstrument in seinem Produkt, dem Siegel, ein Erkennungszeichen liefern sollte, das den Zweck verfolgte, für die urkundliche Handlung des Stempelführers ein jederzeit kontrollierbares und leicht kenntliches Beweismittel abzugeben oder den unversehrten Verschluß gewisser Gegenstände zu garantieren, so versteht es sich eigentlich von selbst, daß man im allgemeinen sowohl einen häufigen Wechsel mit den Stempeln, wie den Gebrauch von gleichwertigen und gleichartigen Stempeln nebeneinander vermieden hat. Die Goldbullen der Kaiser und Päpste bilden von dieser Regel natürlich eine Ausnahme.

Die Anschaffung eines neuen Stempels wurde notwendig mit dem Zeitpunkt, in dem die öffentliche Stellung des Inhabers sich änderte, und naturgemäß, wenn der ältere auf irgendeine Weise in Verlust geraten war oder aus einem bestimmten Grund außer Geltung gesetzt wurde. Die verschiedenen gleichzeitigen Stempel eines Stempelführers weisen, abgesehen von den Verschiedenheiten, wie sie durch das zu verarbeitende Siegelmaterial bedingt waren [243]), in der Regel deutliche Unterschiede in der Art des Gebrauchs auf, indem sie entweder nur für eine bestimmte Kategorie von Urkunden Verwendung fanden oder in ihrer Geltung auf ein begrenztes territoriales Gebiet, ein besonderes Amt oder einen bestimmten Berufskreis beschränkt waren.

Die deutschen Könige ließen sich, sobald sie zu Kaisern gekrönt wurden, neue Siegelstempel anfertigen, deren Umschrift die veränderte Würde kundgab.[244]) Die Kirchenfürsten bringen vom Ausgang des 12. Jhs. die Stufenfolge, in der sie in den Vollbesitz ihres kirchlichen Amtes gelangen, dadurch zum Ausdruck, daß sie je für die entsprechende Zeit besondere Elekten-[245]), Minister-[246]) und Bischofs- bzw. Erzbischofssiegelstempel führen. Junge Prinzen, wenn sie zur Regierung kommen, setzen ihre Junkersiegelstempel außer Gebrauch; neue oder auch nur zu erhoffende Ländererwerbungen spiegeln sich in den veränderten Stempeln fürstlicher Persönlichkeiten wider.[247])

---

242) Über die Bitte um das Siegel und die Zeugen für die Anhängung des erbetenen Siegels verbreitet sich jetzt ausführlicher Redlich, Ul. 119 f.

243) S. darüber oben S. 16 f.

244) Geis, AZ. NF. II 89. In der Zeit zwischen Wahl und Krönung führen die späteren deutschen Herrscher ihre früheren persönlichen Siegel weiter, s. Haberditzl, MIÖG. 29, 658 ff.

245) Es sei hier auch an die Halbbullen der Päpste, die für die Zeit nach der Wahl und vor der Weihe in Gebrauch waren, erinnert. Vgl. Rhein. Siegel I u. II.

246) Vgl. hierzu H. Krabbo, Die Besetzung der deutschen Bistümer unter der Regierung Kaiser Friedrichs II. S. 134 ff. Im Jahre 1291 hängt der Domdechant Hermann von Paderborn das sigillum scolastrie olim nostre an eine Urkunde, wie er sagt, cum adhuc sigillo decanie careamus. Westfäl. UB. IV 2158.

247) Grotefend 39 und Posse, Ul. 152, Anm. 3. Im Jahre 1308 (Lacomblet, UB. III, 63) heißt es vom früheren Siegel Graf Adolfs VI. vom Berg: sigillum Adolfi comitis de Monte, quo, cum adhuc esset tantum dominus in Windegge, uti consuevit. Vgl. auch Lippert, MIÖG. XVII, 195 und Posse, Wettiner Adelssiegel I A; Tafel 23.

Eine auffällige Erscheinung ist es, daß in der deutschen Reichskanzlei, abgesehen von den unter Konrad II. aufkommenden verschiedenen Siegelstempeln für Deutschland und für Italien[248]), von der Zeit der Prokuratoren ab bis zu dem großen Staufer hin zur Besiegelung der nämlichen Kategorien von Urkunden verschiedene Typare nebeneinander in Gebrauch gewesen sind.[249]) Es wird jedoch zugegeben, daß manche Siegel, die zu dieser Annahme geführt haben, so ähnlich sind, daß erst die genaueste Vergleichung die Unterschiede aufzudecken vermag. Sollten daher nicht einige von diesen auf die größere oder geringere Sorgfalt, welche die Siegelverfertiger beim Abdrücken verwendeten, zurückzuführen sein, so daß wir es in solchen Fällen doch mit den Produkten eines Instrumentes zu tun hätten? Wir wissen freilich, daß Wibald von Stablo eine zinnerne Kopie des silbernen Siegelstempels Friedrichs I. hat anfertigen lassen.[250]) Zweifellos hat sie als Hilfsstempel gedient; sie scheint dem Erzbischof Everhard von Bamberg, der im Frühjahr 1152 als Gesandter nach Rom geschickt wurde, um die Thronbesteigung Friedrichs anzuzeigen, mit auf die Reise gegeben zu sein, ebenso wie auch zu dessen Disposition die beiden Goldbullen gestellt wurden, die auf Anordnung Wibalds in Aachen geschlagen waren.[251]) Daß die Bevollmächtigten nordischer Fürsten — um wieviel mehr demnach ein königlicher Gesandter — gelegentlich in die Lage kamen, in Rom im Namen ihrer Herren Urkunden auszustellen, beweist der Fall des Prokurators des Bischofs von Odense, dem die Befugnis erteilt war, eventuell dort ein neues auf den Namen des Bischofs lautendes Typar zu diesem Zweck schneiden zu lassen.[252])

In ähnlicher Weise ist das gleichzeitige Vorkommen verschiedener Siegel älterer Bischöfe erklärt worden. Da diese Herren im Gefolge der Kaiser häufig längere Zeit aus ihrem Sprengel abwesend waren, so hätten sie einen Siegelstempel persönlich mitgenommen, den zweiten ihrem Stellvertreter zu Hause zurückgelassen.[253]) Zur Entscheidung dieser Frage bedarf es noch eingehender Untersuchungen. So sind uns von Erzbischof Anno dem Heiligen von Köln nicht weniger als 12 verschiedene Siegeltypen überliefert, von denen sich freilich bei näherer Prüfung die Mehrzahl als Fälschungen herausgestellt hat, so daß aller Wahrscheinlichkeit nach nur drei nacheinander verwendete echte Stempel übrig bleiben.[254])

Die Namenstempel der Päpste dürften sich, wohl weil sie die Wucht der Prägekolben vor allem auszuhalten hatten, am leichtesten abgenutzt haben und mußten daher gelegentlich erneuert werden. Die Vergleichung der Bullen Gregors IX. hat ergeben, daß fünf Namenstempel von diesem Papste nacheinander im Gebrauch gewesen sind.[255]) Bei den älteren deutschen Kaisern lassen sich in der Regel mehrere Stempel für Königs- und Kaiserzeit nachweisen[256]); von Heinrich IV. sind fünf verschiedene Typen, darunter zwei für Kaisersiegel festgestellt, die sich jedoch ebenfalls im Gebrauch zeitlich abgelöst haben.[257]) Heinrich der Löwe hat zum mindesten vier verschiedene Stempel von Reitersiegeln geführt, aber, wie es scheint, tritt stets der neue Stempel an die Stelle des älteren.[258]) Dagegen sind von dem im ersten Drittel des 13. Jhs. lebenden Ludwig I. von Bayern vier gleichzeitig benutzte Siegelstempel nachweisbar.[259])

Die Benutzung gleichwertiger Stempel nebeneinander durch ein und denselben Herrn scheint auch bei den westfälischen Dynasten eingetreten zu sein.[260])

Des Umstandes, daß in der kaiserlichen Kanzlei seit Konrad II. je ein besonderer Stempel für Deutschland und für Italien im Gebrauch gewesen ist, wurde bereits gedacht.[261]) Kam diese

---

248) Vgl. Bresslau, Ul. 945.
249) Geib, AZ. NF. II 88 ff., Bresslau, Ul. 944 ff. und Erben, Ul. 179 f.
250) S. oben S. 18 Anm. 135.
251) Eine unbefangene Auslegung der betreffenden Stelle in dem Briefe Wibalds (Epp. Wibaldi, Mon. Corb. Nr. 377) läßt wohl kaum eine andere Deutung zu.
252) Vgl. G. v. Buchwald, Bischofs- und Fürstenurkunden, 186 u. 457.
253) So deutet Philippi, Westfäl. Siegel I 1, S. 3 u. 15 f. die Existenz verschiedener gleichzeitiger Siegel der Bischöfe Werner und Hermann von Münster. Vgl. dazu die Bemerkungen Posses Ul. 151, Anm. 1.
254) Vgl. Ewald, Die Siegel des Erzbischofs Anno II. von Köln (1056—1075) Westd. Z. 24, 19 ff. und Rhein. Siegel I u. II.   255) Diekamp, MIÖG. III 622.
256) Geib, AZ. NF. II 138 ff., Philippi 63 ff. und Posse, Kaisersiegel I u. II.
257) Geib a. a. O. 175 ff.
258) Bei einer flüchtigen Durchsicht der Urkunden Heinrichs des Löwen im StA. Hannover habe ich vier Typen ermitteln können: A 1154 (Kl. Richenberg Nr. 2), B 1156 (Bursfelde Nr. 8), C 1169 (Lamspringe Nr. 5) und 1171 (Heiligenrode Nr. 1), D ca. 1172 (Hildesheim, S. Crucis Nr. 3) und ca. 1139—1141? (Katelnberg Nr. 3). Vgl. übrigens noch Gercken, Kritische Untersuchung der Siegel des Herzogs Heinrich des Löwen in dessen Anmerkungen II, 195—254.
259) Vgl. Primbs, Siegel der Wittelsbacher in Bayern bis auf Max III. Joseph, AZ NF. II 1 ff.
260) Tumbült, Westf. Siegel I 2, S. 8; vgl. dazu jedoch IV, Sp. 19, Anm. 5 und Posse, Wettiner Fürstensiegel I, 5 und Adelssiegel I A, Tafel 23. Hierüber können erst eingehende diplomatische Untersuchungen die sichere Entscheidung bringen. Erwähnt sei wenigstens kurz der Brauch, daß die Deutschen und Gotländer in Visby zeitweise je einen besonderen Stempel führten, von denen dann je ein Abdruck an die Ausfertigung einer städtischen Urkunde gehängt wurde. Vgl. Karl Lehmann, Germ. Abhandlungen zum 70. Geburtstag Konrad v. Maurers, S. 40.
261) S. oben.

Sitte vielleicht auch unter den ersten Staufern wieder in Wegfall[262]), Friedrich II. hat sich gegenüber Papst Honorius III. 1220 aufs neue dazu verpflichtet.[263]) Unter ihm entstehen auch die Hofgerichtssiegel, bei denen zwischen dem des sizilischen Großgerichts und dem des deutschen Reichshofgerichts zu unterscheiden ist.[264]) Als eine Weiterentwicklung des Brauches, für die einzelnen Reichsteile besondere Siegelstempel zu führen, kann man es bezeichnen, wenn die späteren Könige für ihre territorialen Besitzungen innerhalb des Reiches auch ebenfalls besondere Siegelstempel anschafften.[265]) Auch Geistliche, welche Dignitare verschiedener Stiftskirchen waren, bedienten sich für jede dieser Stellungen eigener Siegel.[266]) Es kam dann gelegentlich auch vor, daß sie Exemplare ihrer verschiedenen Siegel an eine Urkunde hängten.[267])

In diesem Zusammenhang verdient der Einzelfall Erwähnung, daß Kaiser Friedrich I. das Diplom von 1167, in dem er die Translation der Gebeine des hl. Bartholomaeus durch Otto II. bekundete: „nostre maiestatis aurea bulla et cerea" bekräftigen ließ.[268])

Rücksiegel sowohl, wie Sekretsiegel kennen wir in Deutschland frühestens aus der ersten Hälfte des 13. Jhs. Auch in diesem Punkte scheint das deutsche Siegelwesen von England, Frankreich und dem Westen überhaupt abhängig zu sein.[269]) Von Herzog Heinrich von Limburg, der in den Jahren 1225—1247 Graf von Berg war, besitzen wir eines der ältesten Sekretsiegel, das als Rücksiegel gebraucht wurde.[270]) Graf Wilhelm v. Kessel führte 1243 ein Hauptsiegel, das im runden Siegelfeld einen gekrönten Löwen zeigt; in dem kleineren zugehörigen Rücksiegel sehen wir den Grafen zu Pferd mit Schwert und Schild dargestellt.[271]) Unter den Erzbischöfen von Köln bedient sich Konrad v. Hochstaden zuerst der Rücksiegel, welche bei ihm die Bezeichnung Sekrete tragen.[272]) Es folgen mit Rücksiegeln nicht bald die Äbte, die Konvente der Klöster[273]), namentlich der Zisterzienserklöster[274]); von Städten sind uns nur seltener Beispiele überliefert.[275]) Die Verbreitung der Rücksiegel scheint doch mit der Entwicklung der eigenen Kanzleien der geistlichen und weltlichen Fürsten in der Weise zusammenzuhängen, daß dem jeweiligen Kanzleivorsteher der große Siegelstempel des betreffenden Fürsten zur Verwahrung und zum Gebrauch übergeben war, während dieser selbst das Sekret- oder Rücksiegel unter eigenem Verschluß hielt.[276]) Denn zunächst begegnen uns diese Sekretsiegel in der Regel, wie wir sahen, als Rücksiegel[277]), und manche der letzteren kennzeichnen sich ja durch die Aufschrift

262) Vgl. Bresslau, Ul. 945.
263) Boehmer-Ficker, Reg. imp. 1201.   264) Bresslau, Ul. 946, Anm. 1.
265) Ebenda 949.
266) Propst Otto von Aachen, Utrecht und Emmerich sagt in einer Urkunde von 1231 (Sloet, Het stift te Bedbur bij Kleef Nr. 20); quia sigillum secundum titulum ecclesie Embricensis non habemus, presentes litteras sigillo nostro secundum titulum Aquensem et Trajectensem fecimus communiri. Philipp, Propst von Soest-Patroclus, war zugleich Thesaurar des Domstifts Köln; aus 1258 sind uns Abdrücke seiner verschiedenen Typare an zwei Ausfertigungen derselben Urkunde erhalten (Ennen, Quellen zur Gesch. der Stadt Köln, II 384). Als Propst von Soest führt er noch einen dritten Stempel „ad causas". S. Westfäl. Siegel III, Tafel 130, 6 u. 131, 7. Hierher gehört auch offenbar das Beispiel des Dompropstes Arnold von Trier von 1241, das Hohenlohe AZ. VIII, 112, Anm. 2 anzieht.
267) Der Elekt Goswin von Utrecht, der zugleich Propst des Johannisstifts daselbst war, läßt an eine Urk. von 1249 sowohl sein Elekten- wie sein Propsteisiegel hängen; Kluit, Hist. crit. Hollandiae II 2, 165 S. 566.
268) Boehmer, Acta imperii sel. S. 118.
269) Vgl. Bresslau, Ul. 946, Anm. 4. Dem Reitersiegel des Grafen Dietrich von Flandern ist auf einem Abdruck von 1168 ein Rücksiegel aufgedrückt, das den Kopf des Sieglers wiedergibt. Die Umschrift lautet: Theodericus Dei gratia Flandrensium comes. S. Kluit, Hist. crit. Hollandiae II 1 Nr 32 S. 193 u. 194.
270) Vgl. Küch, Die Entwicklung des bergischen Wappens im Jb. des Düsseldorfer Gesch.-Ver. XV, S. 29 und Tafel I, 5.
271) StA. Düsseldorf, Abtei Gladbach, Nr. 15. Das Rücksiegel hat nur die Umschrift: † Comes de Kessele.
272) S. Rhein. Siegel I. Vgl. auch die Notiz über die Einführung des Sekretes der Passauer Kirche 1259; Seyler, Gesch. 129.
273) Belege hierfür in den Urkunden der Abteien Werden, Cornelimünster, Gladbach im StA. Düsseldorf.
274) Vgl. Westfäl. Siegel III 3: sie werden auch in den Umschriften fast regelmäßig als contrasigilla gekennzeichnet.
275) Melly, 157f. Seyler, Gesch. 310ff. Westfäl. Siegel II 2, Übersicht. Hier werden die Rücksiegel bisweilen als Kontrasiegel oder Signete von den meist selbständig gebrauchten Sekretsiegeln unterschieden. Vgl. auch oben S. 7, Anm. 44 f.
276) Vgl. hierzu Posse, Ul. 1, Anm. 1, womit die Nachrichten S. 137, Anm. 2 in Zusammenhang zu bringen sind. S. die Instruktion für den Jülichschen Kämmerer von 1331, oben S. 29 Anm. 234. In späteren Jahrhunderten verwahren die Kanzler auch die Sekretsiegelstempel. S. das folgende Kapitel.   277) S. dazu Bresslau, Ul. 948, Anm. 4.

VI. Die verschiedenen Arten der Siegelstempel, deren Verwahrung, Vererbung usw. 33

geradezu als ein Appendix des Hauptsiegels.[278]) Aber viele von ihnen haben es doch auch zur Bedeutung eigentlicher Geheimsiegel gebracht, und so sehen wir sie denn von der zweiten Hälfte des 13, Jhs. ab selbständig gebraucht.[279]) Daß sie aber doch nicht die gleiche Schätzung fanden wie die Hauptsiegel[280]), ist deshalb begreiflich, weil vor allem in der Umschrift meist der volle Titel des Stempelführers fehlte.

In der kaiserlichen Kanzlei hat das Sekretsiegel, das sich seit Rudolf von Habsburg allmählich einbürgerte, nicht die Geltung eines Geheimsiegels erlangt; als Rücksiegel ist es gelegentlich benutzt worden. Wenn wir es als „sigillum minus" dem „sigillum majestatis" gegenübergestellt sehen, so ist damit ein deutlicher Wertunterschied gegeben. Geheimtypare in Ringform lassen sich seit Heinrich VII. nachweisen, und zwar für den einzelnen Kaiser mehrere gleichzeitig gebrauchte. Unter Rudolf von Habsburg taucht ein besonderes Rücksiegel auf, das nur selten selbständig gebraucht ist.[281])

Von dem Geheimsiegel der Päpste, dem Fischerring, ist bereits die Rede gewesen.[282])

Die analoge Scheidung, wie sie in der kaiserlichen Kanzlei zwischen Majestäts- und Sekretsiegel üblich geworden ist, hat man in den Territorien in der zweiten Hälfte des 13. Jhs. ebenfalls vorgenommen. Hier stehen den sigilla majora die sigilla minora, ad causas, ad contractus gegenüber, zu denen sich noch die Sekretsiegel gesellen, welche vielfach die Bedeutung der sigilla ad causas erhalten.[283]) Wahrscheinlich um am Siegelmaterial zu sparen und zugleich um die Urkunde für die Aufbewahrung bequemer herzurichten, schaffte man von seiten der kirchlichen und weltlichen Fürsten, der Dom- und Stiftskapitel, der Grafen und Herren, der Städte und anderen Gemeinschaften die kleineren Typare an, mit denen die einfachen Geschäftsurkunden besiegelt zu werden pflegten, wohingegen das Hauptsiegel bei feierlichen Beurkundungsfällen Anwendung fand. Die Einführung besonderer Stempel ad missivas, welche wir in den größeren Städten im 15. Jh. häufiger beobachten können, dürfte in erster Linie darauf zurückzuführen sein, daß die zurzeit im Gebrauch gewesenen kleineren Stempel, die wohl meist keinen Handgriff hatten, zum Aufdrücken der Verschlußsiegel auf die Briefe nicht gut zu verwenden waren.

Stempel für ganz spezielle Zwecke, für Abordnungen oder Kommissionen, gehören in dem Verwaltungsapparat der geistlichen Korporationen und besonders in dem der städtischen Gemeinwesen nicht gerade zu den Seltenheiten und begegnen uns bereits im 14. Jh.[284]) In ihnen haben wir die eigentlichen Vorläufer der neuzeitlichen Behördensiegel zu erkennen.

Erwähnung verdienen in diesem Zusammenhang auch die sigilla pacis, die Landfriedenssiegel, welche uns aus den verschiedensten Gegenden Deutschlands für diese örtlich und zeitlich begrenzten Verbände überliefert sind.[285])

Die Petschafte (zumeist Ringsiegel), eine Bezeichnung, welche im 14. Jh. sich vom Südosten des deutschen Reiches allmählich ausgebreitet hat[286]), gehören in die Klasse der Sekret- und Geheimsiegel, wie sie denn im 15. Jh. auch als Rücksiegel gebraucht werden.[287])

278) So das Rücksiegel der Herzogin Sophie von Brabant, der Mutter Heinrichs des Kindes von Hessen, das die Umschrift des Hauptsiegels mit den Worten: et domine Hassye fortsetzt. S. SEYLER, Gesch. 134. Die Siegel nähern sich damit dem Charakter der Münzsiegel. S. auch BRESSLAU. Ul. 952.

279) Vgl. Westfäl. Siegel I, 2 in der Übersicht. Ihre selbständige Verwendung im Privatverkehr (Briefverschluß) dürfte aber sicher doch älter sein. Der häufige Wechsel bei Sekretsiegeln (Westfäl. Siegel I, 2, S. 8) erklärt sich wohl aus der persönlichen Liebhaberei des Stempelführers; auch wird der gleichzeitige Gebrauch mehrerer Typare nicht ängstlich vermieden. Den Bestand an Siegelstempeln, über den bei seinen Lebzeiten ein hoher Kirchenfürst verfügte, lernen wir aus den im Grabe des Erzbischofs Otto von Magdeburg († 1361) gefundenen Stücken kennen. Außer einem Hauptsiegelstempel sind es zwei für Sekretsiegel und drei kleinere Typare, die, ihrer Form nach zu urteilen, für den Briefverkehr bestimmt waren. LEPSIUS, Sphragistische Aphorismen I, 7 ff. und Siegeltafel I.

280) Vgl. hierzu POSSE, Ul. 137, Anm. 2. Über die als Rücksiegel verwendeten Stadtzeichen s. oben S. 7.

281) BRESSLAU, Ul. 946—948, HABERDITZL in MIÖG. 29, 657 ff. u. 649 Anm. 4; ferner ERBEN, Ul. 273 ff. und POSSE, Kaisersiegel I u. II.   282) S. oben S. 24.

283) Belege dafür in den Siegelpublikationen und den Urkundenbüchern, s. auch SEYLER, Gesch. 112 ff.

284) So führte die Hildesheimer Kirche einen besonderen Siegelstempel „ad litones" (DOEBNER, UB. der Stadt Hildesheim VII Taf. IV 18), die Stadt Hildesheim ein „Sigillum supra civinium" (ebenda Taf. III 8). In Konstanz hatten die 7 Richter für Bauten und Untergänge der Stadt (Septem deputati ad structuras), das Almosenrechnungsamt (S. quatuor elemosinarium dicti raitina), eigene Siegel; WEECH, Karlsruher Siegel Taf. 41, 8 u. 41, 7. In den österreichischen Städten kannte man sogenannte Grundsiegel (MELLY 158), welche zur Bekräftigung des Besitzwechsels von Immobilien Verwendung fanden.

285) Vgl. WEECH, Cod. Salem. I Taf. XI, 47, Westfäl. Siegel I 2, S. 32, HOHENLOHE zu Nr. 230 (1352) und POSSE, Kaisersiegel II Taf. 58—63.

286) LINDNER 63 u. 221.

287) Vgl. POSSE, Wettiner Fürstensiegel II 18 und Westfäl. Siegel IV Sp. 6 Anm. 13.

2. Die Kontrolle über den Gebrauch der Siegelstempel.

Zur Verhütung einer mißbräuchlichen Verwendung der Siegelstempel führte man im 13. Jh. eine Kontrolle bei der Anfertigung der Siegel ein, die man durch die Beidrückung des Sekretsiegelstempels zu erreichen glaubte. Demselben Zwecke diente die urkundliche Fixierung des Termins, von welchem ab ein bestimmtes Typar vom Inhaber in Gebrauch genommen wurde. Als die wirksamsten Mittel, Mißbrauch und Siegelfälschungen unmöglich zu machen, sah man die verschärfte Überwachung der Aufbewahrungsstelle der Siegelstempel und die Vernichtung bzw. Kassierung derselben im Falle des Todes des Stempelführers oder bei Ungültigkeitserklärungen einzelner Stücke an.

Daß dem Sekretsiegel tatsächlich die Rolle zugeteilt ist, ein größeres Beweismittel für die Echtheit eines Siegels abzugeben, lehrt uns das Zeugnis des Bischofs Otto von Passau, der 1259 bei der Einführung des secretum ecclesie erklärte, daß alle auf seinen Namen ausgestellten Schriftstücke, falls die diesen angehängten Siegel nicht den Abdruck jenes Sekretsiegelstempels trügen, für unecht anzusehen seien.[288]) Auch die so beliebte Umschrift des Sekretsiegels clavis sigilli[289]) dürfte ganz besonders auf diese Bestimmung hinweisen.

Vom 13. Jh. ab stehen uns urkundliche Nachrichten zur Verfügung über die Anschaffung neuer Typare überhaupt[290]) und über die Vorsichtsmaßregeln, die dabei getroffen wurden, um den bisher benutzten Stempel außer Kurs zu setzen. Es erfolgte über den Vorgang eine öffentliche Bekanntmachung, der alte Stempel wurde gelegentlich in feierlicher Gerichtssitzung zerschlagen oder durchlocht, wenn er unbrauchbar geworden war oder gemacht werden sollte, dem neuen gab man eine Legitimation und Beschreibung mit auf den Weg.[291]) Ein etwas umständliches Verfahren war es, daß Herzog Heinrich von Niederbayern, als er um das Jahr 1270 sich einen neuen Stempel hatte graben lassen, nun auch die Neuausfertigung der von ihm früher gegebenen Urkunden anordnete.[292]) Im Anfang des 13. Jhs. scheint man den Beginn des Gültigkeitstermins des neuen Stempels und damit die Beseitigung des alten bisweilen dadurch bestimmt zu haben, daß zwei Ausfertigungen einer Urkunde ergingen, von denen die eine mit dem alten, die zweite mit dem neuen Typar gesiegelt wurde[293]), oder daß man von den beiden Stempeln auf der einen Ausfertigung eines Schriftstückes je einen Abdruck anbrachte.[294])

Als der Bürgermeister von Köln Ludwig von der Mühlengasse im Jahre 1268 den Siegelstempel der Stadt beiseitegeschafft hatte, ließ man sofort einen neuen anfertigen.[295]) Solche Vorkommnisse und der versteckte Mißbrauch, der nicht selten im Interesse bestimmter Gruppen von Persönlichkeiten innerhalb eines Gemeinwesens mit den Siegelstempeln getrieben wurde[296]), führten dazu, die Kontrolle über die Verwendung derselben in mehrere Hände zu legen. In der kaiserlichen Kanzlei erschwerte schon der Umstand, daß stets verschiedene Personen bei der Anfertigung einer Urkunde beteiligt waren, den direkten Mißbrauch des Siegelstempels; zudem waren diese beständig der Obhut der höheren Kanzleibeamten anvertraut.[297]) Die Bullierungsinstrumente mußten jeden Samstag von den Bullatoren an den päpstlichen Kämmerer in versiegelter Tasche

---

288) SEYLER. Gesch. 129. Vgl. zu dieser Frage auch LINDNER 49 u. PHILIPPI 49 u. 50.

289) Westfäl. Siegel I 2 Taf. 21, 4 u. II 2 Taf. 84, 1, SEYLER, Gesch. 132 u. HOHENLOHE Nr. 181.

290) Bez. der Ankündigung des neuen Apostelstempels durch Papst Innocenz IV. s. DIEKAMP MIÖG. III 625 und BAUMGARTEN, Aus Kanzlei und Kammer 215 ff.

291) Belege findet man bei GROTEFEND 30, ferner SEYLER, Abriß, S. 43—44 und 50—51, die zum Teil bei POSSE, Ul. 153 Anm. 2 aufs neue abgedruckt sind. Vgl. auch BRESSLAU, Ul. 931 Anm. 2, KOCH-WILLE, Regesten der Pfalzgrafen am Rhein Nr. 5421 vom 2. Mai 1392, SEYLER, Gesch. 129. Durch Kapitelbeschluß des Domkapitels Köln vom 22. Juli 1310 wurde das bisherige Siegel der Union der Kollegiatstifte der Kölner Diözese abgeschafft, an dessen Stelle nun das Domkapitelssiegel ad causas trat, quod est antiquum, approbatum et auctenticum; s. StA. Düsseldorf, Köln-Domstift Nr. 420. S. ferner NA. XIII 621 f.

292) GEIB, AZ. NF. II 91 f.

293) Westfäl. Siegel III S. 7. Vielleicht gehört hierher auch der Fall der doppelten Ausfertigung der Urkunde Bischof Konrads von Konstanz von 1211 mit zwei verschiedenen Siegeltypen desselben Bischofs. WEECH, Cod. Salem. I 81.

294) Das ließ 1528 Graf Philipp von Hanau bei der Annahme eines neuen Stempels ausführen; s. SEYLER, Abriß 51. Ob auch der Fall von Klosterneuburg (s. POSSE, Ul. 153 Anm. 2 am Schluß) hierher zu ziehen ist?

295) Vgl. ENNEN, Gesch. der Stadt Köln II 195 und LACOMBLET, UB. II 607.

296) Vgl. die Entwendung des Siegelstempels des Klosters Berndorf im Herzogtum Westfalen im Jahre 1278, Westfäl. UB. VII 1660.

297) BRESSLAU, Ul. 928 und PHILIPPI 50.

VI. Die verschiedenen Arten der Siegelstempel, deren Verwahrung, Vererbung usw. 35

abgeliefert werden.[298]) Die Geheimsiegel gebrauchten und handhabten wohl auch die Kaiser persönlich[299]), ebenso wie die Fürsten ihre Ringsiegel.[300]) Deren große Siegel- und Geschäftssiegelstempel hielten die Notare, die Kämmerer oder später die Kanzler unter Verschluß.[301]) Für die sichere Aufbewahrung und gehörige Verwendung der Siegelstempel der Städte waren die Bürgermeister verantwortlich; der der Stadt Köln bezog dafür ein ansehnliches Jahrgehalt.[302]) Bei den Kapiteln der Domstifte übten mehrere Mitglieder derselben die Kontrolle über deren Typare[303]) aus und die Statuten selbst der kleineren Klöster enthalten Vorschriften, welche den Gebrauch der Siegelstempel seitens einzelner Klosterangehörigen ohne Vorwissen der Gesamtheit verbieten.[304]) Es war die Regel, daß die Stempel in einem Kistchen ruhten, das nur mit verschiedenen Schlüsseln geöffnet werden konnte, von denen jeder einzelne sich in der Hand eines bestimmten Bevollmächtigten befand.[305]) Trotzdem hören wir aus dem späteren MA. immer aufs neue wieder von Stempeldiebstahl[306]) und auch in fürstlichen Kanzleien der Neuzeit scheint die mißbräuchliche Verwendung der Amtssiegel nicht gerade selten vorgekommen zu sein.[307])

Von den deutschen Kaisern ist von alters her der Brauch geübt worden, die Siegelstempel nach dem Tode des Herrschers zu vernichten.[308]) Beim Ableben eines Papstes wurde wenigstens der Bullenstempel, welcher dessen Namen ausprägte, im Beisein des Vizekanzlers von den Plumbatoren zerbrochen.[309]) Daß ein ähnliches Verfahren auch nach dem Hinscheiden von Bischöfen, kirchlichen Dignitaren und Klostervorständen eingehalten wurde, dafür haben wir vereinzelte Zeugnisse.[310]) Dem Erzbischof Otto von Magdeburg gab man die von ihm im Leben geführten Siegelstempel mit ins Grab, nachdem sie zuvor durchlocht waren.[311]) Die Siegel weltlicher Fürsten werden bei deren Tod in der Regel ebenfalls zerstört sein, wenn nicht testamentarisch darüber besondere Bestimmungen getroffen waren.[312])

Ging der Inhaber eines Amtes[313]) oder eines Besitzstandes[314]) dessen verlustig, so erfolgte die Vernichtung des Siegelstempels desselben, sobald in ihm die Anrechte des betreffenden ausgesprochen waren. Zeitweilige Dispositionsunfähigkeit eines Würdenträgers gab ebenfalls Veranlassung zur Beseitigung seines Typars.[315])

---

298) BAUMGARTEN, Aus Kanzlei und Kammer, 148 f.   299) LINDNER 50.

300) POSSE, Ul. 137, Anm. 2.

301) S. oben S. 29 Anm. 234. Die Kanzleiordnung Erzbischof Ruprechts von Köln von 1469 § 42 (WALTER, Das alte Erzstift und die Reichsstadt Köln S. 413) schreibt vor: Item wir wollen auch, das nyt dann eyn groiß sigell in unsern sachen und in der cantzelly gebruycht werden, das dan unser canceller van unserntwegen haben sall und twey secret. Dem jülichschen Schreiber Wilh. Weyerstraß, der 1493 den Schatz umlegen sollte, war der große Siegelstempel nach Jülich mitgegeben. Da er in der Kanzlei in Düsseldorf gebraucht wurde, schickte er ihn „beslossen ind versiegelt in eyme budel" an den Herzog zurück; StA. Düsseldorf, Jülich-Berg, Lit. D II 5ᵇ.

302) S. KNIPPING, Die Kölner Stadtrechnungen des MA. II 51 u. 239.

303) Belege bei POSSE, Ul. 147 Anm. 1. Auch ein Statut des Domkapitels Köln vom 9. August 1313 trifft Bestimmungen wegen der Aufbewahrung der Schlüssel zum großen Siegelstempel (StA. Düsseldorf, Köln-Domstift Nr. 435).

304) So des Klosters Borghorst, Westfäl. UB. III 305, Urkunde von 1233.

305) POSSE, Ul. 146 Anm. 5 u. 147 Anm. 1. In den Kölner Stadtrechnungen wird das „scheefgin, da dat segel inne lygt" vorrede, KNIPPING, a. O. I Vorrede S. XVIII; dieses befindet sich heute noch im historischen Museum der Stadt Köln. Vgl. auch LAMPRECHT, Deutsches Wirtschaftsleben im MA. III 175.   306) So 1449 aus Nürnberg; SEYLER, Abriß 44.

307) Vgl. ebenda 43.

308) Wir haben zwar dafür erst aus dem 15. Jh. ein urkundliches Zeugnis, das über die Vernichtung der Stempel Kaiser Sigismunds 1437 aufgenommen wurde (POSSE, Ul. 147 Anm. 3); da wir aber echte Kaisersiegelstempel nicht besitzen, ist der Schluß wohl berechtigt, daß das vom 11. Jh. ab ständig geschehen ist.

309) DIEKAMP, MIÖG. IV 531 u. BAUMGARTEN 160.

310) So schreibt die Zysterzienser Klosterregel vor, daß des Abtes Siegelstempel im Todfall zu zerbrechen sei. SEYLER, Abriß 43.

311) LEPSIUS, Sphragistische Aphorismen I 7 ff.

312) GROTEFEND 38, SEYLER, Abriß 43. Fürstliche Siegelstempel scheinen nach dem Tode der Besitzer nicht selten Geistlichen anvertraut zu sein, so daß ihre Erhaltung für die Nachwelt gesichert blieb. GROTEFEND 40. Das StA. Hannover bewahrt die prächtigen Siegelstempel Herzog Erichs von Sachsen aus dem 14. Jh.

313) Bei der Resignation des Bischofs Bruno II. von Meißen 1228 wurde dessen Stempel zerbrochen, POSSE, Ul. 147 Anm. 3.

314) Dafür will HOHENLOHE Nr. 169 S. 58 f. in dem Fall des Grafen Egeno I. von Freiburg einen Beleg finden.

315) Der päpstliche Nuntius ordnete 1270 die Kassierung des Stempels Erzbischof Engelberts II. von Köln an, da dieser sich in der Gefangenschaft des Grafen von Jülich befand. LACOMBLET, UB. II 601.

3*

Bisweilen sah man sich veranlaßt, Änderungen an Stempeln durch Erweiterung des Siegelbildes, Einfügung von bestimmten kleinen Zeichen vorzunehmen, wenn der Verdacht bestand, daß Nachbildungen in der alten Form angefertigt sein könnten.[316]

Unbrauchbar wurden die Stempel gemacht durch Zerbrechen in mehrere Teile oder dadurch, daß man das Siegelbild mit einer Feile, einem Bohrer, Stahlmeißel und anderen Instrumenten bis zur Unkenntlichkeit entstellte.[317]

3. Gemeinsame Stempel mehrerer Personen, Vererbung und Anpassung der Stempel.

In einem gewissen Gegensatz zu der geschilderten vorsichtigen Art der Behütung der Siegelstempel steht der Gebrauch gemeinsamer Typare für mehrere Personen, die Vererbung eines Stückes vom Vater auf den Sohn oder überhaupt innerhalb einer Familie und die Anpassung des vom Amtsvorgänger oder Vorfahren hinterlassenen Stempels für den Gebrauch des Nachfolgers.

Die im 10. Jh. vorkommenden gemeinsamen Siegel der süditalienischen langobardischen Herzöge sind durch das System der Mitregentschaft, das bei ihnen herrschte, hervorgerufen.[318] Der seltene Fall, daß Mann und Frau ein gemeinsames Typar führen, ist uns aus dem Jahre 1326 überliefert.[319] Sonst sind es zumeist Brüder, die sich an einem Siegelstempel genügen lassen[320], und zwar, wie es scheint, nur für die Zeit ihrer Minderjährigkeit.[321] Als eine Besonderheit sind die Sippensiegel des 13. Jhs. anzusehen (sigilla coheredum, cognationis, parentele), die zwar auf einen einzelnen Inhaber des Geschlechts lauten, aber abgesehen davon, daß sie vom Vater auf den Sohn vererben, auch von Seitenlinien gebraucht sein dürften.[322] Gemeinsame Siegel verschieden benannter Orte scheiden dagegen aus diesem Zusammenhang aus, weil für sie die einheitliche kommunale oder gerichtliche Organisation die Grundlage abgegeben hat.[323]

Daß die deutschen Kaiser in der späteren Zeit die von ihren Vorfahren ererbten Geheimsiegelstempel weiter benutzten[324], ein Brauch, der sich bei Fürsten u. a. wiederholt, darf uns nicht wundernehmen; diese hatten keine Aufschrift, und auch das Siegelbild enthielt wohl meist keine auf eine bestimmte Person zu beschränkende Beziehung.[325] Dagegen steht es als Einzelvorkommnis da, daß Otto II. zwei Typare seines Vaters in Gebrauch genommen und überdies den früher von ihm benutzten eigenen Stempel aufgegeben hat.[326] In den Kreisen der weltlichen Fürsten, Grafen, Edelherren und besonders des niederen Adels können wir die Vererbung der Siegelstempel, zumal wenn sie Wappen zeigten, von Vater auf Sohn, von Bruder auf Bruder nicht zu einer ungewöhnlichen Erscheinung rechnen; sie ist selbst dann eingetreten, wenn nicht Gleichheit der Vornamen bestand.[327] Auffällig ist es, daß Gottfried Snap, welcher die Witwe des Soester Bürgers Ludwig de Foro ehelichte, dessen Typar übernahm und es 1323 ohne wei-

---

316) In dieser Befürchtung ließ 1410 die Stadt Würzburg den bisherigen Stempel mit einem Stern vermehren. SEYLER, Abriß 44. Ob hierher auch die Veränderungen, welche an den Stempeln Heinrichs I., Ottos I. und Ottos II. bei der Einfassung des Siegelbildes beobachtet sind (FOLTZ, NA. III 30), gerechnet werden müssen?

317) Vgl. dazu SEYLER, Abriß 43 u. ZGORh. 1887 S. 245. Einen Abdruck des zerbrochenen Stempels des schismatischen Domkapitels von Münster von ca. 1451 findet man Westfäl. Siegel I, 1 Tafel 3, 6.

318) S. ERBEN, Ul. 177f.   319) HOHENLOHE Nr. 85.

320) HOHENLOHE, Über die gemeinschaftlichen Siegel, AZ. VIII 112—120 u. 322. Vgl. WEECH, Cod. Salem. II 431.

321) Darauf läßt auch die Notiz schließen, die HOHENLOHE zu Nr. 202 bei Aufzählung der ihm aufgestoßenen Siegel dieser Gattung bringt, nämlich, daß zwei Brüder — es handelt sich in diesem Falle um Porträtsiegel — ohne Kopfbedeckung abgebildet sind.

322) Westfäl. Siegel IV Sp. 20, HOHENLOHE, AZ. VIII 113 und REDLICH, Ul. 114. HOHENLOHE will diese Siegel nur als persönliche fassen. Wenn 1257 Conrad von Wiesloch mit dem Siegel Wernheri de Wizenloch siegelt und dazu bemerkt: sigilli nostri munimine, quod sub custodia *senioris nostre parentele ex antiqua consuetudine* servatur, so geht doch daraus klar hervor, daß er als Senior im Besitz des Typars ist, und daß dieses von seinem Vorfahren Werner ererbt ist. Es ist ohne das Stück, vielleicht weil es das des ersten Sieglers in der Familie war, zum Familiensiegelstempel geworden.

323) Die Beispiele bei HOHENLOHE AZ. VIII 117 u. 119. Deren Zahl läßt sich durch die Schöffensiegel am Niederrhein noch beträchtlich vermehren.

324) BRESSLAU, Ul. 950, HABERDITZL in MIÖG 29, 645, POSSE, Wettiner Fürstensiegel I S. 6.

325) S. die Abdrücke auf den Majestätssiegeln Friedrichs III., POSSE, Kaisersiegel II Taf. 22—27.

326) FOLTZ, NA. III 34 ff. u. GEH, AZ. NF. II 92.

327) Belege hierfür findet man bei GROTEFEND 39, POSSE, Ul. 131 Anm. 10 u. 132, Anm. 1, Westfäl. Siegel I 2 S. 13 und IV Sp. 19f., BRESSLAU, Ul. 929 Anm. 5 zusammengetragen. Vgl. auch WEECH, Cod. Salem. II 431, 665, 882. Den ungewöhnlichen Fall der Vererbung eines Porträtsiegelstempels weist HOHENLOHE zu Nr. 54 nach.

tere Bemerkung als sein eigenes ausgab.[328]) Frauen und Witwen benutzten nicht selten die Siegelstempel ihrer Männer.[329])

Eine andere Bedeutung gewinnt es, wenn ein überlieferter Siegelstempel vom neuen Besitzer seinen Verhältnissen entsprechend adaptiert, wenn er umgearbeitet worden ist. Diese offenbare Sparsamkeitsrücksicht haben Bischöfe[330]), Klostervorsteher[331]) ja selbst Fürsten[332]) und Kaiser[333]) geübt. Der Name wurde aus dem Stempel ausgeschnitten, statt dessen an der betreffenden Stelle ein neues Stück aufgelötet, eingehämmert oder eingegossen und nun hierauf die Gravierung des veränderten Namens gesetzt. Auch das Siegelbild erfuhr dabei gelegentlich eine Auffrischung, namentlich auf den Stempeln der Bischöfe, die mit Wappen geschmückt waren.

VII. Der Inhalt der Siegel (Siegelstempel).

Die bildmäßigen oder graphischen Zeichen mit mehr oder weniger bestimmter Bedeutung, welche wir auf den Siegeln sehen, machen nebst Umschrift und Aufschrift deren Inhalt aus.

1. Die Siegel nach ihren Typen.

Die charakteristischen Merkmale der Siegel hat man in Gruppen zusammengefaßt, deren jede einen besonderen Typus darstellen soll. Es ist versucht worden, darauf ein sphragistisches System[334]) aufzubauen, ohne daß es gelungen wäre, ein Schema herauszuarbeiten, in dessen verschiedene Klassen sich die mannigfaltigen Siegelformen mit Sicherheit unterbringen ließen.

Überblicken wir den gesamten Bestand an Siegeln, so ergibt sich fast mit einziger Ausnahme der Gemmensiegel die ständige Regel, daß zwischen dem Siegelbild oder den zeichenartigen Figuren des Siegels und der Person des Siegelinhabers oder der Mehrheit von Personen,

---

328) Westfäl. Siegel IV Sp. 20.

329) Ebenda Anm. 4. Johann Hoyn von Wachendorf (Kr. Euskirchen) hat 1409, da er ins Ausland verreist ist, seiner Frau sein Siegel zurückgelassen, „daemede zu besegelen eynghe die sachen, der mir noit were"; StA. Düsseldorf, Stift Kornelimünster.

330) Westfäl. Siegel I 1 S. 17 u. II 1 S. 13 und Ewald, Siegelmißbrauch 34.

331) Ebenda III S. 28.   332) Posse, Ul. 132 Anm. 2.   333) Lindner 41.

334) Zur Klassifikation aller Siegel nach ihren Bildern, aufgestellt vom Fürsten zu Hohenlohe; s. Aphorismen, S. V. Der Verfasser teilt das Material in folgende vier Klassen:

I. Schriftsiegel
   A ohne Namen des Inhabers,
   B mit   „   „   „

II. Bildsiegel
   A ohne Namen des Inhabers,
   B mit   „   „   „

III. Porträtsiegel

A ohne Wappen
- 1. Kopf, Brustbild oder Kniestück,
- 2. ganze Figur { a) stehend, b) sitzend, c) kniend,
- 3. zu Pferd,

B mit Wappen
- 1. Kopf, Brustbild oder Kniestück,
- 2. ganze Figur { a) stehend, b) sitzend, c) kniend,
- 3. zu Pferd;

IV. Wappensiegel

A nur mit Wappenbildern { 1. im Siegelfelde, 2. in einem Schilde oder Banner,

B nur mit Wappenhelmen oder Helmschmuck { 1. im Siegelfelde, 2. in einem Schilde,

C mit vollständigem Wappen.

Vgl. hierzu die Bemerkungen von Bresslau, Ul. 963. Eine derartige Klassifikation ist ziemlich wertlos, wenn nicht Siegelabbildungen gleichzeitig zur Verfügung stehen: auf jeden Fall sind die von ihr hergenommenen Signaturen nicht geeignet, Siegelbeschreibungen in Urkundenbüchern zu ersetzen.

welche, in irgendeiner Form organisiert, für ihre gemeinsamen Zwecke sich eines Siegels bedienen, eine mehr oder weniger deutlich erkennbare Beziehung zum Ausdruck kommt. Weil das Siegelbild dies jedoch nur unvollkommen fertig brachte, mußte die Umschrift ergänzend eingreifen. Daß dabei Bevölkerungsgruppen in gleicher oder ähnlicher Stellung, Beschäftigung und Lebenshaltung, daß Gemeinwesen, Genossenschaften oder Amtsstellen, die in ihrem Wesen oder ihrer Organisation mannigfache Berührungspunkte haben, identische Bezeichnungsmethoden, gleiche oder ähnliche Symbole wählen, muß als eine selbstverständliche Erscheinung angesehen werden. Für eine kurze Charakteristik der typischen Seiten des Siegelwesens dürfte sich daher eine Scheidung in Personalsiegel und Siegel unpersönlicher Inhaber zumeist empfehlen. Für eine weitere Gliederung innerhalb dieser großen Abteilungen werden die eben kurz skizzierten Gesichtspunkte maßgebend sein.[335])

Die Entwicklung des Siegelbildes aber nimmt einen ganz eigenartigen geschichtlichen Verlauf. Die ziemlich rohen Porträtköpfe auf den Siegeln der Merowinger werden unter den Karolingern zunächst durch Gemmenbilder verdrängt. Nachdem darauf das Siegel jedoch zu einem förmlichen Erkennungszeichen aufgerückt war, wurde durch die deutschen Kaiser seit dem Ende des 9. Jhs. das Porträt[336]) als die eigentliche Siegelfigur für Personalsiegel eingeführt, die nun bis zum Ausgang des 12. Jhs. fast die alleinherrschende blieb. Der Zeichnung der Amtsattribute widmete man aber dabei größere Sorgfalt als der getreuen Wiedergabe der Gesichtszüge und der Figur der betreffenden Persönlichkeit. Offenbar in Analogie hierzu geschah es, daß auf den ältesten Siegeln der Domkapitel und Abteien der im Bilde dargestellte Kirchenpatron geradezu als Siegelinhaber aufgefaßt wurde. Bisweilen bringt man auch das Bild der Kirche ins Siegelfeld, und auf den ältesten Städtesiegeln beobachten wir das Bestreben, das äußere Aussehen der Stadt und deren enge Verbindung mit dem Kirchenpatron zu veranschaulichen. Geistliche Institute wählen Szenen aus der Kirchengeschichte als Siegelbilder, welche auf den Zusammenhang mit dem Kirchenpatron oder die Ordenszugehörigkeit hindeuten. Es ist eine rein bildliche Ausdrucksmanier, die uns in dieser Zeit entgegentritt. Die Vertreter der Stifts- und Pfarrgeistlichkeit bevorzugen, wenn sie sich nicht ebenfalls auf den Siegeln in Amtstracht darstellen lassen, die einfachen Kirchensymbole, die Taube, den Kelch u. dgl.

In Laienkreisen entfaltet sich die Zeichensymbolik, die schon in ältester Zeit beliebt war, zu voller Blüte. Die germanischen Völker hatten sie von alters her geübt; das kann man den Literaturzeugnissen gegenüber gar nicht leugnen. Wie der Gebrauch von Erkennungszeichen noch in verhältnismäßig später Zeit auf das Siegelwesen eingewirkt hat, habe ich oben an einigen niederrheinischen Stadtzeichen näher dargelegt.[337]) Daß das Hantgemal[338]) als Besitzzeichen gebraucht wurde, hoffe ich demnächst aufs neue eingehender begründen zu können; ebenso daß die lateinische Bezeichnung dafür neben „signum" auch „chirographum" gewesen ist.

335) Auch Stephan Beissel in seinem Aufsatz „Aus der Geschichte der deutschen Siegel" (Stimmen aus Maria-Laach (1890) VI, S. 46—60) hat die Entwickelung des Siegelwesens in Deutschland unter Betrachtung einzelner Hauptgruppen der Siegelführer dem Leser vorgeführt.

336) Daß bei dessen Wiedergabe im Grunde die Absicht vorgelegen hat, ein Bild mit den entsprechenden Gesichtszügen des Siegelführers zu liefern, muß man doch wohl annehmen. Welche anderen Ursachen, als das mangelhafte Können des Stempelschneiders sollten die Verhunzung des Porträts herbeigeführt haben? In Perioden der Blütezeit des Kunsthandwerks, so am Anfang des 13. Jhs., begegnen uns doch auch auf Siegelstempeln ganz ausdrucksvoll geschnittene Gesichter. Vor allem aber möchte ich auf das Siegel der Pfalzgräfin Adelheid aus dem Ende des 11. Jhs. verweisen (Hohenlohe Nr. 33). Man muß freilich das Original (StA. Wiesbaden, Limburg Nr. 7) gesehen haben, um die vorzügliche Arbeit richtig würdigen zu können. In dem Texte der Urkunden vor 1200 wird überhaupt der Hinweis, daß im Siegel das Abbild (imago) des Siegelführers vorliege, häufig gegeben (Seyler, Gesch. 189). Als Porträts sind doch auch anzusehen der Kopf der Königin Margarethe auf dem eigenartigen Siegel von 1270 (Hohenlohe, Nr. 45) und der Rudolfs von Baden von 1288 (Wekch, Karlsruher Siegel Taf. 3, 4 vgl. ZGORh. VII, 210). Über die Porträtmäßigkeit der Kaisersiegel vgl. Bresslau, Ul. 965, Erben, Ul. 174 ff. und Haberditzl, MIÖG. 29, 625 u. 640.

337) S. oben S. 7 f. Daß die Siegelbilder auf diese Weise zum Teil entstanden sind, deutet doch auch Konrad von Mure (MIÖG. 30, 87) in seinen Bemerkungen, die er über die Natur des Siegels gibt, an: Et secundum communem usum loquendi sigillum quandoque dicitur *parvum signum* . . . quandoque dicitur typarium... Et sicut tignum dimittentem format tigillum, *sic signum format sigillum*. Et signum est, quod se offert sensui et aliud relinquit intellectui. Diese Definition des Signum ist freilich recht tiefsinnig.

338) Vgl. Phil. Heck, Hantgemal in MIÖG. 28, 1—51 und Th. Ilgen, Zum Hantgemal, ebenda 561—576. Gegen meine Darlegungen, in denen ich das Hantgemal eines Edlen Deodericus auf einer Teilurkunde von ca. 1070 und das der Kirche von Bardenberg auf einer solchen von 1191 zu erweisen gesucht habe, haben sich Sohm in der ZSavStRGGA. 30, 103 ff. und Siegmund Keller, Chyrographum und Hantgemal, in der Festschrift für Heinr. Brunner 187 ff. gewendet. Meine Ansicht werde ich in einem Aufsatz über die chirographierte Urkunde mit neuem Material eingehender begründen. Beide Herren, Sohm sowohl wie Keller, urteilen über die Zeichen, ohne sie auf den Originalen gesehen und untersucht zu haben; sie halten sie für Schnittzeichen oder Registraturvermerke.

VII. Der Inhalt der Siegel.

Die für uns schwer verständliche Manier, daß die Signa der Zeugen in den Urkunden des 9., 10. und 11. Jhs. notiert, aber fast niemals eigenhändig von diesen, sondern von den Urkundenschreibern eingetragen sind[339]), findet vielleicht darin eine Erklärung, daß das Zeichen des einzelnen Zeugen bei der Handlung bereit gehalten wurde, daß man aber aus Bequemlichkeit und der Einfachheit halber darauf verzichtete, es auf der Urkunde ebenfalls nachzumalen, da der Inhaber selbst es nicht ausführen konnte. Mußte doch dem Sachsenspiegel zufolge der Schöffenbarfreie sich über sein Hantgemal ausweisen, wenn er einen zum Zweikampf herausforderte.[340])

Als im 10. und 11. Jh. die älteren Formen des Urkundenwesens wieder stärker bei der Privaturkunde Eingang finden, mehren sich ganz auffällig die Belege für die früher verwendeten Methoden der Beglaubigung, die Unterschrift oder wenigstens der Namenseintrag, das Monogramm und das Signum. Die Schenkung einer gewissen Gertrud an die Abtei Deutz (1073—1075), die die Dame selbst in subjektiver Fassung bekundet, hat Erzbischof Anno von Köln bekräftigt, indem er: sigillum suum manu propria huic carte impressit. Diese ist aber außer mit dem Siegel des Erzbischofs auch noch mit dem Monogramm der Gertrud versehen, ohne daß das die Corroborationsformel vermerkt.[341]) Bischof Hezilo von Hildesheim hat dem Statut[342]) über die Bezüge der Hildesheimer Domherren (1054—1067) außer dem Siegel, das jetzt verloren ist, auch noch sein Signum beigesetzt.[343]) Es stellt einen Kreis mit einem Kreuz vor, in dessen vier Winkel je ein Punkt eingezeichnet ist. Damit vergleiche man das Signum des Grafen Balderich von Oplathe, des Gemahls der berüchtigten Adela, das unter eine Urkunde gesetzt ist, die zwischen die Jahre 1014 und 1017 fällt.[344]) Es bildet ebenfalls einen Kreis, dem an vier korrespondierenden Stellen nach außen Spitzen aufgesetzt sind. Im Kreis steht frei ein Kreuz, an dessen Querbalken A und Ω hängen; über und unter diesen Buchstaben neben dem Längsbalken des Kreuzes sieht man vier unregelmäßige punktierte Dreiecke. Eines Kreuzes bedient sich auch die Markgräfin Mathilde von Tuscien in ihrer Urkunde von 1106, um ihren Namen und Sinnspruch (Matilda Dei gra; si quid est ss.) auf dessen vier Winkel zu verteilen.[345]) Nach diesen Proben von Signa, die ich bei der Behandlung der chirographierten Urkunde demnächst noch durch Belege, die bis in die Mitte des 13. Jhs. hinabreichen, vermehren werde, wird man vielleicht geneigter sein, das Chirographum des Edlen Diodericus von ca. 1070 ebenfalls anzuerkennen.[346]) Das Zeichen, das zugleich dazu gedient hat, die Schnittfigur abzugeben, ist so gut wie das Edlen Hantgemal, wie das Kreuz auf der Urkunde von 1191 als das der Kirche von Bardenberg angesprochen werden muß. Möglicherweise zeigte das vollständige Zeichen des Diodericus innerhalb der konzentrischen Kreise ebenfalls ein Kreuz. Auf dem erhaltenen Teilstück des Chirographs ist nur die kleinere Hälfte des Hantgemals sichtbar, so daß recht gut der senkrechte Balken des Kreuzes beim Schnitt durch das Pergament ganz auf die andere Hälfte gefallen sein könnte.

Die überaus häufige Verwendung des Kreuzsinnbildes in der Zeichensprache des früheren MA. verdient besondere Beachtung. Das Rücksiegel des Konventssiegels des Stiftes Gerresheim, das sicher dem Anfang des 12. Jhs. angehört, wenn der Stempel nicht schon im 11. Jh. geschnitten ist, weist ohne Umschrift ebenfalls ein Kreuz mit der Figur des Heilandes auf.[347]) Daß geistliche Korporationen das Kreuz als Symbol wählten, braucht uns freilich nicht weiter zu ver-

---

339) Redlich, Ul. 95. 340) Spsp. I 51, 4.
341) Lacomblet, NRhein. UB. 1, 225; das Original der Urk. im StdtA. Köln.
342) Janicke, Hildesh. UB. 1, 93.
343) Vgl. auch die Urk. Bischof Udos von Hildesheim von 1092 a. a. O. 1, 150. Bei den auf den Synoden zu Forchheim 890 und zu Frankfurt 1007 erlassenen Privilegien nimmt Bresslau (Ul. 2⁰, I, 697) auch eigenhändige Unterkreuzung durch die anwesenden Bischöfe an.
344) Sloet, Oorkondenboek der gr. Gelre en Zutfen 1, 136. Sloet bringt ein Faksimile der Urk., deren Orig. das Reichsarchiv im Haag besitzt; sie stammt offenbar aus dem Archiv des ehemaligen Stiftes Zyfflich bei Cranenburg, der Stiftung Balderichs. Die unvollständige und irreführende Beschreibung, die Bresslau 788, Anm. 3, von dem Zeichen liefert (Monogramm aus A und O), trägt wohl die Schuld daran, daß auch Redlich, Ul. 94 den eigentlichen Charakter dieses Zeichens nicht erkannt hat.
345) F. Steffens, Lat. Palaeographie Taf. 78.
346) Die Urk. (Lacomblet, UB. 1, 221) betrifft einen Gütertausch zwischen Erzbischof Anno von Köln und dem Edlen Diodericus zugunsten der Abtei Siegburg. Erzbischof Anno ist natürlich der Aussteller der Urkunde. Die Corroborationsformel lautet: ut hoc stabile . permaneat, *istius* cirografi et sigilli *nostri* approbatione confirmare curavimus. Es befinden sich demgemäß unten rechts das Siegel des Erzbischofs und unten links am Rande zwei konzentrische Halbkreise, sie zeigen keinen Mittelquerbalken. Sie sind auf der uns allein überlieferten einen Ausfertigung des Stückes natürlich nur zur Hälfte oder nur einem Drittel erhalten. Daß es sich hier selbstverständlich zugleich um eine chirographierte Urkunde handelt, habe ich in meinem Aufsatz (MIÖG. 28, 562) ausdrücklich betont. Darauf beziehen sich aber die Worte „istius cirografi" in diesem Falle nicht, wie auch noch Redlich, Ul. 110, Anm. 1, annimmt. Diese Auslegung ist grammatisch gar nicht zu rechtfertigen, es wäre dann sicher „hoc cirografum sigilli nostri etc." gesetzt; auch die Wendung „cirografi et sigilli nostri" würde man verstehen. Die Gegenüberstellung von „*istius*" und „*nostri*" ist jedoch so unzweideutig, daß die Stelle gar nicht anders ausgelegt werden kann.
347) S. oben S. 15, Anm. 108.

wundern. Aber auch Graf Balderich, dessen Lebenswandel von den Chronisten nicht gerade als besonders christlich geschildert wird, bediente sich seiner als Sinnbild. Und nicht nur die Kardinäle und Bischöfe gebrauchen das Kreuz als Signum, wo uns von Laien aus dem 10. oder 11. Jh. eigenhändige Handzeichen überliefert werden, sind sie ebenfalls in sehr vielen Fällen in Kreuzform ausgeführt. Meist hat man sie vor oder hinter dem Namenseintrag auf der Urkunde angebracht.

Es scheint mir aber ganz zweifellos, daß das Kreuz, das bei der Siegelumschrift an deren Kopf gestellt wird, aus dieser Bezeichnungsart hervorgegangen ist. Bei Karl dem Großen begegnet es uns schon gelegentlich am Anfang der Siegelumschrift, jedoch erst seit der Ottonenzeit wird es zu einer regelmäßigen Beigabe derselben. Und gerade die ältesten Bildsiegel bekommen in der Umschrift häufiger den Titel: Signa.[348]) Woher anders soll diese Benennung herrühren, als daß eben die Siegel in die Verwendungsart ihrer Vorläufer eingerückt sind? Die Siegel bilden tatsächlich auch den Ersatz für die Signa der siegellosen Zeit. Und sie haben auch die identischen oder gleichwertigen Chirographa, die Hantgemale, abgelöst, deshalb werden sie im Beginn des 13. Jhs. bisweilen auch mit diesem Ausdruck bezeichnet.[349])

Die stark einseitige Ausgestaltung, die neuerdings Anthony von Siegenfeld[350]) dem Ursprung des Wappenwesens gegeben hat, ist zum Teil mit daran schuld, daß dieser Sachverhalt noch mehr verdunkelt worden ist. So zweifellos richtig dessen Ansicht ist, daß viele Wappen der Fürsten und Grafen aus Heer- und Feldzeichen hervorgegangen, von hier aus erst die Bedeutung von Geschlechtszeichen gewonnen und zu Siegelbildern geworden sind, ebensowenig läßt sich leugnen, daß eine große Zahl von Edlen und Freien im 12. und 13. Jh. teils ihre Besitz- oder Hausmarken teils ihre Handzeichen als Siegelfigur und als Wappen verwertet haben.[351]) Wenn im Jahr 1252 Hermann Spiegel von Desenberg im runden Siegelfeld einen wirklichen Spiegel führt, der erst einige Jahrzehnte später im Schild in drei Kugelscheiben verwandelt wird[352]), so kann man doch nicht behaupten, daß hierauf die Siegenfeldsche Theorie, die ja freilich auch vornehmlich die Wappen der Landesherrn im Auge hat, zutreffe. Der Spiegel war Haus- oder Burgzeichen der Desenbergs; als solcher ging er in das Siegel über; für das Wappen, die Schildfigur, wurde er jedoch erst in heraldischer Weise zugeschnitten. Natürlich haben vom 13. Jh. ab auch Ritter ihre Schildzeichen häufig zu Siegelbildern in Wappenform gemacht. Wir müssen aber auch damit rechnen, daß von Persönlichkeiten und Gemeinschaften neben den Siegelfiguren und Wappenbildern altüberlieferte Zeichen, seien es Hausmarken oder Handzeichen, Zeichen, die aus Namensdeutungen entstanden sind, kurz, symbolische Figuren, zunächst noch beibehalten, bei Gelegenheit weiter benutzt werden und auch auf die Siegel übergehen. Ein Siegel des Edlen Otto von der Lippe von 1344 vermittelt uns neben dem Wappen des Siegelinhabers die Kenntnis der Hausmarken oder Handzeichen der Grafen von Arnsberg, Kleve und Waldeck[353]), die in die lippische Ahnenreihe gehören.

Welche Rolle das Stadtzeichen von Kleve neben dem Stadtsiegel spielt, wie jenes sich im Rücksiegel mit diesem verbindet, und in welcher Weise die Stadt schließlich das Zeichen zum Wappen ausgebildet hat, ist schon oben erörtert worden.[354]) Bei Wesel ist das Stadtzeichen, das Wiesel, als Teilfigur von vornherein in Siegelbild untergebracht, und trotzdem wird es in der ältesten Zeit dem Stadtsiegel ebenfalls als Rücksiegel aufgedrückt.[355]) In der Form des Wappens, 3 (2:1) Wiesel im Schilde, begegnet es uns zwar im 14. Jh. Auffälligerweise aber hat man dieses zunächst nicht zu einem Siegel verwendet. Wie es scheint, glaubten die Weseler im 14. Jh. Anspruch auf Reichsstandschaft geltendmachen zu können, und schafften sich daher ein Siegel mit dem Reichsadler (einköpfig) und der Umschrift: Sigillum libertatis Weselensis[356]) an. Erst auf dem Weseler Siegel von 1767 kommen die drei Wiesel im Schild zum Vorschein. Die Stadt Emmerich hingegen führt uns ihr Stadtzeichen, einen Eimer, von vornherein in einen Schild gesetzt im Stadtsiegel[357]), von dem ein Abdruck schon aus dem Jahr 1237 sich erhalten hat[358]), vor.

---

348) Vgl. Westfäl. Siegel III, Einl. S. 6; s. ferner das Siegel Graf Arnulfs von Flandern a. d. J. 941 oben S. 10, Anm. 58.
349) S. MIÖG. 28, 565. Über den Zusammenhang der Siegel mit den altnordischen „jartegn", „jarteikn" vgl. Bresslau, Ul. 2°, I, 686.
350) Alfred Ritter Anthony von Siegenfeld, Das Landeswappen der Steiermark. Entstehung der Landeswappen usw. in den F. u. Vf. u. Vwg. der Steiermark hergg. von der H. Kom. für Steiermark Bd. III. Graz 1900; s. besonders S. 6 u. 19ff. E. Gritzner, Heraldik in diesem Grundriß 2, 368 schließt sich A. v. S. aufs engste an. Auch Redlich, Ul. 113 steht bei der Erörterung des Aufkommens der Wappen vollständig im Banne der Theorie A. v. S.'s, trotzdem bereits H. v. Voltelini in der Besprechung des Buches (ZSavStRGGA. 22, 420) darauf aufmerksam gemacht hat, daß das Hantgemal in dieser Frage ebenfalls zu berücksichtigen sei.
351) Vgl. meine Ausführungen: Westf. Siegel IV, Sp. 11ff. und MIÖG. 28, 565f.
352) Westf. Siegel IV, Taf. 249, 1 u. 2.
353) MIÖG. 28, 573. Diese Auslegung der Siegelbilder erkennt auch Re   Ul. 110, Anm. 1 an.   354) S. oben S. 7.   355) Ebenda.
356) Endrulat, Taf. 6, 20.
357) Ebenda, Taf. 4, 10. Der Stempel, von dessen Abdrücken hier eine Abbildung geliefert ist, ist ein Nachschnitt eines älteren.   358) StA. Düsseldorf, Stift Emmerich.

Die naive Art, den Namen nach seinem Klang im Bilde wiederzugeben (Kleve, Cleva = nrh. Klever = Klee; ähnlich Emmerich = Eimer, Orsoy = Pferdekopf, Wesel = Wiesel) hat demnach bei den Zeichen ebensogut stattgefunden, wie sie im Wappenwesen im Laufe der Jahrhunderte immer mehr um sich gegriffen hat.

Zu einer anderen Kategorie von Stadtzeichen gehört das Neußer „intersignum", das in einer Urkunde von 1270 erwähnt wird.[359]) Aller Wahrscheinlichkeit nach dürfen wir es mit dem Schildzeichen gleichsetzen, das die Bürger von Neuß 1217 bei der Belagerung von Alkazar führten, nämlich dem weißen Kreuz im roten Felde.[360]) Dies Kreuz aber war zugleich das Heerzeichen des Erzstiftes Köln, dem Neuß ja unterstand. Die kölnischen Städte haben fast sämtlich den Schlüssel Petri oder das Kreuz in ihre Siegel und Wappen aufgenommen.[361]) Das ist ein Vorgang, für den die städtischen Siegel und Wappen überhaupt zahlreiche Analogien bieten.[362]) Er kommt auf das gleiche Verfahren hinaus, das sich bei vielen Ministerialengeschlechtern[363]) beobachten läßt, daß ihnen nämlich von ihren Herren erlaubt worden war, deren Schildfiguren als Wappen und Geschlechtszeichen zu gebrauchen, die dann natürlich auch Siegelbilder geworden sind.

Symbolische Zeichen, Siegelbilder und Wappen stehen in älterer Zeit in ständiger Wechselwirkung zueinander. Aber die Figur im Schild, das Wappen, gewinnt die Oberhand, vermutlich weil die Mode in ihm den Ausdruck besserer Lebensstellung zu finden glaubte. Die Umwandlung der Zeichen in Wappen vollzog sich verhältnismäßig einfach; man verteilte das Einzelzeichen in der Mehrzahl, meist zu 2:1, im Schild. Die figurenreicheren Siegelbilder der ältesten Periode widerstrebten jedoch gewöhnlich einer derartigen bequemen Umformung.

Die Geschichte des Siegelwesens seit etwa 1300 stellt einen fortgesetzten Verteidigungskampf der bisher gebräuchlichen Typen gegen das Wappensiegel dar, in dem sie alle, der eine Typus nach dem anderen erlegen sind. Das Wappensiegel hat nicht nur die Bildersiegel, es hat auch die Porträtsiegel nahezu vollständig verdrängt. Erleben wir es doch, daß ausschließlich dem klösterlichen Leben gewidmete Orden seit dem 16. Jh. allmählich dazu übergehen, die alten Heiligenbilder aus den Siegelfeldern zu verbannen und statt deren den Schild mit einer förmlichen Wappenfigur einzusetzen.[364])

Welche Bedeutung dem Wappen, der Figur im Schilde, für das Siegelwesen zukommt, veranschaulicht am besten der Umstand, daß auch die äußere Form der Siegel dem Schilde entlehnt wird.[365]) Sofern nicht die Siegel selbst die Schildform erhalten, stellt man wenigstens den Schild mit der Figur in das runde Siegel, und so sehr wird die Schildform zugleich Siegelform, daß Porträt-(Reiter-)Figuren, die Siegelbilder der Städte, Bruderschaften und Zünfte, die Hausmarken der Bürger und Bauern, ja selbst die von Geistlichen gewählten kirchlichen Symbole häufig genug einem Schilde eingefügt werden, so daß in der neuzeitlichen Entwickelung die völlige Gleichsetzung von Wappen und Siegel entstehen konnte.

a) Personalsiegel.

Die konservativsten Siegelführer sind die Päpste gewesen. Der seit Paschalis II. im Anfang des 12. Jhs. festgelegte Typus für die Bleibullen, auf der einen Seite der Name des Papstes, auf der anderen die Köpfe der Apostel Petrus und Paulus, lebt heute noch fort. Aus der früheren Zeit der Entwickelung seien nur die Porträtbullen des 11. Jhs., welche auf der Rückseite das Bild der Roma aurea zeigen, hervorgehoben.[366]) Auch die Form des Fischerrings ist seit dem 15. Jh. konstant geblieben.[367])

Für die Siegel der deutschen Könige und Kaiser[368]) scheint doch das Vorbild der Merowingerkönige, welche auf den Fingerringen ihre Büste hatten schneiden lassen, wirksam

---

359) S. oben S. 7, Anm. 43.

360) Chronica Regia, Schulausgabe von WAITZ S. 342. Nussiensium quoque — heißt es hier — clipei sub alba cruce rosei in muro succidendo non modicum sunt incensi. Auf dem ältesten Siegel der Stadt Neuß (ENDRULAT, Taf. 9, 15 u. 16) ist die Quirinskirche mit dem Bild des Heiligen zu sehen. 361) ENDRULAT, Taf. 7 ff.

362) Vgl. Westf. Siegel II 1, S. 14 und II 2. 363) Vgl. A. v. SIEGENFELD, S. 51 ff.

364) Es sei hier besonders auf die Zisterzienserklöste rhingewiesen, vgl. SIBMACHERS Großes und allgem. Wappenbuch V, 2 (Klöster), S. 113.

365) S. oben S. 15 u. 37.

366) P. EWALD, Zu den älteren päpstlichen Bleibullen. NA. IX 632—635. I. v. PFLUGK-HARTTUNG, Die Bullen der Päpste bis zum Ende des zwölften Jahrhunderts, S. 44, wo man auch die Hinweise auf des Verfassers Specimina findet. DIEKAMP MIÖG. III, 608 ff. und Siegeltafel. SCHMITZ-KALLENBERG, Dipl. Papsturkunden im Grundriß und BAUMGARTEN, Aus Kanzlei und Kammer S. 103 ff.

367) Abbildungen auf dem Titelblatt bei BEZZEL, de annulo piscatorius.

368) Beschreibungen dieser Siegel bringen: ROEMER-BÜCHNER, Die Siegel der deutschen Kaiser, Könige und Gegenkönige, Frankfurt a. M. 1851. — K. F. STUMPF, Die Reichskanzler, I 106 ff. — K. FOLTZ, Die Siegel der deutschen Könige und Kaiser aus dem Sächsischen Hause. NA. III. — H. BRESSLAU, dgl. aus der Sächsischen Periode. NA. VI. — GEIB, AZ. NF. II u. III.

geworden zu sein. Wenn einzelne der Karolinger Gemmen wählen, auf denen die Porträts römischer Kaiser dargestellt sind, so mag hierbei die ideelle Anknüpfung an das Imperatorentum mitgesprochen haben. Selbst für neugeschnittene Stempel Ludwigs des Deutschen waren Kaiserköpfe römischer Münzen die Vorlage. Daneben wurden auch Steine mit Götterbildern und selbst mit Frauenköpfen in Siegelform gefaßt. Diese Typen aber haben die im 9. Jh. bereits aufkommenden größeren runden Siegelstempel mit den Porträts der Kaiser und Könige verdrängt. Und sehr bald vergrößert sich die Darstellung; statt des Kopfbildes greift das Brustbild Platz, zunächst bis 962 im Profil, von da ab bis 996 en face. Dazu treten die Herrscherinsignien, der Schild, die königliche Lanze — an deren Stelle 962 Zepter und Reichsapfel gesetzt wurden — und die Krone. Die Einsicht, daß die schlecht getroffenen Gesichtszüge nicht ausreichten zur Kennzeichnung der Persönlichkeit, wird mit Veranlassung geworden sein, die Herrscherattribute heranzuziehen. Die ganze Figur des Kaisers mit der Krone auf dem Haupte und gewöhnlich mit dem Zepter und dem Reichsapfel in den Händen erscheint zuerst auf den Siegeln Ottos III., und zwar in stehender Haltung, seit 998 aber auf dem Throne sitzend. Das ist die Form der Königs- und Kaisersiegel, welche durch das ganze MA. hindurch bis in die Neuzeit hinein in Geltung geblieben ist und der man seit dem 14. Jh. den Titel Majestätssiegel beigelegt hat.

Die Bleibullen halten auf dem Avers in der Regel am Brustbild fest, der Revers bringt den Namen, das Monogramm oder ein Siegelbild mit Inschrift. Hingegen wechseln auf der Bildseite der Goldbullen halbe und ganze Figur, während für deren Revers das Abbild des goldenen Rom, das sich auch schon auf Bleibullen findet, herkömmlich bleibt, bis dann Maximilian I. in der Goldbulle mit dem Reichsadlerschild, um welchen die Wappenschilde der österreichischen Erblande gruppiert sind, einen neuen Typus schafft.[369]

Der Reichsadler als Wappentier[370] tritt zum ersten Male auf den kaiserlichen Sekretsiegeln auf, von denen uns als ältestes Exemplar das Rudolfs von Habsburg bekannt ist. Der früher einfache Adler wächst sich unter Sigismund zu dem zweiköpfigen Monstrum aus, das jedoch in der Folgezeit den ersteren nicht zu verdrängen vermocht hat. In die Thronsiegel hat den Adler Ludwig der Bayer aufgenommen, und seit Karl IV. macht sich überhaupt auch auf den Kaisersiegeln das Wappenelement immer bemerkbarer. Mit dem Revers seines Münzsiegels führte Sigismund den Adlersiegeltypus der Kaisersiegel ein, welcher von Friedrichs III. und Maximilians I. Zeiten ab gleichwertig neben dem Thronsiegeltypus hergeht.

Die zeitliche Folge von Brustbild, halber und ganzer Figur läßt sich in ähnlicher Weise wie bei den Kaisersiegeln auf den Porträtsiegeln des MA. ganz allgemein feststellen, zunächst auf denen der Geistlichkeit.[371] Die Erzbischöfe und Bischöfe, die Äbte und Äbtissinnen der ältesten Benediktinerabteien, die am frühesten nächst den Kaisern Siegel gebrauchen, ahmen das Urbild am getreuesten nach; abgesehen von einigen Gemmensiegeln[372] sind auf den ältesten Siegeln dieser Art die Porträts Brustbilder, zuerst im Profil, dann en face; seit der Mitte des 11. Jhs. erscheinen die Kirchenfürsten in halber Figur, mit dem Anfang des 12. Jhs. stehend, von der Mitte desselben Jhs. ab auf dem Thron sitzend. Als Zeichen ihrer geistlichen Würde tragen sie die Pontifikalgewänder, den Bischofsstab bald in der Rechten, bald in der Linken, je nachdem sie in der linken Hand das Evangelienbuch halten oder die Rechte zum Segnen erhoben haben, und vom Anfang des 12. Jhs. ab auch die Mitra. Den Äbtissinnen wird statt des Krummstabes bisweilen der Lilienstengel oder der Palmzweig (ferula, virga correctionis) in die Rechte gegeben. Auf den Siegeln der Vorsteher der Abteien hält sich der Typus mit der stehenden Figur durch das ganze MA. hindurch, wie er denn auch auf den Bischofsiegeln mit dem obenbezeichneten Termin noch nicht ganz erloschen ist. Der Bildtypus kommt auf den letzteren in älterer Zeit in den Revers der Bleibullen vor.[373] Dagegen bringen die Siegel der Äbte der Zisterzienserklöster nicht selten nur den Abtsstab, der von einer aus dem Siegelrand emporgestreckten Hand gehalten wird. Gelegentlich fügt man dem Bilde des Klostervorstehers die Köpfe der Kirchenpatrone.[374] hinzu.

Abbildungen geben: C. Heffner, Die deutschen Kaiser- und Königssiegel nebst denen der Kaiserinnen, Königinnen und Reichsverweser. Würzburg 1875. — Philippi, KU. der Prov. Westfalen II, Siegeltafeln, und Reichskanzlei Taf. VIII. — Haberditzl in MIÖG. 29 und Posse, Kaisersiegel I u. II. Die vollständigste Sammlung von Abdrücken der Kaisersiegel enthält jetzt das Germanische Nationalmuseum in Nürnberg; sie ist von Posse angelegt.

369) S. demnächst Ewald, Sphragistik.
370) Dessen Entwicklung und die verschiedene Bedeutung des ein- und zweiköpfigen Adlers hat A. von Siegenfeld, Das Landeswappen der Steiermark, 388 ff., klarzulegen versucht.
371) Das Material für die Kennzeichnung dieser und der folgenden Klassen der Siegel haben vorzüglich die oben S. 1 f. verzeichneten größeren Siegelwerke geliefert, für welche dieser allgemeine Hinweis genügen muß. Ferner findet man eine größere Zahl hierhergehöriger Siegelabbildungen bei Kehr, UB. Merseburg, Taf. XII—XV. — Janicke - Hoogeweg, UB. Hildesheim, Bd. I—VI Siegeltafeln; vgl. auch Jahrbuch-Adler (Wien) III, 156: Sphragistik Mährens, Bischöfe von Olmütz. — A. v. Jaksch, Die ältesten Siegel der Bischöfe und des Kapitels von Gurk, MKKCC. Archiv-Sektion II, 127—140.
372) So Bernwards von Hildesheim (Janicke, UB. Hildesheim Nr. 38 und Siegeltafel) und Immads von Paderborn (Westf. Siegel I, 1, Taf. 6, 3). 373) S. oben S. 11.
374 Abt Detlev von Ringelheim: Hoogeweg, UB. Hildesheim III, Tafel IX, 61.

VII. Der Inhalt der Siegel.

Mit der zweiten Hälfte des 13. Jhs. bricht sich allmählich die Gewohnheit Bahn, das Wappen des Siegelführers mit aufzunehmen. Setzte man dies zunächst in das Rücksiegel, so fand es im 14. Jh. seine Stelle im Hauptsiegel neben der thronenden oder stehenden Figur, wo ihm dann im Wappen des Bistums oder der Abtei ein Pendant gegeben wurde. Als man im letzten Jh. des MA. offenbar unter dem Einfluß der Sekretsiegel (ad causas) die kleinen runden Formen vor den großen spitzovalen bevorzugte, stellte sich die Notwendigkeit ein, an der Figur des Siegelführers wieder zu kürzen; es wurde auf das Brustbild, die halbe Figur, oder das Kniestück zurückgegriffen, unter denen nun meist die Wappen ihren Platz erhielten. Diese, die Geschlechtsembleme mit denen des Bistums, der Abtei usw. erobern sich im Laufe des 15. Jhs. das gesamte Siegelfeld.

Elekten- oder Postulatensiegel[375]), welche die Bischöfe oder Äbte in dem Zeitpunkte zwischen Wahl und Weihe führten, kennen wir etwa vom Jahr 1200 ab. Deren Inhaber sind nicht mit den Pontifikalgewändern angetan, sondern dem Klerikerhabit. Steh- und Throntypus gehen nebeneinander her, als Abzeichen werden der Zweig und das Evangelienbuch verwendet. Einige der Elektensiegel enthalten auch den Heiligen der Kirche; doch stehen diese im Alter den Porträtsiegeln nach. Ferner wurde schon vom 13. Jh. ab eine Kombination der beiden Methoden gebräuchlich, indem man den Elekten in betender Haltung unter oder neben dem Kirchenpatron einfügte. Diesen Typus haben auch die Bischöfe gelegentlich nach ihrer Bestätigung beibehalten, und gern ist er von Weihbischöfen und Bischöfen in partibus gepflegt, welche die Heiligen manchmal mit religiösen Bildern vertauschten. Letztere spielen auf den Personalsiegeln der Angehörigen der Bettel- und Ritterorden eine große Rolle.

Rechnen wir dazu, abgesehen von den nur vereinzelt vorkommenden Schriftsiegeln[376]), die in Bild und Zeichen veranschaulichten Stifts- und Kirchenämter[377]) und die symbolischen Darstellungen, welche aus dem Tier- und Pflanzenreich abgeleitet sind, so dürfte damit der Vorrat an Typen für die Stifts-, Ordens- und Pfarrgeistlichkeit nahezu erschöpft sein. Den Schluß bilden natürlich auch hier wieder die Wappensiegel, deren früheste Belege aus dem zweiten Drittel des 13. Jhs. stammen.

Von weltlichen Fürsten und adligen Herren[378]) haben sich Porträtsiegel, auf denen sie in halber Figur[379]) wiedergegeben oder in welchen sie auf dem Throne sitzend[380]) dargestellt sind, nur ganz vereinzelt erhalten. Sie erscheinen auf ihren Siegeln seit dem 10. Jh. gerüstet, mit Fahnenlanze und Schild, teils stehend[381]), teils reitend zu Pferd.[382]) An Stelle der Fahnenlanze tritt ungefähr seit der Mitte des 13. Jhs. ziemlich allgemein das Schwert[383]); die Wappenfigur wird vom Anfang dieses Jhs. ab regelmäßig auf dem Schild angebracht, später auch an anderen Stellen, z. B. den Decken des Pferdes; am Schluß desselben Jhs. fügt man auch die Helmzier hinzu. Der Unterschied im Gebrauche der sog. Standbild- und Reiterbildsiegel ist ein lokal umgrenzter; erstere waren im Süden und Osten, letztere im Norden und Nordwesten Deutschlands beliebter; doch begegnet man beiden Formen auch gemischt in den verschiedenen Zonen. Sie zu führen bildet nicht, wie früher angenommen wurde, ein besonderes Vorrecht des Fürsten-

---

375) BRESSLAU, Über Elektensiegel in SEELIGERS V. III, 469—477. In sitzender Stellung sind die Kölner Elekten des 13. Jhs. bisweilen dargestellt, so Engelbert der Heilige und Engelbert II, s. Rhein. Siegel I. Postulatensiegel von Äbten s. bei WEECH, Cod. Salem. I, 347 und Westfäl. Siegel III, Tafel 123, 6. 376) Westf. Siegel III, Tafel 137, 7.

377) Des Scholastikus: am Pult stehend, des Kustos: mit dem Schlüssel. ebenda Tafel 136, 4 und 5; 136, 1 und 137, 3.

378) Vgl. oben S. 325. Von speziellen Abhandlungen zur Geschichte der Siegel einzelner Fürstenhäuser seien namhaft gemacht: K. VON SAVA, Die Siegel der Österreichischen Regenten in MKKCC. IX, 242—268 und XI, 137—152 (mit Abbild.). C. VON SCHMIDT-PHISELDECK, Die Siegel des herzogl. Hauses Braunschweig und Lüneburg. (1882.) G. SELLO, Die Siegel der Markgrafen von Brandenburg Askanischen Stammes, Märk. F. (1887) XX, S. 263—300. K. PRIMBS, Siegel der Wittelsbacher in Bayern bis auf Max III. JOSEPH, AZ. (1891) NF. II, 1—26 als Nachtrag zu dem Aufsatz: Die Entwickelung des Wittelsbachischen Wappens vom Herzog Otto I. bis Kurfürst Max III. JOSEPH, 1180—1777 ebenda VIII 247—269; vgl. auch NF. III, 156—175, E. HEYCK, Urkunden, Siegel und Wappen der Herzöge von Zähringen, 1892 (mit Abbild.). F. KÜCH, Die Entwickelung des Bergischen Wappens (nebst Abbildungen der Siegel der Grafen von Berg bis 1361), Jb. des Düsseldorfer Gesch.-Ver. (1900) XV, 1—35 mit 5 Siegeltafeln. M. KLINKENBORG, Die Siegel der Landesherrn der Mark Brandenburg von 1415—1688 und Die Siegel der Preußischen Könige bis zum Jahr 1806 im Hohenzollern Jb. 8, 60—74 und 9, 97—107 mit 6 Siegeltafeln.

379) S. das Siegel Graf Adalberts von Ballenstedt von ca. 1073 (ob echt?), O. VON HEINEMANN, Cod. dipl. Anhaltinus I, 147. S. auch HOHENLOHE Nr. 101.

380) BRESSLAU, UL. 966 u. 967. Vgl. auch das Münzsiegel Landgraf Conrads von Thüringen bei POSSE, Wettiner Fürstensiegel, Tafel XIII, 3 u. 4.

381) S. oben S. 10. Eines der ältesten Beispiele ist das Siegel Herzog Heinrichs von Bayern bei SEYLER, Gesch. 253. Vgl. auch SELLO, Märk. Forsch. 20, 271.

382) Vgl. VON SAVA a. a. O. S. 242.

383) WEECH, Karlsruher Siegel, Tafel 3—13. Graf Arnulf von Flandern d. Ä. führt es bereits auf dem Siegel von 941; s. oben S. 10, Anm. 58.

und Herrenstandes. Die jungen Prinzen reiten auf den Siegeln ebenfalls, sie sind jedoch ohne Rüstung, wohl meist im Jagdkostüm, abgebildet. Vielfach hockt auf ihrer ausgestreckten rechten Hand der Jagdfalke.

Der Gebrauch der Wappensiegel, der, wie wir bereits hervorgehoben, so recht eigentlich die Schöpfung des Fürstenstandes und der Ritterschaft ist, beginnt in Deutschland nicht vor den 50er Jahren des 12. Jhs. Bei manchen der Tierfiguren, den Adlern, Löwen, Greifen, Ebern, denen wir auf den Siegeln der Fürsten und Dynasten während des 12. und im Anfang des 13. Jhs. im bloßen Siegelfelde begegnen, kann man noch Zweifel hegen, ob sie als echte Wappen, als Feld- und Heerzeichen, anzusehen sind. Erst in den Schild gesetzt legitimieren sie sich als solche. Bald übernehmen Helm und Zier die gleichen Funktionen. Und dann werden Schild, nebst Helm und Zier zusammengestellt, eine in der Form eigenartige Komposition, die doch als eine Erfindung der Sphragistik gelten muß.[384] Fürstliche Persönlichkeiten führen nicht selten Helm mit Zier zunächst im Rücksiegel, während das Hauptsiegel das Reiterbild oder das Wappen im Schild zeigt. Vom 14. Jh. ab gewinnt das vollständige Wappen auf den Siegeln die Vorherrschaft, derart, daß auch die bürgerlichen Siegel solche aufweisen. Gibt es doch auch Siegel, deren Schild mit Helm und Zier bekrönt ist, während in ihm selbst eine unzweideutige Hausmarke zu sehen ist.

Überhaupt werden die Siegel der Bürger und Bauern von vornherein nach dem Muster der Siegel der Adligen gebildet. Hausmarken, Zeichen der Erwerbstätigkeit werden zu Siegelfiguren und gleichzeitig ohne weiteres einem Schilde einverleibt. Wie bei den Adligen liefert der Name (Beiname) häufig das Siegel- oder Wappenbild (redende Figur, redendes Wappen).

Für die Frauen der Laienstände[385] hat sich das Porträtsiegel verhältnißmäßig lange im Gebrauch erhalten. Wohl das älteste Stück, das Siegel der Königin Richenza von Polen[386], zeigt die gekrönte Inhaberin in halber Figur, in der Rechten einen Lilienstengel. An Größe, wie in der künstlerisch vortrefflichen Ausführung wird es von dem wenig jüngeren Siegel der Pfalzgräfin Adelheid aus dem Ende des 11. Jhs. bei weitem übertroffen.[387] Nach diesen schönen Proben von Frauensiegeln versagt unsere Überlieferung für länger als 100 Jahre völlig, um uns dann aber im Laufe des 13. Jhs. dafür einigermaßen zu entschädigen. Da sehen wir die Damen in den verschiedenartigsten Stellungen auf den Siegeln. Thronsiegel führen nicht nur die Königinnen und Kaiserinnen[388], auch Damen aus fürstlichen und gräflichen Häusern werden sitzend abgebildet. Stehend halten sie meistens die Wappenzeichen der Familie ihres Mannes und ihre eigenen, sei es im Schild, sei es im Banner. Sonderbar könnte es uns anmuten, daß wir bisweilen auch Helm und Zier in ihren Händen finden; indessen diese stehen ja gleichwertig neben den Schildzeichen.

In Süddeutschland kommt ein Bildtypus vor, in welchem die Sieglerin dem vor ihr knienden Gemahl Helm nebst Zier aufsetzt; daneben ist an ausgezeichneter Stelle das Wappen des Mannes angebracht.[389] Sonst sind die Bildsiegel der Frauen sichtlich von denen der Geistlichkeit beeinflußt.[390] Die Verehrung der Heiligen der Kirche und geistliche Symbolik liefern oft den Stoff dafür. Der in den Zweigen sitzende Vogel erscheint bei Damen wie bei Geistlichen als Siegelbild. Gern lassen sich besonders Edelfrauen in der Stellung porträtieren, wie sie die Fürbitte des von ihnen bevorzugten Heiligen anrufen oder andächtig vor einem religiösen Bild niederknien. In Anspielung auf den Vornamen Agnes tritt das Gotteslamm (agnus Dei) häufig auf den Frauensiegeln auf.

Der Übergang vom Porträtsiegel mit beigefügtem Wappen zum einfachen Wappensiegel vollzieht sich um die Mitte des 14. Jhs. Das monogrammatische Zusammenschieben oder Aufeinanderlegen zweier Wappenfiguren, das wir im 14. Jh. auf den Siegeln der Domherren beobachten können, ist auch eine Spezialität der Frauensiegel.[391] Verheiratete Damen begnügten sich sehr oft nicht mit dem Wappen des Mannes, sondern fügten das des Vaters und gelegentlich auch das der Mutter hinzu, so daß es drei Figuren unterzubringen galt.

---

384) Graf Wilhelm von Holland scheint auf Haupt- (Reiter) und Rücksiegel verschiedene Helmzierden zu führen; s. Urk. von 1205 bei Kluit, Hist. crit. Hollandiae II 1, Nr. 65, S. 288 und 313.

385) Melly, Über Siegel und Siegelweise österreichischer Damen, in Beiträge usw. 219 bis 248. L. von Ledebur, Über die Frauensiegel des deutschen Mittelalters, Berlin 1859. Dr. F. K. von Hohenlohe-Waldenburg, Fünfzig mittelalterliche Frauensiegel. Seyler, Gesch. 286 ff.

386) An Urk. von 1054. Or. StA. Düsseldorf, Abtei Brauweiler. Eine Abbildung liefert auch Seyler, Gesch. 75.   387) S. oben S. 38, Anm. 336.

388) Als ältestes erhaltenes Königinnensiegel bringt Posse, Kaisersiegel I, Taf. 19, 4 dasjenige der Gemahlin Heinrichs V.   389) Hohenlohe Tafel XVIII.

390) Eine Ausnahme hiervon bilden die Sekretsiegel einiger Gräfinnen von Berg, auf denen das Bild einer Burg sichtbar ist. Kücn u. a. O., Siegeltafeln III, 13 und IV, 19. Vgl. auch das Siegel der Gräfin von Regenstein von 1245. Hohenlohe Nr. 75.

391) Hier sei auch der eigenartigen Verbindung mehrerer Familien- oder Besitzzeichen im Siegel gedacht, welche in der Weise zustande gebracht ist, daß neben dem Schild mit dem Familienwappen andere Wappen in das Siegelfeld gesetzt sind, deren einzelne Stücke jedoch nicht selten auf verschiedene Stellen des Siegelfeldes zerstreut wurden. Hohenlohe, Aphorismen S. 4, wählt dafür

b) Siegel unpersönlicher Inhaber.

Indem die ältesten Siegel der geistlichen Korporationen[392]) ziemlich regelmäßig den oder die Kirchenpatrone zur Darstellung bringen, treten sie in ihrer Entwickelung in Analogie zu den Porträtsiegeln. Wir sehen daher auf den Kapitelssiegeln der Domstifte und Abteien aus dem Anfang des 11. Jhs. die Büsten der Gottesmutter oder anderer Heiliger, des h. Petrus, Ludgerus, Vitus u. a. Auf Siegeln späteren Datums erscheinen diese in halber Figur, während vom Ausgang des 12. Jhs. ab die ganze Figur Mode wird. Kopfstück, Brustbild usw. greifen dafür auf den neuaufkommenden Sekretsiegeln und den Siegeln ad causas Platz. Im Hauptsiegel werden die Heiligen im 13. Jh. mit ihren Attributen am häufigsten stehend wiedergegeben, nur die Gottesmutter thront in der Regel mit dem Christuskind auf einem Sessel. Die Vermehrung der Patrone, welche besonders die Domstifte im Laufe der Jhe. erfahren haben, kommt in der Reihenfolge einer ganzen Anzahl von Kapitelssiegeln des 12. und 13. Jhs. zum Vorschein. Hand in Hand damit geht das Bestreben, durch einen mit größerem Aufwand an Kunstfertigkeit geschnittenen Stempel im Verkehr mit der Außenwelt ein glanzvolleres Bild der Gemeinschaft zu zeigen.

Hauptsächlich durch die Ritter- und Bettelorden sind Darstellungen aus der Leidensgeschichte Christi, dessen Geburt, Taufe im Jordan, die Kreuztragung und Kreuzigung, ferner Bilder aus dem Leben der Gottesmutter, deren Krönung und Verkündigung, endlich biblische Bilder und Allegorien, Adam und Eva im Paradies, das Gotteslamm mit der Kirchenfahne auf die Siegel gebracht. Sankt Martin zu Pferd, der mit dem Bettler seinen Mantel teilt, gehört zu den beliebtesten Siegelbildern. Für die Klöster des Kreuzbrüderordens ist naturgemäß das Kreuz das bevorzugteste Symbol. Auch die Apostelsymbole begegnen uns nicht selten. Die Mehrzahl der Hospitäler des MA. hat man auf den h. Geist getauft. Deshalb finden wir das Symbol der Taube so häufig auf deren Siegeln; oder aber der h. Geist thront personifiziert auf einem Himmelsbogen oder einem Sessel. Am kräftigsten macht sich jedoch auf den Siegeln dieser Kategorie der gewaltige Einfluß der Marienverehrung bemerkbar. Man darf wohl ruhig behaupten, daß ein Drittel aller Korporationssiegel ein Marienbild enthält.

Neben den durch die Tradition hergebrachten Attributen schmückt das Bild der Heiligen in der Regel der Heiligenschein; vielfach führt es einen Palmzweig in der Hand, welcher sich in der der Gottesmutter in ein Lilienzepter verwandelt, während das Christuskind die Weltkugel oder einen Apfel trägt. Auch Symbole der kirchlichen Würde, Mitra und Bischofsstab, können ein Siegelbild ausmachen, wie wir ja auch schon sahen, daß der Abtsstab auf den Siegeln der Zisterzienseräbte in der gleichen Weise verwendet wurde.

Bilder des Stifts- oder Klosterkirchen, die als selbständige Figuren angesprochen werden müßten, erblicken wir auf den Siegeln der geistlichen Korporationen seltener, dafür krönen sie jedoch häufig die Nischen, in welche die Heiligen gesetzt sind. Gern wählt man auch die Situation, daß der oder die Stifter in kniender Stellung das Bild der Kirche deren Schutzheiligem präsentieren.

Im 14. Jh. kommt die Manier auf, das Wappen des Stifters mit der Darstellung des Klosterheiligen zu vereinigen. Es will uns bedünken, als ob hiermit ein indirekter Anlaß zur Schaffung der Ordens- und Klosterwappen gegeben wäre. Sonst hat hierzu wohl das Vorbild der Bistümer, der größeren Abteien und Kollegiatstifte, für die ja z. T. bereits im 14. Jh. Wappen überliefert sind, das meiste beigetragen. Die Attribute des Kirchenheiligen werden bisweilen zu Wappenfiguren, oder diese leiten sich von dem Namen des Klosters her (redende Wappen).

Besondere bischöfliche Gerichtshöfe, die sog. Offizialatskurien, entstehen im Anfang des 13. Jhs.; sie verwenden für die Siegel regelmäßig das Brustbild des jeweiligen Kirchenfürsten.[393])

Die Universitäten des MA.[394]) in ihrer Gesamtheit sowohl, wie in den einzelnen Fakultäten verehrten ebenfalls einen der Kirchenheiligen als Patron und nahmen daher dessen Bild

---

nicht recht zutreffend die Bezeichnung sphragistische Beizeichen. So zusammengesetzte Siegelfiguren kommen bei Herren und Damen fürstlicher und adliger Häuser, ferner bei den Mitgliedern der Stiftskapitel häufiger vor. Vgl. übrigens auch Hohenlohe a. a. O. S. 65 zu Nr. 188 und MIÖG. 28, 573 ff.

392) Vgl. hierzu besonders K. Lind, Blätter für ältere Sphragistik, MKKCC. Wien 1878, Tafeln 1—13 und Westf. Siegel I 1 und III Einleitung.

393) Eines der ältesten derartigen Siegel ist das der Trierer Kurie an einer Urk. von 1249: Trier. Stdt.-Bibl. F 6 b. Über die Bedeutung des Amtes des Sieglers bei der Kölner Kurie vgl. die Statuten derselben von 1356 bei W. Stein, Akten zur Gesch. der Verf. u. Verw. der Stadt Köln (Publ. der Rhein. Ges. X) 2, 672 ff. Die Literatur über die Offizialate s. bei Bresslau, Ul. 2⁰, I, 716, Anm. 2.

394) Die Stempel von Heidelberg (14. Jh.) und Mainz (15. Jh.), ferner von Köln (14. Jh.) sind in der Sammlung des Germanischen Museums in Nürnberg bzw. im städtischen Museum in Köln. Vgl. E. Gritzner, Die Siegel deutscher Universitäten in Deutschland, Österreich und der Schweiz — in: Großes Siebmachersches Wappenbuch, Abt. I, 8. (Nürnberg 1904—1906.)

in ihr Siegel auf. Daß die **Pfarrkirchen**[395]) sich besonderer Siegel bedienen sollen, wird im 14. Jh. häufiger durch Synodalstatuten festgesetzt. Der örtliche Brauch entschied offenbar darüber, ob sie auf den jeweiligen Rektor der Kirche lauteten oder sub nomine parochialis ecclesie gingen. Die Siegel der letzteren Art bringen in der Regel im Siegelbild den Patron der Kirche.[896]) Auf den **Siegeln der protestantischen Kirchengemeinden** figuriert sehr häufig das Bild der Kirche; auch Bibelsprüche sind hierfür beliebt.

Von weltlichen Gemeinschaften bieten die Siegel der **Städte**[397]) die ältesten Exemplare dar, unter denen die von Köln und Mainz in ihrem frühesten Vorkommen bis zur ersten Hälfte des 12. Jhs. hinaufreichen. Sie veranschaulichen uns zugleich eine der gebräuchlichsten typischen Formen: den Patron der ältesten Pfarrkirche im Rahmen des durch Mauern und Türme dargestellten Stadtbildes. Je nachdem die eine oder andere Stadt besonders stolz auf ihre meist aus eigenen Mitteln erbauten Befestigungen war, mußten diese allein den Stoff für das Bild des Hauptsiegels hergeben; der Kirchenheilige ward dann in das Rücksiegel verwiesen. Bei anderen wieder sehen wir diesen ausschließlich im Wahrzeichen der Ortsgemeinde. An seine Stelle wird auch gelegentlich das Bild der Kirche selbst gesetzt. Viele Städte verdanken der Initiative eines Kaisers oder Territorialherrn ihren Ursprung oder wenigstens ein besonderes Recht, dem man dafür im Siegelbild ein dankbares Andenken bewahrt hat. Ist dieser ein Kaiser oder ein Bischof, Abt usw., so nimmt man in älterer Zeit sein Bild in Amtstracht in das Siegelfeld auf. Die Abhängigkeit vom territorialen Städtegründer oder auch das Verhältnis zum jeweiligen Stadtherrn überhaupt wird seit dem 13. Jh. meistens durch die Einfügung von dessen Wappen in das Siegelbild bekundet, das wir so sowohl im Schild in einen Torbogen gestellt oder an den Türmen aufgehängt wird, wie wir es auch bisweilen in den von den Zinnen herabwehenden Fahnen sehen. Ferner kommt das Wappen des Stadtherrn — bei Reichsstädten der Reichsadler —, sei es im Schild, sei es im runden Siegelfeld, als alleinige Siegelfigur bei einer ganzen Reihe von Städten, und zwar nicht nur im Sekret-, sondern auch im Hauptsiegel vor.

Der Brauch, eigentliche Städtewappen zu schaffen, oder vielmehr die Manier, sie in die Siegel zu setzen, scheint erst im 14. Jh. größere Ausdehnung gewonnen zu haben, wenn wir auch einzelne Beispiele finden, deren Alter höher hinaufreicht.[398]) Für deren Entstehung ist der Name der Stadt ebenso häufig ausschlaggebend gewesen wie für die der bloßen Siegelfiguren (redende Wappen und Bilder). Daß sie vielfach aus Stadtzeichen, die neben und vielleicht vor den Siegeln Verwendung fanden, sich entwickelt haben, ist oben erörtert worden.[399]) Aber auch das Gerät, womit die Haupterwerbstätigkeit der Bürger der Stadt gekennzeichnet werden soll, das Attribut des Kirchenheiligen, spielt dabei eine große Rolle. Heutzutage schätzt man, wie bereits hervorgehoben wurde, jedes städtische Siegelbild als Wappen ein.[400])

Einzelne Typen der Städtesiegel ahmen die Siegel der ländlichen **Schöffenstühle**, denen wir im rheinfränkischen Gebiet seit der zweiten Hälfte des 13 Jhs. öfters begegnen, nach. Sind doch manche davon, wenn sich der Sitz des Schöffenstuhls im Laufe der Zeit in ein Stadtgericht umwandelte, ohne Veränderung zu Stadtsiegeln avanciert. Der Kirchenpatron oder die Kirche selbst füllen in der Regel den größeren Teil des Siegelfeldes aus, in das dann vielfach noch an geeigneter Stelle der Schild mit dem Wappen des Gerichtsherrn gesetzt wird. Bemerkenswert ist der typische Kopf eines Schöffen, den wir auf dem Schöffensiegel von Stommeln bei Köln angebracht sehen, zu dem das Brühler Schöffensiegel mit 7 Köpfen ein eigenartiges Seitenstück bildet. Mond und Sterne, welche auf diesen Siegeln den sonstigen Figuren nicht selten hinzugefügt sind, dürfen wir keinesfalls für bedeutungslose Beizeichen ausgeben.[401]) Der Stern muß in der Gerichtssymbolik des MA. eine Rolle spielen, da er auch so häufig auf Richtersiegeln vertreten ist. Eines der ältesten **Landfriedengerichtssiegel** aus dem Jahr 1260, das wahr-

---

395) Vgl. das Synodalstatut für die Diözese Cambrai von 1317 (HARZHEIM, Concilia Germaniae IV, S. 263): ordinamus, ut unusquisque curatus proprium sigillum sub nomine suae parochialis ecclesie habeat ... sigillum huiusmodi suo relinquat successori. Ein Olmützer Statut von 1342 (ebenda S. 338) schreibt den Namen des Pfarrers tragende Stempel vor.

396) Vgl. die Siegel der Kölner Pfarreien aus dem 13. Jh. im StdtA. Köln.

397) S. hierzu MELLY S. 13 ff. Verzeichnis der Städtesiegel Österreichs im MA. — LIND, Blätter für ältere Sphragistik, Taf. 14—26. — Siegel des MA. aus den Archiven der Stadt Lübeck, Heft 1 ff. Lübeck 1856 ff. — ENDRULAT s. oben S. 1. — HUPP, O., Wappen und Siegel der deutschen Städte, Frankfurt a. M., 1896 ff., nach Provinzen zusammengestellt, Heft 1—3, einstweilen den Osten und Norden Deutschlands umfassend. — Siegel der Badischen Städte in chronologischer Reihenfolge hrsg. von der Bad. hist. Komm. Heft 1—3. Heidelberg 1899—1909.

398) S. das Beispiel von Emmerich oben S. 40. Danach bedürfen auch die Bemerkungen F. HAUPTMANNS, Das Wappenrecht 117 ff. der Berichtigung. 399) S. 7 f.

400) Auch das Monogramm kommt auf eigentlichen Städtesiegeln wie auf städtischen Kommissionssiegeln vor. Die Bautenrichter in Konstanz haben in Vierpaß ein „K." S. WERCH, Karlsruher Siegel Taf. 41, 8.

401) Belege hierfür liefern die Urk. der rheinischen Archive. Bei ENDRULAT sind leider die Schöffensiegel auch der Städte, die vielfach noch neben den Stadtsiegeln geführt werden, nicht berücksichtigt.

VIII. Der Inhalt der Siegel.

scheinlich die zu einem Bund zusammengeschlossenen schwäbischen Adligen führten, zeigt einen achtstrahligen Stern, der mit einem Kreuz beladen ist.[402])

Sonst folgen einige der Landfriedenssiegel dem Typus des Siegels des Reichshofgerichts, der unter Friedrich II., dem Schöpfer dieses Instituts, entstanden ist.[403]) Auf ihm sitzt der Kaiser auf dem Thron mit dem Schwert in der Rechten; Zepter und anfänglich auch der Reichsapfel fehlen. Später unter Karl IV. wird der Kaiser auf dem Reichshofgerichtssiegel regelmäßig im Kniestück genommen mit Schwert und Reichsapfel. Ebendieselbe Entwickelung macht das Kaiserbild auf den Landfriedenssiegeln durch. Im 14. Jh. jedoch hat auch auf ihnen das Wappen obgesiegt. An Stelle des Kaiserbildes erscheinen der Reichsadler mit dem Schwert, oder die Wappen des Hüters und der Teilnehmer des Bundes.[404]) Süddeutsche und schweizerische Landgerichtssiegel bringen nach dem Vorgang dieser Stücke gelegentlich das Bild des Gerichtsherrn mit dem Schwert[405]); doch kommen auf ihnen, gleichwie auf den rheinischen Schöffengerichtssiegeln, meist Heilige als Siegelbilder vor, die dann in späterer Zeit von dem Wappen des Gerichtsherrn verdrängt werden.[406]) Am längsten hält sich das Bild des Gerichtsherrn auf den Offizialatsgerichtssiegeln, auf denen meist die Büste des Kirchenfürsten zu sehen ist, bisweilen beseitet von Sternen.[407])

Unter den Siegeln genossenschaftlicher Verbände treten uns am frühesten die der Ministerialitäten entgegen. Der Zufall mag es mit sich bringen, daß auf deren ältestem Beispiel, das die Ministerialen eines geistlichen Gebietes führten, dessen Kirchenpatron das Siegelbild geliefert hat. Doch finden wir auf den gleichwertigen Siegeln der Burgmann- und Ganerbschaften, die nicht selten ein Bild der Burg, welche deren Sitz war, zeigten, die Figur des Ortsheiligen ebenfalls angebracht. Aber es wird das Wappen der Burg oder, wenn man lieber will, des Herrn der Burg auf diesen Siegeln nicht minder häufig verwandt, und zwar setzt man es gern in ein Banner.[408]) Daneben begegnen wir auf Siegeln dieser Kategorie aus früherer Zeit auch Tierfiguren im runden Siegelfeld.

Als Nachfolger der Siegel der Ministerialitäten können die der territorialen Landstände und der einzelnen Vertretergruppen derselben gelten, von denen uns Exemplare aus dem 17. Jh. bekannt sind, während die älteren Rittergesellschaften losere Vereinigungen darstellen und infolgedessen auch in der Wahl von Siegelbildern willkürlicher vorgehen.

Überaus zahlreich sind die Siegel der Genossenschaften unter den Bürgern der Städte, der Bruderschaften, Ämter und Zünfte erhalten, von denen jedoch kein Stück, wie es scheint, über das Jahr 1300 hinaufreicht. Da diese Verbände vielfach mit geistlicher Approbation geschlossen und in Anlehnung an örtliche kirchliche Einrichtungen organisiert wurden, gelangten auch in deren Siegelbildern die religiösen Vorstellungen des MA. zum Ausdruck. Die Kirche ist den Bedürfnissen dieser Kreise entgegengekommen, indem sie dem einen und anderen Heiligen die Rolle als besonderer Begünstiger bestimmter Handwerks- und Erwerbstätigkeit zugeteilt hat. Daher haben gerade auf den ältesten Siegeln der Bruderschaften und Zünfte häufig Heilige für das Siegelbild Modell gestanden, oder es sind religiöse Symbole dafür ausgewählt. Gelegentlich wurde der Stadt- oder Landesherr, dem die Genossenschaft die Privilegierung verdankte, auf den Zunftsiegeln verewigt. Daneben aber macht sich gerade auf diesen Siegeln die derbdrastische bildliche Bezeichnungsart unserer mittelalterlichen Vorfahren bemerkbar. Gern nimmt man das wichtigste Handwerkszeug, mit dem das Amt ausgeübt zu werden pflegte, als Symbol in das Siegel auf und fügt ihm wohl, um das Bild noch sinnfälliger zu gestalten, ein Erzeugnis der Tätigkeit bei.

Die mannigfaltigsten Gegenstände, welche sich zu bildlicher Darstellung eignen, Porträts, Heiligenfiguren, einzeln oder in Gruppen, Kirchen- und Profanbauten, biblische Szenen, Symbole jeder Art, Wappen mit ihren Zutaten, Besitz- und Handelszeichen (Marken), Gebrauchsgegenstände des täglichen Lebens u. ä. sind es also, die uns auf den Siegelstempeln und deren Abdrücken vorgeführt werden. Neben den Siegelfiguren treten dann noch die Arabesken, Tierfiguren, Drachen und ähnliche Gestalten bemerkenswert hervor, obwohl sie lediglich zur Ausfüllung des Siegelfeldes als ornamentaler Schmuck eingesetzt wurden. Auch die Schraffierung der Schildflächen nimmt in älterer Zeit nicht selten künstlerische Formen an, ohne daß ihnen jedoch eine bestimmte Farbenbezeichnung, welche erst im Anfang des 17. Jhs. aufkommt, zugrunde liegt. Mag auch der Kunstwert der meisten Typare bei der Kleinheit des Bildes nur gering sein, es befindet sich doch eine ganze Anzahl darunter, die wir geradezu als Perlen des Stempelschnitts bezeichnen müssen. Daß wir imstande sind, den Zeitpunkt der Herstellung

---

402) Weech, Cod. Salem. I 353. Siegelabbildungen Nr. 47.
403) Philippi Taf. X, 4, und Posse, Kaisersiegel II Taf. 58—63, wo man jetzt die Landfriedenssiegel zusammen abgebildet findet. Nachzutragen ist noch das Kölnische Landfriedenssiegel von 1385, Rhein. Siegel I Taf. 22, 11.
404) Posse a. a. O. Vgl. hierzu auch Posse, Wettiner Adelssiegel I Taf. 7, 3 u. 4, Taf. 14, 8 u. Taf. 37, 1.
405) Seyler, Gesch. 338 u. 340.
406) Weech, Karlsruher Siegel Taf. 40 u. 42.
407) Vgl. Weech, Karlsruher Siegel Taf. 41 u. Cod. Salem. I Taf. XIV 69; s. auch oben S. 45.
408) Westf. Siegel II 2.

des einzelnen Stempels ziemlich genau durch den Nachweis des frühesten Gebrauchs an Urkunden zu bestimmen, erhebt die Siegel zu einem chronologischen Kontrollapparat für die Details mittelalterlicher Kunsttätigkeit, wie sich uns ein anderer von gleicher Zuverlässigkeit nicht darbietet.[409])

2. Die Inschriften der Siegel.

Mit verschwindend geringen Ausnahmen enthalten die Siegel Inschriften[410]), die wir der äußeren Form nach am zweckmäßigsten in Umschriften, welche der Peripherie des Siegelfeldes folgen, und in Aufschriften, die in dem Siegelfeld selbst, meist horizontal oder vertikal gerichtet, oder auf gewundenen Spruchbändern und Rundbögen ihren Platz bekommen haben, scheiden. Die Mode, den Stempel mit einer Jahreszahl zu versehen, kommt in Deutschland erst im 14. Jh. auf, während sie in England und Frankreich schon früher bestand.

Die Umschriften bringen ziemlich regelmäßig den Namen oder Namen und Titel des Siegelführers, bei einzelnen Kategorien der Siegler und bei verschiedenen Siegelarten gelegentlich freilich auch einen Sinnspruch. Die Aufschriften finden sich am häufigsten auf Bildsiegeln, auf denen sie zur näheren Kennzeichnung des Bildes dienen, indem sie entweder den Namen der dargestellten Figur oder einen Spruch, welcher eine fromme Tradition in Beziehung zu dieser gesetzt hat, veröffentlichen.[411]) Auch das Andenken an historische Ereignisse soll gelegentlich durch Aufschriften rege gehalten werden.[412])

Reichte der äußere Rahmen des Siegels für den Inhalt der Umschrift nicht aus, so wurde diese im 13. Jh. gelegentlich als Aufschrift im Siegelfeld fortgesetzt[413]), oder es wurde ein zweiter und eventuell ein dritter Schriftrand nach dem Siegelinneren hin dem äußersten hinzugefügt. Die Eintragung des Namens und Titels des Siegelführers auf Spruchbändern, welche dem Bild oder der Wappendarstellung im Siegelfeld sich anschmiegen, erfolgt erst im 14. Jh.

Daß die Angaben der Umschrift den jeweiligen Standesverhältnissen des Siegelführers genau entsprachen, darüber wachte man im eigenen Interesse ziemlich streng.[414]) Es begreift sich daher auch, daß die Umschriften ebenso wie die Wappendarstellungen auf Siegeln namentlich fürstlicher Persönlichkeiten die noch unentschiedenen Ansprüche auf erledigten Territorialbesitz seit dem 16. Jh. sehr häufig geltend zu machen suchen.

Ausnahmen von der Regel, in der Umschrift Name und Titel des Siegelinhabers zu geben, bilden die Siegel der ältesten Karolinger, in deren Umschriften durch einen Satz die Hilfe, der Schutz oder das Erbarmen Gottes auf den Kaiser herabgefleht wird, ferner die Reverse[415]) der Gold- und Bleibullen der Kaiser wie einzelner Päpste im 11. Jhs. und der Kirchenfürsten. Auf den Aversen der Bleibullen Erzbischof Liemars von Bremen steht der Name auf einem wagerechten Spruchband. Bibelsprüche, Reimsprüche finden sich in den Umschriften verschiedener

---

409) Vgl. hierzu unter anderen MELLY, Beiträge S. 8f., PHILIPPI in Westf. Siegel I 1, Vorwort S. Vff., STEPH. BEISSEL, Aus der Gesch. der deutschen Siegel in Stimmen aus Maria-Laach VI (1890), S. 46—60, besonders S. 50 und HAUVILLER, Erhaltung der Siegel, ihre Bedeutung für die historischen Wissenschaften, ihr Kunst- u. Kulturgeschichtlicher Wert, V. für Wappenkunde 38, 39—52.

410) POSSE, Ul. 140, BRESSLAU, Ul. 971 und SEYLER, Gesch. 347ff. DEMAY G., La paléographie des sceaux. Paris 1881.

411) Über die eigentlich auch hierher zu rechnenden Schriftsiegel s. oben S. 43 Anm. 376.

412) Einen der sonderbarsten Fälle stellt das Siegel des Grafen Florenz von Holland dar, mit welchem von ihm die Pax Heedenseana vom 27. Februar 1168 (KLUIT, Hist. crit. Hollandiae etc. II 1 Nr. 32) besiegelt wurde, die er mit dem Grafen Philipp von Flandern abzuschließen sich genötigt sah. In der Urkunde heißt es ausdrücklich: „ex culpa F. comitis Hollandiae orta est discordia." Demgemäß ist auf dem Stempel unter die Reiterfigur des Grafen Florenz das Wort: „Discordia" nachträglich eingraviert worden; offenbar mußte er als Besiegter sich dazu bequemen. Ein Abdruck desselben Stempels des Grafen Florenz aus dem Jahr 1162 (KLUIT a. a. O. S. 194) hat diese Aufschrift noch nicht.

413) Über die Weiterführung im Rücksiegel s. oben S. 33 Anm. 278.

414) GROTEFEND 39, BRESSLAU, Ul. 971, POSSE, Ul. 140. Belege dafür, daß die Benutzung eines älteren Stempels, in welchem der inzwischen veränderten Titulatur noch keine Rechnung getragen war, ausdrücklich motiviert wurde, gehören nicht zu den Seltenheiten. S. oben S. 30 ff. Hier sind auch die genealogischen Notizen in den Siegelumschriften zu erwähnen, welchen wir auf Damensiegeln ebenfalls nicht selten begegnen, als deren Analoga die geographischen Bemerkungen und die Angaben über politische Zugehörigkeit in den Umschriften der Städtesiegel gelten müssen. Wenn sich auf einem Personalsiegel für den Inhaber in der Umschrift des Siegels ein anderer Name findet, als er ihn im Text der Urkunde führt, so erklärt sich das daraus, daß Adlige sich nicht selten auf Grund ihrer verschiedenen Besitzungen verschiedene Namen beilegten.

415) Auf deren Aversen findet sich schon der Name und Titel.

geistlicher Korporationssiegel, einzelner Geistlicher, des Reichshofgerichts, dieser oder jener Stadt. Weltliche Personen bedienen sich schon im 13. Jh. der Devisen besonders gern auf ihren Sekretsiegeln. Auch die besondere Art und Geltung des Siegels wird in der Umschrift angedeutet.

Bis zum Ausgang des 12. Jhs. erscheint auf den einer Person oder Gemeinschaft zugehörigen Siegeln der Name in der Umschrift im Nominativ. Ebenso werden die Heiligen behandelt, wenn sie in der Umschrift als Siegelinhaber auftreten. Dann taucht zunächst das Kollektivum „Signum" auf, und im 13. Jh. wird es regelrechter Brauch, dem Namen das „Sigillum" — meist mit S. abgekürzt — vorzusetzen, dem dieser in der Genitivform folgt. Das Aufkommen der verschiedenen Arten von Siegeln, des Contrasigillum, Sigillum secretum, die gewöhnlich in dieser Weise gekennzeichnet sind, dürfte hierfür mitbestimmend gewirkt haben, wie ja auch dem Hauptsiegel bisweilen der Zusatz „majus" beigegeben wird.

Die Siegelaufschriften bringen, wenn sie einfache Erklärungen der Siegelbilder liefern, das fragliche Wort regelmäßig im Nominativ, wobei die Buchstaben gelegentlich unter- anstatt nebeneinander im Stempel eingraviert sind. Für die bei Aufschriften vorkommenden Abkürzungen bieten die Reverse der Papstbullen mit dem S. PA. und S. PE. (= Sanctus Paulus und Sanctus Petrus) die signifikantesten Beispiele.

Jahreszahlen, welche sich sowohl in den Umschriften wie den Aufschriften der Siegel finden, bedeuten sicher in der Mehrzahl der Fälle das Datum der Anfertigung des Stempels.[416]) Da der Brauch in Deutschland erst im 15. Jh. an Ausdehnung gewinnt, erwecken Beispiele aus früherer Zeit Verdacht, zumal wenn die Zahlen mit arabischen Ziffern eingraviert sind.[417])

Der Schriftrand, welcher die Umschrift trägt, ebenso die Spruchbänder werden später in der Regel durch Linien gegen das übrige Siegelfeld abgegrenzt. Die Form dieser Linien, einfache Linien, Eierstab, Perllinien, Stufen-(profilierte)Linien, hängt von dem künstlerischen Geschmack des Jahrhunderts oder des Künstlers und der mehr oder weniger prunkvollen Ausstattung des Siegelstempels ab.

Den Anfang der Siegelumschrift, der gewöhnlich in der Mitte oben beginnt, pflegte man in der ältesten Zeit ausschließlich durch ein Kreuz zu bezeichnen, dessen Ursprung man wahrscheinlich auf eine Nachahmung der Signumseintragung in den unbesiegelten Urkunden zurückzuführen hat. An Stelle des Kreuzes setzt der Stempelschneider später gelegentlich eine Rosette oder ähnliches, welche ebenso wie Punkte gleichzeitig zur Abteilung der einzelnen Wörter verwendet werden. Doch ist auch nicht selten der obere Abschluß des Siegelbildes in den Schriftrand hineingeführt, um den Beginn der Umschrift anzudeuten. Am entgegengesetzten Ende erfolgt ebenfalls gelegentlich eine Unterbrechung des Schriftrandes durch das Siegelbild, wie denn auch Teile desselben an anderen Stellen in jenen hineinragen.

Die Buchstabenform auf den Siegeln hält in der Entwickelung gleichen Schritt mit der auf den Inschriften in Stein, Metall und Holz. In der ältesten Zeit herrscht die Majuskel, und zwar in Kapitalschrift, welche man seit dem Anfang des 13. Jhs. mit Unzialen vermengt. Die gotische Minuskel tritt seit dem Ende des 14. Jhs. auf. Ligaturen der verschiedensten Art begegnen bei allen Schriftarten entsprechend den besonderen Eigentümlichkeiten jeder einzelnen, doch erfolgt ihre Verwendung erst im 13. Jh. häufiger.

Früher als in der Urkundenschrift bürgert sich die deutsche Sprache auf den Inschriften der Siegel ein. Es wird wohl zutreffen, daß wir darin ein Entgegenkommen den Laienkreisen gegenüber zu erkennen haben, die Wert darauf legten, Namen und Titel auch in der ihnen und der Mehrzahl ihrer Mitmenschen geläufigen Sprache auf den Siegeln angebracht zu sehen.[418]) Für Sinnsprüche und Devisen der Sekretsiegel wählte man aus der nämlichen Rücksicht schon früh gern ebenfalls den deutschen Ausdruck.

VIII. Die rechtliche Bedeutung, die Beweiskraft des Siegels.

Das Siegel repräsentiert den Stempelführer, es stellt ihn figürlich oder in Zeichen und durch die Aufschrift dar und vergegenwärtigt ihn in rechtsgültiger Weise bei seinen Willensäußerungen und Handlungen. Während des MA. ist es Erkennungs- und Bekräftigungszeichen im weitesten Umfang geworden, wobei es auch ohne begleitenden Schriftsatz die Funktion der Übermittlung von Befehlen, Zeugnissen u. dgl. im Rechts- und Verkehrsleben übernommen hat. Im Schriftwesen, insofern das Siegel nicht zum Verschluß verwendet wurde, war es zunächst dazu bestimmt, den

---

416) Vgl. hierzu Hohenlohe, Anz. KDV. 1871, Sp. 260f., unter dessen Belegen aber eine Anzahl von Fälschungen figurieren dürfte.

417) Dazu gehören wohl auch zweifellos die Hohenloheschen Stempel von 1233, Hohenlohe Nr. 1. Das St.A. Düsseldorf besitzt einen gefälschten Siegelstempel des Werner Overstolz mit der Jahreszahl 884 in arabischen Ziffern.

418) Redlich, Ul. 114., der einen Beleg aus dem Jahr 1197 beibringt.

Mangel der eigenhändigen Urkundenausfertigung auszugleichen und vor allem die Unterschrift und was sonst an deren Stelle treten konnte, wie Monogramm und Signum, bei der Urkunde zu ersetzen. Diese Eigenschaften haben es sowohl zum wichtigsten Beweisstück für die Echtheit und rechtskräftige Vollziehung von Urkunden wie zum allgemeinsten Beglaubigungsmittel für schriftliche Auslassungen jeder Art erhoben. Für die Bedeutung, welche dem Siegel im MA. zuerkannt wurde, ist es bezeichnend, daß die Redensart: „Brief (Urkunde) und Siegel über etwas geben"[419] in späteren Jahrhunderten vielfach in der Wendung: „segele of brieve geven"[420] gebraucht wird.

Vom Altertum den germanischen Völkern übermittelt, ist das Siegel hier Verbindungen mit den einheimischen symbolischen Zeichen eingegangen, wie sie von der Schrift Unkundigen beim Abschluß rechtlicher Akte und Verträge, bei der Zustellung von Mitteilungen und im Warenaustausch allgemein gebraucht zu werden pflegen. Die Ladungssiegel der Westgoten, die ohne weitere schriftliche Erläuterung bekräftigten, daß die Zitation im amtlichen Auftrag erfolgte, waren auch bei den Slawen und Magyaren noch in späterer MA. üblich. Vermutlich dürfen wir die Pax-Siegel, die die Handeltreibenden in der Stadt Wesel im 13. und 14. Jh. bekamen, aller Wahrscheinlichkeit nach, um unter diesem Zeichen mit sicherem Geleit von der Stadt fortzuziehen, den Richtersiegeln der Langobarden im Werte gleichstellen, die ja auch offenbar den Zweck hatten, die Rompilger vor Belästigungen auf ihrer Fahrt zu schützen. Zeichen, die als Ursprungszeugnisse für Warentransporte galten, deren Besitzer auswiesen und diesen Vergünstigungen namentlich an Zollstätten zusicherten, hat es wohl bei den Germanen gegeben, seitdem überhaupt ein regerer Handelsverkehr in ihren Gebieten eingeleitet war. Daß die Siegel auch an deren Stelle getreten sind, zeigen uns die Nachrichten, die wir aus niederrheinischen Städten vom 13. bis 15. Jh. besitzen. Vom städtischen Ursprungszeichen bis zur städtischen Fabrikmarke war daher für das Siegel nur ein kurzer Schritt, da die Behörde der Stadt die Herstellung von bestimmten Warengattungen in älterer Zeit vielfach noch durch ihre Beauftragten selbst kontrollieren ließ, ehe sie die Vorstände der Zünfte damit betraute.

Im Urkundenwesen[421] hat sich das Siegel im Laufe des MA. namentlich als Ersatz für andere Beweis-, Vollziehungs- und Beglaubigungsmittel eine solche Wertschätzung erworben, daß es mit der Urkunde gewöhnlich in einem Atem genannt wurde; bisweilen hat das Siegel dem Brief sogar den Rang streitig gemacht.

Vermögen wir den Anschluß der Merowinger Urkunde an die römische Kaiserurkunde auch nicht direkt zu belegen, so steht doch so viel fest, daß die Kanzlei der Merowinger sich die römische zum Vorbild genommen hat.[422] Obwohl indessen die aus ihr hervorgegangenen Urkunden regelmäßig besiegelt waren, so deutet das Fehlen einer Notiz über die Besiegelung in den Korroborationsformeln darauf hin, daß der Abdruck des Ringsiegels in dieser Zeit noch nicht in die Funktion eines vollen Beglaubigungsmittels eingetreten war, wozu vielmehr noch die Unterschriften des Königs und des Referendars hinzukommen mußten. Erst seit Pippin setzt sich der Brauch fest, daß neben der eigenhändigen Unterfertigung durch den Aussteller auch der Besiegelung in dem Sinne Erwähnung geschieht, daß sie die Gültigkeit der Urkunde verbürgen soll. Indem jene jedoch sich mehr und mehr auf das Anbringen eines Striches oder Punktes an dem vom Schreiber der Urkunde gezeichneten Kreuz oder Monogramm beschränkte und infolgedessen in der Bewertung als Beweismittel für die Echtheit des Schriftstückes sank, erhielt das Siegel schon in der karolingischen Periode für die Beglaubigung der Königsurkunde ausschlaggebende Bedeutung, es ward schließlich das alleinige Beweis- und Beglaubigungsmittel.[423]

Die Formen der römischen Privaturkunde leben im MA. fort, nur erfahren sie gewisse Änderungen, die durch das Vorherrschen von symbolischen Handlungen beim Abschluß von Rechtsgeschäften hervorgerufen werden. In der Anwendung erlitt natürlich eine Einschränkung, weil im MA. die Schreibkunst nicht Gemeingut der Bevölkerung war. Die Formulare der einzelnen Kategorien der Privaturkunde fließen mit der Zeit ineinander über. Auf die Kontro-

---

419) Sie begegnet uns bereits in Urk. von 1020 (Lacomblet UB. 1, 157). Die Übergabe einer Freien als Wachszinsigen wird „Karta et sigillo" bestätigt.

420) S. Stadtrecht von Kleve 15. Jh., StA. Düsseldorf Msc. A 77 fol. 73ᵛ: Van erflynse end anderen brycven .. dat sall geschien voir tween scepenen of mer, ind wes die segele of brieve geven, dat sall vast ende stede wesen. Der Goethesche Vers: „Die Herrschaft führen Wachs und Leder" würde als ein Weiterleben dieses Sprachgebrauches anzusehen sein, wenn man nicht annehmen müßte, daß hier das Leder, also der Brief, nur dem Reim zuliebe an die zweite Stelle gerückt wäre.

421) Vgl. hierüber die Abteilung Diplomatik des Grundrisses: Königs- und Kaiserurkunden von R. Thommen, Papsturkunden von L. Schmitz-Kallenberg und Privaturkunden von H. Steinacker, ferner Erben und Redlich, Ul. und Bresslau, Ul. 2⁰. 422) Erben Ul. 41 ff.

423) J. Ficker, Beiträge zur Urkundenlehre 2, 188 ff.; Bresslau, Ul. 2⁰, I, 687 ff.; Erben, Ul. 170 ff.

verse näher einzugehen, die sich neuerdings darüber erhoben hat, ob die Unterscheidung, die BRUNNER zwischen Carta (Geschäftsurkunde) und Notitia (Beweisurkunde) gemacht hat, bloß formaler Natur gewesen ist, oder ob sie auch durch die Art des Rechtsgeschäftes bedingt war, ist hier nicht der Ort.[424]

Nachdem die Urkunde in Einzelausfertigung, zum Teil in Anlehnung an die Königs- und Kaiserurkunde, wieder mehr zur Geltung gekommen war, und damit auch der Brauch allgemeiner wurde, die Privaturkunde ebenfalls zu besiegeln[425], bestanden vornehmlich drei Arten, die man zum Beweis der Echtheit und zur weiteren Beglaubigung bei ihr anwendete: die doppelte Ausfertigung durch den Teilschnitt, die Chirographierung, der Zeugenbeweis, der durch Namhaftmachung der Zeugen angebahnt wurde, und die Besiegelung. Sie werden gleichwertig nebeneinander gestellt.[426]

Einzelakte, subjektiv gefaßt, bei denen man die Zeugen, die für den rechtlichen Vorgang bürgten, mit ihren Signa vermerkte, sind aus dem Norden und Westen Deutschlands für das 10. und 11. Jh. doch in ziemlicher Zahl erhalten. Die fortlaufende Aktaufzeichnung in Traditionsbüchern hat hier bei weitem nicht die Ausdehnung wie im Süden und Osten gefunden; man nimmt über den Traditionsvorgang häufiger einen besonderen urkundlichen Schriftsatz auf. Dieser stellt freilich in der Regel die Arbeit eines Schreibers dar, selbst die Signa der Zeugen rühren gewöhnlich von seiner Hand her. Ob dieses auffällige Verfahren vielleicht damit zu erklären ist, daß die Signa in Abdrücken oder Stempeln bei der Handlung vorgezeigt wurden, ist eine Vermutung, über die uns höchstens einmal ein glücklicher Urkundenfund Gewißheit zu bringen vermöchte. Beispiele eigenhändiger Unterkreuzung lassen sich übrigens auf Bischofsurkunden bereits aus dem 10. Jh. nachweisen.[427]

Was man, soviel ich sehe, bisher nicht beachtet hat, auch beim Chirograph treten in den ältesten Belegen, die wir besitzen, noch Spuren des spätrömischen Formulars zutage. Eine Urkunde für Köln-Severin von 958[428] hebt nach der Invocatio und Arenga mit folgenden Worten an: Decrevi ego Walfridus et Humfridus frater meus hoc fieri cyrographum. Die Tradition wird darauf in subjektiver Fassung gegeben: ego Walfridus et Humfridus . . sancto Severino . . alodium nostrum in Humuerstule contradimus. Dem Schlußprotokoll zufolge hat Erzbischof Bruno von Köln der Handlung beigewohnt. Da ist es denn doch bemerkenswert, daß wir in den ältesten aus Westdeutschland erhaltenen Originalen von solchen Teilurkunden überhaupt das Bestreben beobachten können, für das Schnittwort entweder den Namen desjenigen, der die im Text bekundete Handlung vornimmt oder vornehmen läßt oder aber des verantwortlichen Urkundenvollziehers zu verwenden. Auf dem Chirograph des Chorbischofs Wicfried von Trier von 967 lauten die Worte, welche die Schnittlinie halbiert hat: Ego (?) Winibaldus cancellarius recognovi.[429] Das Kloster Oedingen in Westfalen, das von der Matrone Gerberga in der Grafschaft ihres Sohnes Hermann gegründet war, hat Kaiser Otto III. in den Schutz des Erzbischofs Heribert von Köln gegeben. In dem darüber im Namen des Kaisers ausgefertigten Chirograph vom Jahre 1000 geht die Schnittlinie durch die Worte: Signum Heriberti episcopi et Gerberge comitissae et filii eius Hermanni iussu Ottonis imperatoris augusti.[430] In einem Chirograph des Domstifts Trier von 1101[431] ist das gleiche Verfahren befolgt. Auf dessen Teillinie stehen die Worte: Signum sce Marie (die Marienkirche in Trier) Petri (Scholasticus daselbst) Constantini (fidelis amicus der Kirche) Bertrade (Frau des Constantin); es handelt sich um einen Gütertausch, den Constantin mit dem genannten Scholasticus Petrus im Namen der Kirche vorgenommen hat. Das älteste

---

424) Vgl. hierzu jetzt REDLICH, Ul. 47 ff. und BRESSLAU, Ul. 2°, I, 739 f. Die Theorie BRUNNERS ist angefochten von C. FREUNDT, Wertpapiere im antiken und frühmittelalterlichen Rechte, 2 Bde. 1910.
425) REDLICH, Ul. 108 ff. und BRESSLAU, Ul. 2°, I, 694 ff.
426) Bezeichnend ist das in der Korroborationsformel einer um 1123 anzusetzenden Urkunde des Abtes Absalon von Saint-Amand en Pèvcle (A. d'HERBOMEZ, Chartes de l'abbaye de Saint-Martin de Tournai 1 Nr. 39) zum Ausdruck gebracht: Quoniam igitur funiculus triplex difficile rumpitur, ad confirmandam huius nostre concessionis paginam cyrographum scripsimus, testes notavimus, sigillum beati Amandi apposuimus.
427) Erzbischof Heinrich von Trier hat auf der Urkunde von 964 für Münstermaifeld (BEYER, MRhein. UB. 1, 217 Or. StA. Coblenz) das Kreuzzeichen mit eigner Hand gezogen; vgl. auch BEYER 1, 220. S. ferner BRESSLAU, Ul. 788 und oben S. 39.
428) LACOMBLET, NRhein. UB. 1, 104. Das Stück liegt leider nicht im Or. vor; das Kopiar des 13. Jh. (StA. Düsseldorf, Köln-Severin), das es überliefert, bringt keinen Vermerk darüber, wie die Schnittlinie des Originals beschaffen war. Die Formeln dieses Chirographs kehren aber in ähnlichen Wendungen bei Schnitturkunden wieder, die in der Moselgegend bei Nancy im 12. Jh. ausgefertigt sind; vgl. H. LEPAGE, Sur des cyrographes conservés aux archives de la Meurthe im Journal de la Société d'Archéologie et du Comité du Musée Lorrain, Ann. 21 (1872) Nancy, S. 165—187.
429) BEYER, MRhein. UB. 1, 228, Or. im StA. Coblenz; nach BRESSLAU, Ul. 2°, I, 671 war das durchschnittene Wort nicht mehr zu entziffern. Die Recognition des Kanzlers Winibald findet sich auch auf der Urk. bei BEYER 1, 230.
430) PHILIPPI, Westfäl. KU. 2, 120 und Faksimile 33.
431) BEYER, MRhein. UB. 1, 404. Ein Teilstück hat sich im Or. erhalten, das jetzt in der Burgundischen Bibliothek in Brüssel unter Nr. 14796 aufbewahrt wird.

bisher in England nachgewiesene Beispiel eines Chirographs vom Jahre 855 hat zum Durchschneiden die Aufschrift: Cyrographum Alhwini und Aethelwulfi ducis benutzt.[432] Von den Erzbischöfen Eberhard und Egilbert von Trier besitzen wir Chirographe aus dem Jahre 1052[433]) und von ca. 1097[434]), in denen der Schnitt durch Namen und Titel führt. Bei einem solchen Egilberts von 1085 ist die Zeile mit der Angabe des Pontificatsjahres halbiert.[435]) Damit vergleiche man die Nachricht, die wir aus der Abtei Corbie an der Somme erhalten[436]), derzufolge in der Zeit, in der die Kirche noch kein Siegel führte, die Pachtbriefe als Chirographe ausgefertigt wurden. Zu Schnittworten wählte man den Namen des Abtes, des Priors, des Schultheißen, in dessen Bezirk vermutlich das betreffende Pachtgut gehörte, die von anwesenden Mönchen, ferner aber den Namen des Pächters selber und die derjenigen, die dieser für sich als Zeugen aufgeboten hatte. Wir haben uns dies Verfahren doch in der Weise vorzustellen, daß auf jedem dieser Pachtzettel der Name des Abtes oder eines anderen Vertreters des Klosters und der des betreffenden Pächters allein oder mit denen seiner Zeugen vertreten waren, durch welche der Trennungsschnitt hindurch ging, wenn der Vertrag als zweiseitiger ausgestellt wurde. Erhielt er einseitige Form, sei es als Pachtbrief seitens des Klosters oder als Revers des Pächters, so dürften bloß die Namen einer Seite verzeichnet gewesen sein. Einen Beleg dafür, daß in der Moselgegend der nämliche Brauch bestand, liefert uns der Pachtrevers eines gewissen Richwinus, der 1126 eine Wiese in Roser vom Domkapitel in Trier zu Erbzins empfangen hatte; auf der Trennungslinie desselben stand Richwinus.[437])

Vom Namen zum Monogramm war der Übergang leicht. Ihn hat man in einer Urkunde, die vor das Jahr 1047 fällt, genommen, in der die Monogramme des Abtes Poppo von Trier-Maximin und des Herzogs Heinrich II. von Luxemburg beim Zerschneiden der beiden Ausfertigungen geteilt sind.[438]) Darf es uns danach noch wundernehmen, wenn auch die Handzeichen gelegentlich für solche Zwecke verwendet werden? Ein Ansatz zu diesem Brauch scheint schon in einem englischen Chirograph von 901 vorzuliegen, bei dem die Worte: „Signum crucis" durchschnitten sein sollen.[439]) Der Edle Diodericus aber aus der Umgegend von Köln hat sein Chirographum, sein Hantgemal, zur Beglaubigung auf eine Urkunde Erzbischofs Anno von etwa 1070 zeichnen lassen, wo er das gleichzeitig zur Teilfigur benutzt ist.[440])

Chirographe, die von Klöstern ausgefertigt sind, zeigen vom Ausgang des 11. Jh. ab häufiger den Namen des Kirchenpatrons mit „sanctus" usw. im Nominativ auf der Schnittlinie.[441]) Erst im Anfang des 12. Jh. begegnen uns für diesen Zweck die Buchstaben des Alphabets[442], während das Stichwort „Chirographum" ebenfalls vor dem zweiten Jahrzehnt des genannten Jhs. in den Rheinlanden und den Nachbargegenden nicht nachweisbar ist.[443])

---

432) Bresslau, Ul. 2°, I, 670.
433) Beyer, MRhein. UB. 1, 338, Or. im StA. Coblenz. Schnittworte sind: Eberhard' archieps.
434) Ebenda 1, 394, Or. Coblenz. Hierauf geht der Schnitt durch: Egilbertus Trevirorum archiepiscopus . . In beiden Fällen zeigt die Schnittlinie vor und hinter der Schrift einen kleinen Absatz. Beide Stücke sind besiegelt.
435) Sauer, Nassauisches UB. 1, 134, Or. St.A. Wiesbaden. Bei zwei Chirographen der Kaiserin Kunigunde von 1025 (MGDD. III S. 694 u. 696) geht die Trennungslinie ebenfalls durch die Datierungszeile: Actum Radispone anno primo domni Chuonradi regis invictissimi.
436) Angeführt von Posse, Ul. 65, Anm. 2 aus Du Cange, Glossarium m. aev. 2, 329.
Et sciendum est, quod de conventione hac neque de alia dictus colonus aliud sigillum habere poterat nisi tantummodo medietatem unius cyrographi, in quo scriptum erat nomen abbatis, prioris, baillivi et nomina monachorum ibi commorantium et nomen coloni et nomina illorum quos adduxerat secum, qui ibi audiverant conventionem. Partem illius cyrographi habebat penes se villanus et custodiebat, donec compleretur tempus conventionis sue. Aliam confirmationem, aliam securitatem nemo habere poterat, quia ecclesia nostra in tempore illo sigillum non habebat.
437) Beyer, MRhein. UB. 1, 455, Or. im StA. Coblenz; eine zweite chirographierte Ausfertigung ist mit den Buchstaben des Alphabetes A—K versehen.
438) Hontheim, Hist. Trevirensis dipl. 1, 384, vgl. ZfGORhein. 23, 130. Das Or. befindet sich in der Univ. Bibl. in Heidelberg.
439) Bresslau, Ul. 504. In der 2°, I, 670, gibt Bresslau freilich die Lesart: me crucis.
440) S. oben S. 39.
441) Das älteste mir bekannt gewordene Beispiel ist die Urk. von Trier-Maximin von ca. 1084 Beyer, MRhein. UB. 1, 379, Or. im StA. Coblenz mit: Sanctus Maximinus. Die bei Lacomblet, NRhein. UB. 1, 259, Or. im StA. Düsseldorf, gedruckte Urk. von 1100 weist das Schnittwort: Sanctus Adalbertus auf. Vgl. auch Bresslau, Ul. 2°, I, 672 und Erben, Ul. 187. Diese Manier bleibt bis in die Mitte des 13. Jhs. hinein in der Mode und lebt dann seit dem 15. Jh. vornehmlich auf den Pachtverträgen, die in Teilzetteln ausgegeben werden, wieder auf. Für sie wird Sancta Maria ein beliebtes Schnittwort.
442) Urk. von 1115, Beyer, MRhein. UB. 1, 431, Or. im StA. Coblenz.
443) Urk. von 1115 a. a. O. 432, Or. ebenfalls Coblenz. Hinter dem Wort „Cirographum" stehen hier aber noch zwei Buchstaben T und V(?), die wohl „Testimonium veritatis" bedeuten sollen. Diese beiden Buchstaben sind in einem Chirograph von 1163 (StA. Düsseldorf, Abtei

VIII. Die rechtliche Bedeutung, die Beweiskraft des Siegels.

Die Beweisurkunde war in der Dauer der Gültigkeit von der Lebenszeit der Zeugen abhängig, die bei dem verhandelten Rechtsakt zugegen gewesen. Nur wenn sie zugleich von einer manus publica geschrieben war, oder ein authentisches Siegel trug, wurde ihr während des 12. Jhs. im Geltungsbereich des kanonischen Rechts, wofür wir aber damals hauptsächlich Italien anzusehen haben, darüber hinaus bindende Kraft zuerkannt.[444]) Im Norden Europas, in England zumal und im germanischen Westen und Nordwesten, wo das öffentliche Notariatswesen noch nicht eingebürgert war, schätzte man das Chirographum offenbar der durch manus publica niedergeschriebenen Urkunde gleich.[445]) Beispiele, in denen dessen größere Lebensfähigkeit mit Nachdruck hervorgehoben wird, stehen eine ganze Reihe zur Verfügung; ich erinnere an eines der bekanntesten, die Stadtrechtsurkunde für Freiburg im Br.[446]) Das Chirographum aber trug die Beweiskraft auch in sich. Es ist nicht richtig, wie noch neuerdings behauptet wird[447]), daß in diesen Urkunden stets Zeugen aufgeführt seien.[448])

In den ältesten Beispielen von chirographierten Urkunden prägt sich vielmehr unverkennbar das tastende Fühlen nach Mitteln aus, die dem eigentlichen Charakter des römischen Chirographs Rechnung tragen sollten. Dieses war vom Vertragsgegner des Empfängers oder des ersteren Beauftragten eigenhändig geschrieben.[449]) Vielfach unterschreibt auch der Aussteller bloß das von anderer Hand mundierte Chirographum, eine Sitte, welche wie schon BRUNNER[450]) vermutet, von den Griechen auf die Römer übergegangen sein dürfte. Bei Schriftunkundigen konnte daher das römische Chirographum, dessen Wert eben in der eigenhändigen Niederschrift oder in der Unterschrift lag, in dieser Weise nicht weiter verwendet werden. Man griff zu Namen und Zeichen der urkundenden Personen, die diese ja bei anderen Gelegenheiten ebenfalls repräsentierten. Das Vorbild aber der antiken Urkunde gab einen bequemen Weg an die Hand, wie die Namen und Zeichen zum Beweis der Echtheit und zur Beglaubigung in diesem Falle herangezogen werden konnten. Doppelt auf einer Schreibfläche niedergeschrieben wurde der zwischen den beiden Texten gelassene Raum zur Hälfte durchschnitten, damit der obere Teil des Papyrus einmal gefaltet, gerollt und besiegelt werden konnte.[451]) An dieser Stelle fanden die Namen und Zeichen bei den Chirographa des MA. einen guten Platz. In der Mitte geteilt durch einen Schnitt wurden sie ein Mittel, die Zusammengehörigkeit und damit den originalen Charakter des Spalturkunden durch Aneinanderpassen jederzeit beweisen zu können. Da die Beschaffenheit und Größe des Schreibstoffes, der Zug der Schnittlinie neben den Abständen der Buchstaben, die darauf standen, für die Kontrolle wirksam wurden, ließen sich Fälschungen für eines der Stücke kaum unterschieben. Damit war ein gewisser Ersatz für die Eigenhändigkeit geliefert.

Daß diese Urkundenart jedoch aus einer Analogie des Verfahrens, das beim Kerbholz eingehalten wird, entstanden sein soll[452]), will mir sehr wenig glaubhaft erscheinen. Die Trennungslinie auf den ältesten Chirographen, die ich einsehen konnte, ist fast überall in glattem Schnitt durchgeführt.[453]) Die Absätze auf den beiden Stücken der Erzbischöfe von Trier[454]) sind zum Teil dadurch veranlaßt, daß der Text am rechten Rand des Pergaments bis nahe an den Namenseintrag heranreichte. Dürfen wir hingegen das römische Chirographum als Muster für das deutsche Gladbach), monogrammatisch zusammengeschoben, durchschnitten. Bei PIRENNE, Album Belge Diplomatique Pl. 23 ist zwar eine chirographierte Urkunde von 1058 mit dem Trennungswort: Cyrographum facsimiliert, es ist dies indessen eine Replik des 12. Jhs.

444) S. die Decretale Papst Alexander III. von 1166.
445) BRESSLAU, Ul. 2°, I, 669 ff. und REDLICH, Ul. 97 ff.
446) Graf Konrad von Zähringen erklärt: . concessi privilegia ac in integrum mihi consilium visum est, si forent sub cyrographo conscripta, quatenus per longum tempus habeantur in memoria. Vgl. auch das bei LEPAGE, Journal Lorrain 21 Nr. 8 abgedruckte Chirographum von 1174, das einen Vergleich zwischen zwei Klöstern darstellend als Schnittworte: „Augustinus Benedictus Kartam confirmant" trägt; für die beiden Namen sind große und kleine Buchstaben gewählt, die abwechselnd rot und schwarz ineinander gesetzt sind. Die Schlußformel lautet:
Et ut ista compositio rata teneatur cyrographum fieri decrevimus, cuius partes sigillis nostris premunite in eisdem ecclesiis conserventur in testimonium, ut si quando ceperit oboriri rediviva contentio presentis cyrographi coniunctio totam controversiam deleat reddatque sopitam sed et patrum utriusque ordinis confirmatio Augustini scilicet et Benedicti in eodem conscripta faciat pacem, que tanta auctoritate roborata firmiter teneatur amodo usque in sempiternum.
447) REDLICH, Ul. 1, 99 und BRESSLAU, Ul. 2°, I, 672, Anm. 2.
448) Gerade die ältesten Beispiele aus den Rheinlanden entbehren der Zeugen, so die von: 958, von vor 1047, von ca. 1070 und von ca. 1097; s. oben S. 51 f.; auch bei dem Freiburger Chirograph scheinen im Or. Zeugen nicht genannt gewesen zu sein.
449) REDLICH, Ul. 2.
450) Vgl. H. BRUNNER, Zur Rechtsgeschichte der Römischen und Germanischen Urkunde S. 146.
451) S. die Abbildungen bei O. RUBENSOHN, Elephantine-Papyri, Ägyptische Urkunden aus den Museen zu Berlin (1907) S. 6 u. 7, womit man den Kaufvertrag von 166 aus Syrien bei STEFFENS, Lat. Palaeogr. Taf. 9 vergleichen mag.
452) So REDLICH, Ul. 98; vgl. auch BRESSLAU, Ul. 2°, I, 677 u. 745.
453) S. auch BRESSLAU, Ul. 2°, I, 674.   454) S. oben S. 52.

betrachten, so erklärt es sich auch einfacher, daß die Chirographierung in Deutschland sofort nach dem Aufkommen der Siegel durch deren Anhängen vervollständigt wurde.

Was die Schnittworte auf den Chirographa besonders des 10. u. 11. Jhs. bezweckten, nämlich uns den Urkundenaussteller und die Handlungspersonen durch den besonders hervorgehobenen Namen oder durch Zeichen vor Augen zu führen [455]), das strebt das mittelalterliche Siegel in Wort und Schrift ebenfalls an. Es ist ferner von Bedeutung, daß auf den Chirographa der Klöster in ältester Zeit der Name des Kirchenheiligen ziemlich regelmäßig im Nominativ als Schnittwort gebraucht ist. Die ältesten Siegel bringen ihn zur Erläuterung des Siegelbildes in der Umschrift ebenfalls auf die gleiche Weise. Auf einem Chirograph von 1174 werden sogar die Ordensstifter Augustinus und Benedictus geradezu als die Bürgen eines abgeschlossenen Vertrages zitiert, die dessen ewige Dauer gewährleisten sollten.[456])

Beispiele dieser Art erläutern uns besser, als es lange Darlegungen fertig bringen, wie man sich bemühte, den Zwiespalt zu überbrücken, der dem frühmittelalterlichen Urkundenwesen dadurch anhaftete, daß ein geschriebenes Zeugnis, das zu den lebenden und zukünftigen Interessenten als solches nicht deutlich zu reden vermochte, weil diese seine Sprache und Schrift nicht oder nicht völlig verstanden und daher seinen Inhalt nicht kontrollieren konnten, trotzdem immerwährende rechtliche Gültigkeit behalten sollte. Aus solchen Anschauungen und Gebräuchen ist das Siegel des MA. geboren worden, sie haben ihm die Fülle von Rechtskraft verliehen, von der es sich einen Teil bis auf den heutigen Tag bewahrt hat.

Ursprünglich der Abdruck des Fingerrings, über dessen Verwendung auch die Könige in alter Zeit wohl selbst bestimmten, war das Siegel zumal bei dem Mangel einer Aufschrift in seinem Bilde nur ein unvollkommener Repräsentant seines Besitzers gewesen. Einen häufigeren Gebrauch aber mußten die Herrscher bald als lästig empfinden. So sehen wir schon bei den Merowingern den Siegelring in der Verwahrung der Oberhäupter der Kanzlei, der Referendare.[457]) Aber noch bis auf Otto II. führt das Siegelinstrument, mit welchem die kaiserliche Siegel hergestellt wird, regelmäßig die Bezeichnung „annulus" im Urkundentext, und sie wird jetzt erst durch den Ausdruck „sigillum" verdrängt, gerade in einer Periode, in der es ständige Mode wurde, das Bild des Siegelführers mit den Abzeichen seiner amtlichen Würde zu schmücken. Um die nämliche Zeit beginnt auch der Gebrauch von Siegelstempeln bei den Bischöfen. Der Typus dieser Siegel ist von vornherein der der Amtssiegel; die Bilder deuten das Ornat an, die Aufschrift enthält den Titel. Die Bischöfe sind es, die im 12. Jh. in den Urkunden Ausdrücke vorbringen, welche den Typus des Siegels bestimmt als imago bezeichnen, oder die mit Wendungen wie: sigillum nostre dignitatis oder auctoritatis [458]) darauf hinweisen, daß sie in Amtstracht und mit ihren kirchlichen Abzeichen versehen auf den Siegeln erscheinen und somit durch die ganze Würde ihrer Person für die Echtheit des Inhaltes der Urkunde eintreten. Und wer die Gültigkeit ihres Siegels anzweifeln will, den bedrohen sie mit dem Kirchenbann.[459]) Fürsten und Herren tragen wie vordem die Könige Lanze und Schwert zum Zeichen, daß sie Heerführer oder Gerichtsherren sind.

Wenn Privatpersonen zunächst darauf verzichteten, ihr Bild im Siegel zeichnen zu lassen, so wird dazu namentlich die Erwägung beigetragen haben, daß es ihnen an besonderen Merkmalen für ihr Äußeres gebrach. Sie hatten aber in der voraufgehenden Periode sich auch schon der Zeichensprache bedient, sobald es darauf angekommen war, in schriftlichen Willensäußerungen und Handlungen ihre Persönlichkeit kenntlich zu machen, da sie es durch die Unterschrift nicht vermocht hatten. Daher behielten sie diese Methode bei oder wandelten sie sie nur um, zumal sie viel bequemer zu handhaben war, wo sie vermittels eines Stempels geschah und ihr überdies ein künstlerischer Anstrich gegeben werden konnte. Zur Zeichensprache griffen ferner gelegentlich die weltlichen Gemeinwesen, die Städte, die es aber gerade in ältester Zeit auch an Versuchen nicht haben fehlen lassen, im Siegelfeld die Silhouette der Stadt zu veranschaulichen. Stets will das Siegel den Inhaber verkörpern und ihm die Verantwortung auferlegen für das, was und wie es im Text der Urkunde näher bezeichnet ist. Vor allem soll das Siegel den authentischen Charakter des Schriftstückes selber bezeugen oder dessen rechtsgültige Vollziehung gewährleisten. So erhält denn das Siegel die ehrende Bezeichnung des firmissimum stabilitatis vinculum, des speculum veritatis (12. Jh.) oder es wird als testis fidelissimus aufgeführt.[460]) Und mannigfaltig sind die formelhaften Wendungen, die fast niemals fehlen, in denen im Schlußprotokoll der Urkunden betont wird, daß erst das Siegel dem Inhalt des Schriftstückes die volle Beweiskraft gebe.[461]) Daher

---

455) Redlich, Ul. 94 ff. gibt das für Monogramm und Unterschrift zwar zu, für Haus- oder Handzeichen will er jedoch dies Verfahren nicht gelten lassen; s. a. a. O. S. 110 Anm. 1.

456) s. oben S. 53, Anm. 446.

457) Die Handhabung des karolingischen Königssiegels geht um 825 vom Kanzleivorstand auf den leitenden Notar über; vgl. MIÖG. 32, 547.

458) Belege hierfür findet man in den UBB. des 12. Jhs. Vgl. auch Seyler, Gesch. 189.

459) S. die Urk. Erzb. Brunos von Köln von 1136 bei Lacomblet, NRhein. UB. 1, 324: Si quisquam huius nostri sigilli auctoritatem ausu temerario temerare presumpserit, presumptionis sue vindicta feriendum se sciat et b. Petri nostraque auctoritate sententiam dampnationis pertimescat.

460) Vgl. Bresslau, Ul. 2⁰, I, 713 und Seyler, Gesch. 189.

461) S. die UBB.

VIII. Die rechtliche Bedeutung, die Beweiskraft des Siegels. 55

ist es vollberechtigt, wenn der Züricher Kantor Konrad von Mure in einem freilich etwas naiven Vergleich den Text als die Seele, das Siegel als den Leib der Urkunde hinstellt.[462])

Die weite Verbreitung, welche die untersiegelte Urkunde im späteren MA. gefunden hat, verdankt sie mit in erster Linie dem Bedürfnis nach einem Beweismittel von größerer Dauerhaftigkeit, als es der Zeugenbeweis der älteren Zeit geliefert hatte. Das beigegebene Siegel war geeignet, auch den Schriftunkundigen wenigstens über den originalen Charakter der Urkunde aufzuklären. In dem Siegel wurde zunächst vorwiegend durch die anschauliche Wiedergabe des Amtscharakters der Person das Erkennungszeichen geschaffen, das auch für deren Handlungen über die Lebenszeit hinaus Geltung beanspruchen konnte.[463]) Deshalb sind es auch zunächst Würdenträger weltlichen und geistlichen Standes, geistliche Institute von anerkanntem Ruf, bei denen man sich die Ausfertigung von besiegelten Urkunden zu erwirken wußte. Aber von Jahrhundert zu Jahrhundert weitet sich der Kreis der Urkundenaussteller und damit zugleich der Siegelführer. In der älteren Zeit bestehen freilich noch erhebliche Unterschiede in der Bewertung der Siegel der einzelnen Kategorien von Stempelführern.[464])

Konrad von Mure erklärt an einer Stelle seiner Schrift: tota credulitas litere dependet in sigillo autentico, bene cognito et famoso.[465]) Macht er hier die Glaubwürdigkeit der Urkunde durchaus vom Siegel abhängig, so schränkt er doch dessen allgemeine Beweiskraft dadurch erheblich ein, daß er die bestimmte Qualität von ihm fordert, es müsse authentisch, wohlbekannt und einer angesehenen Person zugehörig sein. Damit wird im großen und ganzen die Anschauung des kanonischen Rechtes wiedergegeben, wie sie in der Dekretale Papst Alexanders III. formuliert ist, wobei es freilich der Züricher Stillehrer ablehnt, eine Definition des authentischen Siegels zu liefern, wie sie auch in der genannten Dekretale vermißt wird. Konrad von Mure hebt jedoch hervor, daß die Siegel der Bischöfe und derjenigen Persönlichkeiten, die ihnen im Range gleich oder höher standen, im Prozeß als authentisch gewertet würden. Die von ihm gelieferte Divisio personarum[466]) bringt ja auch Material, aus dem wir die in jener Periode geläufige Klasseneinteilung für Geistliche und Laien erkennen können. Die Glossatoren des kanonischen und Zivilrechts waren indessen damals noch nicht zu einer einheitlichen Auffassung hinsichtlich der Standesqualitäten gelangt. Es ist aber zweifellos, daß im Laufe der Jahrhunderte die Siegel aller geistlichen Korporationen und Würdenträger bis herab auf die der einfachen Pfarrer auch in der Praxis des kanonischen Rechtes die Qualität authentischer Siegel erlangt haben.

Das deutsche Recht im 13. Jh. betont mehr den Unterschied zwischen den Siegeln, welche in fremden Angelegenheiten beweiskräftig sind, und solchen, die in eigenen Geschäften Glaubwürdigkeit besitzen, den doch auch das kanonische Recht würdigte. Zu den ersteren rechnet der Schwabenspiegel, welcher den gültigen Rechtszustand am sichersten kennzeichnet, die Siegel der Päpste, Könige, Pfaffen- und Laienfürsten, sowie der Prälaten, Kapitel und Konvente. Anderer „Herren" Siegel haben nur Kraft in ihren eigenen Geschäften und denen ihrer Leute. Wenn der Verfasser des Schwabenspiegels von den Städten behauptet, daß für sie die Annahme eines gültigen Siegels von der Konzession des Stadtherrn abhängig gemacht sei, so trifft das in Wirklichkeit nur für einen Teil derselben zu. Richtig ist, daß im allgemeinen auch bei den Städtesiegeln sowohl wie bei den Gerichtssiegeln deren Glaubwürdigkeit nicht weiter reichte, als der Umkreis ihrer Geschäftstätigkeit ging. Bisweilen war auch ihre Gültigkeit durch anderweitige landesherrliche Bestimmungen eingeschränkt.

Sind uns bis zur zweiten Hälfte des 12. Jhs. besiegelte Urkunden, die einen Rechtsvorgang betreffen, der den Aussteller nicht direkt angeht, wohl ausschließlich von solchen Stempelführern erhalten, deren Siegeln dem Schwabenspiegel zufolge auch in fremden Angelegenheiten volle Rechtskraft zukam und die sie auch, wie zahlreiche Belege dartun, für diese Zwecke hergaben, so wächst seit dieser Zeit die Masse der authentischen Siegel unaufhörlich. Und die Wertunterschiede für die Beweiskraft der Siegel differenzieren sich mehr und mehr. Die Anforderungen, welche im Einzelfalle an das Siegel gestellt wurden, wuchsen wohl auch mit der Wichtigkeit des Inhalts und dem Grade der Entfernung des Ausstellungs- und Verwendungsortes der Urkunde.[467])

Die Sitte, Urkunden durch die Siegel angesehener Persönlichkeiten beglaubigen zu lassen, fand im 13. Jh. die weiteste Verbreitung. Hierfür waren die Siegel der Bischöfe, der Vorsteher kirchlicher Institute und weltlicher Fürsten besonders begehrt; die der Grafen und Herren standen im

---

462) QE. 9, 474. u. MIÖG. 30, 87.
463) Vgl. hierzu G. v. Buchwald, Bischofs- und Fürstenurkunden 458.
464) S. E. Meyer, Deutsche und Französ. Verf.-Gesch. 2, 133 ff.   465) QE. 9, 459.
466) Ebenda 447 ff.
467) Vgl. hierzu NRhein. Ann. 46, 83 Nr. 10 und die von Bresslau, UL. 2⁰, I, 721, Anm. diesem Beispiel gegebene Auslegung.

Am 11. Oktober 1295 quittiert der Florentiner Kaufmann Lapus Bonrecato dem Herzog Johann von Lothringen und Brabant über 6000 Pfund, die ihm in London gezahlt sind. Die Quittung war in des Empfängers Namen ausgestellt und von ihm durchaus besiegelt. Dazu bemerkt er:
In omnis rei testimonium presentibus litteris sigillum meum apposui. Et quia illud plerisque est incognitum, sigilla magistri Giffredi de Vezano domini pape in Anglia clerici, domini Johannis Bretum militis custodis civitatis Londinensis et Taldi Jamani mercatoris Florentinensis ad instanciam meam presentibus apponi procuravi. Cartulaire de Brabant B. fol. 107ᵛ im StA. in Brüssel. Hierin haben wir eine treffende Erläuterung zu dem „sigillum bene cognitum et famosum" des Konrad von Mure.

Werte nach. Die Länge der Zeit, in der Siegel im Gebrauch gewesen waren, fiel bei unpersönlichen Siegeln, z. B. denen geistlicher Korporationen, für deren Wertschätzung ebenfalls ins Gewicht.[468]

Die mit der Mitte des 13. Jhs. einsetzende lebhafte Entwickelung der allgemeinen Landesverfassungs- und Gerichtszustände brachte auch für das Urkunden- und Siegelwesen bedeutsame Veränderungen hervor.[469] Verschiedene Seiten der geschäftlichen Tätigkeit wurden der persönlichen Anteilnahme der Kaiser, Kirchenfürsten und Territorialherren mehr und mehr entrückt und an Organisationen verwiesen, denen von nun ab die Ausstellung bestimmter Arten von rechtsgültig besiegelten Urkunden zufiel. Jetzt lieferten die zahlreichen Gerichtsstellen, das Reichshofgericht, die bischöflichen Offizialatskurien, die landesherrlichen Gerichte bis herab zu den ländlichen Schöffen- und Freigerichten oder was sie sonst für örtliche Bezeichnungen führen mochten, die zum Teil zu großer Selbständigkeit emporgewachsenen städtischen Gerichte in ihrer mannigfachen Gliederung, endlich Behörden und genossenschaftlichen Verbände verschiedenster Art einen gewaltigen Vorrat von Urkunden, welche entweder mit dem unpersönlichen Siegel des Gerichts, Amtes usw. oder den Siegeln des Richters und je nach lokalem Brauch mit denen von zwei und mehr Dingleuten (Schöffen) versehen alle Anfechtungen, die gegen ihre Glaubwürdigkeit erhoben wurden, zu bestehen imstande waren.[470]

Die Beifügung eines zweiten oder mehrerer Siegel an eine Urkunde zu dem des Ausstellers oder Hauptsieglers erklärt sich in dem Falle sehr einfach, wenn deren Inhaber in irgendeiner Form an der durch das Schriftstück beglaubigten Handlung interessiert waren. Im Text wurde gelegentlich sehr bestimmt ausgesprochen, wie weit das Interesse reichte und insbesondere, wie weit der oder die Mitsiegler auf die einzelnen Satzungen der Urkunde verpflichtet wurden. Danebenher geht die Mitbesiegelung, welche eine Erhöhung der Beglaubigung bewirken sollte.[471] Gleichwie man einige Zeit hindurch nicht nur auf das persönliche Ansehen der einzelnen Zeugen Gewicht legte, sondern auch deren Zahl in Anschlag brachte, so suchte man bei bedeutungsvolleren Urkunden im 13. Jh. auch gern mehrere Mitsiegler heranzuziehen. Dabei kommt es namentlich in dessen erster Hälfte vor, daß die Mitsiegler gar nicht im Text aufgeführt sind, wie uns ja auch in älterer Zeit Fälle begegnen, in welchen die Ankündigung der Siegel überhaupt unterblieben ist.[472]

Das hat indessen deren Beweiskraft nicht beeinträchtigt. Denn stets erscheint das an einer Urkunde befestigte Siegel als Symbol und Beweismittel dafür, daß durch sie ein verbindliches Rechtsgeschäft zustande gekommen und daß darüber die entsprechende Erklärung an zuständiger Stelle gegeben und zugleich zu ewigem Gedächtnis schriftlich festgelegt ist.[473] Deshalb ist auch der Beweiswert der besiegelten Urkunde ein so hoher und steht über dem des Zeugenbeweises.[474] Ihre Gültigkeit durfte nur in Zweifel gezogen werden, wenn Schrift oder Siegel zu formellen Bedenken Anlaß gaben.[475] Gelegentlich wird durch einen Transfixbrief lediglich die Echtheit eines älteren Siegels ausdrücklich bescheinigt.[476]

---

468) Im Jahre 1310 wurde das Unionssiegel abgeschafft, dessen sich die zu einer „Unio caritativa" zusammengeschlossenen geistlichen Korporationen der Stadt und Diözese Köln bisher bedient hatten und an seine Stelle das Siegel des Domkapitels Köln ad causas gesetzt. Bei dieser Gelegenheit spricht das Domkapitel von dem: sigillo capituli nostri ad causas, quod est antiquum, approbatum et auctenticum. StA. Düsseldorf, Köln-Domstift.

469) Hierfür stehen uns eingehendere Spezialuntersuchungen noch nicht zu Gebote. Für die Stadt Straßburg hat AL. SCHULTE im III. Bd. d. UB. der Stadt Straßburg Einl. S. 13 ff. auf diese Entwickelung hingewiesen.

470) Die Gültigkeit erfährt freilich durch landesherrliche Verordnung nicht selten eine Einschränkung. Am 8. Juli verleiht Graf Adolf von Kleve dem Gericht zu Ginderich bei Xanten: een segel, dairmede dat sie (die Schöffen des Gerichts) segelen soilen van allen erven ende anderen saeken, die dair in dem gerichte toe Gynderic vallen. Der landesherrliche Richter muß jedoch ebenfalls sein Siegel an die betreffende Urkunde hängen, sonst soll sie „nyt stede wesen in den rechten"; StA. Düsseldorf, Registrum Clivense G. fol. 91 v.

471) So erklären die Mitbesiegler in einer Urkunde von 1308 (StA. Düsseldorf, Köln-Aposteln 121) ausdrücklich . . protestamur, ad preces partium exhinc et exinde sigilla nostra presentibus appendisse *non obligationis titulo pro nobis, sed in testimonium omnium premissorum*.

472) S. oben S. 9 und BRESSLAU, Ul. 2⁰, I, 694. Eine Gerresheimer Urk. im StA. Düsseldorf, die in die 70er oder 80er Jahre des 12. Jhs. gehört, ist mit dem Konventssiegel des Stifts versehen; im Text findet sich nur die Wendung: testis est conventus de Geresheim; oben S. 15, Anm. 108.

473) A. S. SCHULTZE, Zur Lehre vom Urkundenbeweise in GRÜNHUTS Ztschr. f. das priv. und öffentl. Recht, Bd. 22, 104 ff.; vgl. dazu REDLICH, Ul. 121 u. BRESSLAU, Ul. 2⁰, I, 693, Anm. 2.

474) Vgl. hierzu BRESSLAU, Ul. 2⁰, I, 726, der in den voraufgehenden Ausführungen das allmähliche Anwachsen des Urkundenbeweises in den verschiedenen deutschen Territorien schildert.

475) Über das Verfahren bei Anfechtung besiegelter Urkunden s. BRESSLAU, Ul. 2⁰, I, 727 ff. Eine Kommission, welche im Jahre 1290 eine Urk. des Kl. Rumbeck von 1196 auf ihre Echtheit begutachtete, erklärte ausdrücklich: „examinavimus tam in litteris quam in sigillo"; Westf. UB. 7, 2164.

476) In einem Transfixbrief von 1345, der durch die Siegelfäden mit einer Urk. von 1281 (gedr. LACOMBLET, NRhein. UB. 2, 748) verbunden ist, erklärt Graf Adolf VI. von Berg lediglich.

Unter diesen Umständen legt man auf die gute Erhaltung der Siegel großes Gewicht. In den Transsumpten der Urkunden kehren stetig die Formeln wieder, welche bekunden, daß die diesen anhängenden Siegel nicht verletzt seien. Vor der Wiedergabe des Textes wird eine genaue Beschreibung der Siegel eingeschaltet, welche sich auf das Siegelbild und die Umschrift erstreckt. Urkunden mit beschädigten Siegeln oder solche, deren Siegel in Verlust geraten waren, mußten in ihrer Beweiskraft rehabilitiert werden, wenn sie ferner als Beweismittel dienen sollten.[477] Anderseits wurde bei der feierlichen Entwertung von Urkunden das Abschneiden der Siegel neben dem Durchlochen des Pergaments ausdrücklich hervorgehoben.[478]

Um die allgemeine Schätzung, welche dem Siegel noch in der Praxis des 15. Jhs. beigelegt wurde, an einem Beispiel zu beleuchten, sei hier auf das Resultat einer Beschwerde aufmerksam gemacht, welche Erzbischof Dietrich von Köln an den Papst Pius II. gerichtet hatte, weil die Verwahrer des domkapitularischen Siegelstempels — vier Kanoniker des Kapitels — Verpfändungen von Besitzungen des Erzstifts ohne Befragung des Kapitels und ohne seine, des Erzbischofs, Zustimmung vorgenommen hatten. Durch Dekret vom 15. März 1458 verfügte Papst Pius II., daß in Zukunft eine verschärfte Kontrolle über die Verwendung des Siegelstempels eintreten sollte, mit der Motivierung, *quod ex administratione sigilli hujusmodi totus fere status ecclesie Coloniensis dependet.*[479]

IX. Siegelfälschungen und Siegelmißbrauch.

Siegelfälschungen wurden angefertigt durch neugeschnittene Typare, für welche echte Siegel als Vorlagen gedient hatten, durch neue, freierfundene Stempel und endlich durch Abformen von Originalsiegeln vermittels einer durch mechanischen Abdruck hergestellten Matrize. Mißbräuchliche Verwendung von Originalsiegeln hat vielfach stattgefunden durch Erschleichung von Abdrücken echter Stempel und durch das Anbringen echter Siegel, welche von echten Urkunden abgenommen waren, an gefälschten Dokumenten.[480]

Die für das MA. in großer Zahl nachgewiesenen Urkundenfälschungen haben in der Regel auch die Fälschung von Siegeln oder den Mißbrauch echter Siegel zur Voraussetzung. Wenn Papst Innozenz III. schon ein vollkommenes System von Bullenfälschungen aufstellen konnte, das er sichtlich aus vorhandenen Belegen geschöpft hatte[481], so beweist das zur Genüge, zu welcher Ausdehnung dieses Verfahren bereits in der ersten Häfte des 13. Jhs. gediehen war. Und es unterliegt keinem Zweifel, daß in der Wiegenzeit der Privaturkunde, im 11. und 12. Jh., gerade die Geistlichkeit, insbesondere Klosterangehörige, die Unkenntnis der Laienkreise mit den Formeln und sonstigen Eigentümlichkeiten des Urkunden- und Siegelwesens benutzt haben, um sich mit Hilfe gefälschter Urkunden und Siegel Besitz und Vermögensrechte dauernd zu erwerben.

Die Fälle von Siegelfälschungen, welche mit Stempeln zuwege gebracht waren, die man eigens zu diesem Zweck auf Grund von zur Verfügung stehenden echten Siegeln neuangefertigt oder in Anlehnung an gleichzeitige Produkte neugeschaffen hatte, dürften zu den ältesten Beispielen zählen.[482] Die Wahl unzeitgemäßer Siegelformen und die nicht der betreffenden Periode angepaßte Behandlung der Siegelfigur in Körperform und Tracht bei derartigen Siegelfälschungen bilden für uns heutzutage willkommene Handhaben zur Bestimmung der Zeit derselben. Dagegen fehlt uns zur Aufdeckung von Fälschungen von Siegeln durch Matrizen, welche über Original-

---

quod nos viso sigillo presentitus litteris (Urk. von 1281), quibus hec nostra presens cedula est transfixa, appenso dicimus, quod fuit et est verum sigillum seu impressio veri sigilli bone memorie quondam Adolphi (V) comitis de Monte avunculi nostri; StA. Düsseldorf, Kl. Altenberg. Das Siegel Graf Adolfs V. ist zum Teil ebenfalls noch erhalten.

477) Bresslau, Ul. 2⁰, I, 725. S. besonders die vom 14. Jh. ab in großer Zahl auftretenden Transsumpte. 478) Bresslau, Ul. 2⁰, I, 691 und Seyler, Abriß 36.
479) StA. Düsseldorf, Köln-Domkapitel Nr. 910. Vgl. auch Erben, Ul. 1, 271.
480) Vgl. hierzu Grotefend 32 ff., besonders 35 f., Seyler, Abriß 44 ff., Posse, Ul. 143 ff. Bresslau, Ul. 972 ff. und Ewald, Siegelmißbrauch. Es muß davon abgesehen werden, die verschiedensten Arten der Fälschung und des Mißbrauchs von Siegeln durch Beispiele zu erläutern; von den genannten Forschern ist hierfür schon ein reiches Material zusammengetragen, das sich freilich aus den Archiven beträchtlich vermehren läßt. Die gefälschten Kaiser- und Königssiegel des MA. hat jetzt Posse, Kaisersiegel II Taf. 29—52 abgebildet. Auf Taf. 53—57 bringt er die echten Siegel, die an gefälschte Diplome gehängt sind.
481) Posse, Ul. 143, Anm. 4. Das System des Papstes ist aufgenommen und für deutsche Verhältnisse etwas weitergebildet in einem Zusatz zum Landrecht des Schwabenspiegels, den E. Steingel, Eine deutsche Ul. des 13. Jhs. im NA. 30, 647 ff. veröffentlicht und kommentiert hat.
482) Das angebliche Original der Urkunde Karls des Großen vom 26. April 802 für das Stift Werden rührt von einer Schreiberhand aus dem Anfang des 11. Jhs. her. Mühlbacher, Reg. imp. 380. Über das den Typus der Ottonensiegel wiedergebende Siegel vgl. Sickel, Ul. 390.

siegeln geformt waren, vielfach jedes äußere Kriterium.⁴⁸³) Wenngleich unsere Vorfahren im MA. die Gipsform noch nicht kannten, so war ihnen doch wohl die Benutzung von Lehm oder Ton zu derartigen Zwecken bereits erschlossen. Überdies verwendete man Schwefel, durch den sich sehr scharfe negative Abdrücke von Siegeln gewinnen ließen, um aus ihnen neue Wachssiegel zu gießen.⁴⁸⁴)

Urkundenfälschungen, die mit den Abdrücken von Originaltypen versehen sind, konnten nur von solchen Persönlichkeiten ausgeführt werden, die in der Lage waren, diese zeitweise widerrechtlich zur Verfügung zu haben. Es handelt sich daher in einem solchen Fall regelmäßig um einen Vertrauensbruch schwerwiegender Art, dessen sich aber nicht gerade selten die Günstlinge an Kaiser- und Fürstenhöfen und Beamte in verantwortlicher Stellung schuldig gemacht haben.⁴⁸⁵)

Die mißbräuchliche Verwendung echter Siegel wurde durch die oben geschilderte Herstellungsart der Siegel begünstigt. Wir haben ja gesehen, wie heutzutage nicht selten die bestempelte Seite des Siegels von selbst aus ihrer Umhüllung, dem Siegelkörper, losgelöst erscheint.⁴⁸⁶) Daß sich das bei weniger sorgfältig gearbeiteten Siegeln gelegentlich bald nach der Herstellung ereignet hat, ist doch sehr wahrscheinlich. Damit waren den Fälschern die Wege gewiesen. Die Trennung von Vorder- und Rückseite ließ sich bei der Dicke der Siegel ausführen, ohne daß die Stempelseite beschädigt wurde.⁴⁸⁷) Zugleich ward es möglich, auf diese Weise die Spuren der früheren Befestigungsart äußerlich vollständig zu beseitigen. Beide Teile wurden zum Anheften an einer anderen Urkunde frei. Gelegentlich hat man auch nur auf der Rückseite des Siegels den Steg, in dessen Richtung die Siegelschnüre lagen, ausgeschnitten, diese selbst entfernt und dann, nachdem die Befestigung der neuen, gefälschten Urkunde eingelegt war, das Loch wiederum geschlossen.⁴⁸⁸) Bei mit Pergamentstreifen angehängten Siegeln beschränkte sich die Fälschermanipulation bisweilen auch darauf, nur ein Stückchen der alten Befestigung am Kopf des Siegels zu beseitigen, hier den neuen Streifen einzuschieben und ihn mit neuangelegtem Wachs zu befestigen.

Am bequemsten machten es sich die Fälscher, wenn sie auch die alten Befestigungen der Siegel zum Anheften derselben an die gefälschten Urkunden gebrauchten. Einigermaßen unauffällig konnte dies Verfahren jedoch nur bei Schnüren zur Anwendung gelangen, bei denen wie beim Garn eine enge Verschlingung der durchschnittenen oder der alten und neuen Einzelfäden möglich war. Man richtete es gewöhnlich ein, daß die Flickstelle bei den Fäden unter dem Umbug des Pergaments zu liegen kam. Das einfache Anknoten der Siegel oder gar das Zusammennähen der Pergamentstreifen des abgeschnittenen Siegels mit denen der neuangefertigten Urkunde wird man ganz gewiß nicht zu den geschickten Fälscherversuchen zählen können.⁴⁸⁹) Derartige Fälle bedürfen einer eingehenden Prüfung, ob sie überhaupt der Absicht bewußter Fälschung ihren Ursprung verdanken. Das gleiche gilt von Urkunden, die, nach Schrift und Inhalt unverdächtig, heutzutage Siegel aufweisen, welche erst in späteren Jahrhunderten angehängt sein können, und bei denen sich irgendein Zusammenhang mit dem Urkundenaussteller oder anderen im Text genannten Persönlichkeiten überhaupt nicht ermitteln läßt.⁴⁹⁰) Und man wird wohl überhaupt auch damit rechnen müssen, daß das Aufkommen der besiegelten Privaturkunde und deren hohe Einschätzung hinsichtlich der Rechtsgültigkeit wenigstens um die Wende des 11. und 12. Jhs. bisweilen dazu geführt hat, von älteren unbesiegelten Stücken Neuausfertigungen oder etwas veränderte Repliken herzustellen und mit zur Zeit der neuen Niederschrift im Gebrauch befindlichen Siegeln zu versehen, ohne daß eine Fälscherabsicht dabei im Spiele gewesen wäre.

Erwähnt sei zum Schluß noch kurz der Siegelmißbrauch, der eintrat, wenn eine Originalurkunde durch teilweises oder vollständiges Beseitigen der ursprünglichen Schrift zu einem Dokument mit neuem Inhalt umgearbeitet wurde, für das das echte Siegel widerrechtlich als Bekräftigung dienen sollte.

---

483) Diese Umstände wissen sich auch die modernen Fälscher älterer Siegelstempel zunutze zu machen; vielfach begehen sie noch die Unvorsichtigkeit, die Fälschung durch den Guß herzustellen, ohne jedoch auch den Stempel zu überarbeiten. Vgl. hierzu oben S. 19. Anders urteilt Ewald, Siegelmißbrauch S. 15.

484) Grotefend 40 f. sieht in dem Schwefel den einzigen Stoff, den man im MA. zum Abformen von Siegeln benutzt habe. Vgl. demgegenüber G. v. Buchwald, Bischofs- und Fürstenurkunden 16 und Ewald a. a. O. S. 11 ff.

485) Vgl. Grotefend 36, Posse, Ul. 1 f. Auch Wibald von Stablo ist von dem Verdachte nicht frei, seine Vertrauensstellung bei Friedrich I. gelegentlich in diesem Sinne ausgenutzt zu haben. S. MIÖG. 12, 613. Über die Fälschungen des Reichskanzlers Kaspar Schlick vgl. MIÖG 22, 51 ff. Stadtschreiber waren ähnlichen Versuchungen ausgesetzt. Vgl. Seyler, Abriß 44.

486) S. oben S. 21 f und Ewald, Siegelmißbrauch Taf. 1.

487) Das geschah mit einem heißen Messer oder mit Pferdehaaren, welche mit Terpentinöl angefeuchtet wurden. Grotefend 47 f. und Ewald a. a. O. 21 ff.

488) Grotefend 49 ff.   489) Grotefend 53.

490) Vgl. Bresslau, Ul. 973. Analoga zu der hier erwähnten Urkunde Heinrichs IV. von 1065, an der jetzt ein Privatsiegel aus späterer Zeit hängt, finden sich wohl in allen größeren Archiven; vgl. z. B. Weech, Cod. Salem. I, 210.

HERALDIK.

Von Erich Gritzner.

I. Einführung.

Vorwort.

Heraldik ist die Lehre von den Wappen. Sie zerfällt in zwei Teile: 1. die Wappenkunde und 2. die Wappenkunst.

Die Wappenkunde beschäftigt sich mit der Entstehung, der Blüte und dem Niedergang des praktisch geübten Wappenwesens, die Wappenkunst dagegen mit den aus jenem hergeleiteten heraldischen Regeln und mit deren bildnerischer Anwendung.

Wenn im folgenden diese beiden Seiten der Heraldik in gedrängter Kürze auf Grund der neuesten einschlägigen Literatur behandelt werden sollen, so ist dabei vorauszuschicken, daß hierbei nur die deutsche Heraldik wesentlich in Frage kam. Denn sie erweist sich von vornherein als selbständige und abgeschlossene, eigenartige Erscheinung des deutschen Kulturlebens und weicht in wesentlichen Punkten von dem früher oder gleichzeitig hervortretenden Wappenwesen der angrenzenden Länder ab. Doch ist, besonders im Anhang, Abschnitt II, auch auf die moderne außerdeutsche Staatsheraldik Bedacht genommen.

1. Literatur im allgemeinen.[1]

G. A. Seyler, Geschichte der Heraldik. Nürnberg 1885—1889 (als Band I Abt. 1 des Siebmacherschen Großen und Allgemeinen Wappenbuchs). — F. Hauptmann, Das Wappenrecht. Historische und dogmatische Darstellung der im Wappenwesen geltenden Rechtssätze. Ein Beitrag zum deutschen Privatrecht. Bonn 1896. — P. Ganz, Geschichte der heraldischen Kunst in der Schweiz im 12. und 13. Jh. Frauenfeld 1899. — K. Mayer v. Mayerfels, Heraldisches Abc-Buch. München 1857. — F. Warnecke, Heraldisches Handbuch. Görlitz 1880. VIII. Aufl. Frankfurt a. M. 1893. — H. G. Ströhl, Heraldischer Atlas. Stuttgart 1899. — Ed. Frhr. v. Sacken, Katechismus der Heraldik. Leipzig 1862. VII. Aufl. Leipzig 1905. — Ad. M. Hildebrandt, Wappenfibel. Frankfurt a. M. VIII. Aufl. 1909. — A. v. Keller, Leitfaden der Heraldik. Berlin 1892. II. Aufl. 1908. — Von älteren Werken sind noch aufzuführen: Chr. S. Th. Bernd, Hauptstücke der Wappenwissenschaft. Bonn 1849 — und als Übersicht über die ältere Literatur, auch über alle mit Heraldik verwandten Gebiete: Chr. S. Th. Bernd, Allgemeine Schriftkunde der gesamten Wappenwissenschaft. 4 Teile. Bonn 1830—1841.

2. Quellen.

Die Quellen der Heraldik sind schriftliche und bildnerische Denkmäler. Die schriftlichen entsprechen denen für die allgemeine, politische Geschichte und Kulturgeschichte: nämlich die Annalen, Chroniken, Urkunden u. dgl., vor allem aber die mittelalterlichen Dichtungen, die uns den besten Aufschluß über die erste Zeit des blühenden Wappenwesens geben.

Als bildnerische Quellen der Heraldik sind zu nennen:
1. Siegel und Münzen (s. die vorstehende Abt. Sphragistik von Th. Ilgen u. die folgende Abt. Numismatik von Friedensburg).
2. etwa erhaltene mittelalterliche Waffen mit heraldischem Schmuck. Über die ältesterhaltenen heraldischen Waffen belehren: Fr. Warnecke, Die mittelalterlichen heraldischen Kampfschilde in der St. Elisabethkirche zu Marburg. Berlin 1884; Anzeiger f. Schweizer Altertumskunde 1883: Der Schild von Seedorf (Kanton Uri).

---

[1] Die spezielle ist den einzelnen Abschnitten angefügt.

3. Malereien:
   a) Miniaturmalereien, vor allem die Wappenrollen und -bücher, und die Adels- und Wappendiplome (s. unten),
   b) Glasmalereien,
   c) Wand- und Tafelgemälde } mit heraldischem Schmuck;
4. Gewirkte Stoffe und Teppiche.
5. Grabsteine und heraldisch verzierte Baudenkmäler.

Die bedeutendste Ausbeute an Wappendarstellungen liefern neben den Skulpturen (Grabsteinen) die Malereien des MA. Abgesehen von den Glas-, Wand- und Tafelgemälden, die, in Kirchen und Museen verstreut, prächtige Darstellungen von mittelalterlicher Bewaffnung und Wappen bieten und zum Teil nur durch die darauf angebrachten Wappen erst nach Herstellungszeit und ihrer Herkunft (Stifterwappen) bestimmt werden können, sind es die zahlreichen Miniaturen des Abendlandes, welche die Anwendung und Mannigfaltigkeit der Wappen dartun.

Von besonderem Werte für die spätere Zeit der Heraldik sind die nur für Wappendarstellungen bestimmten Rollen und Bücher, die von den Herolden (s. unten) für die Turniere angelegt wurden, um daran die Richtigkeit der dabei präsentierten Wappen zu prüfen. Der chronologischen Folge nach sind hauptsächlich folgende Wappenrollen und -bücher bis zum Beginn des 16. Jhs. zu nennen[2]):

1. **Weingartner Liederhandschrift**, eine in den ersten Jahren des 14. Jhs. zusammengestellte Liedersammlung mit den Bildern und Wappen der Dichter (im Besitz des Königs von Württemberg). Herausgegeben von Fr. Pfeiffer und F. Fellner. Stuttgart 1843.
2. **Große Heidelberger Liederhandschrift** (Manesse), entstanden um 1330—1340, im Besitz der Universitätsbibliothek zu Heidelberg. Herausgegeben von K. Zangemeister: „Die Schilde, Helmzierden und Standarten der großen Heidelberger Liederhandschrift". Heidelberg 1892.
3. **Balduineum**, eine auf Anregung des Kurfürsten Balduin von Trier ca. 1340—1350 entstandene Bilderhandschrift zur Verherrlichung der Taten Kaiser Heinrichs VII. Historische Bilder mit zahlreichen Wappen und Fahnen. Herausgegeben von der Direktion der Kgl. Preuß. Staatsarchive. Erläuternder Text, unter Benutzung des liter. Nachlasses von L. v. Eltester, von G. Irmer. Berlin 1881.

Die älteste planmäßige Wappensammlung ist:

4. **Die Züricher Wappenrolle**, entstanden ca. 1335—1345, im Besitz der Stadtbibliothek in Zürich. Herausgegeben im Auftrage der antiquarischen Gesellschaft in Zürich von H. Runge. Zürich 1860.
5. **Codex Gelre** oder „Wapenboek" des Herolds Heynen genannt Gelre (Amtsname = Geldern), entstanden ca. 1340—1370 (im Besitz der Kgl. Bibliothek in Brüssel). Herausgegeben von Vict. Bouton. 4 Bände. Paris 1881 ff.
6. **Codex Seffken** oder richtiger das Wappenbuch „von den Ersten", entstanden um 1380, im Besitz des herald. Vereins „Herold" in Berlin. Herausgegeben von G. A. Seyler und Ad. M. Hildebrandt. Berlin 1893.
7. **Ulrich Richenthals Chronik des allgemeinen Konzils zu Konstanz**, entstanden um 1420, mit den Wappen aller Teilnehmer, in zwei Handschriften überliefert, deren eine im Archiv des Grafen v. Königsegg zu Aulendorf, die andere im Besitz der Stadt Konstanz ist. Herausgegeben bereits im 15. u. 16. Jh. im Verlag von Anton Sorg in Augsburg 1483 und 1536, dann von Feyerabend in Frankfurt 1575, neuerdings die Aulendorfer in kleiner Auflage von H. Sevin. 1880.

Sie enthält als erste Wappenhandschrift die Quaternioneneinteilung[3]) der Wappen, eine jeder historisch-rechtlichen Grundlage entbehrende Spielerei des ausgehenden Mittelalters, die seitdem in Wappenbüchern sehr beliebt war und weiter ausgebildet wurde.

---

[2]) Nur die deutschen sind hier angeführt; vgl. im übrigen Seyler, Gesch. d. Heraldik, S. 539 ff. — In England sind Wappenrollen oder Chroniken mit (teilweise auch deutschen) Wappen schon im 13. Jh. vorhanden, vor allem kommen die Werke des Matthaeus Parisiensis in Betracht, die in MG. SS. XVIII mit unzureichenden Wappenbeschreibungen veröffentlicht sind. Eine englische Ausgabe stammt von Madden. Abbildungen bietet Pusikan in: Vierteljahrschr. f. Heraldik usw. IX (1881), S. 107 ff. Derselbe auch über spätere englische Wappenrollen, ebenda V, S. 167. Vgl. auch F. Hauptmann, Die Wappen aus der historia minor des Matthaeus Parisiensis, im Jahrb. d. herald. Gesellschaft „Adler" N. F. XIX (Wien 1909), S. 25 ff.

[3]) Vgl. K. P. Lepsius, Die Quaternionen der deutschen Reichsverfassung (Kleine Schriften III. Magdeburg 1855. S. 197 ff.), ferner Th. Wilckens, Mitteilungen über den Stand der Literatur bezüglich des Quaternionensystems oder der Stände des heiligen Römischen Reichs, in: Vjschr. f. Wappen- usw. -Kunde XXVIII (1900) S. 207 ff., und A. Werminghoff, Die Quaternionen der dtschen. Reichsverfassung, in: Arch. f. Kulturgesch. III (1905) S. 288 ff.

I. Einführung.

8. **Redinghovensches niederrheinisches Wappenbuch**, entstanden um 1440, im Besitz der Kgl. Hof- u. Staatsbibliothek in München. Vgl. „Der Deutsche Herold", 1887, S. 41.
9. **Donaueschinger Wappenbuch**, entstanden 1448—1470. BARACK, Die Handschriften der Fürstlich Fürstenbergischen Hofbibliothek zu Donaueschingen, Nr. 496.
10. **Stuttgarter Wappenbuch des Herolds** HANS INGERAM, verfertigt 1459, im Besitz des Freiherrn v. Cotta in Stuttgart. Korrespondenzblatt des Gesamtvereins der deutschen Altertums- usw. -Vereine 1861, S. 45, und „Der Deutsche Herold", Berlin 1891, Nr. 4, (mit Abbildungsproben).

Die umfangreichste und künstlerisch bedeutendste Wappenrolle ist

11. **Des Ritters Conrad Grünenberg Wappenbuch**, beendet im Jahre 1483, im Besitz des Kgl. Heroldsamts in Berlin (auf Papier), in einer gleichzeitigen Kopie auf Pergament in der Hof- und Staatsbibliothek in München. Herausgegeben von Graf STILLFRIED-ALCANTARA und AD. M. HILDEBRANDT. Görlitz 1875—1883. 4 Bände Fol.; ausführlich auch beschrieben von G. A. SEYLER, Gesch. d. Heraldik a. a. O. S. 540—542.
12. **Ansbacher Wappenbuch**, um 1490. „Der Deutsche Herold", 1878, S. 52 ff. und 1898, Nr. 1 und 12.
13. **Wappenbuch der Chronik des Gallus Öhem**, um 1500. Veröffentlicht von K. BRANDI, in: Quellen und Forschungen z. Gesch. d. Abtei Reichenau. Herausgegeben von d. Bad. Hist. Kommission. Heidelberg 1893.

Die Zahl der Wappenbücher in späteren Jahrhunderten ist Legion.
Im ausgehenden MA. und Beginn der Neuzeit haben dann u. a. folgende Meister mustergültige Wappendarstellungen in hoher Vollendung gefertigt: Martin Schongauer, Israel van Mecken, Albrecht Dürer, Peter Vischer auf Bronzeepitaphien, Hans Holbein d. J., Burgkmair, L. Cranach d. Ä. und d. J., H. S. Beham, Virgil Solis (mit einem gedruckten „Wappenbüchlein". Nürnberg 1555), Jost Amman von Zürich. Letzterer gab u. a. ein „Stamm- und Wappenbuch", gedruckt zu Frankfurt a. M. 1589, heraus.
Vgl. „Heraldische Kunstblätter nach im Kunstdruck usw. ausgeführten Entwürfen SCHONGAUERS usw.", herausgegeben von FRIEDR. WARNECKE. Görlitz 1876—1878. 2. Aufl. 1891.
Als gedruckte Wappensammlung ist vor allem namhaft zu machen Siebmachers Wappenbuch.
Es erschien zuerst 1596 unter dem Titel: „Wappenbüchlein — JOHANN SIBMACHER fecit, FRIEDRICH DÜRER excudit.", Nürnberg, mit 18 Blättern. 1605 kam eine 2. Auflage mit 3320 Wappenzeichnungen, 1609 davon ein 2. Teil mit 2400 Wappen heraus, beide noch von JOHANN SIBMACHER († 1611) veröffentlicht. Neuaufgelegte und jedesmal vermehrte Ausgaben des „SIBMACHER" erschienen alle in Nürnberg der Reihe nach durch FÜRST (1755—1667), FÜRSTS Erben (1696), HELMERS (1700), WEIGEL (1734), RASPE (1772), neuerdings BAUER und RASPE (EMIL KÜSTER).
Diese letzte Ausgabe, begonnen von O. T. v. HEFNER 1854, ist nach systematischen Gesichtspunkten geordnet und zerfällt in 7 Abteilungen nebst zahlreichen Unterabteilungen. Es ist die bedeutendste Wappensammlung, die nahezu ihren Abschluß fürs erste erreicht hat und die Grundlage für die moderne Wappenwissenschaft bildet, wenn sie auch nicht immer ganz kritisch ist und besonders in den ersten Bänden nicht gerade einwandfreie Wappenzeichnungen bietet.
Daneben kommen noch folgende Werke zur Bestimmung von deutschen und ausländischen Adels- und Bürgerwappen in Betracht: J. B. RIETSTAP, Armorial général. 2. Aufl. Gouda 1884 u. 1887, 2 Bände. (Alphabetische Aufzählung von wappenführenden Familien nebst Beschreibung der Wappen in französischer Sprache) und als Ergänzung dazu: THEOD. Comte DE RENESSE, dictionnaire des figures héraldiques, 7 Bände, Bruxelles 1894—1903 (die heraldischen Bilder und die sie führenden Geschlechter behandelnd, ebenfalls in französischer Sprache).
Ebenso wichtig wie die Miniaturmalereien sind für den zeitlichen Gebrauch des der allgemeinen Mode stets angepaßten heraldischen Schmuckes, besonders auf Schild und Helm (s. unten), die Grabsteine der Fürsten und des Adels (einschließlich der Patrizier der Städte). Auch hier wie bei Baudenkmälern mit angebrachtem heraldischen Schmuck ist oft das Wappen das einzige Mittel, um bei Mangel einer Inschrift oder sonstiger Anhaltspunkte die Zeit und Herkunft festzustellen.
Der heraldische Verein „Herold" in Berlin bereitet ein umfassendes Wappenbilderlexikon vor, um über unbekannte Wappen auf Anfragen sofort Aufschluß geben zu können. Es ist deshalb die Aufzeichnung und Beschreibung entlegener und unbekannterer Wappendarstellungen mit Angabe des Fundortes von diesem Zwecke von großem Wert. — Gerade die Historiker und Kunsthistoriker, die bei ihren Arbeiten öfters auf Wappenfragen stoßen, sollten sich hier erfolgreich betätigen, vorher aber sich eine größere Kenntnis der heraldischen Wissenschaft und Kunst aneignen; es würde dadurch mancher Gewinn für sie selbst herausspringen, mancher Schnitzer vermieden werden.

3. Einiges über die heraldische Wissenschaft.

Im folgenden seien nur kurz einige einleitende Bemerkungen vorausgeschickt über den Ursprung der heraldischen Wissenschaft und die Namen ihrer Hauptvertreter, deren letzte in der nächsten Kapiteleinleitung gebührende Beachtung finden werden. Vgl. im übrigen SEYLER a. a. O., S. 730 ff.

Das Wort „Heraldik" ist abgeleitet von „Herold", d. i. Bote. Dieses wieder führt sich auf „hariowîsius", „hariowaldus" zurück, welches denjenigen bezeichnet, der die Symbole aller Stammesgötter und die Geschlechter kennt, denen sie zukommen.

Vor diesen so benannten Personen übten um die Wende des 12./13. Jhs. gewisse Leute z. T. bereits die späteren Heroldsfunktionen aus. Bei den in Aufnahme kommenden ritterlichen Festen und Kampfspielen überbrachten sie den Gästen die Einladungen, verrichteten Botendienste und beteiligten sich mit den Turniervögten bei den Vorbereitungen und dem durch Regeln festgelegten Verlauf der „Turniere". Sie priesen die siegreichen Helden nach Beendigung des Turniers in verherrlichenden Gedichten, sparten aber auch nicht mit der Verspottung der Besiegten, wenn deren Geldbeutel sich nicht rechtzeitig und weit für die Spötter öffnete. Witz und Geschicklichkeit erforderte demnach das Geschäft dieser Leute, die zum fahrenden Volke gehörten und daher rechtlos waren. Man nannte sie Garzune oder Crogierâre, von denen die ersteren wohl die höher Stehenden waren.

An ihre Stelle traten Ende des 13. Jhs. als angestellte Herrendiener die „Knappen von den Wappen" und für diese um die Mitte des 14. Jhs. die „eralds", Ehrenholde oder Herolde. Allen diesen Leuten lag es ob, vor Beginn des Turniers die „Helmschau" vorzunehmen, d. h. die Schilde und Helmzierden der Ritter zu prüfen, danach die Turnierfähigkeit der Kämpfer zu beurteilen und schließlich zu Unrecht geführte Abzeichen zurückzuweisen.[4]) Die Herolde schieden sich später in drei Rangstufen, Wappenkönige (Könige der Wappen, Reges Heraldorum), Herolde („Erhalde") und deren Gehilfen, die Persevanten. Sie führten eigene Amtsnamen, die sich mit dem Amte forterbten. Um etwa 1550 verschwinden allmählich diese Amtsnamen und die Herolde selbst mit dem Aufhören der Turniere.

Der erste wurde bei Gelegenheit des Kapitels zu Rouen 1420 vom König Heinrich V. von England unter dem Namen „Garter King of Arms" eingesetzt; der österreichische Herold hieß Suchenwirt, der pfalzgräflich Simmernsche „Jerusalem", der kaiserliche Herold führte den Namen „Romreich", der von Kaiser Karl V. 1521 ernannte Caspar Sturm den Namen „Teutschland" u. a. m.

Als Amtstracht hatten die Herolde ein weites, übergehangenes, bis zu den Knieen reichendes Gewand, dessen Vorder- und Rückseite mit dem Wappen ihres Landesherrn geschmückt war. Der Wappenkönig zeichnete sich noch durch eine Krone aus. In den Händen führten sie weiße oder gelbe, später auch in den Landesfarben bunt gefärbte Stäbe.[5])

In seiner Blütezeit lag demnach das ganze Wappenwesen in ihrer Hand. Daß sie eine besondere, in den verschiedenen Ländern auch verschiedene Kunstsprache schufen, für die Richtigkeit der präsentierten Wappen bestimmte, auf alten Überlieferungen fußende Regeln anwandten, bildet die Grundlage der späteren heraldischen Wissenschaft. — Um die Kenntnis der Wappen auf die Nachkommen zu vermitteln, legten die Herolde außerdem Turnierbücher an, welche die wesentlichen Wappenstücke, Schild und Helm mit Kleinod in Farben wiedergaben.[6])

---

4) KONR. GRÜNENBERG Wappenkodex gibt solche „Helmschau" mit dem Zusatz: In solcher gestalt schawt man dy helm und welcher nit genoss ist, den haist man sein Kleinet abtragen, domit er nit geschmähet wird.
5) Abb. solcher Herolde bei STRÖHL, Herald. Atlas a. a. O. Tafel 1.
6) Die Aufzählung der Wappenrollen Deutschlands s. oben unter Quellen.

In der späteren Zeit, als die Turniere selbst nur noch ritterliche Schaugepränge waren und der kostümliche Aufwand die Hauptsache wurde, erhielten auch die Turnierbücher[7]) eine veränderte Gestalt. Es wurden nun Abbildungen der reich geschmückten Turnierteilnehmer zu Pferde gegeben, wobei der eigentliche Wappenschmuck immer mehr zurücktrat und anderen willkürlich gewählten Abzeichen Platz machte. Außerdem enthalten diese Turnierbücher auch meist sehr unkritische Angaben über die turnierenden Geschlechter selbst, die hiernach bereits in grauer Vorzeit turnierfähig gewesen und an Turnieren teilgenommen haben sollten. Hierbei handelte es sich aber meist um Angehörige des niederen Adels, der Reichsritterschaft, deren Alter meist kaum über das 13. Jahrhundert zurückreichte. Geradezu berüchtigt ist nach dieser Hinsicht besonders das Turnierbuch des kurpfälzischen Herolds Georg Rüxner geworden, welches 1527 zuerst erschien. Diese schwindelhafte, der Eitelkeit des niederen Adels schmeichelnde, dazu üppig ausgestattete Veröffentlichung erzielte eine überaus große Verbreitung und zahllose Auflagen bis gegen 1750. Die erdichteten Angaben, die den niederen Adel unberechtigterweise an Bedeutung und Alter dem hohen gleichstellte, wurden nur zu gern geglaubt und weiterverbreitet, bis die moderne Kritik dies Buch und alle seine Nachfolger in Acht und Bann getan hat.

Das erste bekannte Buch über die heraldischen Regeln ist ein Traktat des Franzosen CLEMENS PRINSAULT v. J. 1416.

Von Theoretikern der Heraldik als Wissenschaft sind vor allem zu nennen der Italiener BARTOLUS DE SAXOFERRATO (1313—1355) mit seinem „Tractatus de insigniis (sic!) et armis" und der Deutsche JOHANNES ROTHE mit seinem „Ritterspiegel" (um 1380—1400). Auf ersterer Schrift fußten dann für die folgenden Jahrhunderte die heraldischen Schriftsteller, von denen aus der großen (bei SEYLER a. a. O. eingehend behandelten) Zahl vor allem der bekannte Theologe PHIL. JACOB SPENER († 1705) mit seinem Werk „Insiguium theoria seu opus heraldici pars specialis" (1680), desgleichen „pars generalis" (1690), aus dem 18. Jh. J. C. GATTERER († 1799) mit seinem „Abriß der Heraldik" (Gotha-Göttingen 1773) und aus dem 19. Jh. CHR. S. TH. BERND (s. oben Literaturbericht) zu nennen sind.

Mit der Auflösung des alten Reiches ging auch die alte Heraldik, die sich mit dessen Verfassung überlebt hat, zu Grabe. Die Aufklärungszeit und die Tage der Befreiungskriege wollten nichts mehr wissen von einem Scheinwesen, dem aller Schwulst und Zopf der vergangenen Zeit anhaftete. Ganz aufgegeben hat man die Heraldik nicht; noch lehrte BERND auf der Göttinger Universität in der ersten Hälfte des 19. Jhs. diese Materie. Er überbrückt den Übergang zu einem Neuaufblühen der heraldischen Wissenschaft und damit auch der heraldischen Kunst. Kein Staatsgebäude wird neuerdings ohne Wappenschmuck gelassen (wenn er auch oft verfehlt ist); das öffentliche Urkundenwesen bedient sich weiter, wie auch der Adel und der interessierte Bürgerstand, der überkommenen, vielfach wieder richtig gestellten Wappensiegel. Kurz, das vorhandene Interesse und praktische Bedürfnis dürften neben der wissenschaftlichen Beschäftigung mit der Heraldik diese in verjüngter Gestalt eine Neublüte erleben lassen, solange die staatlichen und gesellschaftlichen Formen keine wesentlichen Veränderungen erleiden.

II. Geschichte des Wappenwesens (Wappenkunde).

1. Von der Entstehung der Wappen.

Literatur: ANTHONY Ritter v. SIEGENFELD, Das Landeswappen der Steiermark. III. Band der Forschungen zur Verfassungs- und Verwaltungsgeschichte der Steiermark. Graz 1900.

Eins der wichtigsten Kapitel der Heraldik ist die Frage nach dem Ursprung der Wappen.

---

[7]) Als kostümlich interessante Turnierbücher sind zu nennen: Hans Burgkmairs Turnierbuch, hrgb. von J. H. v. HEFNER-ALTENECK. Freydal, Des Kaisers Maximilian I. Turniere und Mummereien, hrgb. von QUIRIN V. LEITNER. Wien 1880—82. Hans Burgkmairs d. J. Turnierbuch von 1529, hrgb. von H. PALLMANN. Leipzig 1911 u. a.

Die ältere heraldische Literatur, von ihren Anfängen bis in das 19. Jh. hinein, hatte, je mehr sie sich von der Blütezeit der „lebenden Heraldik" entfernte, die Theorie entwickelt, daß schon die antiken Völker ein in unserem Sinne ausgebildetes Wappenwesen besessen hätten. Obschon nicht zu leugnen ist, daß sich analoge Einrichtungen bei den Griechen, Römern und Germanen finden, so kann man sie noch nicht als Wappenwesen in heutiger Auffassung bezeichnen. Den unkritischen Skribenten der vorigen Jahrhunderte bot aber diese verwandte Einrichtung einen willkommenen Anlaß, das Alter der Heraldik in graue Vorzeit hinaufzufabeln, womit sie in erster Linie, gleichwie die Genealogen mit ihren an biblische oder heidnische Helden anknüpfenden Stammbäumen, den fürstlichen Geschlechtern zu schmeicheln, ihren Ruhm zu erhöhen trachteten.

Mit dem ganzen Wust solcher Fabeleien und perückenhaften Zutaten, die das wenige Richtige der Deduktionen verdunkelten, räumte dann die in der Mitte des 19. Jhs. zu gleicher Zeit mit der Auferstehung der historisch-kritischen Methode sich entwickelnde neue heraldische Wissenschaft auf. Männer wie v. Ledebur, Grote, O. T. v. Hefner, Mayer v. Mayerfels, Fürst Hohenlohe und vor allem G. A. Seyler, machten sich von den Banden frei, die noch die letzten Universitätsprofessoren der Heraldik, Gatterer und Bernd, gefesselt hielten. Man räumte bei dem Reinigungsgeschäft allerdings sehr gründlich auf, warf mit dem Ballast auch manch Wertvolles über Bord und zog sich selbst nach oben eine scharfe Grenze, deren Überschreitung für Heraldiker unmöglich, ja auch unnötig sein sollte. Man schuf nämlich eine „vorheraldische Zeit", um die man sich nicht weiter kümmerte, als daß sich aus dem sog. „Urbrei" urplötzlich das Wappenwesen entwickelt hätte. Man ließ die Wappen nach dem ersten Auftreten von Schildbildern in den Siegeln des 12. Jhs. entstanden sein als willkürlich gewählte, persönliche Abzeichen, die den Kreuzzügen ihren Ursprung und ihre Anregung verdankten. Aus diesen dann erblich werdenden Familienwappen hätten sich allmählich die Territorialwappen gebildet. Die Tatsache des Wappenauftretens genügte: über die Frage, wie diese Mode entstanden sei, quälte man sich nicht weiter; eine Anknüpfung an frühere Einrichtungen, vor allem an die bei älteren Schriftstellern sich findende Ansicht von der Ableitung der Heraldik aus dem Fahnenwesen wurde fast durchweg abgelehnt.

Diese ältere Ansicht wieder aufgenommen zu haben und sie folgerichtig und kritisch zu begründen, dies Verdienst gebührt der (oben zitierten) Schrift Siegenfelds, der in der Einleitung eine Entwickelungsgeschichte der Landeswappen gibt. Wenn man sich stets vor Augen hält, daß die mittelalterliche geschichtliche Überlieferung durch die Geistlichen vermittelt wurde, welche aus Abneigung oder Gleichgültigkeit von einer rein äußerlich sich vollziehenden Entwickelung im Heerwesen kaum Notiz nahmen und ihr somit in ihren Schriften von ihrem einseitig weltabgewandten Standpunkt aus nicht die gebührende Beachtung widmeten, so sind wir für diese ältesten Zeitabschnitte auf ganz gelegentliche Zeugnisse und spärliche bildliche Darstellungen angewiesen. Wenn daher Siegenfelds Darlegungen auf Grund der bisher zur Verfügung stehenden mittelalterlichen Überlieferungen auch zunächst nur hypothetischer Natur sein können, so scheint dem Verfasser doch der von jenem eingeschlagene Weg eher als die früher beschriebenen zum Ziele zu führen, um die Grundlagen, den Ursprung des Wappenwesens vom kritisch-historischen Standpunkt aus genügend zu erklären. Durch diesen Schritt wird aber auch einer haltlosen Auffassung der Neuzeit den Boden entzogen und ein bisher vorenthaltenes Gebiet für die Grundlagen des Wappenwesens wiedergewonnen: denn die Heraldik ist nicht bloß eine Modelaune, eine „adlige Spielerei" in ihrem Entstehen und ihrer Blüte, voller Willkür in der Wahl der Bilder und ohne rechtliche Bedeutung, sondern sie greift in ihrem Anfange und in ihrer Blütezeit nicht unwesentlich ein in staats- und lehnrechtliche Verhältnisse, deren symbolischen Ausdruck zu bilden sie berufen war.

Kriegführende Völker haben von jeher auf die Güte und das Aussehen ihrer Schutz- und Angriffswaffen ganz besonderen Wert gelegt. Die Rüstung ist das Ehrenkleid des Kriegers, ihr Verlust bedeutet Schande, wenn der Träger lebend sie einbüßt. Sie bildet zugleich den männlichen Schmuck; denn gerade die Schutzwaffen mit ihrer größeren Flächenentwickelung boten Gelegenheit zur Entfaltung von Glanz und prunkenden Farben.

Die Sitte, vor allem die Schilde mit erhabenen Figuren aus edlem Metall[8]) oder mit bunter Malerei[9]) zu versehen, findet sich ebenso bei den antiken kriegerischen Völkern wie bei denen des MA. und den wilden Völkern der Neuzeit. Wir

---

[8]) Anzeiger des German. Museums 1895, Nr. 2: Bericht über den Fund eines gotischen Schildes von ca. 300 n. Chr. in Harpeley in Ungarn, dessen Mitte aus vergoldetem Silber mit erhabenen Figuren geschmückt ist; Ann. Pegavienses (MG. SS. XVI, 240): 1083 . „jubet Boemus rex clipeum exquisitissima opera coelaturis ex auro et argento perfecte decoratum deferri."

[9]) Abbo Monachus S. Germani († ca. 921), de bellis Parisiaci urbis adversos Normannos (MG. SS. II) Lib. I. vers. 256: „Prospiciens turrisque nihil sub se nisi picta scuta videt."

wissen durch Tacitus auch von unserem Germanenvolke, daß es die Kampfschilde mit grellen Farben auszeichnete. Es belehren uns die Miniaturen, daß kunstvolle Rand- und Schildbuckelbeschläge aus Metall mit Nägeln auf den leder- oder tuchüberzogenen, buntbemalten Schilden des 9.—11. Jhs. befestigt wurden. Diese Arten Schildverzierungen sind ohne Zweifel die Vorläufer der späteren Wappen, aber sie sind nicht die einzige und wichtigste Grundlage der Heraldik: diese beruht vielmehr auf dem **Fahnenwesen**.

Die **Fahne** ist, so verschiedenartig ihre Gestalt auch sein mag, zu allen Zeiten und bei allen Völkern ein zusammenfassendes **Symbol der Gesamtheit** eines Heeres oder einer Heeresabteilung gewesen und geblieben. Sie ist zugleich ein göttliches, heiliges Zeichen, zu dem die Heeresscharen aufblicken, dessen Vortragen durch erprobte Führer gegen den Feind den Mut erhöht, die Einheit der Masse wahrt und die Wiedersammlung der Krieger um dies besonders zu schützende Heiligtum bedingt: ihr Verlust bedeutet für die **Gesamtheit** dasselbe wie beim **einzelnen Krieger** der des Schildes.

Wie schon bei den Römern, so finden wir auch bei den frühmittelalterlichen Völkern im Heere eine Hauptfahne und verschiedene Feldzeichen für die einzelnen Abteilungen, die durch verschiedene Größe oder besonders durch verschiedenartige symbolische Zeichen darauf die Stämme sonderten und die Zugehörigkeit zu den Heereskolonnen bezeichneten.

Wir erfahren so von den Franken 978 [10]), daß deren Krieger „per cuneos simbolo distincti" marschierten, ebenso von den Slawen 1110 [11]): „agmina distincta per vexilla et cuneos."

Das auf den Feldzeichen der antiken und später der nordischen Völker [12] angebrachte **symbolische Bild** kann ein verschiedenes sein. Wie die Athener die Eule ihrer Schutzgöttin Athene, die Perser und Ägypter den Adler ihrer höchsten Gottheit, die Römer neben dem Eber und der Wölfin vor allem den **Adler des Jupiter** auf die Fahnenstange aufpflanzten, so erscheinen bei den christlichen Völkern des beginnenden MA. ebenfalls Tiersymbole auf den Feldzeichen: Ost- und Westrom und — von letzterem als Erbteil übernommen — das römisch-deutsche Kaisertum führen den **Adler** [13]) fort, die Sachsen und Normannen-Engländer bis tief ins 13. Jh. hinein einen **Drachen** [14]), die Dänen einen **Raben** (s. unten), die Westfalen ihr **Roß** [15]). Daneben treten als rein **christliche symbolische Zeichen** die griechischen Buchstaben **XP** (= Christus) in monogrammatischer Vereinigung (genannt „labarum") und vor allem als Gesamtsymbol der Christenheit und ihres weltlichen Oberhauptes: das **Kreuz** in den Fahnen auf.

Ihre Form war, wie die erhaltenen Miniaturen zeigen, äußerst mannigfaltig. In älterer Zeit bestanden die Feldzeichen meist aus einer hohen Stange, auf deren Spitze das betreffende Tiersymbol gesetzt war; unter letzterem war dann vielfach ein buntfarbiges Tuch von viereckiger Form befestigt. Schließlich wurde dieses **Fahnentuch**, das bisher nur eine untergeordnete Rolle gespielt hatte, die Hauptsache: es wurde aus kostbaren, z. T. mit Goldfäden durchwirkten, ein oder mehrfarbigen Stoffen hergestellt. Die Farbe der kaiserlichen Fahnen blieb für Deutschland von den Zeiten

---

10) Richeri Historia III, c. 69. (MG. SS. III, 623.)
11) Helmoldi chronica Slavorum I, 38 in MG. SS. XXI, 41.
12) Ann. Fuld. (MG. SS. I, 408) 891: „pagani ... signa horribilia per castra movebantur."
13) Von diesem im Anhang a) des ersten Abschnitts.
14) Den Drachen führten schon die Römer, dann die Longobarden, die Sachsen und Angelsachsen. — Im Gegensatz zu dem christlichen Kreuz ließ auch Kaiser Julian Apostata 357 auf die Spitze einer hohen Stange ebenfalls das purpurfarbene Bild eines Drachen („signum purpureum draconis") befestigen. (Ammianus Marcellinus XVI, 12, § 39.)
15) Seibertz, Urkundenbuch zur Landes- und Rechtsgeschichte des Herzogtums Westfalen I, 101: Bulle Alex. III an den Erzbischof von Cöln 1178, Juni 19.

Ottos III. bis zum Interregnum die purpurne, die kostbarste, nur gekrönten Häuptern zustehende Farbe.

Die Fahnentücher waren nun entweder ganz glatt oder mit ornamentalen Stickereien versehen und nahmen schließlich das bisher plastisch auf der Spitze geführte Bild in ihre Fläche eingewirkt auf. Dies geschieht zuerst bei den christlichen Symbolen, dem Monogramm Christi (bei den Byzantinern schon um 300 n. Chr.; s. oben) und dem Kreuz, welches sich ebenfalls früh schon in dem Fahnentuch findet. Es folgen der Rabe in den Feldzeichen der Dänen[16] u. a., und endlich am Ende des 12. Jhs. die bildgeschmückten Fahnen in den Reitersiegeln der deutschen Fürsten.

Das Bild der Fahne wird im 12. Jh. „signum" oder „Zeichen" genannt; dieses bedeutet das allen bekannte Zusammengehörigkeitssymbol von religiöser, militärischer und rechtlicher Bedeutung und blieb es für das ganze MA. und bis auf den heutigen Tag.

Häufig findet man dann aber schon früh die Übertragung der Fahnenbilder oder der Fahnenfarben auf andere Rüstungsstücke, während die willkürliche Ausschmückung der Waffen, vor allem des Schildes, daneben fürs erste noch bestehen blieb. Aber diese Übertragung der einheitlichen Heerzeichen bewirkte allmählich die Umwandlung der Waffen zu „Wappen", indem sie nun nicht mehr veränderlichen Schmuck trugen, sondern durch ihr allgemein bekanntes Bild zum Erkennungszeichen für die eigenen Kampfgenossen und für die Feinde wurden. Es wurde also gewissermaßen eine durchgängige Heeresuniform angebahnt.

In der um 1025 anzusetzenden heutigen Fassung des Waltharliedes wird für dies allgemeine Schildbild als Erkennungszeichen zuerst wohl der technische Ausdruck „arma" gebraucht, und in einer um 1150 abgefaßten altdeutschen Predigt kommt zuerst der Ausdruck „Wappen" dafür in der Form vor: „wan also man ainen wol gewafenten riter anders nit erchennen mac, niwan bi simo gowwfen, daz ist sin sollu".

Eine Bearbeitung des Werkes „Epitoma institutionum rei militaris" des Flavius Vegetius Renatus (um 390 nach Chr.), welche unter dem Titel „Tractatus de arte bellandi" im 12. Jh. wohl in Deutschland entstand[17]), gibt uns ein Bild des umgestalteten mittelalterlichen Lehnsheeres. Hiernach bestanden im Heere ein Hauptfeldzeichen, das „commune vexillum", für das ganze Kriegsvolk, für die einzelnen Abteilungen „vexilla et signa, quae in vexillis sunt, ut aquilae, leones et huiusmodi". Ferner haben alle Krieger ein „commune signum", welches auf Schild, Helm, „lancea" (d. h. der Wimpel an der Lanze) oder auf der äußeren Rüstung („armatura exteriori") gemalt oder gestickt ist, um Freund von Feind zu unterscheiden.

Vor allem galt dies allgemeine Zeichen in den Kreuzzügen, die ein solches bei der Fülle der Krieger aus allen Nationen Europas unbedingt verlangten: es war das ursprünglich bei allen Teilnehmern gleichfarbig rote Bild des Kreuzes, welches erst in späterer Zeit durch Vereinbarung vor dem 3. Kreuzzuge 1188 von den verschiedenen Nationen in verschiedener Färbung getragen wurde, und zwar für die Franzosen rote, die Engländer weiße, die Flandern grüne Kreuze, während die Deutschen gelbe oder goldene Kreuze geführt haben dürften, entsprechend einer Miniatur, welche Kaiser Friedrich I. als Kreuzfahrer mit goldenem Kreuze auf Schild und Waffenrock darstellt.

Ein solches Erkennungszeichen wurde notwendig durch die rüstungstechnischen Änderungen, die sich allmählich vollzogen. Der Grund dafür war vor allem das Aufkommen des sog. Härseniers, ursprünglich einer Schutzwaffe sarmatischer Völker, welche den Kopf bis auf die Augen, den Mund und einen Teil der Wangen verhüllte, während vordem das Gesicht ganz frei war. In Deutschland kam dieser Kopfschutz erst in der ersten Hälfte des 12. Jhs. in Aufnahme. Allmählich wurde dann im 12. Jh. ein ganz geschlossener Helm verwandt und blieb so bis zum Ausgang des MA. als Kampfwaffe in den verschiedenen Formen des Topf-, Kübel- und Stechhelms (s. u. III) in Gebrauch.

In Betracht kamen, wie aus Vorstehendem sich ergibt, für die Anbringung der Fahnenzeichen diejenigen Teile der Rüstung, die dem Feind gegenüber sicht-

---

16) Cnutonis regis Gesta (1012—1040) in MG. SS. XIX, 517.
17) Siegenfeld, a. a. O., S. 411, Beilage II. Der „Tractatus" wird dagegen von Jähns (Geschichte der Kriegswissenschaften, Bd. I, S. 204) jüngeren Ursprungs gehalten.

bar waren, d. h. also vor allem **Helm** und **Schild**, dann auch der Brustpanzer und schließlich auch der über den Oberkörper gezogene **Waffenrock**, das „Kursit" genannt.

Wieder eine Verschiebung der Verhältnisse trat durch die endgültige Verwendung des sog. **normannischen Schildes** ein, welcher bis auf den Kopf die ganze Gestalt des Kriegers verdeckte und schützte. Dieser Schild wird nun das **fast ausschließliche Waffenstück**, an dem das Heerzeichen angebracht wird.

Dieses gemeinsame „herezeichen an dem schilte" (wie es Walther v. d. Vogelweide im Gedicht „An Otto" nennt) konnte, wie angedeutet, zweierlei Art sein: entweder wurde das bisher plastisch geführte oder aber eingewebte **Fahnenbild** nunmehr auch auf dem Schild wie auch auf dem Waffenrock angebracht (**Wappen mit natürlichen Figuren**), oder aber man wählte die **Farbe der bildlos geführten Fahne**, die ein- oder mehrfarbig war, für diese anderen Substrate[18]). Daher findet man in den Miniaturen und Siegeln neben den Schilden mit Tierbildern die **ganz einfarbigen oder durch Linien in verschiedenfarbige Felder geteilten figurenlosen Schilde** (ein Teil der späteren sogenannten „Heroldsbilder").

Die ersten Wappen sind mithin schlechtweg **Heerbannzeichen**. Da in dem Lehnsheere nur die mit **Fahnenlehen** ausgestatteten **reichsunmittelbaren**, weltlichen und geistlichen **Fürsten** (Sachsenspiegel, Landrecht III. 58, 2) Führer eines Heerbannes waren, dürfen wir die ersten Wappen im heutigen Sinne nur bei diesen **Dynasten** suchen. Sie sind **äußere Hoheitszeichen** über den von ihnen geführten Heerbann, nicht aber persönliche Abzeichen der Heerbannführer selbst, denn sie gehen mit dem Heerbanne an deren Rechtsnachfolger über; auf solche Weise erhalten die Wappenbilder ihre **Verbindung mit dem Territorium**. Dieser Umstand führte zur Ausbildung von **Landeswappen**, deren Bestehen die dichterischen Quellen schon zu Beginn des 13. Jhs. bezeugen.

Andererseits aber wurde durch die um die gleiche Zeit erfolgende Erblichmachung der Fahnenlehen bewirkt, daß sich nunmehr die Heerzeichen der Fürsten und reichsunmittelbaren Grafen zu deren **Geschlechtswappen** umwandelten.

2. Die Blütezeit des Wappenwesens.

Literatur: G. A. SEYLER, Geschichte der Heraldik usw. — F. HAUPTMANN, Das Wappenrecht usw.

Das vorige Kapitel hatte uns die Entwickelung des Wappenwesens aus den Uranfängen bis zu dem Punkt vorgeführt, wo das Wappen ein **Zeichen rechtlicher und dinglicher Verhältnisse** geworden war. Die Weiterentwickelung zur eigentlichen Blütezeit der Heraldik vollzog sich Hand in Hand mit der sozialen Umgestaltung des deutschen Volkes, die sich im 13. Jh. in Deutschland anbahnte.

Mit der Ausbildung der Landeshoheit der deutschen Fürsten, der Erblichmachung der Fahnen- und anderen Lehen mußte auch der Charakter des ehemaligen Heerbannzeichens am Schilde ein anderer werden; aus dem **dinglichen Symbol** wurde ein **persönliches** und vor allem dann ein **vererbliches Wappen**.

Die Blütezeit des Wappenwesens bezeichnet demnach die Ausbildung des **Familien- bzw. Territorialwappens** einer-, die Ausgestaltung eines **Wappenrechts** andererseits.

---

18) HEINRICH V. VELDEKES Eneid (aus den Jahren 1184—1186) Vers 215 ff., 7312 ff., 7334 ff.; vgl. auch SEYLER, Gesch. d. Heraldik a. a. O. S. 68 u. 76.

a) Die Ausbildung des Familien- und Territorialwappens.

Betrachten wir zunächst die Umwandlung der Heerbannzeichen in Landes- und Familienwappen, so vollzieht sich diese Entwickelung am sichtbarsten in den Reitersiegeln der deutschen Fürsten, in denen sie mit ihren bildgeschmückten Schilden und Fahnen dargestellt sind. Nach dem geltenden Lehnrecht waren die Fürsten unmittelbar vom Kaiser eingesetzte Reichsbeamte, ausgestattet mit Lehnsbesitz, welcher ihnen (sicher nachweislich seit den Tagen der Staufer) mit dem kaiserlichen Adlerfeldzeichen (aquila) (s. Anhang) als Lehnssymbol übertragen wurde (Fahnenlehn) und sie zugleich zu Führern eines Heereskontingents machte. Diese dreifache Stellung als Reichsbeamte und Lehnsträger sowie als Heerbannherren berechtigte (nicht gerade verpflichtete) sie zur Wahl und zum Tragen des kaiserlichen Adlerbildes als Heerbannzeichen.

In der Tat enthalten die ersten deutschen fürstlichen Reitersiegel mit Bildern in Wappen und Fahnen mit verschwindenden Ausnahmen das Bild eines Adlers im Schild und auf der Fahne. Es bildet dieses also das Amtszeichen der Fürsten.

Nicht anders läßt sich wenigstens die überwiegende Annahme gerade dieses Wappentieres erklären. Denn als Symbol der Herrschaft hätten andere Tiere, vor allem der Löwe, den Anspruch auf gleiche Verbreitung gehabt. Gerade die Ausnahmen scheinen mir zu beweisen, daß der Adler der Fürstenwappen nur der kaiserliche sein kann. So führt z. B. Heinrich der Löwe bis zur Absetzung 1180 im Schilde seines Reitersiegels kein Wappenbild; bei seiner bekannten Gegnerstellung zum Kaiser wollte er nicht den Adler tragen. Später als Allodialherr von Braunschweig und Lüneburg durfte er den Lehnsadler nicht in sein Wappen stellen, deshalb führte er auch kein Reitersiegel mehr, sondern frei im Felde einen Löwen, dem er seinen Beinamen verdankt. Daß aber sein ältester Sohn, Herzog Heinrich, Pfalzgraf bei Rhein, 1196 in sein Wappen wieder den Adler aufnahm, spricht durchaus zugunsten der oben erteilten Bezeichnung der Adlerschilde als Amtswappen.

Zu Beginn des 13. Jhs. (etwa 1220) sehen wir dann den Lehnsadler in den Fürstensiegeln fast durchweg verschwinden: er wird entweder ersetzt durch andere Bilder, die zum Teil den alten Heerbannzeichen der deutschen Stämme entnommen werden (Panther, Löwe, Roß, Greif u. a.), dann auch frei gewählte neue sind, — oder aber der Adler erhielt durch Zutaten oder sonstige Veränderung in der Form und den Farben eine Gestalt, die jede Beziehung auf das kaiserliche Wappenbild verwischte. Es hängt diese Tatsache, die sphragistisch festgelegt ist, unleugbar mit der Erblichmachung der Fahnenlehen, der Ausbildung der Landeshoheit zusammen: man wollte auch äußerlich den ursprünglichen Amtscharakter abstreifen und in nichts mehr an die bisherige Abhängigkeit erinnert werden.

Mit diesem Zeitpunkte ist somit die ursprüngliche Bedeutung und Geltung des Schildzeichens aufgehoben, das Landes- und das Familienwappen treten dafür ein.

Während die Reichsfürsten sich zwar nicht nominell, aber doch tatsächlich von der Lehnsabhängigkeit vom Kaiser frei machten und selbständige Landesherren wurden, ging auch in den ihnen zunächst in der Heerschildordnung folgenden Schichten zu Beginn des 13. Jhs. eine bedeutsame, für die allmähliche Verbreitung des Wappenwesens wesentliche Umgestaltung der waffenführenden ritterlichen Gesellschaft vor. Es bildete sich in jener Zeit der neue militärische Berufsstand der Reichsministerialen (Landherren, milites) aus der Verschmelzung 1. der alten, unfreien Dienstmannen (ministeriales) der Fürsten, 2. der „Freien" mit Lehnsbesitz ihrer ehemals freien Güter, und 3. der vornehmen Allodialherren mit nebenbei empfangenen Lehengütern. Dadurch trat eine Verschiebung der Heeresverhältnisse und des Aufgebots ein. Die Kraft der Landherren beruhte nun wiederum auf ihren Dienstmannen (clientes, Rittermäßige, ministeriales), die sie dem königlichen Heere als Kontingent zuführten. Das Aufgebot war jetzt nur mehr eine Vereinigung kleiner, auch selbständig auftretender Heeresabteilungen unter Führung ihrer Landherren.

II. Geschichte des Wappenwesens.

Da die Aufgebote des Adels nunmehr auch oft einzeln im Dienste ihres Herrn oder in Fehden miteinander kriegerische Verwendung fanden, stellte sich für diese, entsprechend wie früher für die der Fürsten, das Bedürfnis eigener Aufgebotszeichen heraus.

Diesem Umstande verdankt die allgemeinere Verwendung von Wappen auch in diesen Kreisen des Adels ihren Ursprung.

Dagegen hatten die einzelnen Krieger des landherrlichen Aufgebots vorerst selbst keine eigenen Wappen[19]): Ritter und Mannen trugen vielmehr einheitlich auf ihren Schilden das Wappenbild ihres Lehnsherrn oder einzelne Wappenteile, aber in Übereinstimmung mit den Farben des lehnsherrlichen Wappens. Dies bezeugen zahlreiche zeitgenössische Dichter.

Vgl. WOLFRAM V. ESCHENBACHS Willehalm 386, 22, u. a. m. bei HAUPTMANN a. a. O. S. 237 ff. u. E. HEYDENREICH, Familiengesch. Quellenkunde. Leipzig 1909. S. 59, angeführt.

Indessen bewirkte die Erblichkeit der Lehen und das natürliche Streben auch der den Reichsministerialen untergeordneten Dienstmannen, der sog. Rittermäßigen, nach größerer Selbständigkeit schließlich auch die Umwandlung der Aufgebotsheerzeichen an ihren Schilden zu erblichen Familienwappen, bei denen dann zur Unterscheidung die Farbe bestimmend einwirkte. Auf diese Art lassen sich die Wappengruppen in verschiedenen Gebieten erklären, in denen Geschlechter mit ein und demselben Wappenbild nachweisbar sind[20]), ohne untereinander verwandt zu sein.

Für die Wahl der Bilder für nunmehr auch freigeschaffene Wappen in Deutschland war daneben bestimmend die Berührung mit den benachbarten Nationen, die bereits ein weiter entwickeltes Wappenwesen ausgebildet hatten, und mit ihm auch schon bestimmte Wappenregeln. Vor allem Frankreich und England übten, wie auch sonst kulturell, auch hierin auf Deutschland einen großen Einfluß aus. Oft aber war für die Wappenbilderwahl eine zufällige Entstehung maßgebend, wie z. B. in Bilderrätseln umgesetzte Namen oder Eigenschaften (sog. redende Wappen [s. unten]). Es entstand damit auch eine Symbolik der Wappen, welche die Bilder erklärte und bezeichnete. Besonders die Dichter jener Jahrhunderte erschöpften sich mit solchen Wappenerklärungen.

Daneben aber tauchen in den Wappen auch jene Gebilde altgermanischen Ursprungs auf, die uralten vererblichen Zeichen eines seßhaften Geschlechts, welche bisher zur Bezeichnung des Besitzes an Häusern, Höfen und Gegenständen angebracht waren, — die sog. Haus- und Hofmarken (hantgemal)[21]). Diese bestanden entweder aus Runenstrichen, die ineinander gezogen waren, oder aus Zusammensetzungen von Balken, Pfählen, Sparren, Ständern u. a., die vom Bau des Fachwerkhauses hergenommen waren. Unter diesen Bezeichnungen vom Hausbau her wurden diese Hausmarken zu einigen der häufigsten Bilder der später sog. „Heroldsbilder" (s. III), wenn auch durch diesen Namen ihr Ursprung und ihre frühere Beziehung völlig

---

19) MG., SS. XVII, 602: 1291 Papst Nikolaus an Bischof Heinrich von Regensburg: „... quod viris quantumcumque magnificis, quantacumque dignitate preditis et virtute, ad gloriam magnam ascribitur, si eis quovis in bello dominorum insignia gerere conceedatur

20) L. v. LEDEBUR: „Der Adel der Mark Brandenburg nach Wappenbildern gruppiert und auf Namensgemeinschaft zurückgeführt," in den „Märkischen Forschungen" Bd. III. Berlin 1847. S. 96 ff., behauptet irrtümlicherweise gerade das Gegenteil, daß gleiches Wappen gleiche Abstammung voraussetzt. Vgl. HAUPTMANN, Wappenrecht a. a. O. S. 241 ff.

21) C. G. HOMEYER, Die Haus- und Hofmarken. Berlin 1870. Vgl. auch H. Graf HOVERDEN, Wie sind die Wappen entstanden? in Vjschr. für Heraldik usw. Berlin 1874, II. Jg. S. 135 ff. und v. LÖHER, Über der Helmkleinode Bedeutung, Recht und Geschichte, in Sitzungsber. d. Kgl. Bayr. Akademie d. Wissenschaften. Histor. Klasse 1885, II, S. 177 ff. — Zu den Hausmarken, die in bürgerlichen Gesellschaften fortlebten, gehören auch die Steinmetzzeichen des Mittelalters. — In den modernen Fabrikmarken sind die alten Hausmarken wieder aufgelebt.

verwischt wurde. Was diese Bilder zu Wappen machte, war vor allem die Zuerteilung von Farben und die Einfügung in den gegebenen Schildraum.

Von wesentlicher Bedeutung für die allgemeine Verbreitung der nunmehrigen Familienwappen, vor allem nach der rechtlichen Seite hin, wurde dann die Besiegelung der Urkunden. Schon in früher Zeit sah man bei der Darstellung auf den Siegeln vor allem darauf, die charakterisierenden Merkmale jedes Standes hervorzuheben: der König, mit seinen Insignien ausgestattet, auf dem Thron, die Geistlichen mit den ihre Würde bezeichnenden Attributen, die Fürsten, die Träger der Fahnenlehen, (wie wir sahen) als Reiter mit Fahne und Schild. Für die Reichsministerialen und schließlich deren Dienstmannen, wie fernerhin für alle waffenführenden Stände (s. unten) war ja nur der unterscheidende Wappenschild dasjenige Stück, welches sie als Stand auszeichnete und demgemäß allein nur im Siegel Verwendung finden konnte.

Die Rechtssicherheit gebot außerdem, zumal die Besiegelung die persönliche Unterschrift oder notarielle Beglaubigung ersetzte, an den einmal erwählten oder überlieferten, im Siegel festgelegten Bildern als Familienzeichen festzuhalten und sie vom Vater auf den Sohn zu vererben.

Indessen in ihren Formen ganz gefestigt und beständig wurde die Heraldik in der Blütezeit nie. Die nachweisbaren Veränderungen bisher geführter Wappen erklären sich vielfach durch den Umstand, daß der Besitzstand durch Kauf, Tausch, Erbschaft, Heirat verändert und dadurch auch die Wappenwechselung bedingt wurde (s. weiter unten), oder aber, daß wie bei Dienstmannen ein neues Lehnsverhältnis die Aufgabe des alten Lehnswappens zugunsten eines neuen verlangte.

Hierher gehören daneben auch die vielfach aus zwei Wappen zusammengesetzten Schilde, in denen ihre Bilder entweder nebeneinander oder in gewisser Verschmelzung der Figuren in einem einzigen Schilde aneinandergereiht sind (s. unten III: zusammengesetzte Wappen).

So führen z. B. die Reichsbeamten (Richter, Schultheiße, Vögte usw.) in der einen Hälfte den Reichsadler ganz oder zur Hälfte, in der anderen ihr eigentliches Familienwappen, bis auch diese Zusammenschmelzung ebenfalls als erbliches Wappen angesehen wurde, nachdem sich der Amtscharakter der einen Hälfte verloren hatte.

b) Wappenrecht.

Literatur: F. HAUPTMANN, Wappenrecht a. a. O. — H. DIEMAR, Das Wappen als Zeichen rechtlicher Verhältnisse usw. in Vjschr. f. Heraldik usw. XIX (1891), S. 38 ff.

Die Blütezeit der Heraldik entwickelte, wie bereits angedeutet, vor allem auch ein besonderes Wappenrecht: das Recht am einzelnen Wappen. Der Wappenträger besaß Eigentums- und Ausschließlichkeitsrecht und damit zusammenhängend auch das Verfügungsrecht über sein Wappen. Das letztere trat in Kraft bei Entäußerung durch Verkauf, Tausch oder Schenkung. Wappenübertragungen (sei es des ganzen oder nur eines Teiles des Wappens) finden schon im 14. Jh. ziemlich häufig statt. Streitigkeiten über vermeintlich zu Unrecht geführte Wappenschilde wurden auf dem Wege des Schiedes beigelegt.

Ferner wurde eine sehr scharfe Kontrolle über Zulässigkeit und rechtmäßige Führung der Wappen an den Schranken des Turnierhofes durch die Herolde ausgeübt (s. oben I, 3) und hier auch der Begriff der Wappenfähigkeit gebildet.

Die Wappenfähigkeit ist das Recht, überhaupt ein Wappen „führen"[22]) zu dürfen. Der Gegensatz dazu ist das Wappen „tragen", womit angedeutet

---

22) Daher stammt auch noch unsere moderne Redensart in übertragener Form: „Er führt etwas im Schilde." Vgl. GRIMM, Deutsches Wörterbuch IV, 2. Sp. 448/9, Artikel „Führen", Abschn. 19.

wird, daß auf dem Schilde des Kriegers nicht ein eigenes, sondern das Wappenbild seines Lehnsherrn erscheint; demnach wurden alle Amts- und Lehnswappen „getragen" (s. oben). Doch verwischte sich dieser Gegensatz bereits im Laufe des 13. Jhs.

Das Hauptmoment der Wappenführung bildete, wie wir sahen, das lehnrechtliche und militärische: die Zugehörigkeit zu dem mit Lehnsbesitz ausgestatteten ritterlichen Geburtsstande oder zu einer mit Territorialbesitz begüterten Gemeinschaft.

Man unterscheidet die Wappenfähigen in zwei Gruppen:

a) **Familien:**
    1. Adel (hoher und niederer, also Fürsten, Grafen und Herren),
    2. Patrizier;

an sie schließen sich an:
    3. Kirchenfürsten,
    4. Wappenbürger.

b) **Unpersönliche Begriffe:**
    5. Länder,
    6. Städte,
    7. Stifter und Klöster,
    8. Orden, Gesellschaften, Zünfte usw.

Im folgenden soll die Wappenfähigkeit der einzelnen Gruppen in knappen Zügen begründet werden.

1. **Der Adel.** Als vorzüglichster Träger der Wappen von der Blütezeit der Heraldik bis in die Gegenwart ist der hohe und niedere Adel anzusehen. Er war ja auch der berufene Stand, der die wappengeschmückten Waffen in Kampf und Turnier praktisch brauchte. Er bildete den nach der Entwickelung der Ministerialität und deren Vermischung mit dem alten Adel streng abgeschlossenen **militärischen Berufs-** und schließlich **Geburtsstand (Ritterstand)**, in welchem die persönliche Freiheit oder Unfreiheit im Gegensatz zu früher keine Rolle mehr spielte. Jetzt dagegen wird dieser Stand als „ritterlich" oder „rittermäßig" von den „Unritterlichen" geschieden. Nur er allein war auch „turnierfähig".

Daß das Wappen dem Adel nicht allein als Berufsstand rechtlich zusteht, sondern vor allem als **Geburtsstand**, dafür bieten die Siegel und Wappen seiner **Frauen** und der aus den Reihen des Adels hervorgehenden **Geistlichen** den besten Beweis: alle Angehörigen des Ritterstandes, auch die weiblichen und geistlichen, führen Wappen. Daher erklären sich die Ausdrücke: „schildbürtig", „zu Schild und Helm geboren", „Wappengenosse" usw. für die Zugehörigkeit zum Ritterstand.

Der Adel schied sich entsprechend der Heerschildordnung in den **hohen Adel**, d. h. die reichsunmittelbaren Fürsten und Grafen, welche den dritten Heerschild besaßen, und den **niederen Adel**, den Inhaber der übrigen Heerschilde, deren Verschmelzung allmählich eintrat. Diese Scheidung wurde vor allem durch das Prinzip der **Ebenbürtigkeit** späterhin immer tiefer, so daß Eheschließungen zwischen Angehörigen des hohen und niederen Adels in der Regel ausgeschlossen wurden. In den Reihen des niederen Adels beanspruchten ferner die unmittelbaren **Reichsritter** im Süden und Westen Deutschlands einen höheren Rang vor dem Landadel.

2. **Patrizier.** Die Patrizier sind die nach Aufgabe ihres Land- und Lehnsbesitzes frühzeitig in die Städte übergesiedelten Adligen, die das Stadtregiment an sich gerissen hatten und erbliche Ratsstellen einnahmen, kurz: die **Ratsfähigkeit** besaßen. Sie bildeten einen abgeschlossenen Stand. Als Angehörige des Ritterstandes,

den sie als Geburtsstand nicht aufgeben konnten, führten sie ihr anererbtes Wappen fort, bildeten die Führer der städtischen Heere und nahmen an den adligen Turnieren teil. In die Reihe der ratsfähigen Familien rückten aber in manchen Städten nach den Zunftkriegen im 14./15. Jh. auch Angehörige der Zünfte auf, die nun infolge erlangter Ratsfähigkeit durch Gleichstellung mit den Patriziern zur Führung von Wappen berechtigt waren (s. unten unter 4).

3. Kirchenfürsten. Die geistlichen Fürsten bildeten im deutschen Lehnstaat den vornehmsten Stand hinter dem König, den zweiten der Heerschildordnung. Als vom Kaiser oder König sowohl mit ihren geistlichen als auch weltlichen Territorien (Zepter- und Fahnenlehn) belehnt, mithin „hoher Adel", waren sie neben dem Adel, aus dessen Mitte sie meist hervorgingen, wappenfähig. Auch wenn ein Angehöriger eines nicht rittermäßigen Standes eine geistliche Würde erlangte, durfte er ein Wappen als Kirchenfürst annehmen und führen. Späterhin, seit dem 15. Jh., machten allgemein die geistlichen Würdenstellen wappenfähig, auch wenn die betreffenden Äbte und Pröpste ursprünglich nicht reichsfrei waren. — Der Klerus vereinigte meist das Wappenbild seines geistlichen Territoriums mit dem eigenen.

4. Wappenbürger. Abgesehen von den Patriziern und ratsfähigen Zünftlern sehen wir schon früh auch sonstige Angehörige der Städte Wappen oder wappenähnliche Bilder in ihren Siegeln gebrauchen.

Diese Städter, welche nach dem mittelalterlichen Grundsatz: „Luft macht frei" z. T. aus ihrer angeborenen Unfreiheit durch Erlangung des Bürgerrechts frei und unabhängig wurden, haben in dieser Bürgereigenschaft als Angehörige einer Stadt und Territorialbesitzerin sowie der städtischen Heertruppen, also als Waffenfähige, ein Recht auf Wappenführung ausgebildet. In der Tat wird man in der späten heraldischen Blütezeit (14./15. Jh.) eine Reihe von Bürgersiegeln neben denen der erwähnten Patrizier finden, die in ihren Formen von den adligen in keiner Weise abweichen. Dagegen ist die Wahl der Bilder dem bürgerlichen Leben naturgemäß mehr angepaßt. Diese Wappenbilder sind daneben auch eine willkommene Quelle der Kulturgeschichte in bezug auf das Aussehen spätmittelalterlicher Kunst- und Gebrauchsgegenstände des bürgerlichen Lebens. Hierher gehören auch die in Schildform gesetzten, mit Farben versehenen Hausmarken (s. oben II, 2).

5. Länder. Wappenfähige Länder sind ursprünglich nur die Lehnsterritorien, von denen Heeresdienste geleistet wurden, also Herzog- und Fürstentümer, Grafschaften, Herrschaften und die geistlichen Fürstentümer.

Der Zusammenhang zwischen Land und Wappen trat vor allem einmal bei den Belehnungen mit dem Territorium auf. Wenn auch anfänglich die Landeswappen nicht auf den als Lehnssymbol übergebenen Fahnen erschienen — dies kam erst später, im 15. Jh. auf —, so sehen wir in Wappen und Siegeln der Belehnten die ihm verliehenen Territorien durch ihre Wappenbilder und, soweit es sich um eine Neuerwerbung handelte, das neue Land durch einen besonderen Schild oder Schildteil vertreten. Andererseits wurde bei Heimfall eines Lehens oder durch sonstigen Übergang eines solchen durch Kauf, Tausch oder Heirat das Wappen mit übernommen. Es verdrängte sogar in älterer Zeit oft das bisher von den Beliehenen geführte Geburtswappen und wurde erst durch die Übernahme seitens eines fremden Geschlechts aus dem ursprünglichen Familienwappen des erloschenen zum Territorialwappen. Späterhin stellte man die verschiedenen Länderwappen nebeneinander oder vereinigte sie in einem Schilde."[23])

---

[23] Darüber. Weiteres im III. Teil: Zusammengesetzte Wappen.

Es muß immerhin betont werden, daß die Scheidung zwischen Familien- und Landeswappen nicht so scharf durchgeführt werden kann, besonders bei Herrscherfamilien, die so eng mit ihrem Territorium verknüpft sind. Es ist hier eine untrennbare Verbindung beider Kategorien eingetreten, die sich vor allem darin äußert, daß auch die nichtregierenden Mitglieder der Familie die Landeswappen in ihrem persönlichen Wappen führen.

6. **Städte**. In der frühen Blütezeit der Heraldik besaßen die Städte **keine eigentlichen Wappen**. Ihre Siegel enthalten zum größten Teil kein Wappen, oder wo solches erscheint, da ist es entlehnt, sei es vom Kaiser oder König oder von einem Landesherrn (Reichs- und Landstadt). Für gewöhnlich befindet sich als Bild in den Städtesiegeln eine burgartige, turm- und zinnengeschmückte Architekturmasse, meist mit dem Haupttor, in dessen Füllung, auch darüber, entweder ein Heiligen- oder anderes Bild oder aber — und das ist der häufigste Fall — das Wappen des Landesherrn (bloß der Schild oder Schild und Helm) sichtbar wird.

Die Reichsstädte, auch die Landstädte, die sich von der Herrschaft ihrer Landesherrn dauernd selbständig machten oder es nur vorübergehend waren, nahmen vielfach in ihre Siegel das kaiserliche Wappenbild des Adlers in der verschiedenartigsten Verwendung auf: er erscheint entweder frei im Siegelfelde oder im Schilde, gekrönt oder ungekrönt, späterhin auch als Doppeladler (s. unter Reichswappen) oder in Verbindung mit dem genannten Burgbilde, über dessen Tor oder in dessen Torfüllung, vielfach auch über den Zinnen, er frei oder im Schilde schwebt, u. a. m.

Andere Städte wie Aachen und Frankfurt a. M. wählten statt des Adlers die Figur des Kaisers in der Art der Thronsiegel.

Eine besondere Art bilden die Reichsstädtesiegel, die eine Vereinigung des Adlers und der Person des Kaisers vornehmen; sie verwenden nämlich von beiden nur Teile, die entweder nebeneinandergestellt werden, z. B. beim Gerichtssiegel von Memmingen, ein senkrecht halbierter („gespaltener") Adler und der gekrönte Kopf des Herrschers, oder aber zu einer neuen Figur vereinigt werden, z. B. bei Nürnberg, dessen fälschlich benannter „Jungfrauenadler" eine Zusammenschiebung eines seines Kopfes beraubten Adlers mit dem lockigen, gekrönten Herrscherhaupte darstellt.

Die Landstädte zeigen in ihren Siegeln die gleiche Entwickelung wie die des Reiches. An die Stelle des Adlers der Reichsstädte tritt hier das Wappen ihres Landesherrn oder dafür dessen Bild mit Schild und Fahne und bei geistlichen Territorien das des geistlichen Fürsten im Ornat.

Obgleich die allgemeine Entwickelung einer Stadt mit einem bestimmten, ihr gehörigen Territorium sie ebenso wappenfähig wie die Länder der Fürsten machte, haben die Städte doch erst verhältnismäßig spät wirkliche, eigene Stadtwappen gebildet.

Das ältestbekannte Stadtwappen ist der quergeteilte Schild Lübecks, der 1369 im Siegel vorkommt. Köln mit den drei Kronen (der heiligen drei Könige im Schildhaupte des im übrigen bildlosen, damaszierten Schildes [24]) dürfte 1392 an zweiter Stelle der Städte mit eigenem Wappen folgen. Im 16. Jh. wird wohl jede Stadt von einiger Bedeutung ein Wappen festgelegt haben (s. unten Anhang).

7. **Erzbistümer, Bistümer, Stifter, Klöster** waren wappenfähig als geistliche Territorien, die Lehnsbesitz waren, und von denen daher militärische Leistungen erfolgen mußten. Daher gilt das über Länder im allgemeinen Gesagte auch hier.

Indessen treten die geistlichen Territorialwappen nicht vor Ende des 13. Jhs. auf, während die Siegel vorher nur wie seit Anfang den geistlichen Würdenträger im vollen Ornat ohne Wappen oder mit dessen Familienwappen zu Füßen zeigen.

---

[24] Die jetzigen im unteren Schildteile befindlichen Flammen („Funken") sind mißverstandene ornamentale Verzierungen.

Das gewählte Bild war naturgemäß fast durchgängig ein religiöses, meist das Kreuz des Erlösers. Zu erwähnen sind unter den Wappen der geistlichen Territorien vor allem die der drei geistlichen Kurfürstentümer Mainz, Köln, Trier, von denen das erste im roten Feld ein silbernes Rad, Köln im silbernen Feld ein schwarzes Kreuz, Trier im silbernen Feld ein rotes Kreuz im Wappen führt. Das Kölner ist 1295 bezeugt.

8. Orden, Gesellschaften, Zünfte.

a) Orden. Hier kommen vor allem die geistlichen Ritterorden in Betracht; die Deutschherren (deutscher Orden) führten ein schwarzes Balkenkreuz auf weißem Grunde auf Mantel, Schild und Fahne, die Johanniter ursprünglich ein weißes einfaches Kreuz auf roter Fahne, dann später umgekehrt ein rotes Kreuz auf weißem Grunde, welches indessen am Ende des 13. Jhs. in ein achtspitziges verwandelt wurde, die Maltheser (der katholische Johanniterorden) ein weißes einfaches Kreuz auf rotem Grunde, die Ritter von Montesa ein rotes Kreuz in Gold, der Schwertorden ein rotes Kreuz mit schräggekreuzten Schwertern dahinter auf weißem Grunde. Von dem Templerorden ist nur die anfangs geführte Fahne bekannt, die schwarz über weiß quergeteilt war. Sonst trugen die Templer einen weißen Mantel mit einfachem roten Kreuz.

Der Deutschorden erhielt angeblich von Kaiser Friedrich II. bei Übertragung des Kulmer Landes (1226) das Recht, das Reichswappen, den schwarzen Adler in Gold, als Herzschildchen auf das schwarze Kreuz zu legen, doch ist diese Vereinigung erst am Anfang des 15. Jhs. sphragistisch nachzuweisen.

Auch hier lagen für ihre Wappenfähigkeit zwei Bedingungen zugrunde: einmal waren die Ordensmitglieder nur Angehörige des Ritterstandes, und zweitens besaß der Orden Territorialmacht.

Anfangs, im 12./13. Jh., war es den Mitgliedern des Deutschordens streng verboten, ein anderes als das Ordenswappen mit dem Kreuz zu führen. Sie mußten ihr ererbtes Familienwappen also ablegen. Daher ist auf dem ältesten Marburger Schild eines Landgrafen von Thüringen mit dem Löwen der Deutschordensschild unten klein aufgemalt, um anzudeuten, daß der Landgraf in der Elisabethkirche den alten Schild, als von ihm nun nicht mehr geführt, aufhängen ließ.

Neben den Ritterorden haben dann wirkliche Mönchsorden ebenfalls Wappen angenommen wie die Benediktiner, Dominikaner, Serviten, Franziskaner u. a. m.[25])

b) Turniergesellschaften. Die Vereinigung turnierfähiger Angehöriger des Ritterstandes unter einem besonderen Sammelnamen als adlige Zunft der Gesellschaft führte ihrer Bezeichnung entsprechende Wappenbilder, meist Tierbilder. Am Ende des 15. Jhs. bestanden in Schwaben vier, in Franken vier, am Rhein drei und in Bayern eine Gesellschaft.[26])

Von Bedeutung sind diese Wappen nie geworden, da ihre Verbreitung zu beschränkt war und sie nicht mit den Familienwappen der Angehörigen vereinigt wurden.

c) Die Zünfte oder Gilden.[27]) Seitdem die Zünfte durch Eindringen in den Stadtrat die Ratsfähigkeit erlangt (s. oben unter Patrizier), galten sie mittelbar als wappenfähig. Indessen ist diese de jure erlangte Wappenfähigkeit nur wenig ausgebildet worden; vor allem ist zu bemerken, daß die gleichen Zünfte in den verschiedenen Städten sehr ungleiche Wappen ausgebildet haben, ja auch in derselben Stadt die nämliche Gilde ihr Wappen im Laufe der Jahrhunderte vielfach verändert und wenig schöne heraldische Gebilde gewählt hat. Zumeist enthalten ihre Wappen die hauptsächlichsten unterscheidenden Werkzeuge der betreffenden Zunft oder aber auch die erzeugten Produkte, vielfach auch Instrumente und Erzeugnisse vereinigt.

---

25) Vgl. Kissel, Wappenbuch des deutschen Episkopats. Mainz 1891.
26) „Die Wappenrolle der Geschlechtergesellschaft ‚zur Katze' in Konstanz von 1547." Konstanz 1904. — Vgl. a. „Der Deutsche Herold" 1904, S. 61 ff.: Die Abzeichen der Turniergesellschaften.
27) Vgl. Grenser, Zunftwappen und Handwerkerinsignien. Eine Heraldik der Künste und Gewerbe. Frankfurt a. M. 1889.

Die Wappen der ersten Gruppe der Wappenfähigen, also vor allem die des Adels, unterlagen bei Erlöschen eines mit dem erblichen und ausschließlichen Recht an einem Wappen ausgestatteten Geschlechts wie die Lehen dem Heimfallsrecht an den Kaiser oder den Landesherrn. Ja, man faßte das Wappen wie auch andere Verhältnisse mit Vorliebe selbst als **Lehen** auf. Diese Ansicht hat in der Blütezeit der Heraldik ja auch, wie wir sahen, einen tatsächlichen Grund, da die Wappen ein Ausfluß des Lehnswesens und daher Familie, Lehngut und Wappen untrennbar sind. Ein solcher Zusammenhang zeigte sich ferner bei der Neubelehnung einer Familie mit einem heimgefallenen Lehen, bei der das Wappen des erloschenen Geschlechts an die Lehnsnachfolger überging.

Im Laufe des 14. Jhs. fand nun in steigendem Maße die Verleihung heimgefallener Wappen an **nicht** mit Lehnsbesitz ausgestattete Familien statt.[28]) Es wurde damit ausgesprochen, daß das heimgefallene Wappen lediglich als herrenloses Gut eingezogen wurde. Damit ist die **Lostrennung von Wappen und Territorium** zuerst vollzogen; ein derartiger Schritt führte das Wappenwesen eine Stufe weiter zu der Auffassung, daß auch neue Wappen vom Landesherrn **verliehen** werden konnten, die **nichts mehr** direkt mit Lehnsbesitz zu tun hatten und mehr und mehr zu einem kaiserlichen oder fürstlichen **Gnadenzeichen** herabsanken. Diese Entwickelung führte zu der im folgenden behandelten Ausbildung der Adels- und Wappenbriefe.

Neben den hohen und niederen Adel als Geburtsstand trat im ausgehenden Mittelalter als ein neuer geschlossener Berufsstand der der **Juristen**. Da durch die Kaiser in Deutschland befördert das römische Recht mehr und mehr Geltung bekam und die Juristen in alle bisher von der Geistlichkeit oder von den Ritterbürtigen bekleideten Staatsämter eingeführt wurden, so gewannen sie damit einen maßgebenden Einfluß auf das Staatsleben und die allgemeine Entwickelung. Ihr Ansehen stieg mit ihren Ansprüchen auf dominierende Stellung. Kein Wunder, wenn sie in erster Linie in den bevorrechteten Adelsstand hineinzugelangen trachteten. Dies geschah auf doppelte Weise, einmal durch förmliche Aufnahme in den Ritterstand, dann aber bildet sich vor allem die Anschauung aus (so schon in Bartolus de Saxoferratos Tractatus a. a. O. im 14. Jh.), daß der Richterstand von vornherein adlig und wappenfähig sei, daß aber dieser Adel nur ein **dinglicher**, mit Aufgabe der juristischen Tätigkeit aufhörender Adel sei. In Italien war diese Auffassung durch die tatsächliche Geltung völlig als zu Recht bestehend anerkannt. Die deutschen Studenten brachten sie von dort als selbstverständlichen Anspruch mit. Indessen so völlig vermochten die Doctores juris ihre Forderungen in Deutschland nicht durchzudrücken wie in Frankreich, Spanien und den österreichischen Niederlanden, wo sie vom Augenblick ihrer Graduierung und der Bekleidung eines Staatsamtes an als Adlige galten. Der deutsche Adel konnte zwar nicht verhindern, daß die Juristen 1500 im Reichsabschied eine Gleichstellung mit den Rittern in bezug auf die **Kleidung** erlangten; ihre adlige Eigenschaft und ihre **Wappenfähigkeit** ist öffentlich weder förmlich anerkannt noch beanstandet worden. Die Juristen selbst behaupteten indessen ihren Standpunkt dem Adel gegenüber fort, adlig zu sein, „adlige offene" Helme über den Schilden zu führen, ein Recht, welches andererseits vom Adel stets bestritten blieb. Von einem **Wappenrecht der Juristen als Stand** kann man demnach nicht unbedingt sprechen.

3. Niedergang des Wappenwesens.

Der Blüte des Wappenwesens war nur eine verhältnismäßig kurze Dauer beschieden, allmählich mußte sie auf verändertem Boden verkümmern und verdorren.

Der Verfall war bedingt durch die Erfindung der Feuerwaffen, die die mittelalterliche Eisenrüstung überflüssig machten. Die getragenen Schilde mit den darauf angebrachten Wappen boten im Kampfe keinen Schutz mehr.

Ein anderer Grund für den Niedergang der Heraldik bildete die Umgestaltung der Ritterspiele: es kam in der Folgezeit **praktisch** der bemalte Schild, der kleinodgeschmückte Helm nur noch im mehr und mehr zu tändelnden und dekorativ-prunk-

---

28) G. A. Seyler, Das heraldische Lehnsrecht, in Vjschr. für Heraldik usw. I (1873), S. 1 ff.

vollen Spiel herabsinkenden Ritterturnier in Anwendung. Anstatt der einfachen Bemalung des Schildes, des wertlosen Aufputzes am Helm traten Rüstzeuge von kostbarsten Stoffen, goldene oder silberne oder wenigstens mit edlen Metallen verzierte Helme; alles war dazu angetan, den Prunk, den Reichtum des Ritters bei den festlichen Aufzügen zu zeigen.

Schließlich kam dann der wappengeschmückte Schild im 16. Jahrhundert, wo die Turniere den harmloseren Ringelstechen Platz machten, als entbehrliches Stück ganz in Wegfall, und an seine Stelle traten bei festlichen Aufzügen allerlei andere willkürlich gewählte Zeichen, statt der Helmzierden lediglich kostbare mehrfarbige Straußenfedern.

Der Wappenschild wurde Wanddekoration und kam nur noch in Abbildungen zur Verwendung, sei es auf Grabsteinen, Siegeln, an Häusern und Gegenständen zur Bezeichnung des Eigentums. Kurzum das Wappen wurde als dekoratives Ornament behandelt, und mußte als solches alle Modelaunen der späteren Stile über sich ergehen lassen, so daß vielfach von der eigentlichen Bedeutung seiner Hauptbestandteile, Schild und Helm als Schutzwaffen mit bildlicher Bemalung, nicht viel mehr zu erkennen blieb und durch die Hervorhebung des bisher Nebensächlichen, z. B. der Helmdecken in reicher dekorativer Ausgestaltung, durch die Ersetzung der ursprünglichen Schildform durch kartuschenartige Gebilde der ursprüngliche Charakter des Wappens immer mehr verwischt wurde (s. unten III).

In den Siegeln, zumal der Territorialherren, trat durch die Häufung der darin vereinigten einzelnen Länderwappen eine Überladenheit von unästhetischer Wirkung des Ganzen ein: um die Reiterbilder wurden anfangs die einzelnen Wappenschilde kranzförmig herumgereiht, wodurch auch der Umfang der Siegel immer größer wurde. Schließlich fiel das Reiterbild ganz fort, dafür trat aus Raumersparnis ein großer, vielfeldrig eingeteilter Schild, der sämtliche Einzelwappen zu einem unförmigen Ganzen vereinigte. Auch hierin zeigt sich der Verfall des Wappenwesens deutlich.

Zudem bildeten die theoretischen Heraldiker einen Regelkodex aus, der das ganze Wappenwesen in unumstößliche, starre Regeln zwängte. Eine umständlich weitschweifige heraldische Kunstsprache wurde ausgebildet. Die Streitigkeiten zwischen diesen Theoretikern über Richtigkeit von Wappen und Farben, über die Berechtigung zur Führung bestimmter Wappen, über die nichtigsten Kleinigkeiten, konnten das Ansehen der Heraldik auch nicht besonders heben.

Der letzte und wichtigste Punkt für ihren Niedergang ist endlich die allgemeine Verbreitung des Wappens: es erheischte die Mode, daß jeder halbwegs zu Amt und Würden Gekommene ein Wappen haben mußte. Ein solches erreichte er aber entweder durch die Erlangung der Ratsfähigkeit in den Städten oder aber durch die allmählich sich ausbildende urkundliche Wappenverleihung seitens des Kaisers oder der von ihm beauftragten Personen, mit Hilfe klingender Münze.

Ja, der Geldpunkt — denn die Erteilung der Adels- und Wappenverleihungen war mit die einträglichste Geldquelle jener Zeiten für die ewig geldarmen Kaiser — führte selbst zu kaiserlichen Erlassen, daß ohne Erlaubnis des Kaisers von Privatpersonen Wappen nicht angenommen und geführt werden durften. So verbot Kaiser Friedrich III. d. d. 26. November 1467, daß niemand „im heiligen reich des adels annehmen und aufwerfen, die doch des von geburde nicht sein, und daß keine Bürger in unsern und des reichs stetten und ander sich wappen und cleinote understeen zu führen, zu halten und zu gebrauchen." Ähnliche Verbote liegen aus der Zeit der Kaiser Ferdinand II. (1630), Leopold I. (1658 u. 1682), Karl VI (1711), Karl VII. (1742) und Franz II. (1805) vor.

Der Andrang der Wappenbittsteller an die kaiserliche Kanzlei und die sonst vom Kaiser begnadeten Personen (s. unten) steigerte sich mit jedem Jahrhundert mehr. Denn die Wappenfähigkeitsverleihungen hatten den einen Vorteil: man stellte das verliehene Wappen unter kaiserlichen Schutz; es wurde im Privileg genau beschrieben und sein widerrechtlicher Gebrauch durch andere Personen ausdrücklich und unter Androhung einer Geldstrafe untersagt. Erst mit der kaiserlichen Verleihung und Anerkennung wurde das Wappen rechtlicher Gegenstand und geschütztes Eigentum.

Diese Entwickelung des Wappenwesens führte schließlich dazu, daß selbst jahrhundertelang unbeanstandet von einer Familie oder Körperschaft geführte Wappen zur Sicherung des Rechtes an diesem Wappen ausdrücklich vom Herrscher bestätigt werden mußten.

Wenn es indessen nur bei der einfachen Bestätigung geblieben wäre!

Der nun einmal in Aufschwung gekommene Wappenhandel führte nun zu der weiteren, viel mehr noch einschneidenden Entwickelung, um das Wappenwesen gänzlich zu entarten und mehr und mehr in Mißachtung zu bringen: es wurden nämlich bisher geführte Wappen einfach schöner Form und Farbenzusammenstellung (wie die Bezeichnung in den Diplomen lautet:) „verbessert", d. h. es wurden entweder die Bilder oder die Farben geändert oder dem Bilde ein Zusatz (etwa eine Krone auf dem Kopfe des Tieres oder dgl.) erteilt, der einfeldrige Schild durch Längs-, Quer- oder gar durch Vierteilung zerstückelt, in jedes Feld von möglichst verschiedenen Farben ein anderes Bild gestellt, zwei bis drei Helme über dem Schild angebracht[29]); kurz die Wappen wurden im Weiterverlauf der Zeit immer überladener und in ihrer ästhetischen Wirkung unklarer und unübersichtlicher. Man konnte schließlich Wappen mit einem Felde und einem Helme mit einfacher Helmzier fast nur noch bei dem Uradel finden, dem es nicht eingefallen war, sein Stammwappen zu verändern und sich sein Recht daran erst noch ausdrücklich durch Privilege zu sichern.

Diese Wappenverleihungen konnten nun, je nachdem der Wortlaut des Privilegs lautete, zweierlei Art Wappenfähige erzeugen: einmal den mit einem Wappen und den Vorrechten des Adels ausgestatteten, nunmehr neben dem alten Geburtsstand des „Uradels" gebildeten Briefadel und andererseits die nur mit einem Wappen und vereinzelt auch mit einigen adligen Privilegien (Lehnsfähigkeit) beliehenen Bürgerlichen (Wappenbürger).

Die Adelserhebung durch ein Diplom kommt allerdings erst ziemlich spät auf. Schon früher, in seiner Blütezeit, nahm der militärische Berufsstand, die Ritterbürtigen, ab und zu tüchtige Krieger in seine Reihen auf; sie erhielten den Ritterschlag und wurden ausnahmsweise von der Bedingung des Nachweises der vier ritterbürtigen Vorfahren befreit. Solche Aufnahmen in den Ritterstand waren indessen rein persönlich. Erst wenn drei von solchen Rittern abstammende Generationen nacheinander im militärischen Beruf sich ausgezeichnet hatten, konnte die Ritterbürtigkeit, der Adel im engeren Sinne, erblich erlangt werden (Dinglicher Adelserwerb).

Nachdem sich aber die Umgestaltung des Adels aus dem rein militärischen Berufsstand in den sozial höher stehenden Geburtsstand vollzogen hatte, strebten Ehrgeizige danach, Eintritt in diese bevorrechtete Schicht zu erlangen, deren kriegerische Funktionen kaum mehr in dem Umfange wie früher in Frage kamen: es ist ja die Zeit der Söldnerheere, die den neuen militärischen Berufsstand bildeten, es ist ja auch die Zeit, in der den Angehörigen des alten Ritterstandes außer dem geistlichen Stand, wie früher schon, und neben dem als Krieger auch andere Berufe offenstanden, so die des Juristen und Staatsmannes (s. oben). So führte auch die gnadenweise oder käufliche Erwerbung eines adligen Lehngutes in jener Zeit noch zur allmählichen Ersitzung des dinglichen Adels.

---

29) Ganz bestimmte Geldtaxen waren für die Zahl der hinzugewählten Felder bzw. Helme festgesetzt.

Da auf diese Weise der Ritterstand seinen ursprünglichen Charakter verloren hatte und ein völlig neuer Stand auf veränderter Grundlage und mit veränderten Bedingungen geworden war, konnte es selbst geschehen, daß sogar manche „seit unvordenklichen Zeiten" als adlig geltende ritterliche Familien um Aufnahme in diesen neuen Adel ebenso wie um Bestätigung ihres anererbten Wappens durch ein kaiserliches Gnadendiplom ansuchten.

a) Kaiserliche Adels- und Wappenbriefe.

Der älteste bekannte Adelsbrief in Deutschland wurde 1360 von Kaiser Karl IV. an den Hofkaplan Wicker Frosch in Mainz erteilt. In der Folgezeit zunächst noch selten verliehen, nahmen die Adelserhebungen vor allem seit den Tagen Friedrichs III. und seiner Nachfolger bis zum Ende des Reiches einen unübersehbaren Umfang an.

Nach ihrer äußeren Gestalt und inneren Form gleichen die Adelsbriefe den gleichzeitigen sonstigen Ausfertigungen der Reichskanzlei, nur sind sie entsprechend ihrer Bedeutung als feierliche Beurkundungen stets auf Pergament in kalligraphisch hervorragender und sorgfältiger Kanzleischrift geschrieben, mit der in feiner Miniaturmalerei ausgeführten Darstellung des etwa verliehenen Wappens in der Mitte ausgezeichnet und mit dem an Schnüren hängenden „Majestätssiegel" des Herrschers versehen. Die allmähliche Erweiterung des Textes führte wie bei anderen Privilegienverleihungen in späterer Zeit (etwa Mitte des 17. Jhs.) zur Anwendung der bequemeren Buchform mit mehreren Pergamentlagen und festem Umschlag in Leder bzw. in Samt.

Anfangs[30]) erfolgte nicht immer gleichzeitig die Adelserhebung und Wappenverleihung. Diese bildete oft eine besondere, frühere oder spätere Begnadung. In der Folgezeit aber wurde meist in den Adelsbriefen auch ein Wappen verliehen oder ein bisher geführtes „gebessert" und „vermehrt". Für den Text bildete sich ein einheitliches Formular aus, in dem nur diejenigen Abschnitte veränderlich waren, die in der Reichskanzlei „Plasmatur" oder „Dienst" (= Verdienst) benannt wurden. Diese enthielten den Namen des Begnadeten, vielfach ohne Angabe von Stand und Wohnort, und ganz allgemein die Verdienste um Kaiser und Reich, derentwegen die Begnadung erfolgte, sowie eine genaue, Zweifel ausschließende Beschreibung des verliehenen Wappens zur Erklärung der daneben eingemalten Darstellung des Wappens. Die Angaben über die Person und die besonderen Verdienste des Diplomempfängers wie auch die seiner Vorfahren und Verwandten wurden vom 17. Jh. an immer ausführlicher und beruhten, ohne Prüfung ihrer Glaubwürdigkeit übernommen, meist einfach auf den Mitteilungen in den entsprechenden Gnadengesuchen. Diesen Angaben sowie auch der vielfachen Anwendung des besser klingenden Ausdrucks: „Adelserneuerung" oder „Adelsanerkennung" statt Neuverleihung ist daher nicht zu große Glaubwürdigkeit und zu bedeutendes Gewicht beizumessen. — Außerdem enthielten die Adelsbriefe den verliehenen Grad des Adels, eventuell das Ehrenprädikat „von"[31]) in Verbindung mit einem wirklichen oder neugebildeten Ortsnamen, endlich die Pönformel, d. h. die Androhung einer nach dem Grad des verliehenen Adels verschieden hohen Geldstrafe in „lötigem Golde" für Anzweiflung des Gnadenaktes und widerrechtlichen Gebrauch des erteilten und somit geschützten Wappens.

Im 16./17. Jh. beschränkten sich die Konzipienten der Reichskanzlei darauf, diese Plasmaturen zu entwerfen, und überließen deren richtige Einrückung in das bekannte Formular den Kanzleischreibern. Daher enthalten die Konzepte in der Reichsregistratur[32]) meist nur diese veränderlichen Diplomabschnitte. Zwischen Bewilligung und Ausfertigung der Adels- und Wappen-

---

30) Der genannte Adelsbrief des Wicker Frosch von 1360 enthält z. B. keine Wappenverleihung an den Begnadeten, und das Formular des kaiserlichen Registrators Johann v. Gelnhausen (1366—1369) für die Verleihung der einer Adelserhebung ziemlich gleichkommenden Lehnsfähigkeit enthält statt des Passus für die Wappenverleihung direkt die Anweisung, daß die Diplomempfänger „clenodia et nobilitatis insignia ad vestrum beneplacitum possitis eligere et ea gestare et ipsis uti in clipeo et galea" (vgl. J. W. Hoffmann, Sammlung ungedruckter Nachrichten. Halle, 1737, II 35).

31) Das heutige Adelsprädikat „von" wurde vom Adel des ausgehenden MA. nur dann angewendet, wenn er sich von einem Orte oder Gute nannte; der Briefadel bekam als besondere Auszeichnung zu seinem bisherigen Namen vielfach diese Gutsbezeichnung mit „von" verliehen. Der Gebrauch des „von" vor den ursprünglichen Familiennamen zur Bezeichnung des Adels kommt durch besondere ausdrückliche Diplomverleihung seit Kaiser Ferdinand III. auf. Im 18. Jh. wurde dann auch dieses Wörtchen dem Eigennamen von fast allen uradligen Familien vorgesetzt, die sich bisher dieser Adelspartikel zur Bezeichnung ihrer adligen Eigenschaft nicht bedienen brauchten (z. B. in Sachsen die Geschlechter Pflugk, Metzsch, in Hannover die Grote, Vincke).

32) Jetzt im K. K. Adelsarchiv des Ministeriums des Innern in Wien. Diplomabschriften auch im Haus-, Hof- und Staatsarchiv daselbst.

briefe lag stets ein mehr oder weniger großer Zeitraum. Die technische Ausführung erforderte eine längere Verzögerung der Diplomfertigstellung, oft aber wurde auch eine solche durch das Interesse der kaiserlichen Kanzlei an der Bezahlung der Taxen sowie durch das des Empfängers an der Ausfertigung herbeigeführt. Nicht selten begnügten sich die Begnadeten mit der Bewilligung der Standeserhebung, verzögerten die Gesuche um Taxenermäßigung oder -befreiung absichtlich. Die fertiggestellten Diplome sind dann nicht selten wegen der hohen Taxen uneingelöst geblieben. Im Konzept ist stets das Datum der Bewilligung verzeichnet, während die Originalausfertigungen häufig mit späteren Daten ausgingen, ohne daß davon eine Notiz zu den Akten genommen wurde.

Die Wappenbriefe treten gleichzeitig mit den Adelsdiplomen auf, obschon wir von ihrer Erteilung nur aus Quellen wissen; die ersten erhaltenen Originale stammen erst aus der Wende des 14./15. Jhs. Das ältestbekannte Original wurde von König Wenzel d. d. 14. Februar 1392 den Gebrüder Hans und Claus Conzmann von Staffurt erteilt.

In der Form ähneln sie den Adelsverleihungen bis auf den Passus der Graduierung und Prädikatserteilung. Manche enthalten nach der Wappenbeschreibung noch den wichtigen sog. Lehnsartikel, d. h. das Recht, adlige Lehengüter erwerben und besitzen zu dürfen.

Ursprünglich war das in beiden Diplomarten, wie es ja auch nicht anders nach Beschaffenheit der ritterlichen Wappen sein konnte, verliehene Wappen für die Adligen oder die einfachen Wappenbürger in nichts voneinander verschieden: es war ja das nur einzelnen bevorrechteten Nichtritterbürtigen ausnahmsweise zugestandene ritterliche Familienabzeichen. Erst viel später, seit 1530 unter Karl V., machte man eine äußerliche Unterscheidung der „adligen" und „bürgerlichen" Wappen: man schuf einen sogenannten „bürgerlichen Helm". Es war dies der (unten zu besprechende) ganz geschlossene Stechhelm, während dem Adel in den Adelsbriefen der offene („freie, adlige") Spangenhelm vorbehalten blieb. Diese Unterscheidung mag darauf beruhen, daß im 15. Jh. der Stechhelm noch beim Ernstkampf, also auch von den bürgerlichen Kriegern, allgemein gebraucht wurde, daß dagegen der Spangenhelm in der späteren Zeit lediglich bei den adligen Ritterspielen Verwendung fand.

b) Reichsvikare.

Während der Sedisvakanz oder längerer Abwesenheit des Kaisers trat der Reichsvikar als sein Vertreter ein und erteilte in seinem Namen unter anderen Befugnissen auch Adels- und Wappenbriefe. Zu der Zeit, wo solche ausgestellt wurden, bis zum Ende des Reiches waren die Kurfürsten von Sachsen und Pfalz die durch die goldene Bulle als Reichsvikare anerkannten Vertreter des Kaisers, und zwar waren die Vikariatsrechte so verteilt, daß der Kurfürst von Sachsen den Kaiser „in den Landen des Sächsichen Rechts", der von Kurpfalz „in den Landen des Rheins, Schwaben und des fränkischen Rechts" vertrat. Sie benutzten diese Stellung und damit das einträgliche Geschäft der Adelserteilung und Wappenleihe sehr ausgiebig.[33] Nur das Recht, in den Reichsfürstenstand zu erheben, durften sie als ein Reservat des Kaisers selbst nicht ausüben. Die nach der Sedisvakanz regierenden Kaiser[34] haben formell jedoch nie diese Gnadenakte der Reichsvikare anerkannt und oft an dieselben Familien neue kaiserliche Diplome erteilt, ohne in diesen der vorausgehenden gleichen Standeserhebungen durch die Vikare als ihre Stellvertreter überhaupt Erwähnung zu tun.

Für die Reichsvikare konnte auch bei nicht zu langer Abwesenheit des Kaisers von Deutschland das von Karl V. 1521 begründete, 1524 nach Eßlingen verlegte, 1529 auf dem Speyrer Reichstag dauernd eingerichtete Reichsregiment unter

---

[33] Z. B. 1790 an einem Tage allein 28 Adelserhebungen.
[34] Vgl. Moser, Teutsches Staatsrecht, 1740, IV. Teil, S. 408, und derselbe, Von den kayserlichen Regierungsrechten, 1772. S. 420.

vollem Namen des Kaisers und unter dem Datum nach dem Sitze dieses Regiments Privilegien, Adels- und Wappenbriefe ausstellen, die dann vom Kaiser nachträglich bestätigt wurden.

c) Landesherrliche Standeserhebungen.

Neben dem Kaiser aber wurde das Recht zu adeln und Wappen zu erteilen schon früh von einigen deutschen Fürsten ausgeübt, die es aus ihrer Landeshoheit ableiteten und in Anspruch nahmen.[35]) Es waren dies besonders die bayerischen Herzöge und die pfälzischen Kurfürsten, von denen bereits vom Beginn des 15. Jhs. Wappenbriefe, aus der Wende des 16./17. Jhs. erst Adelsdiplome vorliegen. Vereinzelt sind dann später Wappen- und Adelsbriefe auch von Hessen-Darmstadt, Hessen-Kassel, Brandenburg (seit 1663) und Kursachsen[36]) ausgestellt. Aber aus dem seltenen Vorkommen solcher Gnadenakte kann ein förmliches Recht der genannten Fürsten nicht hergeleitet werden, zumal besonders die Adelserhebungen vom Kaiser niemals anerkannt, wenn nicht gar untersagt wurden. Im übrigen beschränkten sich die Landesherren lediglich auf „Notification" oder Anerkennung der ihren Untertanen vom Kaiser verliehenen Standeserhebungen und Wappenbriefe in ihren Territorien. Eine Ausnahme machten die Kurfürsten von Brandenburg als Könige von Preußen, die als solche nicht zum Reichsverbande gehörten; seit 1701 erfolgten die Adelserhebungen für die preußische Monarchie.[37])

Anders stand es, wenn der Kaiser selbst das Recht der Adelserteilung und Wappenleihe an bestimmte Persönlichkeiten verlieh.

So bekamen es 1453 die Mitglieder des Hauses Österreich[38]); ebenso erhielt Kurfürst Friedrich der Weise von Sachsen d. d. Augsburg 8. August 1500 vom König Maximilian I. das Recht für seine Person, innerhalb seines Herzogtums und seiner Erblande Wappen zu verleihen und geeignete Leute zu adeln.[39]) Doch hat er davon nur wenig Gebrauch gemacht. Bekannt ist seine Wappenerteilung an den Maler Lucas Cranach d. Ä. 1508.

In älterer Zeit ward dieses Recht meist nur für die Person und mit genauer Angabe, wieviel solcher Diplome der Betreffende ausstellen dürfe, erteilt. Es ist wohl lediglich als persönliche Gunstbezeugung oder als eine Vergütung für die zugunsten des Kaisers gemachten Geldauslagen, nämlich durch die Sporteleinnahme von diesen Diplomen anzusehen. Denn auch hervorragende Beamte und Gelehrte wurden hiermit neben fürstlichen Persönlichkeiten ausgestattet.

d) Hofpfalzgrafen.

Daneben bildete sich das kaiserliche Palatinat als neue förmliche Einrichtung der Wappenverleihung allmählich aus.

Das deutsche Pfalzgrafenamt, welches mit dem älteren, hier nicht weiter zu behandelnden nur den Namen gemeinsam hat, knüpft an dasjenige an, welches sich in Italien erhalten hatte, und dessen Befugnisse nach und nach auf nur noch wenige herabgesunken waren: vor allem durften die dortigen Pfalzgrafen die Anfertigung und Beglaubigung von Urkunden, die Ernennung von Notaren und die Legitimierung Unehelicher vornehmen. Das Eindringen des römischen Rechtes auch in Deutschland schuf hier eine ähnliche Beamtenkategorie, auf die jedoch erst unter König Ruprecht die Bezeichnung „Pfalzgraf" (Comes palatinus Caesareus) übertragen wurde.

---

35) Vgl. Moser, Von den kayserlichen Regierungsrechten u. a. O. S. 439.

36) Max Gritzner, Standeserhebungen und Gnadenakte deutscher Landesfürsten während der letzten drei Jahrhunderte. Görlitz 1881. (Enthält außerdem die Reichsvikariatserhebungen von Sachsen, Pfalz und Bayern, sowie die Adelsdiplome Kaiser Karls VII.)

37) Max Gritzner, Chronologische Matrikel der Brandenburg-Preußischen Standeserhöhungen und Gnadenakte. Berlin 1873.

38) v. Goldegg, Die Tyroler Wappenbücher im K. K. Adelsarchiv. Innsbruck 1875.

39) Original in Weimar, S.-Ernest. Gesamtarchiv Reg. F. pag. 39B Nr. 9b; fehlerhaft und ungenau gedruckt bei Mencken, Script. rerum Germanicarum. Bd. II. S. 791 ff.

Erst im 16. Jh. erhielten die **Pfalzgrafen** oder auch **Hofpfalzgrafen** (Comites palatii sacri Lateranensis) neben den genannten Funktionen das Recht, „bürgerlichen, unbescholtenen, tüchtigen" Personen ein **Wappen** zu verleihen. Zunächst ist diese Auszeichnung nur vereinzelt erteilt worden, und zwar meist an Juristen und Gelehrte.

Eins der ältestbekannten derartigen Komitivdiplome erhielt der berühmte Mathematiker Petrus Apianus zu Ingolstadt 1541.

Zudem waren die Comites palatini anfangs an eine bestimmte Zahl der zu erteilenden Diplome im Jahr oder auf Lebenszeit gebunden. Ferner durften sie für die Wappen nie einen Adler, vor allem nicht den kaiserlichen Adler oder Helmkronen und offene, adlige Spangenhelme verleihen, da diese als Vorrecht dem Kaiser vorbehalten waren. Schon in der zweiten Hälfte des 16. Jhs. wird die Erteilung des sog. „kleinen Komitivs" immer häufiger, ja selbst nicht nur für die Person, sondern als erbliches Vorrecht verliehen; auch an Körperschaften (z. B. Universitäten bzw. Fakultäten) wurde es vergabt.

Neben dem kleinen Komitiv bildete sich im Anfang des 16. Jhs. das **große Palatinat** (Comites palatini maiores) aus; es wurde nur an Fürsten, Grafen und Freiherren verliehen und enthielt außer dem Recht, Doktoren zu kreieren, Dichter zu krönen, vor allem dasjenige der **Adelserhebung** sowie auch das, **Comites palatini minores** zu ernennen.

Das bisher ältestbekannte große Palatinatsdiplom erhielt Ernst Gabriel Graf v. Orttenburg, Freiherr zu Freyenstein und Salamanca 1524 März 21. Von deutschen Fürsten erhielten es auch die Grafen von Schwarzburg 1691 bzw. 1710 und die Fürsten v. Liechtenstein 1654.

In der Form glichen beide Urkundenarten den entsprechenden kaiserlichen Diplomen. Zudem ist durchgehend das dem Comes palatinus erteilte, sonst vielleicht verloren gegangene kaiserliche Privileg im Wortlaut oder Anszug an den Kopf des Adels- oder Wappenbriefes gesetzt, um die Rechtmäßigung der Handlung zu beweisen.

Auch diese Einrichtung, die nicht mit einer ausgiebigen Austeilung von Wappen bzw. des Adels an alle bedeutenderen Familien bis zum Ende des Reiches sparte, mußte das Ansehen und die Bedeutung des Wappenwesens herabsetzen: das alte Vorrecht des Ritterstandes konnte um **Geld** erkauft werden.

Gegen das Überhandnehmen der Adels- und Wappenverleihungen durch die Hofpfalzgrafen vermochten in späterer Zeit der Kaiser und auch die Landesfürsten nichts anderes zu tun, als diese unberücksichtigt und unanerkannt zu lassen, wenn sie sie nicht förmlich annullierten.[40])

Seit dem Regierungsantritt Kaiser Franz I. wurden bei der kaiserlichen Reichshofkanzlei die Adelsstandserhebungen der Hofpfalzgrafen nicht mehr anerkannt. Sie hatten sich bei der damaligen deutschen Reichsverfassung nur dann einer Wirkung zu erfreuen, wenn die Bestätigung des Landesherrn erfolgte, was selten genug geschah. In Kursachsen wurde prinzipiell die Bestätigung solcher Adelsdiplome, z. B. der der Grafen von Schwarzburg, versagt.

Mit der Auflösung des alten Deutschen Reiches 1806 ging das bis auf wenige, oben angeführte Ausnahmen bisher ausschließliche kaiserliche Recht der Adelserteilung mit der vollen Souveränität an alle deutschen Bundesstaaten über, deren Fürsten von dieser Befugnis als Gnadenakte bis zum heutigen Tage Gebrauch machen.

Zur Prüfung der Adelsverhältnisse und Ausfertigung der Adels- und Wappendiplome wurden in den Einzelstaaten besondere Ministerialabteilungen geschaffen: so in Preußen, wo bereits unter Friedrich I. von 1706—1713 ein königliches Heroldsamt bestanden hatte, seit 1855 das Königlich Preußische Heroldsamt, in Bayern das 1808—1825 bestehende Königlich Bayerische Heroldsamt, von dem bis heute nur noch das Amt des „Reichsherolds" erhalten blieb, als selbständige Unterorgane der Ministerien des Königl. Hauses. Seit 1809 wird in Bayern eine bis zur Jetztzeit reichende **Adelsmatrikel** geführt, in welche die sämtlichen adligen Staatsangehörigen

---

40) In der Neuzeit werden von den deutschen Regierungen bzw. deren Heroldsämtern nur noch diejenigen Adelsbriefe der großen Pfalzgrafen anerkannt, welche vor dem Jahre 1670 erteilt worden sind.

eingetragen werden. Dieser Einrichtung nachgebildet wird auf Grund eines besonderen Adelsgesetzes (vom 19. Sept. 1902) im Königreich Sachsen seit 1902 ein Adelsbuch geführt, in welchem die von einem besonderen Ausschuß für Adelssachen beim Ministerium des Innern geprüften Adelsverhältnisse von sächsischen Staatsangehörigen amtlich verzeichnet werden. Als Voraussetzung für Neuerteilung von Adelsdiplomen und neuerdings im Königreich Sachsen auch wieder von bürgerlichen Wappenbriefen gelten heute nur besondere persönliche Verdienste um den Staat und das öffentliche Wohl.

Anhang zum zweiten Abschnitt.

Länderwappen.

a) Das deutsche Reichswappen.

Literatur: E. Gritzner, Symbole und Wappen des alten deutschen Reiches. Leipzig, Teubner 1902 (Leipz. Studien VIII, 3); derselbe, Ursprung und erste Entwickelung des alten deutschen Reichswappens, in: Jb. der k. k. herald. Gesellsch. „Adler" (Wien 1912).

Ein besonderer Abschnitt muß dem deutschen Reichswappen gewidmet werden. Es bildet zudem den besten Beleg für die im Abschnitt II, 1 ausgeführte Ansicht, daß der Ursprung der Wappen an das Fahnenwesen anknüpft.

Als Herrschaftssymbol wurde von den Karolingern, dann vor allem seitens der Ottonen und der nachfolgenden Herrschergeschlechter der alte römische Adler übernommen. Karl der Große hatte auf dem Giebel seiner Aachener Pfalz dieses Adlersymbol aufpflanzen lassen, und noch unter Heinrich IV. prangte er als „signum Romanum" auf dem Palast. Der Adler erscheint dann von Otto III. bis Heinrich V. in den Kaiser- und Königssiegeln sowie in Miniaturen als Bekrönung des Herrschaftszepters, ebenso auf Münzen bis Friedrich I., aber auch frei fliegend dargestellt auf der Rückseite von Kaisermünzen.

Noch bedeutungsvoller aber tritt der Kaiseradler als Herrschersymbol hervor als das Bild der Heeresfahnen, die gleich den römischen Legionsadlern auf der Spitze der mit einem Tuch behängten Stange den vergoldeten flugbereiten Adler dem Feinde entgegentrugen.

Dieses Adlerzeichen als Herrschaftssymbol, das u. a. das stolze, von Friedrich I. gedemütigte Mailand als Zeichen der Botmäßigkeit auf seinem höchsten Glockenturme anbringen mußte, welches das Lehnssymbol bei Fürstenbelehnungen bildete (s. oben II, 2), konnte bei Schaffung des Kaiserwappens nur allein als Wappenbild in Betracht kommen. Die Umwandlung des Feldzeichenbildes zum kaiserlichen Wappen geschah unter Heinrich VI. In einem Bilderkodex eines gleichzeitigen Hymnus auf diesen Kaiser von Petrus de Ebulo (ca. 1195) erscheinen nämlich auf dem farblos (d. h. weiß) bleibenden Schilde des Kaisers sowie auf der Pferdedecke und am Helm unter der Krone goldene Adler, die also noch die Metallfarbe der plastischen Feldzeichen bewahrten. Erst in der ersten Hälfte des 13. Jhs. wurden, nachdem einmal das Bild des Reichswappens fest gewählt war, dessen Farben dauernd festgelegt: im goldenen Felde ein schwarzer Adler. Von Rudolf I. bis zu Sigismunds Kaiserkrönung bildete dieses Wappen das Reichs- und kaiserliche Wappen bei allen bildlichen Darstellungen auf Siegeln, Münzen, Fahnen u. dgl., wie sie offiziell von den Herrschern selbst geführt wurden.

Daneben aber entwickelte sich, ausgehend von England, die Ansicht, daß eine Unterscheidung zwischen dem Wappen des Römischen Kaisers Deutscher Nation und dem des Römischen Königs gemacht werden müßte; und zwar sollte dem Kaiser in seiner doppelten Würde als der von den deutschen Fürsten gewählte König und der vom Papst gekrönte Kaiser dasselbe Wappen mit dem Adler zweimal zukommen.

Da nun die Nebeneinanderstellung von zwei gleichen Wappen sowohl unschön als auch raumverschwendend gewirkt haben würde, kamen die Zeichner englischer Wappenrollen des

13. und 14. Jhs. auf den Ausweg, die beiden Wappenadler senkrecht zu halbieren und die mit dem Kopf versehenen Hälften zu einem Adler mit zwei Köpfen zu vereinigen. Eine derartige Entstehung des Doppeladlers war durchaus nicht neu und kommt schon früh im Orient vor bei der Weberei von Stoffen mit Figuren: diese (meist Tiere) wurden vielfach im Spiegelbild wiederholt, so daß sie paarig nebeneinander mit den Rücken zu stehen kamen; durch Verkürzung schmolzen sie mit den Rücken zusammen und bildeten so die doppelköpfigen Tiere.

Durch Byzanz und die Sarazenen kamen die kostbaren Purpurgewänder mit derartigen Figuren schon frühzeitig in das Abendland. Die Stoffe wurden als besonderer Schmuck für die Herrscherkleidungen von Kaisern und Königen, wie auch von Päpsten verwendet, ohne daß man den Bildern darauf große Bedeutung beilegte. Weil nun aber außer dem Kaiser in Byzanz nur der deutsche Herrscher den Adler als Symbol seiner Macht führte und in sein Wappen aufnahm, gewannen diese orientalischen Doppeladler für dessen Person eine beziehungsvolle Bedeutung.

Jedenfalls tritt unter Ludwig dem Bayern und den Luxemburgern die der Symbolik jener Zeit ganz entsprechende Auffassung: dem Römischen König gebühre nur ein Adler, dem Kaiser aber zwei oder verschmolzen zum doppelten Adler, auch in Deutschland immer stärker hervor; ihre Nahrung fand sie u. a. in dem kaiserlichen Thronsiegel Ludwigs, auf dem zu beiden Seiten des Thrones je ein mächtiger Adler dargestellt ist. Aber offiziell blieb vorerst der im Schild abgebildete Adler auf den kaiserlichen Siegeln usw. der Luxemburger stets einköpfig, trotzdem die Reichsstädte, die den kaiserlichen Adler führten, im Laufe des 14. Jhs. fast durchgängig den Doppeladler an Stelle des einfachen setzten, auch deutsche Miniaturen das kaiserliche Wappen mit zweiköpfigem Adler zeichneten. Erst Sigismund gab der allgemein zum Durchbruch gekommenen Auffassung nach. In seinem Siegel führte er 1401 als Reichsverweser bereits den doppelten Adler, als König dagegen stets den einfachen. Zu der 1417 geplanten, aber nicht zustande gekommenen Kaiserkrönung ließ er ein großes, erst am Tage der Kaiserkrönung in Gebrauch kommendes, zweiseitiges Münzsiegel stechen. In der überlieferten Bestellung dieses Siegels wird ausdrücklich der „imperialis aquila habens duo capita" verlangt, und zwar erscheint er sowohl im Schild auf der Vorderseite an Stelle des bisher einfachen Adlers, als auch als Siegelbild der Rückseite frei im Felde. Hier tritt auch zum erstenmal der Nimbus um die Köpfe des Adlers auf.

Von nun an war es Regel, daß der Kaiser den doppelten, der König den einfachen Adler zu führen hatte.

Allerdings läßt sich das königliche Wappen in dieser Form nur bis nach Rudolf II. in Siegeln nachweisen.

Die Umwandlung des einfachen in den doppelten Adler vollzog sich gleichzeitig auf den kaiserlichen Heerfahnen, mit Ausnahme der seit dem 14. Jh. dem Hause Württemberg als Erbbannerherrn zustehenden Reichssturmfahne, die bis zum Ende des Reiches einen einköpfigen Adler trug (s. unten S. 91: Amtswappen: Württemberg).

Das deutsche Reichswappen mit dem Doppeladler selbst unterlag seit dieser Zeit keiner wesentlichen Veränderung mehr.

Dagegen mußte sich der Adler im kaiserlichen und königlichen persönlichen Wappen die unschöne Auflegung eines Brustschildes gefallen lassen.

Zuerst unter Friedrich III., zu Ende seiner Regierung, wurde der österreichische rote Schild mit dem silbernen Balken („Binde") aufgelegt. Der Brustschild wurde im Laufe der Zeit, um alle Erbländerwappen, die bisher im Kranz um den Adler gestellt waren, darauf zu vereinigen, immer umfangreicher, so daß schließlich nicht viel mehr als die Köpfe, Flügelspitzen, Fänge und Schwanz des Doppeladlers hervorsahen.

Dazu kam im 18. Jh. die Beigabe von Ordensketten, ferner von Zepter und Schwert in den rechten, des kreuzgeschmückten Reichsapfels in den linken Fang des Adlers, um das unschöne Aussehen des Wappens zu vermehren.

b) Österreich-Ungarn.

Literatur: H. G. STRÖHL, Österreichisch-Ungarische Wappenrolle. Wien 1890 u. Nachtrag 1900.

Nach Auflösung des alten Reiches übernahm das Kaisertum Österreich-Ungarn das bisher geführte kaiserliche Wappen, löste aber den Brustschild in seine Bestandteile wieder auf, so daß ein kleinerer Brustschild das zweifach gespaltene Wappen trägt: vorn in Gold den blaugekrönten roten Löwen (Habsburg), in der Mitte in Rot die weiße „Binde" (Österreich), hinten in Gold einen roten Schrägbalken, belegt mit drei silbernen gestümmelten Adlern (Lothringen). Diesen Brustschild umgeben die österreichischen Hauptorden mit ihren Ketten und Bändern.

Die übrigen Länderwappen sind als einzelne, von entsprechenden Rangkronen überhöhte Schilde auf Flügeln und Schwanz des Adlers verteilt.

c) Deutschland.

Literatur: H. G. Ströhl, Deutsche Wappenrolle. Stuttgart 1897. Fol.

Das neue deutsche Reichswappen knüpft an das des alten vor 1400 an. Es besteht in dem einköpfigen schwarzen Adler mit rotem Schnabel und roten Fängen; über dem Haupte schwebt die neue deutsche Kaiserkrone[41]); auf der mit der Kette des preußischen Hohen Ordens vom Schwarzen Adler umschlungenen Brust liegt der preußische Wappenschild: in Silber ein schwarzer, königlich gekrönter Adler mit goldenem Schnabel und goldenen Fängen, von denen der rechte das preußische Königszepter, der linke den Kreuzapfel hält. Auf die Brust dieses Adlers ist der Hohenzollernschild, von weiß und schwarz geviert, gelegt.

Im Gegensatz zum persönlichen Wappen des Deutschen Kaisers wird der „Reichsadler" nicht in einen Schild gesetzt.

Das kaiserliche Wappen gleicht dem des Reiches, nur ist der Adler in ein goldenes Feld gestellt, ihm fehlt die Kaiserkrone über dem Haupt und die Ordenskette um die Brust des Adlers. Überhöht ist der Schild von der genannten Kaiserkrone.

Den Reichsadler im Schild in der beschriebenen Form dürfen neben dem Kaiser nur die Reichsbehörden führen, als Warenstempel usw. darf nur der Reichsadler ohne Schild verwendet werden.

d) Deutsche Bundesstaaten.

Über Entwickelung und Gestaltung der Wappen der deutschen Bundesstaaten bietet obengenanntes Werk von Ströhl äußerst wertvolle und sachkundige Übersicht und Belehrung.

Als Monographien über einzelne Wappen der deutschen Bundesstaaten sind u. a. zu nennen:

Preußen: L. v. Ledebur, Streifzüge durch die Felder des Königl. Preußischen Wappens. 1842. — M. Gritzner, Landes- und Wappenkunde der Brandenburgisch-Preußischen Monarchie. Berlin 1894. — M. Gritzner, Das Brandenburgisch-Preußische Wappen. Geschichtliche Darstellung seiner Entwickelung seit dem Jahre 1415. Berlin 1895.

Bayern: K. Primbs, Die Entwickelung des Wittelsbachischen Wappens von Herzog Otto I. bis Kurfürst Max III. Joseph, 1180—1777, AZ. VIII, 247—269.

Sachsen: M. Gritzner, Geschichte des Sächsischen Wappens, Vjschr. f. Wappenkunde usw. Berlin 1901—1902.

Württemberg: M. Bach, Zur Reform des Königl. Württembergischen Wappens, in: Der Deutsche Herold XXV (1894) Nr. 9. — A. v. Alberti, Württembergisches Adels- und Wappenbuch, I. Bd. Stuttgart 1898. S. V—XIV: über das Wappen von Württemberg.

Baden: E. Heyck, Urkunden, Siegel und Wappen der Herzöge von Zähringen, 1892. — K. Frhr. v. Neuenstein, Das Wappen des Großherzoglichen Hauses Baden in seiner geschichtlichen Entwickelung. Karlsruhe 1892.

Mecklenburg: C. Teske, Die Wappen der Großherzogtümer Mecklenburg, ihrer Städte und Flecken. Görlitz 1885.

---

41) S. unten III: Rang- und Würdezeichen: neue deutsche Kaiserkrone.

Hessen: HOFFMEISTER, Entwickelung des Kurfürstl. Hessischen Gesamtwappens. Kassel 1844.
Braunschweig: H. BÖTTCHER, Das Braunschweigisch-Lüneburgische Wappen, Hannover 1861.
— H. GROTE, Geschichte des Welfischen Stammwappens. Leipzig 1863.
Nassau: H. v. GOECKINGK, Geschichte des Nassauischen Wappens. Görlitz 1880.

Deutsche Städtewappen wurden durch folgende Veröffentlichungen bekannt: OTTO HUPP, Die Wappen und Siegel der deutschen Städte, Flecken und Dörfer. Frankfurt a. M. 1896ff. 2 Bde. = 10 Hefte. — M. GRITZNER, Deutsche Städtewappen. Frankfurt a. M. 1891. 10 Tafeln.

e) Rußland.

Literatur: Vierteljahrschrift f. Heraldik usw. X (Berlin 1882): v. KÖHNE, Das Kaiserlich Russische Reichswappen, und „Der Deutsche Herold" XIV (1883). S. 56ff.; v. KÖHNE, Das Kaiserlich Russische Reichswappen nach der neuesten Feststellung.

Das älteste russische Wappen ist das der Dynastie Rurik, später zugleich das des Großfürstentums Moskau: in Rot ein auf silbernem Rosse daherspringender Reiter (d. i. der Zar, nicht St. Georg) in silberner Rüstung, den unter ihm liegenden schwarzen Lindwurm mit der Lanze durchbohrend. Dieser Schild wurde als Brustschild dem nach dem Untergang des Byzantinischen Kaisertums übernommenen Doppeladler des Oströmischen Reiches aufgelegt.

Als nächster Verwandter und Erbe der Paläologen führte Großfürst Iwan Wassiljewitsch am Ende des 15. Jhs. (1495) in seinem Siegel zuerst dieses Wappenbild, dessen Farben aus dem ursprünglich goldenen Doppeladler auf rotem Grunde in die heutigen des schwarzen Adlers in Gold verwandelt wurden.

Wie bei dem Wappen von Österreich sind die Wappen der Kronstaaten auf Flügeln und Schwanz des Adlers verteilt, ferner die Hauptorden mit ihren Ketten und Bändern um den Mittelschild gehangen.

f) Frankreich.

Die sogenannten „Bourbonischen Lilien" treten schon im Anfang des 12. Jhs. als Wappen der französischen Herrscher auf: in blauem Felde schräg in Reihen angeordnete goldene Lilien, zunächst beliebiger Anzahl, bis sie später auf drei beschränkt wurden, von denen oben zwei, unten zwischen ihnen eine Lilie sich befinden.

Die Revolution von 1789 räumte auch mit diesem Wappen auf und setzte als allgemeines Zeichen der Nation die Trikolore blau-weiß-rot in senkrechter Teilung ein. Das Kaiserreich unter den Napoleoniden hatte in den blauen Felde einen goldenen, noch stilisierten, liegenden Adler mit halbgeöffneten Flügeln und einem goldenen Donnerkeil in den Fängen angenommen. Als Wappen führte die Republik im blau-weiß-rot pfahlweise geteilten Schilde und zwar im mittleren weißen Felde die goldenen Buchstaben „R. F." (république française). Über dem Schild ruht die rote phrygische Mütze.

Erst 1896 wurde amtlich das neue Wappen der Republik festgestellt: ein goldenes Liktorenbündel mit stählernem Beil, um dessen Schaft sich ein blaues Band schlingt, das in goldenen Buchstaben die Worte „Honneur", „Patrie" trägt. Hinter dem Bündel kreuzen sich je 5 französische Fahnen an goldener Lanze. Umgeben wird das Bündel von einer genauen Darstellung des Bandes der Ehrenlegion. Das ganze Gebilde umgibt rechts ein Eichen-, links ein Lorbeerzweig, deren Enden sich unten kreuzen. (Vgl. D. Dtsch. Herold 1896, S. 181.)

Über die Staatenwappen Europas und der übrigen Welt belehren außer den entsprechenden Abteilungen des (oben Abschn. I, 2 angeführten) SIBMACHERschen Wappenbuchs noch folgende Werke:

H. G. STRÖHL, Heraldischer Atlas (s. o. I, 1). — F. HEYER v. ROSENFELD, Die Staatswappen der bekanntesten Länder der Erde. 10. Aufl. Frankfurt a. M. 1895. — A. GRENSER, Die National- und Landesfarben von 130 Staaten der Erde. Mit historischen Erläuterungen und für dekorative Zwecke zusammengestellt. Frankfurt a. M. 1877.

III. Wappenkunst.

Literatur: MAX GRITZNER, Handbuch der heraldischen Terminologie, enthaltend zugleich die Hauptgrundsätze der Wappenkunst. Nürnberg 1890. (Als Band I, 2 des SIBMACHERschen Großen und Allgemeinen Wappenbuchs.) — R. v. RETBERG, Geschichte der deutschen Wappenbilder. 1888.

Nach den historischen Entwickelungsreihen der Heraldik, wie sie die drei Kapitel des zweiten Abschnittes vorführten, ist nun an die Spitze des letzten, der sich mit dem Wappen und seinen Teilen, also mit der Wappenkunst, beschäftigt, die Frage zu stellen: Was ist ein Wappen? Denn erst nach der Behandlung der Frage: wie sind überhaupt Wappen entstanden, läßt sich eine Definition von ihrem rechtlichen und dinglichen Wesen geben.

Die verschiedensten Ansichten und Definitionen sind in der heraldischen Literatur hervorgetreten. Am bekanntesten und prägnantesten sind die von v. SACKEN und WARNECKE. Ersterer definiert (Katechismus a. a. O.):

„Wappen sind bestimmte, nach gewissen Grundsätzen und Regeln verfertigte Bilder, die von Personen oder Körperschaften als eigentümliche, bleibende Abzeichen und mit einer besonderen Berechtigung geführt und gebraucht werden."

Kürzer noch bei WARNECKE in seinem Handbuch (a. a. O.):

„Wappen sind bleibende, nach bestimmten Regeln festgestellte Abzeichen einer Person, Familie oder Körperschaft."

Ein frei und willkürlich gewähltes symbolisches Bild oder Abzeichen wird demnach erst zu einem heraldischen, wenn es in eine Schildform gestellt, mit bestimmten Farben versehen und in festgelegter Gestaltung als bleibendes Abzeichen vererbt wird. Dies ist die Regel, wenn es auch häufig vorkommt, daß das Wappenbild, besonders Tiergestalten, außerhalb einer Schildform frei im „Felde" d. h. auf beliebigem Untergrunde erscheint (z. B. der Reichsadler), ohne daß dadurch die Eigenschaft als heraldisches Bild verloren geht.

Jedes Wappen besteht nun seit der Blütezeit der Heraldik aus zwei Hauptstücken, es sind der Schild (Mehrzahl: die Schilde) und der Helm. Diese können jedes mit ihren Abzeichen getrennt in Siegeln und auf Denkmälern vorkommen, für gewöhnlich aber findet man beide vereinigt, und zwar meist so, daß der Helm oben über dem Schilde angebracht ist. Das ist die gewöhnliche Stellung, sie entspricht ja auch genau dem wirklichen Gebrauch der Stücke durch seinen Besitzer.

1. Der Schild.

Es ist für das Verständnis der heraldischen Kunstsprache[42]) von wesentlicher Bedeutung, sich bei den dargestellten Wappen stets den Träger der Waffen hinter ihnen zu denken. Stellt sich dieser uns mit geschlossenem Visier und vorgehaltenem Schild von vorn zum Kampfe entgegen, so werden Schild und Helm mit seinem Kleinode genau senkrechte, gerade Stellung einnehmen, um keinen Körperteil ohne Deckung zu lassen. Andererseits, reitet oder geht ein solcher Krieger an uns vorbei, so wird er in der Bewegung den Schild nach vorn geneigt halten; der Helm und sein darauf fest angebrachter Schmuck (s. unten) erscheinen ebenfalls nach der Bewegungsrichtung gedreht. Daraus ergeben sich nun von vornherein die wichtigen praktischen und ästhetischen Anforderungen bei der Wappendarstellung, daß 1. unter einem von vorn gesehenen Helme meist ein senkrecht gestellter Schild, 2. unter einem nach einer Seite gedrehten Helme ein schräg gestellter, nach derselben Seite zu geneigter Schild angebracht werden.[43]) In späterer Zeit kommen aber auch vielfach Abweichungen hiervon vor.

---

[42]) Vor allem bei den gerade umgekehrt, wie geläufig, gebrauchten Bezeichnungen: rechts, links, vorn und hinten, von denen sich „rechts" und „vorn", „links" und „hinten" als identisch decken.

[43]) Da man das Wappenbild indessen nur sieht, wenn der Krieger, dem Beschauer die linke Seite mit dem vom linken Arm gehaltenen Schilde zukehrend, vorbeischreitet oder -reitet, so kann diese linksseitige Ansicht des Trägers mit dem nach vorn zu geneigten Schilde und dem nach der gleichen Richtung gedrehten Helme, kurz also die (heraldisch) rechte Richtung beider für die Wappendarstellung allein in Betracht kommen. Eine Ausnahme bildet die linksgekehrte Stellung des Schildes, wenn das ganze Wappen im Spiegelbild erscheint (Alliancewappen, Stifterwappen usw. [s. u.]).

III. Wappenkunst.

Aus der Haltung des Schildes durch den Träger erklären sich ferner die Bezeichnungen des Schildrandes und die Wertbedeutung für die Wappenerklärung. Da der Schild am linken Arm getragen wird, führt ihn der Träger bei der Abwehr feindlicher Geschosse so nach vorn, daß der rechte Rand vor die rechte Schulter und der linke an die linke Seite zu stehen kommt. Daher wird ersterer die rechte, der zweite die linke Seite des Schildes genannt; oben und unten des Schildes ergibt sich von selbst. Damit hängt dann auch der Vorzug der rechten vor der linken Seite, des oberen vor dem unteren Teile des Schildes zusammen, gleich der größeren Bedeutung des rechten Armes und des Kopfes des Schildträgers. Deshalb auch werden die auf dem Schilde dargestellten Bilder, soweit sie aus der Natur hergenommen sind, vor allem Tiere, immer nach dem rechten Rande zu, also dem Feind entgegen in entsprechender Kampfesstellung gerichtet sein, wie auch die Fahnenbilder auf der rückwärts flatternden Fahne ebenso nach dem Fahnenstock zu gerichtet, dem Feinde entgegendräuen. Berechtigte Ausnahmen kommen in späterer Zeit bei besonderen Fällen vor, z. B. bei Alliancewappen (s. u.).

a) Schildform.

Die Form des Schildes ist der jeweiligen Mode stets unterworfen gewesen. Die ersten mit Wappen geschmückten Schilde — denn die früheren, mit mannigfaltigem Metallbeschlag verzierten fallen natürlich für die heraldische Betrachtung fort — waren folgende:

1. Im 12. und in der ersten Hälfte des 13. Jhs. der große unten spitz auslaufende, gewölbte, den ganzen Krieger verdeckende lange dreieckige Schild (Normannenschild).

2. In der zweiten Hälfte des 13. und im 14. Jh. werden die immer noch spitz zulaufenden Schilde kleiner, das untere Ende wird verkürzt, die Form ist die eines fast gleichseitigen Dreiecks (Dreieckschild, frühgotisch).

3. Im 15. Jh. werden sie unten abgerundet, so daß ihre Form ein längliches Rechteck mit unten angesetztem Halbkreis bildet (halbrunder Schild, spätgotisch).

4. Daneben werden die Stechschilde (Tartschen, ebenfalls spätgotisch), besonders bei den Turnieren gebraucht, fast mit gleichem Längs- und Querdurchmesser, an den seitlichen Rändern geschweift und besonders am rechten Schildrand zum Einlegen der Lanze mit einem rundlichen Ausschnitt versehen.

Das Wort „Tartsche" ist germanischen Ursprungs. Aus dem angelsächsischen und altnordischen targa Schild, eigentlich Schildrand, wurde französisch targe, italienisch targa gleich Schild. Hieraus machte der Deutsche dann Tartsche, der Pole tarcza, während das demselben Stamm angehörende althochdeutsche zarga und mittelhochdeutsche zarge, gleich Seiteneinfassung, in der alten Bedeutung daneben fortbestand."[44])

5. Der Renaissanceschild im 16. bis 17. Jh. zeigt in seinen Formen bereits Spuren des Verfalls. Er hat die unter 2 bis 4 beschriebenen Schildformen zu einer neuen vereinigt, deren Rand durch eigenartige Ausbuchtungen und Verschnörkelungen mehr dekorativ-ornamental bereits behandelt wird.

Später nahm der Schild die willkürlichsten, ganz dem herrschenden Stil angepaßten Formen an, wenn man ihn zum Schmuck eines Gebäudes, eines Hausgerätes oder dgl. gebrauchte. Man findet ovale, runde, am Außenrand mit allerlei Verzierungen versehene, der ehemaligen Bedeutung als Schutzwaffe selbst ganz entkleidete Schildformen (Cartouchen), zumal in den Zeiten des Barocks und des Rokokostils. Auch der Zopfstil brachte neue, aber ebenso unhistorische, wenn auch einfachere Formen hervor. Für Frauenwappen war auch eine rautenförmige Schildform seit dem 16. Jh. beliebt.

---

44) F. Kluge, Etymolog. Wörterbuch d. Deutschen Sprache. 4. Aufl. (1889.) — Vgl. d. Dtsch. Herold XX (1889) S. 164/5.

Die gotischen Schilde erscheinen meist gelehnt d. h. zur Seite geneigt und zwar, wie oben bereits ausgeführt, gewöhnlich nach heraldisch rechts. Steht jedoch auf dem Schild mehr als ein Helm, so darf jener nicht geneigt werden.

Der Stoff des im praktischen Gebrauch befindlichen Wappenschildes war leichtes Holz (nicht, wie oft gemeint wird: Metall). Die Oberfläche war bemalt oder mit gewebtem Stoff oder Leder überzogen und dann bemalt. Die Figuren darauf wurden mit Metallbeschlag (Nägeln) befestigt, wenn sie plastisch ausgeschnitten und aufgelegt waren.

b) Schildfarbe.

Die Vorderseite des Schildes, kurz bezeichnet die Schildfläche, oder in Wappenbeschreibungen: das Feld, kann verschiedenartig bunt verziert sein. Man unterscheidet zwei Arten: 1. ganz einfarbige Schilde, die entweder ohne Bild bleiben (ledige Schilde) oder mit Bildern von kontrastierender Farbe geschmückt sind; 2. zwei- oder mehrfarbige Schilde, in denen die durch verschiedenartigste Abteilungen mit von Rand zu Rand durchlaufenden, geraden oder krummen Linien gebildeten Teile (Plätze) kontrastierend gefärbt sind.

Als Schildfarben galten und gelten folgende vier: rot, blau, grün und schwarz. Es sind die ungebrochenen, d. h. ohne Mischung entstandenen Grundfarben. Silber (weiß) und Gold (gelb) werden Metalle genannt.

Zu späterer Zeit hat man den Farben eine bestimmte Vorzugsrangordnung gegeben, nach der die mit mehr oder weniger bevorzugten Farben ausgestatteten Wappen eingeschätzt wurden. Doch ist das eine heraldische grundlose Spielerei, die u. a. im Tractatus des Saxoferrato (s. oben I, 3) zuerst auftaucht. Vielmehr sind alle Farben in ihrem Werte gleich.

Ein von Anfang an geltender und meist auch praktisch durchgeführter Grundsatz bei Anwendung mehrerer Schildfarben ist der: „Es soll Farbe nicht auf Farbe, Metall nicht auf Metall zu stehen kommen, sondern nur Farbe auf Metall oder umgekehrt."

Diese Regel ergibt sich ohne weiteres aus praktischen und ästhetischen Gründen, die hierbei untrennbar zusammenwirken. Das unterscheidende Bild sollte möglichst weithin sichtbar und erkennbar sein. Farbe und Metall sollen wie Licht und Schatten bei einem Bilde wirken. Abweichungen von dieser Regel beruhen meist auf chemischen Veränderungen der Farben in den Malereien der älteren Zeit.[45]) In der Regel werden daher in einem Wappen nur eine Farbe und ein Metall zu finden sein. Jede weitere Farbe im Schild galt als Minderung des Wertes.

Aus der Beschränkung auf die genannten wenigen Farben und Metalle ergibt sich auch, daß man Bilder aus der Natur mit einer Farbe versah, die der Naturfarbe am ähnlichsten kam.

Z. B. beim Löwen; er wurde naturgemäß golden (gelb) gefärbt. War er aber in ein goldenes Feld gestellt, so konnte er nach obiger Regel keine goldene (gelbe), naturgemäße Farbe behalten. Man wählte daher Rot (Mennige oder Zinnober), welches am ersten der Naturfarbe nahe kam, oder Schwarz, wie die Panther in der Wirklichkeit sind. Aber auch blaue und weiße Löwen gibt es in der Heraldik, eine Färbung, die sich durch die massenhafte Anwendung gerade dieses Tieres zur Unterscheidung erklärt.

c) Farbenbezeichnung.

Zur Bezeichnung der Farben bei einfachen schwarzen Umrißzeichnungen dient die Schraffierung, die seit Beginn des 17. Jhs. in Anwendung kam.

Vorher bediente man sich anfangs der Buchstaben, später auch der Planetenzeichen, und zwar das der Sonne für Gold, des Mondes für Silber, des Mars für Rot, des Jupiter für Blau, des Saturn für Schwarz, der Venus für Grün und des Merkur für Purpur.

---

45) Z. B. wurde Silber durch Oxydierung leicht schwarz oder bläulich; das Gold, welches mit Rot (Mennige) unterlegt werden mußte, blätterte ab und ließ nur die rote Grundfarbe zurück.

Als Erfinder der **Schraffierung** bezeichnet man Vulson de la Colombière (um 1600), jedoch ist erst später im J. 1638 die heute noch übliche Form der Schraffierung von dem Jesuiten Silvester a Petra Sancta zuerst systematisch angewandt und durch die weitverbreiteten „Gesprächsspiele" (1643) des Nürnberger Patriziers Georg Philipp Harsdörffer in Deutschland bekanntgemacht worden.

Die Schraffierung wird mittels verschieden gerichteter, dicht nebeneinander gezogener Striche und Punkte hergestellt, und zwar:

I. Farben:
- Rot = senkrechte Striche.
- Blau = wagerechte Striche.
- Grün = schräge, von (heraldisch) rechts oben nach links unten gezogene Striche.
- Schwarz = senkrechte über wagerechte gezogene Striche.

II. Metalle:
- Gold = mit Punkten besätes Feld oder Bild.
- Silber = bleibt weiß, ohne Punkte oder Striche.

Für Gold und Silber kann auch gelb bzw. weiß heraldisch angewendet werden. Die Schraffierung ist ebenso.

Außer diesen Farben und Metallen, jedoch nicht als Schildfarbe, sondern nur an Mänteln, Kronen, Hüten usw., und zwar in spätheraldischer Zeit erst, gilt Purpur als heraldische Farbe und wird durch schräglinke (also umgekehrt wie Grün!) Schraffierung ausgedrückt.

Bei der **Wappenbeschreibung** (Blasonierung — von blason = Wappen) werden meist die Anfangsbuchstaben jener heraldischen Farben angewendet (also B = Blau, R = Rot, Gr = Grün, Sch oder auch # = Schwarz, G = Gold oder Gelb, S oder W = Silber oder Weiß, Pp = Purpur).

Auf das im Anfang häufiger, später jedoch nur noch sehr selten angewandte **Pelzwerk** (Hermelin, Kürsch, Feh) statt der Farben und dessen heraldischer Bezeichnung kann hier nur verwiesen werden. (Vgl. Fürst HOHENLOHE, Das heraldische und dekorative Pelzwerk im MA. 2. Aufl. 1876.)

d) Wappenbilder.

Der Schild kann, wie schon kurz angedeutet, entweder ganz leer oder ledig, ferner durch Linien in „Plätze" geteilt sein oder aber Bilder aus der Natur enthalten. Die erste Gattung nennt man „ledige Schilde", die Linieneinteilung „Heroldsbilder", die Naturbilder „gemeine Wappenbilder".

Heroldsbilder unterscheiden sich von gemeinen Wappenbildern dadurch, daß letztere ohne Randberührung frei im Felde stehen, jene aber durch verschiedenartige Linien von Rand zu Rand gebildet werden.

Die ledigen bildlosen einfarbigen Schilde werden auch Wartschilde genannt; sie erscheinen besonders in fürstlichen und reichsständischen Wappen, um anzudeuten, daß in ihnen einst ein Wappenbild erwartet wird, nämlich das eines zu erwerbenden oder zu ererbenden Besitzes (s. unten g).

Verbindungen beider Arten von Bildern in einem Schild gehören nicht zu den Seltenheiten. In älterer Zeit bedeutet eine solche Verbindung die Zusammenschmelzung zweier Wappen zu einem, zumal wenn das eine durch Erbgang oder sonstige Veranlassung auf ein neues Geschlecht überging. Z. B. ist der bekannte quer rot- und weißgestreifte thüringisch-hessische gekrönte Löwe in weißem blauen Schild vielleicht so entstanden zu denken, daß auf den ursprünglich weißen Löwen im blauen Felde die roten Querbalken des ungarischen Wappens seit der Vermählung der ungarischen Königstochter, der heil. Elisabeth, mit dem Landgrafen von Thüringen gelegt wurden. Vgl. auch das alte Luxemburger Wappen mit dem roten Löwen auf silber-blau quergestreiftem Grunde.[46]

e) Heraldische Stilisierung der Figuren.

Was die gemeinen Wappenbilder betrifft, so werden sie in einer besonderen, von der natürlichen Gestaltung abweichenden Stilisierung wiedergegeben: d. h. man reduzierte die natürliche Erscheinung der Tiere, Pflanzen oder Himmelskörper

---

46) Untersuchungen über derartige früh vorkommende Wappenverschmelzungen wären recht verdienstlich.

auf die nötigsten, charakterisierenden Bestandteile und Merkmale, zum Teil auch mit gewisser Übertreibung der Einzelheiten, um die Bilder auf die Entfernung deutlich erkennbar zu machen und Verwechselungen der Figuren auszuschließen, wozu, wie bemerkt, noch die kontrastierende Farbe der Figuren und des Schildgrundes traten. Man verlängerte bei Tieren die Krallen, Hufe, Zähne, Zungen, Schnäbel usw., also ihre „Waffen" oder „Bewehrung", die noch durch andere Färbung vielfach hervorgehoben wurde. Den wilden Tieren gab man eine kampfbereite Stellung im Schilde, bei fliegenden Vögeln spreizte man die Flügel derart, daß die in verminderter Zahl gegebenen Schwungfedern einzeln zu sehen waren. Pflanzen und Bäume wurden auf möglichst wenig Blätter und Blüten beschränkt, die wiederum alle nebeneinander so sorgfältig über den Schild verteilt wurden, daß kein Teil den anderen überdeckte. Auch die einzelnen Blumen (vor allem Rosen und Lilien) bekamen eine besondere, vereinfachte heraldische Form. Sonne, Mond und Sterne erhielten eine typische, durch die mittelalterliche Auffassung ihrer Erscheinung festgelegte Gestalt (d. h. die Sonne mit Strahlen, der Mond meist als halber, wachsender, vielfach beide mit menschlichem Gesicht, die Sterne mit fünf bis sechs [seltener mit mehr] Zacken).

Über die Fülle der gemeinen Figuren, von denen außer den genannten am meisten Adler, Löwe, Hirsch, Pferd, Fische, dann auch Menschen und menschliche Körperteile gewählt werden, sowie über die technischen Bezeichnungen der „Ehrenstücke" oder Heroldsbilder[47]) (vor allem Spaltung, Teilung, Quadrierung oder Vierung, Pfahl, Balken, Schrägbalken, Sparren, Ständer, Kreuze u. a. kommen häufig vor) kann hier aus Raummangel ebensowenig gehandelt werden, wie über die heraldische Kunstsprache, über die das ausführliche Werk von M. GRITZNER (aufgeführt am Kopf dieses Abschnittes) genügenden und klaren Aufschluß bietet und die z. T. auch in den heraldischen Lehrbüchern (s. oben I, 1) aufgeführt sind.

f) Zusammengesetzte Wappen.

Zusammengesetzte Wappen, d. h. die Vereinigung zweier Wappen in einem Schilde, kommen schon im 13. Jh. auf. Wie angedeutet, ist diese Zusammenschweißung auf mannigfache Ursachen, wie Landerwerbung oder als Ausdruck eines Dienst- oder Vasallenverhältnisses, zurückzuführen. Sie geschah, ganz wie es die Natur der Wappenbilder mit sich brachte, durch Nebeneinanderstellen oder Aufeinanderlegen der Figuren in ein Feld oder mit Abteilung des Schildes in mehrere Plätze.

Besonders bei dem Staatswappen bildete sich, je mehr es späterhin rein dekorativer Natur wurde, das Aufhäufen von Wappenbildern der einzelnen Herrschaften in einem Schilde aus, so daß oft an 50 Wappen in einem solchen zu finden sind. Diese unschöne Wappenvereinigung entsprang dem Wunsche, die Anwartschaftsländer auch im Wappen, wie im Titel, vertreten zu sehen. Ihre Anordnung im Schild entspricht ihrem Range und ihrer Bedeutung für das Herrscherhaus: die bevorzugten Länderwappen werden entweder in den obersten Reihen, von der Mittellinie aus erst rechts dann links gezählt, angebracht oder als besondere Herzschildchen, oft überhöht von der passenden Rangkrone, auf die Mittellinie des Schildes gelegt. Das Staatswappen ist somit die symbolisierte Territorialgeschichte des Staates und seiner Ansprüche auf Erbländer.

Den einzelnen Feldern des Wappens entsprechend, sind über dem Schild die zu ihnen gehörigen Helme nebst ihren Kleinoden (s. u.) so angebracht, daß die zu den

---

47) Über ihren Ursprung siehe oben II, 1 u. 2.

bevorzugten Wappenfeldern gehörenden Helme in die Mitte gestellt werden und sich rechts und links die übrigen nach ihrem Range anschließen; jedoch werden nicht mehr als 10 Helme verwendet.

g) Amtswappen der deutschen Reichsfürsten.

Literatur: s. auch unten S. 94 unter d.

Als besondere Rangzeichen weltlicher Fürsten in Deutschland wurden im Schilde bestimmte Wappenbilder an bevorzugter Stelle angebracht: es führten die deutschen weltlichen Reichsfürsten ihren Reichsämtern entsprechend folgende Würdezeichen:

Erzkämmerer: Brandenburg: ein Zepter (golden in blauem Felde), seit 1466.

Erzmarschall: Sachsen: zwei gekreuzte rote Schwerter in schwarz über weiß geteiltem Schilde, schon 1371.

Erztruchseß: Kurpfalz, erteilt von Kaiser Karl V. 1544, abgenommen 1623 und Kurbayern im selben Jahre übertragen: ein goldener Reichsapfel[48]) in rotem Felde.

Erzschatzmeisteramt: Pfalz seit 1652, dann 1709 an Kurhannover abgetreten: eine goldene Kaiserkrone in rotem Felde.

Erbbanneramt: Württemberg: die Reichssturmfahne: in blauem Felde eine an roter Stange befestigte, gelbe, schrägrechtsgestellte Fahne mit dem schwarzen, einköpfigen Adler und gelbem Schwenkel, seit 1495.

Reichsobriststallmeisteramt: Anhalt: ein schwarzer Adler mit zwei goldenen Stäben in goldenem Felde, seit 1508.

Dagegen ist ein solches Amtszeichen nicht geführt worden vom Erzkanzler für Deutschland (Mainz), vom Erzkanzler durch Italien (Köln), vom Erzkanzler durch Gallien und Arelat (Trier) und vom Erzschenk (Böhmen). Auch für das Reichsoberjägermeisteramt, welches 1350 die Landgrafen in Thüringen, später 1470 Kurbrandenburg innehatte, ist ein Amtswappen nicht nachzuweisen.

War eine neue Kurwürde geschaffen, aber noch nicht mit einem Reichsamt verbunden oder war ein solches einem Kurstaat verloren gegangen, so führten die betreffenden Reichsfürsten als Anwartschaftswappen einen leerbleibenden (ledigen) Mittelschild; so z. B. Hessen-Kassel, seit 1803 Kurfürstentum, einen ledigen weißen Mittelschild im Wappen von 1803—1818, oder Pfalz, für welches seit 1648 eine neue Kur geschaffen war, bis zur Erteilung des Erzschatzmeisteramts (s. o.) von 1648—1652 einen leeren roten Mittelschild.

Die Wappen der Erzämter gingen z. T. auch als die der Reichserbämter durch Verleihung auf andere Familien über; z. B. erhielten die Erbmarschälle v. Pappenheim 1530 das Wappen des Erzmarschalls u. a. m. verliehen.

h) Frauenwappen.

Die Frauenwappen gehören zu den zusammengesetzten Wappen. In den ältesten Fürsten-Frauensiegeln[49]) heraldischer Zeit sieht man die thronende Fürstin in ihrem Ornat, zu deren beiden Seiten das Wappen ihres Gemahls und ihr eigenes Geburtswappen erscheint. In späterer Zeit wurden die Figuren der Damen in den Siegeln nicht mehr dargestellt, die beiden Wappen nunmehr einander zugeneigt abgebildet. Vielfach trat dann auch die Verschmelzung beider Wappen zu einem einzigen ein, und zwar so, daß dem meist mehrfeldrigen Geburtswappen der fürstlichen oder adligen Damen das Hauptwappenbild des Ehegatten in einem aufgelegten Herzschilde beigefügt wurde, oder auch ein quadrierter Schild die Hauptbilder der beiderseitigen Wappen aufnahm, wobei die des Gatten die bevorzugten Felder zugewiesen erhielten.

---

48) Mißverständlich aus zwei übereinander gestülpten Schüsseln enstanden, wie sie noch GRÜNENBERGS Wappenbuch als Erztruchseßzeichen zeigt.

49) L. v. LEDEBUR, Über die Frauensiegel des deutschen MA., Berlin 1859, und F. K. v. HOHENLOHE-WALDENBURG, Fünfzig mittelalterliche Frauensiegel.

i) Gegenüberstellung mehrerer Wappen, Alliancewappen.

Bei der Verwendung mehrerer Vollwappen auf Denkmälern, Grabsteinen, Bildnissen, die zu den in ihrer Mitte angebrachten Bildern (Heiligenbildern) oder Porträtfiguren in Beziehung gebracht sind, werden sämtlich die Wappenfiguren [50]) dem Bilde zugekehrt dargestellt, so daß demnach die Wappen auf der rechten Seite der dargestellten Person im Spiegelbild mit Schild, Helm und Kleinod erscheinen, gleich wie auf den „Stifterbildern" die Stifter und ihre Familien dem verehrten Bilde kniend zugewendet sind. Derselbe Fall tritt auch bei dem „Alliancewappen" eines Ehepaars ein, bei dem dann das Wappen des Ehemanns auf der heraldisch rechten Seite im Spiegelbild dem der Ehefrau entgegengeneigt erscheint. Da das Wappen die Person symbolisch vertritt, ist diese Höflichkeitsregel durchaus verständlich.

2. Der Helm.

Ebenso wie der Schild macht der Helm, bis auch er nur zum dekorativen Prunkstück herabsinkt, alle Stile durch, die von der Entwickelung des Wappenwesens an sich geltend machten; die erste Form ist der Topfhelm, der über den Kopf gestülpt wurde, anfangs noch das Gesicht, abgesehen vom Nasenschutz (Nasal), freiließ, dann aber bis auf die Augenschlitze und kleine Luftlöcher ganz geschlossen wurde. Dieser Helm ist rund, aber oben abgeplattet und umschließt nur den Kopf. Im 13., 14. Jh. tritt dann der Kübelhelm an seine Stelle, der nach oben hin gewölbt ist und, nunmehr auch den Hals verdeckend, bis auf die Schultern reicht. Im 15./16. Jh. kommt, besonders für die Turniere geschaffen, der Stechhelm auf, eine vornehmere, geschweifte Ausgestaltung des Kübelhelms, nach unten bis auf Brust und Rücken verlängert; der Nasenteil ist stark nach vorn zu einer Spitze vorgeschoben, von der aus nach unten zu senkrecht eine scharfe Schneide zum Abprallen der Lanzen läuft. Lediglich Turnier- und Dekorationshelm ist der sogenannte Spangenhelm, auch offener Helm (im Gegensatz zu dem geschlossenen Stechhelm, den wir oben als bürgerlichen Wappenhelm und Gegenstück zu dem adligen offenen Helm kennen lernten [II, 3]) bezeichnet. Bei diesem ist der Sehschnitt des Stechhelms zu einer breiten Öffnung erweitert und mit einem Gitterwerk von fünf bis sieben senkrecht laufenden Eisen-, auch Goldspangen, oft mit horizontalen Verbindungsspangen, vorn versehen und geschützt. Der Spangenhelm ist gewöhnlich dem Briefadel seit etwa 1530 in den Adelsbriefen zuerteilt (s. o. II, 3), auch ließen sich Uradlige diesen Spangenhelm vom Kaiser urkundlich verbriefen, wenn sie ihn, als ihnen gebührend, nicht bereits aus eigner Macht in ihr Wappen aufgenommen hatten.

In späterer Zeit wurde auch eine Unterscheidung mit der Zahl der Spangen an dem Helm in gekünstelter Weise dadurch gemacht: Der ganz spangenlose „offene" Helm wurde der „Königliche" genannt und findet sich auf den großen Majestätssiegeln des 18. und 19. Jhs. Je mehr Spangen der Turnierhelm hatte, desto geringer war der Rang des Geadelten. Doch ist diese Unterscheidung eine müßige heraldische Spielerei gewesen.

a) Helm und Schild.

Zum Topfhelm gehört der Normannenschild, zum Kübelhelm der Dreieckschild, zum Stechhelm der Dreieckschild und halbrunde Schild, vor allem aber die Tartsche, da beide in erster Linie Turnierwaffen sind; der Spangenhelm wird zu dem halbrunden verwendet.

In Wappenzeichnungen muß ein bestimmtes Größenverhältnis zwischen Schild und Helm mit Helmzier bestehen und zwar so, daß die Entfernung der obersten Helmzierspitze bis zur Mitte des Helmhalses gleich derjenigen von dort bis zur Schildspitze unten ist. Der Helm allein wird also an sich immer die Hälfte bis zwei Drittel des Schildes groß sein müssen. — Ferner ist zu beachten, daß der Helm fest auf dem oberen Schildrand oder bei gelehnten Schilden auf der oberen Spitze ruht, nicht schwebt.

---

50) Z. B. bei Ahnenwappen auf Grabsteinen, wie auf den bekannten Bronzeepitaphien der Kurfürsten Friedrich des Weisen und Johann von Sachsen von Peter Vischer in der Wittenberger Schloßkirche.

b) Helmkleinode.

Literatur: Fürst K. zu HOHENLOHE-WALDENBURG, Über den Gebrauch der heraldischen Helmzierden im MA. Stuttgart 1868.
C. v. LÖHER, Über der Helmkleinode Bedeutung, Recht und Geschichte (in Sitz.-Ber. d. Kgl. Bayr. Akad. d. Wissensch., philos.-philol.-hist. Klasse 1885. S. 147ff.).

Die genannten Helme werden erst heraldische, wenn sie mit einem „Kleinod" (Zimier) versehen wurden. Unter diesem versteht man seit dem 13. Jahrhundert einen auf dem Helm aufgerichteten figürlichen plastischen Gegenstand.

Zu Anfang des Wappenwesens waren, besonders bei den Heerführern, die Topfhelme mit dem auf der Stirnseite aufgemalten, aus dem Schilde wiederholten Bilde geschmückt. Im Kampfe aber wurde dann später der figürliche Aufputz auf dem Helme meist nur von den Fürsten getragen, wie die gleichzeitigen Miniaturen und Dichtungen ausweisen. Es geschah deshalb, um sie im Treffen vor den anderen herauszuheben und die Krieger zu seinem Schutze um sie zu scharen. Die Krieger selbst trugen bildlose Kampfhelme. Dagegen erscheinen auf allen bildlichen Darstellungen des 13.—15. Jhs., in denen Waffenspiele (Turniere) und festliche Aufzüge geschildert werden, sämtliche Krieger mit dem figürlichen Helmschmuck aufgeputzt. Solcher gehörte demnach mit zum Festschmuck des Kriegers, und daher weisen die Grabsteine von Rittern und Adligen neben dem Schilde stets auch den bildgeschmückten Helm auf.

Diese Kleinode oder Zimiere bestanden niemals aus kostbarem Material, sondern nur aus Holz, Pappe, Werg oder Stoff. Entweder waren sie plastische Wiederholungen des Schildbildes, oder die Schildfiguren wurden auf Hilfskleinoden, wie Schirmbrettern, Flügeln oder Hörnern angebracht. Aber auch frei erfundene, mit dem Schildbild gar nicht zusammenhängende Kleinode werden gebraucht. Meistens stimmen jedoch die Farben des Helmschmucks mit denen des Schildes überein.

Ausnahmen kommen natürlich vor und lassen in der älteren Zeit auf die Vereinigung zweier verschiedener Wappen schließen, bei der vom einen der Schild, vom anderen der Helm genommen wurde. Z. B. hat die Mark Brandenburg als böhmisches Lehen zu seinem Wappen mit dem roten Adler den Helmschmuck Böhmens, einen mit goldenen Blättern bestreuten Adlerflügel angenommen. So nahm auch die schwäbische und fränkische Linie der Hohenzollern statt der bisher als Helmschmuck geführten Pfauenfedern das 1317 von dem freien Herren Luithold von Regensberg in der Schweiz erkaufte Helmkleinod eines gelben Brackenkopfes mit rotem Ohr an zu dem alten weiß-schwarz gevierten Schilde.

Die Helmkleinode sind dem Wechsel auch in späterer Zeit viel mehr unterworfen als das einmal festgelegte Schildbild als dauerndes Familienzeichen. Sie konnten verkauft, vertauscht, abgetreten und abgesprochen werden. Vielfach bildet der Helmschmuck die einzige Unterscheidung von zwei sonst gleichen Wappen verschiedener Geschlechter oder wurde von jüngeren Linien eines solchen zum Unterschied von dem der älteren gewechselt.

Die Kleinode wurden mit Schrauben oder Schnüren an dem Helm befestigt. Zur Verdeckung der Verbindungsstellen dienten einmal wulstartige Stoffbinden (Wulst, Bausch oder Binde) in Kranzform herumgelegt, späterhin auch kleine Kronreifen (Helmkronen, nicht mit Rangkronen zu verwechseln), die ganz zu Unrecht bei allen adligen Wappen heute angebracht werden; — andererseits wurden durch die entweder vom Helmkleinod selbst (z. B. bei menschlichen Rümpfen und deren Gewändern) nach unten herab über den Helm fallenden Verlängerungen des Stoffes oder aber durch besondere, meist in den Kleinodfarben gehaltene Decken die Ansatzstellen der Kleinode unsichtbar gemacht.

c) Helmdecken.

Abgesehen von der ästhetischen Wirkung dieser **Helmdecken** waren sie in erster Linie aus dem praktischen Bedürfnis entstanden, die unter dem Stahlhelm sich entwickelnde unerträgliche Hitze zu mildern. Die Helmdecken sind als neuer Helmschmuck erst ein Erzeugnis des 14. Jhs. Aus dem ursprünglich eng anliegenden Tuch wird allmählich ein ausgezacktes Mäntelchen. Die Einschnitte werden mit Verlauf der Zeit immer tiefer gemacht, so daß förmlich ausgezackte Tuchstreifen entstanden, in der Folge in den verschiedensten Windungen sich verschlingend und als Blatt- oder Laubornamente den ganzen Schild bis zum Fuß umgebend. Die Decken hatten zunächst nur eine, willkürlich oder nach der des Helmkleinods gewählte Farbe; erst seit dem 15. Jh. erscheinen außen und innen verschiedene, denen des Kleinods entsprechende Farben und zwar meistens die „Farbe" außen, das empfindlichere „Metall" oder die entsprechende weiße oder gelbe Farbe innen.

Unter Karl V. findet man zeitweilig die ziemlich häufige Verwendung dreifarbiger Helmdecken gegen den bisherigen heraldischen Geschmack. Doch wurde dieser Gebrauch später wieder zugunsten zweifarbiger aufgehoben, bis dann gegen Beginn des 18. Jhs. wieder gelegentlich dreifarbige, bzw. zu jeder Seite verschiedenartig zweifarbige (sehr beliebt schwarz-golden bzw. rot-silbern) auftauchen.

d) Rang- und Würdezeichen.

Literatur: J. L. KLÜBER, [Über Einführung, Rang, Erzämter, Titel, Wappenzeichen und Wartschilde der Kurfürsten. Erlangen 1803.

Die heraldischen Rang- und Würdezeichen sind vor allem die **Rangkronen** oder **Hüte**, die an Stelle des Helmes gesetzt werden. Rangkronen kommen nur regierenden weltlichen und geistlichen Personen zu; die neuere Heraldik hat aber auch zur Bezeichnung des Adelsgrades besondere Rangkronen eingeführt.

1. Alte deutsche Kaiserkrone.

Die wichtigste Krone ist natürlich die alte deutsche Kaiserkrone.

Die noch in Wien im Kaiserlichen Kronschatz vorhandene, von Kaiser Konrad II. hinterlassene Krone süditalischer Herkunft, die bei der Aachener Krönung gebraucht wurde, ist zwar bei Wappendarstellungen nie zur Anwendung gekommen, mithin keine heraldische Rangkrone im eigentlichen Sinne.

An dieser Stelle sei eine kurze Übersicht über die von Karl dem Großen an gebrauchten Kronen gegeben: Karl der Große trägt auf dem Mosaik im Lateran ein goldenes mit blauem Stein oben verziertes breites Diadem, Konrad I. auf seinem Siegel einen Kronreif mit drei kleinen Blättern; unter Otto I. kommt die sog. Giebelkrone auf, die aus vier viereckigen länglichen Platten besteht und an den Schnittflächen mit kleinen runden Knöpfen oder Blättern verziert ist. Unter Heinrich III. ist sie mit einer Kappe versehen; diese Form erhielt sich unter seinen Nachfolgern. Lothar versah sie noch mit blattförmigen Anhängern zu beiden Seiten, Konrad III. mit Kreuzen statt der Blätter zu beiden Seiten und auf der Spitze der Kappe. Die viereckige Form wird allmählich rund gestaltet, die Krone scheidet sich mehr und mehr durch Erhöhung der Kappe mit Kreuz darauf von den darumgelegten runden vierblätterigen Kronreifen (Friedrich II.). Bei späteren Darstellungen von Königen tritt dieser Blätterreif für gewöhnlich allein als Krone auf (Rudolf I., Adolf, Albrecht). Die erwähnte, bei der Krönung gebrauchte Krone Konrads II. ist auf bildlichen Darstellungen, Miniaturen, Siegeln, Münzen usw. nie abgebildet worden.

Heraldisch zuerst verwendet ist die wohl auf Heinrich VII. zurückgehende kaiserliche Krone, die aus einem Blätterreif mit drei bis vier aufgesetzten Bügeln und bekrönender, kreuzgezierter Kugel besteht. Wir begegnen ihr im Anfang des 14. Jhs. und können sie bis tief in das 15. hinein verfolgen. Kaiser Friedrich III. führte dann eine, vor allem auf seinem Grabmal im Wiener Stephansdome herrlich dargestellte, komplizierte Krone ein, die drei von vorn nach hinten von einem zum anderen Schnittpunkt laufende, spitzgewölbte Reifen hat. Der mittelste trägt den Reichsapfel, die beiden seitlichen bilden den oberen Abschluß der geschlossenen Seitenkappen. Diese Krone ist dann 100 Jahre lang in Gebrauch, wird aber um 1570 seit Rudolf II. durch eine ihr ähnliche, bis an das Ende des Reiches gebrauchte Krone, die sogenannte Hauskrone, ersetzt, die sich als jetzige österreichische Kaiserkrone erhalten hat.

2. *Neue deutsche Kaiserkrone.*

Die für das neue deutsche Reichswappen angewendete, in Wirklichkeit nicht existierende Kaiserkrone ist mehr der alten Krone Konrads II. nachgebildet. Sie besteht aus vier größeren und vier kleineren, in ein Achteck gestellten, oben abgerundeten und mit Brillanten eingefaßten Goldplatten, in denen Kreuze und Adler aus Brillanten abwechseln. Über den größeren Platten erheben sich vier reich verzierte, oben mit dem kreuzgeschmückten Reichsapfel verbundene Bügel. Die Krone ist mit Goldbrokat gefüttert und mit zwei abflatternden, goldenen, ornamentierten Bändern versehen.

3. *Fürstenkronen.*

Die weltlichen Fürsten des Reiches trugen im ausgehenden MA. goldene, einfache, glatte oder mit Blättern verzierte, edelsteingeschmückte Reifen, die Kurfürsten auch bloße Purpurkappen.

Späterhin wurden diese Purpurkappen mit einem Aufschlag (Stulp) von Hermelin verbrämt und in der Form erhöht, auf der Mitte des flachen Oberteils noch mit einem Hermelinschwänzchen verziert. Diese Gestalt behielten die Kurhüte bis zum Ende des alten Reiches bei. Seitdem versah man sie mit acht (sichtbar fünf) perlenbesetzten Bügeln, oben mit dem Reichsapfel zusammengehalten, während der Fürstenhut nur vier (sichtbar drei) Bügel erhielt.

Die moderne, seit 200 Jahren in Deutschland gebrauchte Königskrone als heraldische Rangkrone ist ein Blätterreif mit acht aufgesetzten, perlengeschmückten Bügeln und abschließendem Reichsapfel. Sie wird auch — unberechtigterweise! — von Großherzögen geführt, während diesen und den Herzögen eine mit roter Kappe gefütterte Krone zukommt; die Kappe in der Herzogskrone reicht bis oben heran, die der Großherzöge nur bis zur Hälfte.

Von historischen Kronen sind die ungarische Stephanskrone (zusammengesetzt aus Diadem des 11. und Kappe des 9. Jhs.), die böhmische Wenzelskrone (aus Lilien ohne Bügel; aus dem 14. Jh.) und die eiserne (lombardische) Krone (ein mit Emailblumen verzierter Reif ohne Zinken, in dessen Innern ein eiserner Reif befestigt ist; aus dem 8. Jh.) von Bedeutung. Von ihnen werden die beiden ersten auch heraldisch verwendet bei den Wappen von Ungarn bzw. Böhmen.

4. *Geistliche Würdezeichen.*

Die heraldischen Rangzeichen der geistlichen Fürsten sind folgende:

1. Das päpstliche Wappen wird statt des Helmes überhöht von der päpstlichen Krone, Tiara, einer hohen, weißen, etwas ausgebauchten, runden, oben spitz zulaufenden Kopfbedeckung, die seit dem 14. Jh. erst die heutige Form hat, d. h. mit drei in Abständen übereinander befindlichen Kronenreifen und oben mit Kreuzapfel bekrönt. Zur Seite hängen zwei Bänder herab. Zwei hinter dem Schild schräggekreuzte Schlüssel, der goldene Binde- und der silberne Löseschlüssel, treten als weitere Rangabzeichen hinzu.

2. Das allgemeine bischöfliche Wappen ist entsprechend von der Bischofsmütze (Inful, Mitra) überhöht. Sie besteht aus einer schiffartigen, oben in zwei

Spitzen ausgehenden Bedeckung, die in älterer Zeit niedrig und mehr dreieckig geformt, dann höher und in der Mitte breiter wird, ferner an den Rändern mit perlen- und edelsteinbesetzten Borten verziert ist, mit hinten herabhängenden Bändern. Weitere Würdezeichen, zumeist gekreuzt, oder wenn nur eins, senkrecht hinter den Schild unter die Mitra gestellt, sind Schwert und Krummstab. Ersteres führten nur die reichsunmittelbaren geistlichen Fürsten als Zeichen des Blutbannes. Letzterer (Pastorale, Pedum) ist ein Stab mit einer schneckenförmig gekrümmten, reichverzierten Spitze; daneben tritt vielfach auch ein Kreuzstab mit zwei (beim Erzbischof und Patriarchen) oder einem Querarm (beim Bischof). Die Äbte führen diesen nicht.

3. Kardinäle, Erzbischöfe und Bischöfe gebrauchen für ihre persönlichen Wappen außer Mitra, Krummstab und Kreuzstab darüber noch besondere Hüte, welche niedrig und mit breiter, flacher Krempe versehen sind. Von diesen gehen zwei durchgezogene Schnüre nach unten ab, die sich verschlingen und am unteren Ende mit symmetrisch geordneten Quasten *(fiocci)* behängt sind. Farbe des Hutes und Zahl der Quasten bezeichnen den Rang:

a) Der Kardinal hat einen roten Hut mit 15 (1, 2, 3, 4, 5 von oben nach unten gezählt) Quasten in fünf Reihen auf jeder Seite.

b) Der Erzbischof einen grünen mit je 10 Quasten (1, 2, 3, 4) in vier Reihen.

c) Der Bischof sowie die Erzäbte mit bischöflichem Rang einen grünen mit je 6 Quasten (1, 2, 3) in drei Reihen.

4. Patriarchen führen einen grünen Hut mit je 5 Quasten, welche wie deren Schnüre mit goldenen Fäden durchwirkt sind. Eine Ausnahme bildet der Patriarch von Lissabon, der als besondere, vom Papst Clemens XII. verliehene Auszeichnung die päpstliche Tiara führen darf.

5. Die Prälaten der geistlichen Kammer (Vice-Camerlengo, Oberstthofmeister, Oberstkämmerer usw., von denen die beiden letzteren das Recht haben, das päpstliche Wappen in ihre Schilde aufzunehmen) einen violetten Hut mit je 10 roten Quasten.

6. Die apostolischen Protonotare einen violetten Hut mit je 6 roten Quasten.

7. Die päpstlichen Geheimen Kämmerer, Geheimen Kapläne und Hausprälaten einen violetten Hut mit je sechs violetten Quasten.

8. Die päpstlichen Ehrenkämmerer und Ehrenkaplane, sowie die Lauretanischen Canonici einen violetten Hut mit je drei violetten Quasten.

9. Die Ordensgenerale einen schwarzen Hut mit je 6 schwarzen Quasten, außer dem der Prämonstratenser, welcher dem Ordenskleid entsprechend Hut und Schnüre in weißer Farbe führt.

10. Die infulierten Äbte und Pröpste, die Ordensprovinziale und Titularprotonotare einen schwarzen Hut mit je 3 schwarzen Quasten.

Hervorzuheben ist noch, daß der Kardinal-Camerlengo der römischen Kirche während einer päpstlichen Sedisvakanz über seinem Wappen und Hut die gekreuzten päpstlichen Schlüssel und darüber einen rot-golden gestreiften großen Schirm, das sog. heilige Conopoeum führt.

5. *Adelige Rangkronen.*

Als Rangkronen des Adels hat die neuere Heraldik die mit verschieden zahlreichen, perlengeschmückten Zacken versehenen Kronenreife eingeführt, die niemals auf die Helme, sondern direkt auf den oberen Schildrand gesetzt werden. Die zum Wappen gehörigen Helme schweben unschönerweise über dieser Rangkrone. Die Grafen haben neun, die Freiherrn sieben und die Adligen fünf solche sichtbare Perlenzacken an diesen Rangkronen zu führen. Indessen wird die letztere Krone selten gebraucht, für die dann entweder die gewöhnliche Blätterhelmkrone oder auch unberechtigterweise die gefälligere Freiherrnkrone gewählt wird.

Städtewappen und Korporationen pflegen nur allein einen Schild zu führen, doch kommen für jene auch sog. Mauerkronen auf dem oberen Schildrand vor.

III. Wappenkunst. 97

Orden.

Vielfach werden auch Orden entweder direkt im Schild oder indirekt mit dem Wappen verbunden. Das geschieht, wenn ein Fürst oder Adliger einem Ritterorden, wie dem Johanniter-, Deutschorden, angehörte; das Geschlechtswappen wurde entweder auf das Ordenskreuz gelegt (beim Wappen eines Kommendators) oder das Kreuz in ein Herzschild des Wappens, oder aber auch durch Quadrierung des Schildes in das erste und vierte Feld gestellt (bei den Rechtsrittern). Der Besitz sonstiger Orden (z. B. Goldene Vliesorden, gestiftet 1429 von Herzog Philipp dem Guten von Burgund, der Hosenbandorden, gestiftet 1349 von Eduard Eduard III. von England u. a., wird durch Umlegung der Kette oder des Bandes mit dem anhängenden Ordenszeichen um den Schild herum ausgedrückt.

Vgl. M. GRITZNER, Handbuch der Ritter- und Verdienstorden. Leipzig 1892.

3. Heraldische Prachtstücke.

Zum Schluß noch kurz ein Wort über die sog. heraldischen Prachtstücke. Es sind dies

1. die Schildhalter,
2. Wappenzelte und Wappenmäntel,
3. Devisen oder Wahlsprüche.
4. Fahnen.

Es sind unwesentliche, bloß dekorative Beigaben, die ebensogut fortgelassen werden können.

1. Schildhalter erscheinen in mannigfachster Gestalt schon seit dem 14. Jh. (z. B. bei MARTIN SCHONGAUERS Kupferstichen mit Wappen). Meist sind es Menschen (aller Stände und Geschlechter), vor allem beliebt die halbnackten wilden Männer mit Keulen — oder Tiere, letztere auch öfters heraldisch stilisiert und vielfach ohne Rücksicht auf das Wappenbild gewählt. Die Schildhalter stehen gewöhnlich auf Rasenboden, Postamenten, Ästen oder Arabesken.

2. Wappenzelte oder -mäntel, eine französische Erfindung des ausgehenden 17. Jhs., sind mantel- oder vorhangartige Stoffdrapierungen um das Wappen von lediglich dekorativer Wirkung, oben und an den Seiten durch eine Schnur dreimal zu Knoten geschürzt, auf dessen mittlerem meist eine Rangkrone ruht. Die Farbe ist außen purpurn, rot oder blau, das Futter hermelin. Die Wappenzelte als Nachahmungen der Thronzelte kommen naturgemäß nur fürstlichen und einigen gräflichen Geschlechtern zu. Unter den europäischen Staatswappen fehlt ein solches Wappenzelt bei dem Wappen von England, Österreich-Ungarn, Spanien, Portugal, Hessen und Württemberg.

3. Devisen. Die Wahlsprüche treten bereits zu Beginn des 15. Jhs. im Wappenwesen auf. Sie werden in der Regel auf Zetteln oder Bändern unter dem Schild angebracht. Es sind kurze, frei gewählte Sinnsprüche, die auch gewechselt werden können. Preußens „Suum cuique" und „Gott mit uns", Hannovers „Suscipere et finire", Englands „Dieu et mon droit", Spaniens „Plus ultra" (schon von Kaiser Karl V geführte Devise), Mecklenburg-Schwerins „Per aspera ad astra" u. a. sind dagegen dauernd beibehaltene „Wappensprüche" der betreffenden Staatswappen.

4. Fahnen. Zu den heraldischen Prachtstücken sind zu guter Letzt noch zu rechnen die Fahnen, die hinter das Wappen gesteckt oder von Schildhaltern gehalten werden und für gewöhnlich die Schildfigur der Hauptwappen, besonders bei fürstlichen Wappen, in sich aufnehmen.

DEUTSCHE MÜNZGESCHICHTE.

Von Dr. Ferdinand Friedensburg in Breslau.

Vorwort.

Die Frage, wie man die „Numismatik" am zweckmäßigsten für die Einführung in das Studium der deutschen Geschichte nutzbar machen und darstellen soll, ist nicht ganz einfach zu lösen, mag man der Münzkunde die Rolle nur einer Hilfsdisziplin oder die eines selbständigen Zweiges der Geschichtswissenschaft zuerkennen. Im ersteren Falle würde es vielleicht genügen, nach Art der bekannten Handbücher für Sammler den werdenden Historiker darüber zu belehren, was eine Münze ist, welches ihre verschiedenen Erscheinungsformen waren und welche Einzelheiten dieser Erscheinungsform für die Würdigung des Ganzen in Betracht kommen, mag er dann selbst sehen, welche „Hilfe" sich aus diesem Wissen für seine Arbeiten gewinnen läßt. Aber diese Behandlungsweise würde ihrem Zweck nur unvollkommen dienen, denn das Beste zu tun bliebe dem Lernenden überlassen; notwendig erscheint daher eine Darstellung, welche selbst die Münze in Zusammenhang setzt mit der allgemeinen Geschichte, aufzeigend, wie deren Gang einerseits die Entwickelung der Münze beeinflußt hat, anderseits aber auch durch sie fortwährend eine eigenartige Beleuchtung erfährt. Daraus ergibt sich einmal, daß so viel Kenntnis der numismatischen Grundbegriffe vorausgesetzt werden muß, daß das Verständnis der Erörterungen über die Einzelheiten des Gepräges keinen Schwierigkeiten begegnet, sodann aber, daß die Geldgeschichte und die Geschichte des Rechnungswesens, für deren Verlauf noch andere Faktoren maßgeblich gewesen sind, nur insoweit in Betracht gezogen werden kann, als diese Dinge durch die Münze beeinflußt werden; für währungspolitische und andere theoretische Untersuchungen endlich ist hier ebensowenig Raum wie für die Medaille und das Papiergeld. Die Numismatik erscheint also im wesentlichen in Gestalt einer deutschen Münzgeschichte, ein Begriff, der sich jetzt allmählich zu klären beginnt.

Der deutschen Münzgeschichte geht es wie der deutschen Rechtsgeschichte: von Anfang an zeigt sie die Neigung, sich in eine Anzahl territorialer Münzgeschichten aufzulösen, und diese Neigung nimmt entsprechend dem Schwinden der Reichseinheit mehr und mehr zu, etwa bis zum Untergange der Hohenstaufen: dann erstarken die örtlichen Verschiedenheiten allmählich zu selbständigen Einheiten, die alsbald wiederum der Neigung zur Differenzierung verfallen. So ist denn auch der Begriff der deutschen Münzgeschichte im wesentlichen ideell. Aber wenngleich die ursprüngliche allgemeine Einheit immer nur zeitweise bestanden hat und die späteren territorialen Einheiten einem fortwährenden Wechsel unterworfen gewesen sind — jener Begriff läßt sich doch aufrechterhalten und verwerten, nur daß, wer das deutsche Münzwesen kennen lernen will, es im Münzwesen der Einzelstaaten suchen muß. Anderseits kann die numismatische Entwickelung der Territorien aber auch nicht anders verstanden werden als unter stetem Hinblick auf das allgemeindeutsche Münzwesen.

Die erforderlichen praktischen Kenntnisse in der Numismatik erwirbt man sich am besten durch Anlegung einer eigenen, wenn auch kleinen Sammlung und durch das Studium der in den öffentlichen Münzkabinetten verwahrten Stücke. Auch in der Numismatik ist es vor allem wichtig, sehen zu lernen; für diesen Zweck tun insbesondere mangelhaft erhaltene Münzen gute Dienste. Die größte Sammlung deutscher Münzen, namentlich in den Reihen des Mittelalters unübertroffen, ist die des Kaiser-Friedrich-Museums zu Berlin. Auch die landesherrlichen Kabinette von Dresden, München, Gotha, Braunschweig und Wien sind an deutschen Münzen reich und alle Provinzial- und größeren städtischen Museen sammeln wenigstens die einheimischen Gepräge. Von Universitätssammlungen sind hauptsächlich die in Leipzig und Rostock zu nennen, doch werden Vorlesungen über Numismatik zurzeit nur in Berlin, Breslau und Jena gehalten.

Abkürzungen.

M. = Münze
NZ. = (Wiener) Numismatische Zeitschrift
ZfN. = (Berliner) Zeitschrift für Numismatik
Bl. f. Mfr. = Blätter für Münzfreunde

ERSTER ABSCHNITT.
Bedeutung, Grenzen und Literatur der deutschen Münzgeschichte.

Die Bedeutung der Münzen für die Geschichtswissenschaft im weitesten Sinne ist bezüglich des Altertums längst allgemein anerkannt, weniger hinsichtlich des Mittelalters und der Neuzeit. Soweit das Mittelalter in Frage kommt, liegt die Ursache hauptsächlich in den Schwierigkeiten, die die Münzen selbst der Forschung bereiten. Ihre Gepräge entbehren mehr oder minder der bestimmten Bedeutung, sind vielmehr religiös, dekorativ und sonst allgemein gültig gehalten, auch fast stets in ihren Einzelheiten schwer zu enträtseln, und ihre Inschriften, soweit solche überhaupt vorhanden sind und einen Sinn geben, dienen nicht immer zu ihrer Bestimmung. Wird doch der Ursprung eines Geldstückes oft genug absichtlich und mit großer Kunst verheimlicht, so daß er selbst mit Hilfe der Münzfunde, die eines unserer wichtigsten Hilfsmittel bilden, nicht oder nicht genau festgestellt werden kann. Dazu kommt die Unsicherheit aller Einzelheiten, die irgendwie mit der Währung zusammenhängen: die Eigentümlichkeiten der Prägeweise erschweren die Gewichtsfeststellung, wie auch der Feingehalt fast nie sicher zu ermitteln ist, beides ebensowohl eine Folge der mangelhaften Technik der Vorzeit wie des Betruges der Münzherrn und ihrer Angestellten. Münzordnungen und Münzverträge stehen vielfach bloß auf dem Papier und lassen sich mit den vorhandenen Geprägen selten vereinen, die Nachrichten der Chronisten und Geschichtschreiber aber sind dürftig und bestehen fast nur aus Klagen über schlechtes Geld. Alles dies gilt in besonders empfindlichem Maße für Deutschland. Gleichwohl — vielleicht sogar: gerade deshalb — ist die Münze auch für das Mittelalter eine Geschichtsquelle allerersten Ranges. Sie liefert nicht nur Namen und Daten, sondern weist auch Beziehungen nach, über die wir anderweit nicht unterrichtet sind, und die insbesondere für die Rechts- und Wirtschaftsgeschichte große Bedeutung haben; daß namentlich die Geldgeschichte, auch die der Neuzeit, für die die Münze im übrigen beim Vorhandensein zahlreicher anderer und bequemerer Erkenntnismittel nicht mehr die gleiche Rolle spielt, der genauen Kenntnis der Münzen selbst nicht entbehren kann, bedarf eigentlich kaum der Hervorhebung. Ebenso klar ist aber, daß die Münze für weitere Zwecke nicht zu verwerten ist ohne vollständige Kenntnis ihrer Eigenart: die Numismatik ist also zunächst einmal eine eigene, selbständige Wissenschaft.

Die räumlichen und zeitlichen Grenzen der „deutschen" Münzen sind unsicher, streitig und fließend und für die Tätigkeit des Sammlers nicht notwendig dieselben wie für die wissenschaftliche Behandlung der deutschen Münzgeschichte. Für die letztere scheiden jedenfalls aus das vorgeschichtliche Rinder- und Ringgeld, wenn es auch in einigen Namen und ein paar Gleichungen mit dem Münzgeld bis in die neueste Zeit hineinreicht, ebenso die oft sehr bedeutenden Funde römischer Münzen in deutscher Erde, die nicht nur die bekannte Stelle des Tacitus von der Vorliebe der Germanen für römisches Geld, insbesondere *serrati* und *bigati*, bestätigen, sondern auch für die nächsten vier Jahrhunderte einen starken Umlauf dieses Geldes in Germanien dartun, wenngleich die Deutung der in den Volksrechten vorkommenden Münzbezeichnung „*saiga*" auf Säge: „*serratus*" unhaltbar ist (ZfN. Bd. II, S. 339), ein dauerndes Gedächtnis an die Münzen der Urzeit sich also nicht nachweisen läßt. Die von den barbarischen Stämmen ausgegangenen zahlreichen Gepräge (s. FORRER, Keltische Numismatik d. Rhein- und Donaulande, Straßburg 1908), darunter auch die wohl keltischen „Regenbogenschüsselchen", müssen den antiken Münzen, die sie größtenteils nachahmen, ebenso angefügt werden wie die Münzen, die die Römer selbst in heute deutschen Städten (Trier und Köln) oder zur Erinnerung an ihre Siege über die Germanen geschlagen haben. Ebenso endlich die Reihen der Sueven, Burgunden, Ost- und Westgoten, Vandalen und anderer Stämme, die ihre Reiche auf dem Boden des Imperium romanum errichteten. Auch die Merowinger gehören noch nicht eigentlich in eine deutsche Münzgeschichte, wenngleich der Sammler berechtigt ist, mit den wenigen Stücken, die sie in Köln, Mainz, Metz, Andernach, Pfalzel, Speier, Straßburg, Trier, Worms, Zülpich geschlagen haben, seine deutschen Reihen zu eröffnen. Streng staatsrechtlich genommen, würde man die deutsche Münzgeschichte mit der Bildung eines „Deutschen" Reiches anzufangen haben, aber selbst über die Frage, ob dieser Zeitpunkt schon mit dem Vertrage von Verdun, also mit dem Jahre 843, gegeben sei, läßt sich streiten. Vom numismatischen Standpunkte ist es jedenfalls unumgänglich, mit Karl dem Großen wenigstens einleitend zu beginnen, dessen Herrschertätigkeit auch auf diesem Gebiete lange fortgewirkt und die Entwicklung des deutschen Münzwesens auf Jahrhunderte hinaus bestimmt hat.

Schwieriger noch sind die örtlichen Grenzen zu ziehen, zumal der Umfang des Deutschen Reiches vielfachen Wechsel erfahren hat. Für die vorliegende Arbeit genügt die Feststellung, daß Böhmen mit seinen Nebenländern, insbesondere Schlesien, nicht zu Deutschland gezählt wird, daß man den außerordentlich münzreichen Niederlanden wie den aus dem Königreich Burgund erwachsenen Staaten eine numismatische Sonderexistenz zuerkennt, obwohl erstere ebenso stark unter deutschem Einfluß stehen wie letztere unter französischem, daß man in Rücksicht auf die heutige Gestaltung der Landkarte die in ihrem nördlichen Teile ganz deutsche Schweiz ebenso abtrennt, wie man das vom Münzwesen Frankreichs beherrschte Lothringen hinzunimmt. Alles das unbeschadet der vielfachen und mannigfaltigen Einwirkungen, die ohne Rücksicht auf die jeweilige politische Lage hinüber und herüber gespielt haben, nicht minder der wertvollen Analogien, die das Ausland der Betrachtung unserer Einrichtungen darbietet. Beides wird auch hier zu berücksichtigen sein. Daß die Grenzen der einzelnen Abschnitte, in die der gewaltige Stoff schon zwecks besserer Übersicht zerlegt werden muß, ebenfalls durchaus flüssig sind, bedarf kaum der Hervorhebung und wird sich in der folgenden Darstellung mehrfach offensichtlich zeigen.

Die Literatur zur deutschen Münzkunde ist außerordentlich zersplittert und infolgedessen überaus schwer zu übersehen: neben einer ganzen Reihe von Fachblättern und Monographien ist kaum eine der zahllosen provinziellen und lokalen Altertumszeitschriften, die nicht gelegentlich eine numismatische Arbeit, mindestens eine Fundnachricht brächte. Zusammenfassende, das ganze hier in Betracht kommende Wissensgebiet ausführlich behandelnde Arbeiten gibt es nicht, woran die Tatsache, daß wir auch keinen codex diplomaticus rei numariae besitzen, die Hauptschuld tragen dürfte. Die einzige groß angelegte Urkundensammlung zur deutschen Münzgeschichte: JOH. CHR. HIRSCH, Des Teutschen Reichs MArchiv, Nürnberg 1756f. ist insbesondere für das MA. völlig unzureichend, gleichwohl beruht auf ihr des Freiherrn VON PRAUN Gründliche Nachricht von dem Teutschen Mwesen älterer und neuerer Zeiten, Leipzig 1784, die ihrerseits wieder die Grundlage von HERMANN GROTES Übersicht der Geschichte des D. Geld- und Mwesens in Bd. I seiner Münzstudien (1857) bildet. J. LEITZMANNS Wegweiser auf dem Gebiete der D. Mkunde, Weissensee 1869, wird heute vielfach unterschätzt: er gibt eine Fülle von Nachweisungen und anderwärts schwer zu beschaffendem Stoff. Höher stehen allerdings die Traités de numismatique du moyen âge und n. moderne et contemporaine von ENGEL und SERRURE, Paris 1891f. und 1897, denen wir auch nur für die d. Mkunde kein Werk von gleicher Vertiefung an die Seite zu stellen haben. JOH. HEINR. MÜLLERS D. Mgeschichte, Leipzig 1860, ist nicht über den bis zur Ottonenzeit reichenden ersten Band hinausgelangt und gleich K. TH. EHEBERGS Buch: Über das ältere D. Mwesen und die Hausgenossenschaften, Leipzig 1879, durch die neueren Forschungen vielfach überholt Mehr mit den M. selbst als mit dem Mwesen beschäftigen sich F. FRIEDENSBURGS Die M. in der Kulturgeschichte, Berlin 1909, J. MENADIERS lehrreicher Führer durch das Kaiser-Friedrich-Museum und H. DANNENBERGS Grundzüge der Mkunde, 3. Aufl., Leipzig 1912, während A. LUSCHIN VON EBENGREUTH in seiner Allgemeinen Mkunde und Geldgeschichte des MA. und der Neueren Zeit München und Berlin 1904, zwar keine chronologisch zusammenhängende Darstellung, aber eine außerordentlich reiche Sammlung namentlich auch von urkundlichen Belegen und eine sehr sorgfältige Zusammenstellung der Literatur bietet. Sonst findet sich mgeschichtlicher Stoff in fast allen neueren Monographien, in weiterem Umfang insbesondere in den obenerwähnten Mstudien GROTES, namentlich seinen Sonderschriften über die M. von Münster, Osnabrück, Lippe, Berg, Jülich u. a., bei C. F. VON POSERNKLETT, Mstätten .. Sachsens in Mittelalter, Leipzig 1846, W. J. L. BODE, Das ältere Mwesen der Staaten ... Niedersachsens, Braunschweig 1847, F. A. VOSZBERG Gesch. d. preußischen M., Berlin 1843, F. FRIEDENSBURG, Mgeschichte Schlesiens (Cod. dipl. Sil. Bd. XII, XIII, XIX, XXIII), E. KRUSE, Kölnische Geldgeschichte bis 1386, Trier 1888, J. CAHN, Rappenmünzbund, Heidelberg 1901, und M. und Geldgeschichte von Straßburg 1895 und Konstanz 1911, endlich in M. BAHRFELDTS verschiedenen Schriften über niedersächsisches Mwesen. Auf diese Bücher wird hier ein für allemal verwiesen, damit im folgenden von Anziehung einzelner Stellen der Regel nach abgesehen werden kann. Da es Raumes halber nicht angeht, für jede Anführung Belege zu geben, wird hier auch allgemein auf die überaus zahlreichen, sich im wesentlichen auf die Feststellung von Ort und Zeit der Prägung beschränkenden Monographien über die Münzen der einzelnen Länder, Fürsten und Städte verwiesen, von denen die wichtigeren in DANNENBERGS oben erwähnten Grundzügen aufgeführt sind. Dieses Buch wird neben den Einführungen von KIRMIS, STÜCKELBERG und namentlich HALKE für den Sammler von Nutzen sein, dem zu weiterem Studium hier noch die zwar vielfach veralteten, aber immer noch klassischen Schriften von JOSEPH MADER sowie die verschiedenen Groschen-, Taler- und Dukatenkabinette empfohlen werden. Von den volkswirtschaftlichen Lehrbüchern kommen insbesondere K. LAMPRECHT, DWL. im MA., und JNAMA-STERNEGG, DWG. des MA., in Betracht.

ZWEITER ABSCHNITT.
Münzrecht, Gewichtssysteme, Zahlungsmittel, Münzbetrieb.

Literatur: BABELON, La théorie féodale de la monnaie, Paris 1908. — GROTE in s. Mstudien Bd. VIII, S. 38 u. 313. — CAHN in ZfN. Bd. XX, S. 156. — MENADIER ebd. Bd. XXVII, S. 158. — Pfund und Mark: HILLIGER in HVSchr. 1900, S. 161; SOMMERLAD in HdWbStW unter Mwesen, Mittelalterliches, u. dort Angeführte, auch CAHN, Konstanz S. 9. — Kaufkraft des Geldes: K. LAMPRECHT, DWL. Bd. II, S. 396; JNAMA-STERNEGG, DWG. III, 2, S. 465; AD. SCHAUBE, ZSozWG. Bd. V, S. 264. — K. H. SCHÄFER, Geldkurs im 14. Jahrh. (in: Ausgaben der apostol. Kammer unter Joh. XXII), vgl. ZfN. Bd. XXIX, S. 174.

Nach der staatsrechtlichen Theorie, die sich auf der Praxis Karls des Großen (s. unten) aufbaute, steht dem König allein das Münzrecht zu, und nur er vermag es weiter zu verleihen: „wir sprechen, daz alle zoelle unde alle müntze, die in römeschem riche sint, die sint eines römeschen kuniges, und swer si vil han, er sie pfaffe oder leige, der muz si han von einem roemeschem kunige unde von dem roemeschen riche" sagt der Schwabenspiegel. Nichtsdestoweniger sehen wir die alten deutschen Stammesherzoge von Schwaben, Bayern, Lothringen, Sachsen, Kärnthen von Anfang an in Besitz und Ausübung des Münzrechts, ohne daß sich auch nur eine urkundliche Verleihung erhalten hätte: sei es, daß das Münzrecht auch bei ihnen als ein Teil und Zubehör der angestammten Macht oder in die Amtswürde mit einbegriffen galt. Letzteres dürfte bei den Pfalz- und Markgrafen der Fall gewesen sein, auch bei den Reichs- und Landverwesern wie Bischof Salomon von Konstanz, der den jungen König Ludwig („das Kind") vertrat, und Bischof Brun von Köln, dem sein kaiserlicher Bruder die Verwaltung des erledigten Herzogtums Lothringen übertrug. Neben jenen weltlichen Herren gelangen seit Ludwig dem Frommen immer zahlreichere geistliche Fürstlichkeiten in den Besitz des gleichen Rechts (S. 113), und schon um 1000 hat es keinem Bischof gefehlt und vielen Äbten und Äbtissinnen zugestanden. Der Grund für diese Verleihung ist gemeinhin weniger die in den Briefen betonte „Frömmigkeit" der Verleiher als das Interesse des Königs, die nicht erbliche Zivilaristokratie der Geistlichen gegenüber dem Militäradel, den Fürsten und Herren, zu stärken. Die Geistlichen sind es dann auch, durch deren, wenn auch vielfach gewiß ungewollte, Vermittelung eine weitere Verallgemeinerung des Münzrechts stattfindet: die Grafen und Vögte, insbesondere die Vögte der Klöster, eignen sich mit anderen Hoheitsrechten auch das Prägerecht, das sie ursprünglich nur zu beaufsichtigen bzw. für ihre Machtgeber auszuüben hatten, mehr und mehr an.

Die Formen der Einrichtung einer neuen Münze bzw. der Verleihung des Münzrechts sind sehr mannigfach. Die einfachste und ursprünglichste besteht darin, daß der König bzw. Landesherr selbst eine Münze in einem Ort errichtet, wo sich vorher noch keine befunden hat, sie der Leitung seiner Beamten unterstellt und ihren Ertrag für sich behält. Auf der nächst höheren Stufe verleiht dann der Fürst die Einkünfte aus der ihm *de jure* nach wie vor unterstehenden Münze ganz oder zum Teil, zuweilen zu einem bestimmten Zweck: *ad fabricam ecclesie* in Breslau 1244 und Arnheim 1452, zur Unterhaltung einer Brücke in Frankfurt 1235, eines Schlosses in Anweiler 1219, zur Bezahlung von Söldnern in Kosel um 1430, zum Einkauf von Lebensmitteln in Trebnitz 1237. Weiter geht die Verleihung des Rechts, nicht nur den Ertrag der Münze zu genießen, sondern sie auch selbst zu leiten, mit eigenen Beamten zu besetzen und das Geld in eigenem Namen und mit eigenem Zeichen zu prägen, während Schrot und Korn vom Könige gesetzt sind. Die letzte und höchste Form der Begnadung läßt dann auch diese Beschränkung fallen, so daß der Beliehene bezüglich des Münzrechts völlig dem Könige gleich wird. Daneben gibt es mannigfache Zwischen- und Übergangsformen: Verleihung auf Zeit und Widerruf oder gegen eine einmalige oder jährliche Abgabe, Beschränkung auf bestimmte Sorten usw., alles mehr den tatsächlichen Machtverhältnissen als zwingenden Rechtsanschauungen unterworfen und der juristischen Konstruktion nicht immer leicht zugänglich. Daher denn auch die Dürftigkeit der chronikalischen Nachrichten und die Oberflächlichkeit der Urkunden und Rechtsbücher.

Auf eine Frage der Politik bzw. der Macht spielt sich auch schließlich das öfter erörterte Problem hinaus, ob der König nach Verleihung des Münzrechts noch in der Münzstadt des Beliehenen hat prägen lassen können. Zahlreiche gleichzeitige Münzreihen von Kaisern und Bischöfen aus derselben Prägestätte gestatten keinen Zweifel an der Zulässigkeit des Nebeneinanderbestehens beider Rechte, zumal wir mehrfache Belege dafür haben, daß der Kaiser bei Weggabe einer Reichsmünzstätte sich das Recht vorbehält, sich daselbst für seinen eigenen Bedarf Geld prägen zu lassen, z. B. Worms 1165, Goslar 1219. Die im Sachsen- und Schwabenspiegel hervorgehobene Besonderheit, daß dem Könige, in welche Stadt des Reiches er kommen möchte, während der Dauer seines Aufenthaltes das Münzrecht zustand, wird noch 1220 in der *constitutio in favorem principum ecclesiasticorum* gewahrt und läßt sich überdies durch Straßburger Münzen von 1236 und Metzer Nachrichten von 1353 und 1385 belegen. Freilich: je schwächer die Kaisergewalt wurde, desto weniger war sie in der Lage, von diesem Rechte gemeiniglich oder in dem erwähnten besonderen Fall Gebrauch zu machen, und es bedurfte kaum ausdrücklicher Exemtionsprivilegien, wie sich Erzbischof Albrecht von Magdeburg 1209 eines von Otto IV. erteilen ließ, um es zu beseitigen. Übrigens findet sich Ähnliches später noch mehrfach: Rudolf von Habsburg prägt 1292 auf einmal wieder in Würzburg, Ludwig der Bayer schlägt in Berg gleichzeitig mit dem Grafen Adolf VIII. Turnosen und Sigismund ebenda, in der Münzstätte Mühlheim, Groschen. Auch andere befremdliche Gemeinsamkeiten sind nicht selten: die Münze in Hannover gehört um 1200 zugleich dem Landesherrn und dem Grafen von Lauenrode, und beide prägen daselbst; die Stadt Dortmund besitzt 1420 die eine Hälfte des kaiserlichen Münzrechts; um dieselbe Zeit werden in der königlichen Hälfte von Glogau andere Heller geschlagen als in der herzoglichen. Ganz allgemein werden auch die von Städten auf Grund eines Pachtvertrages geprägten Münzen als landesherrliche angesehen.

Die zunehmende Schwäche der Königsmacht läßt allmählich das königliche Münzrecht hinter dem landesherrlichen zurücktreten: 1190 verpflichtet sich Heinrich VI. dem Erzbischof von Köln, er wolle in seiner Diözese keine andere Münzstätte halten als zu Duisburg und Dortmund, und Kaiser Friedrich II. verzichtet 1220 den geistlichen, 1231 und 1232 auch den weltlichen Fürsten gegenüber allgemein auf die Errichtung neuer Münzstätten in ihren Gebieten. Auf dem gleichen Boden erwächst — und zwar in ungeheuerem Maße — die Usurpation des Münzrechts: nicht nur, daß die Territorialherren anfangen, selbst wieder an ihre Vasallen Münzprivilegien zu erteilen — als erster soll Heinrich der Löwe sich dieses Recht angemaßt haben — auch ohne jedes Privileg prägt namentlich seit der kaiserlosen Zeit der kleinste *Miles*, *nobilis* und *domicellus* für seine paar Quadratkilometer Landes. Staatsrechtlich ist das Münzrecht nunmehr ein notwendiges und daher selbstverständliches Zubehör der Landeshoheit, wirtschaftlich eine Haupteinnahmequelle des Fürsten. Umsonst ordnet König Heinrich als Reichsverweser 1234 die Schließung aller seit Kaiser Friedrich I. Tode neu eröffneten Münzen an, deren Inhaber keine rechtsgültige Verleihung nachweisen könne, umsonst ergehen 1282, 1285 und öfter ähnliche Erlasse. Zu einer Zeit, wo die meisten übrigen europäischen Staaten bereits längst zu einheitlichem Münzwesen durchgedrungen sind und selbst Frankreich unter Ludwig IX. den entscheiden Schritt zu demselben Ziele tut, nimmt die Zersplitterung in Deutschland immer noch zu.

Gleichwohl ist auch in der Folge der Kaiser noch immer wenigstens ideell der Träger der Münzhoheit des Reiches. In den Reichsmünzordnungen übt er sie in Gemeinschaft mit den Reichsständen aus, Münzprivilegien, insbesondere solche für die Prägung neu auftauchender Geldsorten: der Turnosen, Regensburger, Gulden (S. 121 f.), verleiht er aber regelmäßig allein ohne Beirat der Großen; erst Maximilian II. verspricht in seiner Wahlkapitulation, ohne Vorwissen des Kurfürstenkollegiums niemand mit einem Münzrecht zu begnadigen. In der Goldenen Bulle erstreckt Karl IV. das Recht des Königs von Böhmen auf eigene Gold- und Silbermünze auch auf die übrigen Kurfürsten, und auch sonst, insbesondere in Privilegienbestätigungen und Wahlkapitulationen, finden sich obersthrrliche Anerkenntnisse des fürstlichen Münzrechts, die unserer Rechtsanschauung nur als überflüssig, wo nicht gar als schädlich erscheinen, wie dies einzelne schlesische Fürsten im 16. Jahrhundert erfahren mußten, denen der Mangel solcher Briefe schwere Beeinträchtigung schuf. Andererseits werden im 16. Jahrhundert die Bestimmungen über Anbringung des Adlers bzw. Kaiserbildes auf der einen Seite des Geldes als Beschränkung der „teutschen Libertät" empfunden. Von den alten Reichsmünzstätten halten sich nur wenige bis in das 16. Jahrhundert, daneben tun andere sich wieder neu auf.

Auf der Ausübung des Münzrechts beruht eine ganze Anzahl Abgaben. Selbstverständlich und daher von jeher üblich ist es, daß der Münzherr sich die Kosten der Münzprägung bezahlen läßt, indem der innere Wert des Geldstücks hinter seinem Nennwert zurückbleibt, oder, mittelalterlich ausgedrückt, indem er das Geld an Schrot oder Korn oder beidem etwas geringer ausprägt, als es nach den geltenden Vorschriften bzw. dem Herkommen genommen wird („Schlagschatz"). Bringt jemand Edelmetall in die Münze, um es ausprägen zu lassen, so wird ihm ein Teil davon auf die Münzkosten zurückbehalten: Pipin setzte diesen Betrag sehr hoch auf 4,55 v. H. fest. Dazu tritt die *abjectio et renovatio monete* (WAITZ, DVfg., Bd. VIII, S. 342). Die Münze war ursprünglich und grundsätzlich zum Umlauf während der ganzen Regierungsdauer ihres Prägeherren bestimmt, also daß sie in dieser Zeit nicht „verschlagen" werden durfte, die Finanznot der Fürsten zwang jedoch bald zu der Praxis öfterer Verrufung: zunächst unregelmäßig im Fall besonderer Notlage und außerordentlicher Ausgaben (Römerzüge), später namentlich dort, wo die Brakteatenform (S. 115 f.) einen längeren Umlauf des Geldes nicht gestattete, in regelmäßiger Wiederholung ein-, zwei-, auch wohl gar dreimal jährlich oder an jedem Markttage. Da bei der Ausgabe neuen Geldes stets ein Abzug für Schlagschatz, meist auch eine Verringerung des Schrotes und Kornes vorgenommen wurde, so stellte sie eine empfindliche Vermögenssteuer dar, die naturgemäß von den Städten am drückendsten empfunden wurde. Um einen „ewigen Pfennig" zu erlangen, kauften sie ihren Landesherrn das Recht der *renovatio* in Gestalt einer Abgabe, „Münzgeld", geheißen, ab. Diese wurde — und zwar auch von Fürsten, die nie geprägt hatten — vom Grundbesitz hubenweise, in den Städten nach festen Summen erhoben, und während letztere sich auch hiervon wieder loskauften, hielt sie sich als ländliche Grundsteuer bis tief ins vorige Jahrhundert. Eine weitere Abgabe, ebenfalls Schlagschatz genannt, erhob man von zum Verkauf gestellten Waren; wer mit neuen Pfennigen zahlte, blieb davon frei. Allmählich schwindet die Erinnerung an die ursprüngliche Bedeutung von Münzgeld und Schlagschatz, und beide Ausdrücke bezeichnen die Gegenleistung für Überlassung des Münzrechts an eine Stadt (Cod. dipl. Silesiae Bd. XIII, S. 45).

Die gewissenlose Ausnutzung des Münzrechts durch die Landesherrn mittels Prägung geringer Münze und häufiger *renovatio* führten bald zur Beteiligung der

Städte am Münzwesen, die sich auch ihrerseits in den mannigfaltigsten Formen vollzog. Den Städten mußte natürlich im Interesse ihres Handels daran gelegen sein, daß das Münzregal nach gesunden Grundsätzen gehandhabt wurde. Daher suchten sie zunächst ein Mitbestimmungs- oder Aufsichtsrecht zu gewinnen, übernahmen auch wohl die Prägung des Kaisers oder Landesherrn für dessen Rechnung. Aber sie kamen auch schon früh zu eigenem Prägerecht, indem sie die in ihren Mauern befindliche Münze auf Zeit oder Widerruf, auch bis zur Abgeltung einer Schuldforderung „kauften", d. h. pachteten. Natürlich hinderte ein solcher Verkauf, wenn er nicht auf das gesamte Münzwesen ging, den Landesherrn nicht, in einer anderen seiner Städte Geld zu prägen, und so ist es z. B. gekommen, daß wir von vielen Bischöfen keine Münze aus ihrer Hauptstadt, sondern nur aus kleineren Ortschaften ihrer Sprengel besitzen. Zuweilen haben mehrere Städte, auch wohl die gesamten Stände eines Fürstentums derartige Kaufgeschäfte gemeinsam gemacht, wofür namentlich Brandenburg und Schlesien zahlreiche interessante Belege bieten. Als erste deutsche Stadt erwarb Lübeck im Jahre 1226 eigenes Münzrecht, zunächst gegen eine an den Kaiser zu zahlende Abgabe, Hamburg und Rostock folgen 1325, Braunschweig 1345 bzw. 1412, Ulm 1356, Straßburg 1422, Magdeburg und Köln 1474, Augsburg 1521; Zahlen, die ebenfalls die Mannigfaltigkeit der Entwicklung kennzeichnen. Sehr häufig sind auch Bündnisse und Verträge, die auf Ausübung des Münzrechts nach gemeinsamen Grundsätzen abzielen: in Regensburg bilden sie wohl schon seit der zweiten Hälfte des 11. Jahrhunderts ein allmählich ständig gewordenes Verhältnis zwischen Bischof und Herzog, 1240 schließen die Bodenseestädte Lindau, Konstanz, Überlingen, Radolfszell und Ravensburg mit dem Abt von St. Gallen ein Abkommen wegen Prägung von Pfennigen gleichen Gewichts, der Rappenmünzbund beherrscht zu Ausgang des 14. Jahrhunderts große Gebiete Alemanniens von Bern bis Kolmar usw. (vgl. auch KULL in Mitt. d. Bayr. Num. Ges. 1911, S. 22). Um dieselbe Zeit beginnen die Verträge der rheinischen Kurfürsten untereinander und unter gelegentlicher Mitbeteiligung der Stadt Köln, des Herzogs von Jülich, von Luxemburg und von anderen, auch außerdeutschen Nachbarn.

In der Neuzeit nimmt die Zahl der Prägeherren ganz erheblich ab, weniger vielleicht durch die Maßregeln der Reichsgewalt als wegen der mit den Fortschritten der Technik steigenden Kostspieligkeit der Münzprägung. Immerhin haben wir auch jetzt noch von zahlreichen Fürsten in Duodez und Sedez, von manchen kleinen Ortschaften ansehnliche Münzreihen. Auch die münzrechtlichen Besonderheiten und Kuriosa sind noch immer zahlreich, z. B. die Schicksale der an Konrad von Weinsberg verpfändeten Reichsgoldmünze (S. 124), die Prägung des Fürsten Adolf von Schwarzenberg auf Grund nur mündlicher Anordnung des kaiserlichen Hofkammerpräsidenten (1682), die Prätensionsmünzen der Liechtensteiner Fürsten zur Wahrung ihres Rechts gegen Verjährung, die zeitweilige Unterdrückung der schlesischen Ständeprägung in Zusammenhang mit den politischen Siegen der Kaiser Ferdinand I. und II., die Versuche zur Wiederaufnahme dieser Prägung unter der preußischen Regierung, die stolbergischen Dukaten von 1824 und der Schützenfesttaler der Stadt Hannover von 1872.

Über das dem älteren deutschen Münzwesen zugrunde liegende Gewichtssystem sind wir nur sehr mangelhaft unterrichtet, ungeachtet deutsche und französische Gelehrte auf diese Frage außerordentlich viel Mühe und Scharfsinn verwendet haben. So viel scheint festzustehen, daß Pipin sich noch des überkommenen römischen Pfundes bedient und auch Karl selbst dieses Pfund bis zur Einführung der zum Jahre 794 erwähnten „novi denarii" (S. 112) beibehalten hat. Das neue Pfund war schwerer als das alte; aber wie schwer es war, scheint sich nicht mehr ermitteln lassen zu wollen. Nach den verschiedenen Ansichten soll Karl ein fremdes:

römisches, alexandrinisches, gallisches oder arabisches Pfund zum Muster des seinen genommen haben, dessen Gewicht wechselnd auf 367, 391, 408, 491 g bestimmt wird. Zwei Jahrhunderte später tritt neben das karolingische Pfund (auch *talentum* — und *siclus?* — genannt) ein zweites Gewicht, die „Mark". Der Name wird gemeinhin von der Marke, dem dem Silberstück aufgedrückten Zeichen des Gewichtes oder Wertes hergeleitet, parallel also der Entwicklung des griechischen τάλαντον; weniger wahrscheinlich ist die Vergleichung mit νόμος und νόμισμα und die Deutung als gesetzlich abgegrenzter Wert. Die Mark soll dem skandinavischen Norden entstammen und über England nach Deutschland gekommen sein, wo sie zuerst in einer Urkunde von 1015 (WAITZ, D. Vfg., Bd. VIII, S. 335) auftritt, dann bis 1100 noch selten vorkommt, um schließlich das Pfund so gut wie ganz zu verdrängen. Mehr noch als das Pfund selbst entwickelt die Mark alsbald die erheblichsten örtlichen und zeitlichen Verschiedenheiten: jede größere Handelsstadt und Münzstätte hat ihre eigene Mark, die nach ihr benannt wird, die zeitweilig ihr Gewicht erheblich ändert, und die, auch abgesehen hiervon, infolge technischer Unvollkommenheiten und mangels stetiger Kontrolle fortdauernd schwankt, wenn nicht gar für verschiedene Bedürfnisse verschiedene Marken gleichzeitig geführt werden. Daher kommt es, daß z. B. Köln anfänglich 2, dann 3 Marken hatte, 1761 ein Münzkongreß zu Augsburg erklärte, die wahre „kölnische" Mark nicht bestimmen zu können, später 12 verschiedene kölnische Marken anerkannt wurden und heutigentages noch keine Einigung über die in Betracht kommenden Zahlen erzielt ist. Gemeinhin wird nach GROTES Vorgang in der heutigen Numismatik „die" kölnische Mark zu 233,779 g angesetzt. Man teilt die Mark entweder in 8 Unzen zu je 2 Lot oder in 16 Schillinge (solidus, siclus?); letzteres ist die namentlich in den Hansestädten übliche Einteilung, erstere wurde bis in die neueste Zeit, die mit dem Dezimalsystem arbeitet, zur Bezeichnung des Feingehaltes der Münzen verwendet, so daß z. B. eine zwölflötige Münze eine solche ist, die aus einer Mischung besteht, von der eine Mark 12 Lot Silber und 4 Lot Zusatz enthält; heutzutage sagt man: der Feingehalt beträgt ($^{12}/_{16}$ =) 750 Tausendstel.

Aus dem eben Gesagten erklärt es sich leicht, daß das Verhältnis der Mark zum Pfunde von vornherein den größten Schwankungen ausgesetzt ist: bald werden beide Größen einander gleichgesetzt, bald steht sie zu jenem wie 1:2 oder wie 2:3. Die Verwirrung wächst durch die unselige Neigung des Sprachgebrauchs, auf Kosten der Deutlichkeit in der Ausdrucksweise zu wechseln, so daß sowohl Mark und Pfund als auch ihre Teilgrößen einander gegenseitig ersetzen müssen, und durch die Vorliebe der Rechnungen für glatte Zahlen, die oft ohne Rücksicht auf das tatsächliche Verhältnis die Werte abrundet: in beiden Fällen ist die Angabe für unsere Nachprüfungen wertlos geworden. Dazu tritt dann schließlich noch der besonders verhängnisvolle Umstand, daß, als man anfing, die Münzen nicht mehr aus reinem Silber herzustellen, sondern ihnen einen Zusatz zu geben, ein Unterschied entstand zwischen einem Pfund oder einer Mark reinen Silbers und derjenigen Menge Silbers, die in den auf die Mark oder das Pfund nach der hergebrachten Rechenweise („Aufzahl") entfallenden Münzen enthalten war. Beispielsweise: die 240 Denare, die ehedem ein Pfund feines Silber enthalten hatten, enthielten zwölflötig ausgeprägt ein Viertelpfund weniger, und dieser Unterschied wurde noch erheblicher, wenn die Denare auch noch leichter als zu $^{1}/_{240}$ Pfund gemünzt wurden. Nichtsdestoweniger behielt man die Bezeichnung Pfund und Mark auch für diese Quantitäten an Schrot und Korn verringerter Münzen bei und nannte sie Zählpfund und Zählmark, die unterscheidende Bezeichnung nicht einmal immer beifügend.

Vom Standpunkt eines mit großen Summen arbeitenden Verkehrs erscheinen diese Zustände völlig unleidlich, und sie müssen auch ausweislich der vielen Klagen, die sich darüber in unseren Quellen erhalten haben, allgemein so empfunden worden sein. Man leistete daher größere Zahlungen noch bis in das 14. Jahrhundert vielfach in Kleinodien, Rossen, Getreide; Bussen werden in Öfen Ziegel, in Wachs und Pfeffer gezahlt; wunderliche Vermischungen des Geldes mit solchen Ersatzwerten zeigen das märkische *frustum* (ZfN. XI, S. 1) und die friesische *tuna* (Tonne Bier, ebd. XV, S. 300). Der Handel aber bediente sich trotz des zugunsten des fürstlichen Münzrechts mehrfach erfolgten Verbotes durch den Kaiser überall des Silbers in ungemünztem Zustande, also in Barrenform. Ausweislich der Funde hatten diese Barren (*massa, pecia*) im 10. und 11. Jahrhundert meist unregelmäßige Form, wie sie eben aus dem Schmelztiegel tropften, seltener sind kleine und größere Stangen. Es folgen runde Stücke von etwas beträchtlicherem Umfange, bis im 14. Jahrhundert die niedersächsischen Städte, insbesondere Braunschweig, sorgfältig hergestellte Gußkönige ebenfalls von runder Kuchenform ausgeben, die mit mindestens zwei Marken, dem Zeichen einer Stadt und dem eines Beamten, des „Brenners", versehen sind (FRIEDENSBURG in Bl. f. Mfr. 1912). Diese Zeichen gewährleisten nicht das Gewicht, das vielmehr auch bei diesen nicht justierten Stücken ziemlich beträchtlich schwankt, sondern den Feingehalt des Silbers; war doch auch hier das reine Metall von einer Legierung verdrängt worden, deren Mischungsverhältnis ständig wechselte und durch Ratsbeschlüsse oder Verträge je nach dem Bedürfnis der Kaufleute festgesetzt wurde. So erklären sich Verschreibungen wie die Ottos V. von Brandenburg 1277 im Vertrage über Krossen: „*marcas argenti Budissinensis juxta valorem, in quo stetit argentum in festo pasche proxime preterito et sicut mercatores tunc receperunt*," und die Ausdrücke *marca usualis*, getekucte Marken, Silber Braunschweiger Brandes (Feingehalts) und Stendaler Gewichtes, Marken Hamburger Witte und Wichte.

Für den Kleinverkehr, also insbesondere für den Markt der Lebensmittel und den Tagelohn, diente die geprägte Münze, der *denarius*, Pfennig, neben dem schon seit den Karolingern sein selteneres Halbstück (*obolus*, Hälbling, Scherf) und im 13. Jahrhundert am Rhein und in Westfalen vereinzelt der Viertelpfennig vorkommen. Halbe Pfennige verschaffte man sich auch häufig durch einfaches Zerschneiden der ganzen, sonst ist das Zerschneiden damals wie heute das Mittel der Außerkurssetzung gewesen. Auch beschnittene Münzen trifft man viel: sie mögen nicht immer von betrügerischer Hand, sondern zuweilen ebenfalls vom Bedürfnis einer kleineren Münzsorte zurecht gemacht sein. Größere Münzen gab es bis zum 14. Jahrhundert in Deutschland nicht, insbesondere ist weder der karolingische, noch sonst ein Schilling in einem Münzstück dargestellt worden. Die sehr seltenen, erst seit der Groschenzeit häufiger auftretenden dickeren und schwereren Stücke von Pfennigformat und Pfennigstempel (Stale) sind ebenso Schaustücke, Proben oder Geschenkmünzen wie die vier oder fünf Goldstücke, die wir aus dieser Zeit besitzen: was die Glosse zum Sachsenspiegel über *nummi aurei*, die *pro duodecim argenteis* gerechnet werden sollen, sagt, ist entweder Theorie oder Reminiszenz und beweist nicht einmal die häufigere Verwendung fremden, etwa byzantinischen Goldes, das unter dem Namen *mancusus* in den Urkunden bis zum 10. Jahrhundert ab und zu vorkommt, aber kaum je in unseren Funden aufgetreten ist.

Was dem frühen Mittelalter an Vielheit der Geldsorten abgeht, ersetzt ihm reichlich die Mannigfaltigkeit in der Erscheinungsform seines Pfennigs, und zwar schon an Schrot und Korn. Man prägte bis tief in die neue Zeit hinein gemeiniglich „*al marco*", d. h. es hatte nicht jedes Münzstück ein gleichmäßiges Gewicht, sondern es brauchte nur eine gewisse Anzahl von Stücken zusammen dem vorgeschriebenen oder üblichen Satze zu entsprechen. Daher sind Schwankungen bis zu 40 v. H. gewöhnlich und selbst ums Doppelte nicht selten, wie denn auch in bezug auf den

Durchmesser große Unregelmäßigkeit herrscht. Diese Ungleichmäßigkeit gab schon früh die viel und gern benutzte Gelegenheit zu mühelosem Gewinn durch „Seigern", d. h. Aussuchen und Einschmelzen der am schwersten ausgefallenen Stücke. Auch diesen Gewinn lenkten die Münzherren da und dort in ihre Tasche, indem sie in der Erkenntnis, daß das Seigern am vorteilhaftesten war, solange die Münzen noch neu, also wenig abgenutzt waren, mit dem Fortschreiten des Jahres immer leichtere Münzen ausgaben. Dieser Gebrauch der „Schowelpfennige" (MENADIER in D. M. Bd. III, S. 89) ist für Merseburg (1245), Brandenburg (1334), Braunschweig (1403 f.), Magdeburg (1408) urkundlich bezeugt, also sicher weit verbreitet gewesen. Das Gegenstück zu den Schowelpfennigen bilden die „Okelpfennige" (MENADIER ebd. Bd. IV, S. 21), *denarii augmentabiles*, d. s. Pfennige, von denen zwar eine ganze Mark die vorgeschriebene Menge Feinsilber enthielt, deren Gewicht im einzelnen Stück aber durch Zusatz von Kupfer erhöht war. Man findet diese Okelpfennige in einigen Urkunden von Brandenburg, Pommern und der Stadt Braunschweig erwähnt, aber wer möchte· sich getrauen, sie in den vorhandenen Münzen nachzuweisen? Der Zweck der Einrichtung ist unklar: jedenfalls entwerten Schowel- und Okelpfennige Schrot und Korn als Mittel der chronologischen Bestimmung, wie auch ihr bloßes Vorhandensein genügt, die Berechnung des „inneren Wertes" der Mittelaltermünzen ins Problematische zu rücken.

Um diesen sogenannten inneren Wert einer alten Münze zu finden, muß man zunächst zu ermitteln trachten, wieviel reines Edelmetall sie enthält, dann berechnet sich der innere Wert für Goldstücke sehr einfach nach der Reichsgoldwährung, wonach aus dem Pfunde (500 g) feinen Goldes $139\frac{1}{2}$ Zehnmarkstücke geschlagen werden, so daß 1 g Feingold auf 2,79 M. kommt. Bei dem Silbergeld, das in der Reichswährung nur noch Scheidemünze ist, muß auf die Talerwährung zurückgegriffen werden, in der 30 Stück ein Pfund feines Silber enthielten; hier sind also 500 g = 30 × 3 = 90 M., 1 g = 0,18 M. Von diesem inneren Wert verschieden ist der Tauschwert, die „Kaufkraft" der Münze. Zur Beantwortung der Frage: Was konnte man für dieses oder jenes Geldstück seiner Zeit kaufen? hat man die zahlreich vorhandenen Rechnungen und Rechnungsbücher mancherlei Art — betr. Bauten, Steuern, Zölle, Zehnten usw. — und ihre Angaben über Preise und Dienstleistungen zu benutzen gesucht, indem man entweder das Brotgetreide, also das Hauptnahrungsmittel der Menschen, oder den Tagelohn als das Mindestmaß wirtschaftlichen Bedarfs zugrunde legte. Aber eine befriedigende Antwort hat man auf diesem Wege, wenigstens für größere Gebiete und längere Zeiträume, nicht gefunden und wird sie nach einem von JEAN BAPTISTE SAY gezogenen Vergleich wohl ebensowenig finden wie die Quadratur des Zirkels. Denn wie Schrot und Korn der zahllosen Geldsorten insbesondere des Mittelalters fast stets schwer, um nicht zu sagen: niemals mit Sicherheit zu ermitteln sind, so sind wir auch über die Maße und Gewichte der Vorzeit, die ebenfalls die stärksten Schwankungen durchgemacht haben, nur sehr mangelhaft unterrichtet. Dazu sind uns fast stets die Umstände unbekannt, die die einzelne Preisnotiz oder Lohnangabe erst richtig beurteilen lassen: nicht überall und allezeit ist z. B. Getreide das Hauptnahrungsmittel gewesen, und Teuerungspreise sind ebenso unverwertbar wie Löhne von Arbeitern, die noch anderweit, etwa durch Überlassung der Nutzung von Grundstücken, bezahlt wurden. Obendrein sind die auf dem angegebenen Wege gewonnenen Zahlen noch deshalb von sehr problematischem Werte, weil sie das Wertverhältnis der beiden Edelmetalle nicht berücksichtigen, das seinerseits womöglich noch schwieriger und weniger sicher zu ermitteln ist als der Feingehalt der einzelnen Geldstücke. Man hat daher neuerlich versucht, eine möglichst verbreitete und sich an Metallwert gleich bleibende Münze zum Maßstab für die wirtschaftsgeschichtliche Wertung aller anderen Geldsorten zu nehmen, z. B. den Florentiner Gulden. Auch dieser Weg dürfte kaum zum Ziel führen, weil die Kursberechnungen der verschiedenen Münzsorten im Verhältnis zum Gulden schwankend und sehr lückenhaft sind. Jedenfalls kann hier dieserhalb auf die Darstellungen der Wirtschaftsgeschichte verwiesen werden.

Der schon aus der häufigen renovatio, aber nicht allein aus ihr zu erklärenden ungeheueren Mannigfaltigkeit des Gepräges ist bereits in der Einleitung gedacht worden. Einzelheiten folgen unten entsprechend den verschiedenen Zeitabschnitten. Allgemein ist hervorzuheben, daß die Münzbilder bis zur Groschenzeit in einem nicht hoch genug zu veranschlagenden Maße unter dem Einfluß der Religion bzw. der kirchlichen Kunst stehen, also daß z. B. ein Geharnischter, der einem Ungeheuer zu Leibe geht, nicht etwa auf die Tapferkeit des Landesherrn, sondern auf den Menschen im Kampf mit der Sünde zu deuten ist. Zahlreiche Gepräge sind auch aus historischen Vorgängen zu erklären: schon das Mittelalter ist reich an „Geschichtsmünzen" (ZfN. Bd. XIII, S. 322; MENADIER, D. M. Bd. I, S. 205), die sich aber keineswegs immer durch ein mit besonderem Aufwand an Geist und Geschicklichkeit entworfenes Gepräge, sondern oft nur durch ein Emblem in den Händen des Münzherrn oder ein kleines Beizeichen als solche erweisen. Doch ist die Grenze zwischen einer eigentlichen Denkmünze und einem aus geschichtlichen Verhältnissen zu deutenden Gepräge schwer zu ziehen: nicht jeder Pfennig mit dem Bilde des fürstlichen Paares ist ein „Hochzeitspfennig". Die Wahl der Münzbilder und Inschriften scheint im allgemeinen im Belieben der Münzer gestanden zu haben (sonst wären wohl die sogleich zu erwähnenden jüdischen Inschriften unmöglich gewesen), doch kommen auch vereinzelte Vorschriften über das Gepräge, z. B. 1166 für Aachen, vor, während in andren Fällen, z. B. bei dem Löwenbilde auf Braunschweiger Münzen, an den persönlichen Einfluß des Münzherrn gedacht werden darf. Die Eisenschneider folgten offensichtlich wie andre Künster ihrer Zeit einem Herkommen, das sich vielleicht sogar in Musterbüchern niedergeschlagen haben mag, und das jedenfalls die weitgehende Gleichartigkeit so ziemlich aller mittelalterlichen Münzbilder erklärt. Für die Inschriften mögen sich die Stempelschneider allgemein, auch abgesehen von dem religiösen Charakter der Kunst, der Hilfe von Geistlichen, die ja fast allein die Wissenschaft der Buchstaben besaßen, bedient haben. Daher die überaus zahlreichen religiösen, teils der Bibel oder der Liturgie entnommenen, teils frei erfundenen Inschriften, neben die vereinzelte Kriegs- und Jubelrufe (z. B. *Eia sancta Colonia, Osanna regi*), unter Philipp I. von Köln die für Jahrhunderte einzige moralische Sentenz (*Cras tibi dubitur*) und erst im 15. Jahrhundert mit den zur Regel werdenden heraldischen Darstellungen auch Wappendevisen treten. Eigenartig ist der Gebrauch, für bestimmte Abgaben und dgl. ein besonderes Geldstück herzustellen: zwar haben sich für die verschiedenen angeblichen „Peterspfennige" anderweite Erklärungen gefunden, dafür aber geben die Erfurter „Freipfennige", die zur Bezahlung einer Grundstücksabgabe noch im 18. Jahrhundert in der Brakteatenform des 13. geschlagen wurden, ferner die sächsischen Zinsgroschen von 1465 f. sichere Beispiele, denen sich namentlich in der neueren Zeit zahlreiche als Almosen, zu Geschenkzwecken, für Lotterien, Zölle usw. geprägte Stücke, auch Handelsmünzen wie die noch jetzt geschlagenen Mariatheresientaler, die dänischen Nachbildungen der russischen Dengas u. a. anschließen. Auch sonst werden beliebte Gepräge von den Berechtigten oft jahrzehntelang, und selbst wenn der darin genannte Landesherr längst verstorben, festgehalten (erstarrtes Gepräge, *type immobilisé*), fast noch häufiger aber von Unbefugten nachgeahmt, wobei die Grenze zwischen erlaubter und unerlaubter Nachprägung oft kaum zu ziehen ist. Groß ist auch die Harmlosigkeit, die das den Wert einer Münze ausdrückende Gepräge einem kleineren Geldstück aufprägt: im armen Brandenburg hat man keinen Floren und keinen Sterling (S. 120, 123) geschlagen, aber die kennzeichnenden Bilder dieser Münzsorten auf die landesüblichen elenden Pfennige gesetzt. Gleichwohl erhält die Münze ihren Namen in der Regel vom Gepräge, seit der „denarius" keinen einheitlichen Wert mehr darstellt, wobei der Volkswitz gern eine kleine Spötterei, die uns oft nicht mehr verständlich ist, anbringt; ein Gebrauch, der späterer Kritiklosigkeit Anlaß zur Erfindung zuweilen geradezu ungeheuerlicher Münzfabeln Anlaß gegeben hat. Als Beispiele seien nur genannt die schweizerischen „Angster" (von Angesicht) und die unerklärten pommerschen Finkenaugen („*vincones*"); „Rappen" kommt nicht vom Raben, sondern bedeutet schwarze d. i. schlechte Münze, der lange rätselhafte Name „Rollebatzen" hat sich ganz neuerlich als „Brummbär" enthüllt. Die Groschenzeit hat ihre Marien- und Löwengroschen, ihre Mattier (von St. Matthias) und sonst noch zahllose Namen derart. Jahreszahlen kommen erst gegen Ende des 14. Jahrhunderts auf und bilden vor 1500 noch nicht die Regel, Namensziffern sind ganz vereinzelt und entsprechen nicht stets der heute üblichen Zählung.

Der Betrieb der Münze befand sich in einer Anzahl von Städten, die größtenteils unter dem Einfluß römischer Überlieferung stehen, in den Händen von Vereinigungen von Münzern, die, weil in einem Hause lebend, Hausgenossenschaften genannt wurden. So in Köln, Augsburg, Speier, Worms, Mainz, Straßburg, Frankfurt, Regensburg, Wien, auch in Erfurt, Bamberg, Goslar. Anderwärts wird die Münze einem Münzer in der Regel pachtweise übertragen, ein System, das sich trotz des Verbots der Reichsmünzordnung von 1559 bis ins 18. Jahrhundert erhielt, obwohl es die Quelle ständigen Zankes bildete. In den Städten wurde die Prägung zuweilen durch den Rat selbst geleitet. Die Münzer besorgten übrigens gemeiniglich nicht nur die Herstellung des Geldes selbst entsprechend ihren Satzungen, dem Herkommen und den Vorschriften des Münzherrn bzw. des Rates, sondern beschafften auch das Metall, richteten es im „Brenngaden" her und bedienten den Wechsel, insbesondere an Markttagen und bei der *renovatio monete* (S. 104). Auch nahmen sie Zölle und Steuern ein, verkauften Salz, finanzierten Darlehne und andre Geschäfte nach Art der heutigen Bankiers. Alles dies erhöhte natürlich ihren Einfluß und den der Geschlechter, aus denen sie etwa stammten, während es sie andererseits in den Ruf der „Zöllner" des Neuen Testaments brachte und ihnen hienieden und in der Ewigkeit die schwersten Strafen in Aussicht stellte. Genannt haben sich, von Regensburg und seinen Tochtermünzen (S. 114) abgesehen, nur einige wenige Münzer auf Brakteaten, dort auch einmal ein Münzpächter, jener berühmte Luteger, dessen aus der Tierfabel entlehntes redendes Wappenbild, der Kranich, um 1200 auf verschiedenen Thüringer Pfennigen erscheint. In der Groschenzeit wird es üblich, daß der Münzer, später der Wardein die Münze mit einem Zeichen: Kreuz, Blatt, Stern, nachmals seinem Siegelbilde oder seinen Namensbuchstaben, versieht. Die Bezeichnung der Münzstätten eines Landes durch die fortlaufenden Buchstaben des Alphabets ist französische Erfindung des 16. Jahrhunderts und erst im 18. nach Deutschland gekommen. Unter den Münzern finden sich, einem Gesetze Karls des Großen zum Trotz, verhältnismäßig häufig Juden, die auch zuweilen — unter Otto dem Reichen von Meißen, Bischof Otto von Würzburg usw. — das Gold mit hebräischen Schriftzeichen versehen haben, und die noch Friedrich II. von Preußen als Lieferanten für den Münzbetrieb schlechthin unentbehrlich erschienen. Auch Italienern begegnen wir im 14. Jahrhundert bei der Stadt Lübeck, den Böhmenkönigen Wenzel und Johann, dem Liegnitzer Herzog sowie in Meran, Hall am Kocher und in Freiberg in gleicher Stellung.

DRITTER ABSCHNITT.
Die älteste Zeit.
A. Die Karolinger.

Literatur: MÜLLER, Mgeschichte, s. o. S. 101. — SOETBEER in FDG. Bd. I, II, IV, dazu HILLIGER in HVSchr. 1900, S. 161. — MENADIER in den Amtl. Berichten a. d. Kgl. Kunstslgn. Berlin, Sept. 1911. — WAITZ, D. Vfg. Bd. IV, S. 77 f. — JNAMA-STERNEGG, DWG. Bd. I, S. 450 f. — Für die französische Literatur wird auf ENGEL und SERRURE verwiesen.

Das sinkende Römerreich hatte in seinen letzten Jahrhunderten ungeheure Mengen von Goldmünzen geprägt, die sich durch die ganze Welt verbreiteten, überall gern genommen; ausweislich der Funde ist der „solidus" auch in dem nicht von den Römern besetzten Teile von Deutschland von Westpreußen bis nach Westfalen und vom Belt bis zur Donau umgelaufen. Aus diesem riesigen Vorrat, der ihnen durch die gallischen Münzstätten der Kaiser besonders bequem zur Hand war, haben die merowingischen Könige den Stoff zu ihrer von Theodebert I. (534—47) unter dem Widerspruch des Imperators ins Leben gerufenen Goldprägung entnommen und sind, in nicht weniger als 900 Münzstätten prägend, damit so verschwenderisch umgegangen, daß sie ihn in knapp zwei Jahrhunderten erschöpften. Zuerst — und später noch vereinzelt — schlugen sie ganze Solidi, ihr hauptsächliches Münzstück aber ist das Drittel davon, der *triens* oder *tremissis*, der allmählich mehr und mehr von seinem Goldgehalt einbüßte, was sich in dem Fallen des Wertes des Solidus von ursprünglich 24 auf $22^1/_2$, dann 21 „Siliquae" widerspiegelt. Daneben gab es wenig Silbergeld, anfangs nach römischen Mustern, später mit eigenen Prägebildern, bis zum Beginn des 7. Jahrhunderts wo Chlothar II. oder sein Sohn Dagobert die bisherige Goldwährung in eine Doppelwährung verwandelte, indem er unter gleichzeitiger Herabsetzung des Solidus auf 20 Siliquae einen neuen Denar gleich $^1/_{40}$ des Solidus einführte, der seither reichlich ausgeprägt wurde. Dies ist das übereinstimmende und gesicherte Ergebnis der Untersuchungen von HILLIGER (HVSchr. 1903, 1907, 1909, 1910) und LUSCHIN (SBAk. Wien hist. phil. Kl. 163, vgl. auch ZfN. Bd. XXVIII, S. 242); im einzelnen bleibt vieles wohl für immer unsicher, wie es bei dem Charakter des Münzwesens dieser Zeit und dem Zustande bzw. der Ausdrucksweise der schriftlichen Quellen, insbesondere des salischen Gesetzes, auch nicht anders sein kann. Für die deutsche Münzgeschichte sind diese Verhältnisse aber um so weniger von Belang, als trotz der letzten Reform das merowingische Goldstück noch lange Quelle und Mittel mannigfachen Betruges blieb, wie eine Klage aus dem Jahre 813 bezeugt. Es mußte also beseitigt werden, und es ist eine der ersten Ruhmestaten des Herrschergeschlechts der Karolinger, diesen für alle wirtschaftlichen Verhältnisse gewiß sehr bedeutungsvollen Schritt gewagt zu haben. Leider sind wir über alle Einzelheiten nur äußerst mangelhaft unterrichtet: die schriftlichen Quellen liefern fast nur gelegentliche Notizen und Daten, die, oft schon für sich allein recht undeutlich, sich mit anderen ihresgleichen kaum vereinigen lassen, und auch die Sprache der Münzen ist dunkel und widerspruchsvoll. So können wir insbesondere die einzelnen Ereignisse nicht genau chronologisch feststellen: wir wissen nur, daß im Jahre 745 die Rechnung: 1 solidus (Schilling) = 12 denarii bereits vorhanden ist, und kennen eine nach 751 ergangene Verordnung, wonach auf das Pfund nicht mehr als 22 solcher solidi gehen sollen. Weiter ergibt sich aus einem Kapitulare Karls des Großen von 779, daß damals bereits die Einteilung des Pfundes in 20 Schillinge galt, das Pfund also 240 Pfennige enthielt, Zahlen, die, bis ins 14. Jahrhundert wenigstens in der Theorie maßgeblich, sich in England bis heute ihre Bedeutung bewahrt haben. Bezüglich der Frage, welches nun eigentlich das Gewicht dieses „*pondus Caroli*" war, sei auf den vorigen Abschnitt (S. 106) Bezug genommen und nur bemerkt, daß der vermutete Einfluß der Araber auf die karolingische Münzgesetzgebung doch wohl abzulehnen ist. Arabische Münzen kommen in den Funden der frühen Karolingerzeit noch nicht vor (vgl. ZfN. Bd. VII, S. 132) und werden in Deutschland erst unter Heinrich II nachgeahmt, während dies in England schon unter Offa (757—96) geschieht. Die Bildlosigkeit der karolingischen Pfennige, schon unter Pipin die Regel, ist angesichts des Tiefstandes der merowingischen Stempelschneidekunst eine so naheliegende Abhilfe, daß ihrethalben nicht erst der Orient bemüht zu werden braucht; überdies ist sie, wie sogleich zu erwähnen, gerade zur Zeit der Gewichtsänderung durch Karl nicht mehr ausschließlich üblich. Es folgt das Frankfurter Kapitulare von 794, das, von „neuen Denaren" redend, ihnen, dafern sie das königliche Gepräge („*nominis nostri nomisma*", fortab Kanzleiformel) tragen und von reinem Silber und vollwichtig sind, uneingeschränkten Umlauf sichert. Feingehalt und Vollgewicht schärft auch ein Kapitulare von 805 ein, das daneben zur Verhütung der Falschmünzerei noch bestimmt: „*ut nullo alio loco moneta sit nisi in palatio nostro*", ein Gebot, das drei Jahre später in etwas abgeänderter Fassung („*nisi ad curtem*") bestätigt wird. Pipin hatte bereits die Überzahl der Münzstätten auf 40 und etliche beschränkt, die rohen Prägebilder der Merowingerzeit durch ausschließliche Verwendung von nur durch kleine Beizeichen — darunter die Frankiska — begleiteter Schrift ersetzt und die Nennung der Münzmeister, die bei den Merowingern das Geld oft ganz allein und selbständig gezeichnet hatten, beseitigt. Karl bringt den königlichen Charakter der Prägung womöglich noch schärfer zum Ausdruck: sein Name erscheint auf allen Geprägen, anfänglich in zwei Zeilen, später in der auch für die Urkunden üblichen Form des Monogramms, die Titulatur wächst vom *rex Francorum* zum *Dominus noster Rex Francorum et Langobardorum Patricius Romanus* und *Imperator Augustus*, einige spätere Denare zeigen auch sein, an römische Muster angelehntes Bildnis, sind aber z. T. wohl Schaustücke. Die Rückseite nennt zu Anfang einige Male den nach dem Kapitulare *de moneta* für die Münze verantwortlichen Grafen, darunter in Frankreich die sagenberühmten Helden Milo und Roland, in Deutschland den Schwaben Odalrich, den Schwager des Königs, später zeigt sie in der Regel den Namen der Prägestätte, zuweilen in der Form eines Heiligennamens, und meist als ein- oder zweizeilige Aufschrift. Daneben erscheint jetzt zuerst das von einer Kugel in jedem Winkel begleitete Kreuz in einem Perlenkreis, das Sinnbild des durch die vier cardines mundi strahlenden ewigen Heils, auch ein durch seine Umschrift XPICTIANA RELIGIO als Symbol gekennzeichneter Säulentempel, seltener ein Stadttor oder ein Schiff. An deutschen Münzstätten sind genannt: Bingen, Bonn, Neuß, Köln, Mainz, Metz, Paderborn (?), Speier, Straßburg, Trier und einige kleinere, z. T. nicht mit Sicherheit zu bestimmende Pfalzen. Merkwürdigerweise fehlen die Lieblingspfalzen des Kaisers: Aachen — die Denare mit AQVIS sind entweder falsch oder gehören nicht hierher — und Frankfurt a. M., doch ist es gewagt diese Lücken durch die Pfennige mit PALATINA MONETA auszufüllen, da diese Inschrift auf jede Pfalz paßt und gewiß auch überall verwendet worden sein wird, wo die Dauer der Anwesenheit des Hoflagers statt der Anfertigung eigner Stempel die Verwendung mitgebrachter allgemeingültiger empfahl, wie wir denn auch Münzen mit dieser Aufschrift von mehreren Königen besitzen. Strenge Strafbestimmungen sichern die uneingeschränkte Annahme der guten Denare und bedrohen die Falschmünzerei; ein sorgfältig gegliedertes Aufsichtsrecht, das auch die Zuziehung nicht beamteter Sachverständiger, insbesondere von Kaufleuten, vorsieht, wacht über das Ganze. Fast scheint es, daß diese Bestimmungen nicht eben sehr ängstlich beobachtet worden sind, denn sie werden in der Folge mehrfach wiederholt, am eingehendsten in dem *Edictum Pistense* Karls des

Kahlen von 864, das wohl den Schluß auf ähnliche Verhältnisse in Ostfranken zuläßt. Unter Ludwig dem Frommen, von dem wir auch goldene Schaustücke besitzen, und der sich auf seinen Münzen nie PIVS nennt, diesen Ehrennamen vielmehr seinem gleichnamigen Nachfolger überläßt, befestigt sich das Äußere des karolingischen Geldes: der Herrschername als Umschrift um das Kreuz, auf der Rückseite die Ortsangabe, dazu das *Christiana-religio*-Gepräge verbreiten sich immer mehr. Insbesondere kommt der Säulentempel über die jetzt neu eröffnete Münzstätte Regensburg, wo er den Münzmeisternamen aufnimmt, bis nach Böhmen. Unter Ludwig beginnen auch die Verleihungen des Münzrechts an geistliche Fürsten mit Corvey 833, im selben Jahre erhält Prüm das gleiche Recht von Lothar, dann folgen Worms 858, Straßburg 873, bald darauf Hamburg, Osnabrück 889, Trier 902, Eichstädt 908, ohne daß wir jedoch diese Verleihungen durch einschlägige Gepräge belegen könnten. Nur die Straßburger Bischöfe haben seit Otbert (906—913) ihr Münzrecht durch Anbringung ihrer Namensbuchstaben auf den Königsmünzen ersichtlich gemacht. Straßburg und seit Ludwig dem Kinde auch Köln, dazu unter Arnulf Mainz, liefern die Hauptmasse des Geldes der letzten Karolinger. Die Reihe der deutschen Prägestätten wird unter dem Erstgenannten durch Würzburg, ungefähr gleichzeitig auch durch Konstanz, vermehrt, doch ist die Prägung in Ostfranken noch immer verhältnismäßig spärlich und in den wenigen Münzhäusern oft durch jahrzehntelange Zwischenräume unterbrochen, wie denn auch noch Konrad von Franken nur zwei Münzen mit seinem Namen — von Mainz und Regensburg — hinterlassen und Heinrich I. gar — abgesehen von Metz, Verdun und Antwerpen — bloß in Mainz geprägt hat. Erst unter Otto I. beginnen die deutschen Münzen zahlreicher zu werden.

B. Die sächsischen und fränkischen Kaiser.

Literatur: H. Dannenberg, Die M. der sächs. u. fränk. Kaiserzeit, Berlin 1876 f. — Waitz, D. Vfg. Bd. VIII, S. 317 f. — Menadier, ZfN. Bd. XXVI, S. 183 u. versch. Abhandl. in seinen Deutschen Mzn.

Die Zeit vom Aussterben der Karolinger bis zum Auftreten der Hohenstaufen kann füglich als eine Einheit gelten. Die Münzordnung Karls des Großen besteht, soweit unsere Wägungen erkennen lassen und einzelne Urkunden für Speier und Straßburg bezeugen, noch unangefochten fort. Allerdings beginnen schon jetzt sich Differenzierungen zu entwickeln: 1061 verordnet Heinrich IV., daß die Augsburger Münze der Regensburger gleich sein, aus dem Pfund feinen Silbers aber dort 30 Denare mehr als hier geschlagen werden sollen, und etwa gleichzeitig tritt in den Niederlanden ein leichter Denar auf, der gelegentlich nach Deutschland — Metz, Trier, wo aber diese kleinen Pfennige erst um 1200 die Regel werden — hinübergreift. Abgesehen hiervon sind in diesem Zeitraum die später (S. 116) zu erörternden Unterschiede in der „Fabrik" noch kaum zu bemerken, vielmehr zeigen die deutschen Münzen im großen und ganzen dieselbe Mache. Und endlich ist dies die Epoche, wo das rechtsrheinische Deutschland bis an die Elbe in die Kultur, den Verkehr, die Münzkunde eintritt. Es ist die Zeit der Städtegründungen: zu einer Stadt aber gehört in erster Linie ein Markt und zu einem Markte das Geld, mit dem man kauft und verkauft. Deshalb knüpfen die sehr zahlreichen Münzprivilegien dieser Zeit fast stets an die Errichtung eines Marktes an: „*concessimus mercatum construendum cum omnibus appenditiis, quae ad hoc pertinent, id est: moneta, teloneo .. cunctisque aliis, quae ad praedictum mercatum nominari possunt*" heißt es in einer Urkunde Ottos III. von 994; eine andere von 942 für Magdeburg erklärt gar: „*vectigali, id est theloneo et moneta*". Zuweilen wird dem Beliehenen die Münze vorgeschrieben, nach der er sich zu richten hat, so z. B. die Regensburger für Freisingen, Salzburg, Augsburg; auch ist es offenbar selbstverständlich gewesen, daß man an einem neuen Marktorte die Münzen schlug, d. h. im äußeren mehr oder minder genau zum Vorbild nahm, die in der Gegend bereits „eingeführt" waren. Auf diesem Wege haben vornehmlich vier Städte einen weitreichenden Einfluß auf die deutsche Münzprägung erlangt: neben dem ebengenannten Regensburg, dessen karolingischer Säulentempel mit dem Münzmeisternamen darin Bayern (nebst Böhmen, S. 113), Augsburg und Eßlingen sowie Österreich mit Kärnten beherrscht, Köln, Goslar, Magdeburg. Der Kölner Stadtname in drei Zeilen, ebenfalls karolingischen Ursprungs, wird das mehr oder minder genau wiederholte Vorbild nicht nur für weite Strecken des eigentlichen Deutschland mit den Münzstätten Remagen, Soest, Corvey, Bremen, Minden, Paderborn, Fritzlar, Trier, Speier u. a., sondern auch für ein großes Stück der Niederlande mit Lüttich, Dinant, Brüssel, Maastricht, Deventer, Cambray usw.; noch bis Ende des 13. Jahrhunderts erscheint wenigstens der Name der großen rheinischen Handelsstadt auf zahlreichen westfälischen Münzen verschiedenster Herkunft. Goslar, unter Heinrich III. eröffnet, liefert in den Köpfen seiner Heiligen Simon und Judas ein gern übernommenes Vorbild für die Münzstätten des Harzes sowie — ein bedeutsames Dokument der Handelsgeschichte — für Friesland und Köln, während der heilige Moritz, der Schutzpatron von Magdeburg, um das Jahr 1000 in Halberstadt als St. Stephan, in Helmstedt als St. Ludger kopiert wird. Die Königsmünzen überwiegen noch lange, weichen aber mehr und mehr den geistlichen, die besonders von den Erzbischöfen von Köln und Mainz, den Bischöfen von Straßburg und Augsburg, auch von den Äbten von Fulda und Corvey zahlreich vorhanden sind. An weltlichen Herren stellen sich neben die Herzöge (S. 102) und verschiedene Mark- und Pfalzgrafen die Grafen von Berg, Arnsberg, Winzenburg, Nordheim, Katlenburg, vom Nagoldgau u. a. Die Ausbeute des Harzes wird hauptsächlich in den früher Wenden-, jetzt Sachsenpfennige genannten Münzen mit eigentümlich aufgetriebenem Rande und den Adelheidsdenaren (mit dem Namen von Ottos I. Gemahlin) vermünzt, ohne daß sich jedoch der Beginn dieser massenhaften Prägungen genau feststellen ließe. Die Zahl der durch die Münzen belegten Prägestätten, die sich übrigens nicht nur in größeren Verkehrsplätzen, sondern auch in kleinen Marktflecken, ja Burgen (Saarburg, Hammerstein, Mundburg, Hiltagesburg usw.) befunden haben, beträgt am Ende dieses Zeitabschnitts 170: sie ist aber tatsächlich viel größer gewesen, da wir nicht nur zu zahlreichen Beleihungen keine entsprechenden Geldstücke vorlegen können, sondern auch unübersehbare Massen von Münzen besitzen, die sich bisher jedem Zuteilungsversuch entzogen haben und wohl immer entziehen werden. Es sind dies einmal jene hier zuerst auftretenden „Nachmünzen", die ein zuweilen nicht erkennbares Urstück in roher Darstellung und mit entstellter Aufschrift wiederholen, dann ferner jene Pfennige, deren Verfertiger es entweder nicht für nötig hielt oder nicht zustande brachte, seinem Werke ein kennzeichnendes Gepräge zu geben und deshalb im ersten Falle eine vieldeutige, im letzteren eine sinnlose Darstellung schuf. Trotz solcher crux interpretum sind diese ersten deutschen Münzen doch im großen und ganzen sehr anerkennungswerte Leistungen und mit ihren mannigfaltigen Darstellungen und sauberen Buchstaben eher besser als schlechter denn die gleichzeitigen Franzosen und Italiener. Allgemein üblich ist das Königsbild, das sich auch auf fürstlichen Prägungen findet und erst allmählich von dem des Landesherrn verdrängt wird; meist als typisches Brustbild gehalten, zeigt es doch zuweilen individuelle Züge. Daneben kommen dann die Bilder der Ortsheiligen als beliebte Heimatsbezeichnung, Kirchen, darunter der Kölner Dom, von den stilisierten Wellen des Rheins bespült, wappenartige Zeichen und Symbole wie die Lilie von Straßburg und der Hammer von Hammerstein u. dgl. m. vor. Höchst beachtenswert sind auch die verschiedenen Nachahmungen antiker, byzantinischer und arabischer Geldstücke, die Geschichtsmünzen zur Erinnerung an verstorbene Herrscher, insbesondere Karl den Großen, an Siege und die Heimkehr vom Kreuzzuge, endlich die ersten Pfennige mit deutschen Aufschriften: „*greve Ecbert*" von Braunschweig und „*hir steid de biscop*" in Gittelde.

VIERTER ABSCHNITT.
Die Brakteatenzeit.

Literatur: C. Ph. Chr. Schönemann, Zur vaterländischen Mkunde, Wolffenbüttel 1852. — G. L. Schlumberger, Des bractéates d'Allemagne, Paris 1875. — R. Höfken von Hattingsheim, Archiv f. Brakteatenkunde, Wien 1886 f. — Friedensburg in ZfN. Bd. XXVIII, S. 253. — H. Buchenau, Der Brakteatenfund v. Seega, Marburg 1905.

Dem wachsenden Bedürfnis nach geprägtem Geld hat die überaus einfache Prägetechnik der alten Zeit offenbar nicht zu genügen vermocht, namentlich scheint ihr das Stückeln der Zaine, d. h. das Ausschneiden des zur Prägung bestimmten Silberplättchens, Schwierigkeiten bereitet zu haben. Man verfiel deshalb auf das Auskunftsmittel, die Zainplatte recht dünn zu walzen. Damit erzielte man zugleich mit dem gewünschten den nicht beabsichtigten Nebenerfolg, daß beim Prägen die Stempel durchgriffen, also das erhabene Bild jeder Seite auf der andern vertieft sichtbar wurde, was die Erkennbarkeit beider Darstellungen stark beeinträchtigte, wo nicht gar aufhob. So entstanden jene wunderlichen Halbbrakteaten oder Dünnpfennige, die wir um 1100 in Bayern wie am Oberrhein und Bodensee, am häufigsten aber in den Harzgegenden: Magdeburg, Halberstadt, Goslar usw. finden, wohl das häßlichste Geld, das es je gab. In der Tat sah man auch bald die Unmöglichkeit dieser Münzen ein und schlug, indem man auf den einen Stempel überhaupt verzichtete, „Brakteaten", einseitige, mit nur einem Eisen geprägte, dünne und breite Münzen, die ihre Darstellung auf der einen Seite erhaben, auf der andern vertieft zeigen: eine Technik, die schon im frühen Mittelalter die nordischen Schmuckbrakteaten schuf und seit alten Zeiten überall bei den Goldschmieden üblich war. Der Name Brakteat — von *bractea* das Metallblättchen — kommt zuerst 1368, wohl als Glosse, in einer Mainzer Urkunde vor und ist zum Kunstausdruck der neueren Wissenschaft geworden. Die gleichzeitigen Quellen gebrauchen die Ausdrücke denarius und Pfennig unterschiedslos für die ein- und zweiseitige Münze, doch läßt sich annehmen, daß man für erstere die allerdings erst später belegbaren Bezeichnungen Flitter und Strauben gehabt hat. Vielleicht gleichzeitig von Magdeburg und Erfurt ausgehend eroberte sich die neue Prägeweise in raschem Siegeszuge den ganzen Osten, seine bisher münzlosen Gebiete einbegriffen, die ganze Mitte und einen großen Teil des Südens von Deutschland: also Brandenburg, Pommern, Lausitz, Meißen, Sachsen, Thüringen, Braunschweig, Hessen, ferner den Elsaß, Schwaben bis nach Zürich, Neuenburg und Solothurn, fand gelegentliche Anwendung in Kärnten und ward von Böhmen, Schlesien, Polen und Ungarn übernommen. Sie gibt dem ganzen Zeitabschnitt ein so eigenartiges Gepräge, daß man ihn füglich nach ihr benennen darf, obwohl es ihr immer nur zeitweise und an vereinzelten Orten gelungen ist, die zweiseitigen Münzen ganz zu verdrängen: Hohl- und Dichtmünzen wechseln vielfach miteinander ab. Da die Brakteatenprägung einmal mit der glanzvollen Herrschaft der Hohenstaufen, andererseits mit der Verallgemeinerung des Münzrechts zusammenfällt, so erklärt sich ohne weiteres ihre ungeheure Mannigfaltigkeit, die uns ebensowohl die schönsten wie die häßlichsten Erzeugnisse mittelalterlicher Stempelschneidekunst echte Kunstwerke und wahre Zerrbilder, geliefert hat. Von mehr vereinzelten Kleinodien wie dem Köthener Pfennig mit den Vollbildern Albrechts des Bären und seiner Gemahlin Sophie abgesehen, verdanken wir die feinste Blüte der Kunst dem Funde von Freckleben (Monographie von TH. STENZEL, 1862), dessen Inhalt das großenteils einer Werkstatt entstammende Geld von Halberstadt, Quedlinburg, Anhalt um 1170 bildet, und dem eines späteren aus dem Odenwalde; den Tiefpunkt bezeichnen die verbeulten Hüten gleichenden, oft kaum zu enträtselnden letzten Meißner. Zwischen diesen beiden Polen eine unendliche Mannigfaltigkeit nicht nur des künstlerischen Vermögens, sondern auch des handwerksmäßigen Schaffens, die sich in tausend, der Darlegung durch das Wort kaum zugänglichen Verschiedenheiten im Äußeren des Metallstückes wie in der Stichelführung, die wir in ihrer Gesamtheit als Fabrik oder Mache bezeichnen, kundgibt. Nicht minder wechseln Größe und Gewicht: jetzt ist Karls des Großen Münzordnung gänzlich in die Brüche gegangen, obwohl der Sachsenspiegel — man möchte fast sagen: in rührender Weltfremdheit — noch immer gebietet, daß man die Pfennige schlagen soll „pündich unde ewen swar unde gelike wit". Von Ort zu Ort, von *renovatio* zu *renovatio* (S. 104) wechseln Schrot und Korn. Ein Beispiel: man berechnet die Zahl der in Erfurt aus der Mark geschlagenen Pfennige für die Zeit um 1150 auf 260—270, 1200: 320—330, 1250: 430—440, 1300: zwischen 600 und 700. Endlich ist auch der Kreis der Münzbilder noch größer geworden als in der vorigen Periode. Insbesondere erscheint der Münzherr nur noch selten im Brustbild und auch da von dem überhaupt nur wenig merkbaren Einfluß der byzantinischen Kunst gelöst. Regel wird die ganze Gestalt und die belebte Bewegung: man sieht den Fürsten, oft von ein oder zwei Assistenzfiguren begleitet, thronend *in majestate sua*, bzw. wenn er ein Geistlicher ist, mit der Gebärde des Segnens, Belehnung empfangend oder erteilend, als Richter und — mit besonderer Vorliebe — in kampflicher Haltung. Die Ikonographie der Heiligen erweitert sich durch Darstellung von Martyrien, wobei zuweilen fünf Figuren auf der Münze erscheinen, und besondere Mannigfaltigkeit und Anmut zeichnen die dem romanischen Baustil verständnisvoll angepaßten Gebäude aus, vor und in denen gern der Herrscher und sein Wappentier angebracht werden. Überhaupt findet, der Zeitströmung entsprechend, die noch im freien Flusse der Entwickelung begriffene Heraldik gerade in den Brakteaten ein gern und mannigfach benutztes Feld ihrer Darstellungskunst, und selbst allegorische Gestalten von Tugenden und Sünden kommen vor. Redende und Geschichtsmünzen sind verhältnismäßig häufig, unter letzteren die ersten „Sterbemünzen": Albrechts des Bären und Erzbischof Wichmanns.

Zahlreich sind die geschlossenen Reihen größerer Münzfürsten und angesehener Münzstätten: Heinrichs von Braunschweig, fast stets seinen Löwen nicht nur zeigend, sondern auch nennend — Wichmanns von Magdeburg, der infolge der von ihm, wie es heißt, zuerst zweimal jährlich gehandhabten *renovatio* zu den münzreichsten Fürsten des Mittelalters zählt, von dem Askanier Bernhard III. von Sachsen aber noch weit übertroffen wird — der Sippe Albrechts des Bären, die in Brandenburg zuerst sehr rohe Pfennige schlägt, dann in prachtvollem Nationalstolz dem letzten wendischen Prätendenten, dem „Knäs" Jakza, den „markgrave" Otto gegenüberstellt, in ihrem Stammlande mit Halberstadt, in der Mark mit Magdeburg eine regelmäßige Gemeinschaft unterhält und schließlich mit sehr unscheinbaren stummen Pfennigen endet — der Landgrafen von Thüringen, die stets hoch zu Roß erscheinen — der Magdeburg-Hallenser Moritzpfennige, die ihren Heiligen in noch größerer Mannigfaltigkeit zeigen wie die Erfurter Martinspfennige den ihren. Sehr zierliche Pfennige weist auch Schwaben (GROTE in s. Mstudien Bd. VI, BUCHENAU in Bl. f. Mfrde 1911) auf, leider meist schriftlos, dazu als ganz besondere Seltsamkeit: „ortichte", d. h. vierkantige, an den Ecken zugespitzte Stücke namentlich aus den Münzstätten des südlichen Elsaß und der Schweiz, vereinzelt auch aus Konstanz. Die Schriftlosigkeit ist überall das Hauptgebrechen dieser Münzgattung: die stummen Pfennige überwiegen die mit Schrift versehenen weitaus und bilden für manche Zeiten und Gegenden — neben Schwaben insbesondere die Lande an der unteren Elbe, die Lausitz, Mecklenburg — die so gut wie ausnahmlose Regel. Es ist sogar zuweilen nichts gewonnen, wenn sich, wie besonders an der Grenze von Hessen und Thüringen häufig, vereinzelte Buchstaben auf dem Rande einstellen, da deren Sinn meist unauffindbar ist.

Zu höchster Blüte gedeiht jetzt auch die Nachahmung (S. 109), die nicht mehr dem erlaubten Zweck der Einführung und Anpassung neuen Geldes dient, sondern der gewissenlosen Ausnutzung eines oft noch obendrein angemaßten Münzrechts durch Prägung an Gewicht und Gehalt unterwertiger Pfennige. Und solcher Nachahmung befleißigen sich nicht nur kleine Herren, armselige Schmarotzer am Tische des Gottesgnadentums, sondern auch die reichsten und mächtigsten Fürsten, Geistliche und Weltliche, und die zur Abwehr geschlossenen Verträge auf gegenseitige Unterlassung des Nachprägens bleiben ebenso wirkungslos wie die Beschlüsse der Reichsgewalt. Schon im Privileg der geistlichen Fürsten von 1220 wird beklagt, daß die Münzen *„se invicem ex similitudinibus ymaginum destruere consueverant"*, 1231 gebietet der Reichsverweser, daß die Pfennige *„ita manifestis signis et ymaginum dissimilitudinibus distingui debent a denariis alterius monete, ut statim prima facie et sine difficultate aliqua ipsorum ad invicem discretio et differentia possit haberi"*, und zahlreich sind die Verordnungen, die den „Beischläger" dem Fälscher gleichstellen. So erklärt es sich, daß wir die Brakteaten der Herzöge von Sachsen, der Markgrafen von Brandenburg und der Grafen von Anhalt in der Regel überhaupt nicht, die von Halberstadt, Helmstädt, Hildesheim Jahrzehnte lang nicht auseinanderhalten können, daß wir Pfennige besitzen, die den Namen des Magdeburger Schutzpatrons mit dem Bilde Bernhards III. von Sachsen vereinigen, ohne daß wir wüßten, ob hier der Herzog den Erzbischof plündert oder umgekehrt oder gar ein Dritter alle beide. Gerade das Erzstift Magdeburg entwickelt eine ganz hervorragende Anpassungsfähigkeit: wie es schon im 11. Jahrhundert einmal nach Goslarer Muster prägt, so kopiert es um 1200 die beliebten Münzen der Abtei Pegau, nimmt in Halle zur selben Zeit die Thüringer Prägeweise an und ahmt im 12. und 14. Jahrhundert Halberstädter Vorbilder nach. Jede größere Münzreihe hat ihre eigenen Nachahmungen, meist aus der Umgebung ihres Ursprungsortes: die Moritzpfennige versorgen den Harz mit Vorbildern, und die Reiterbrakteaten der thüringischen Herren bilden ganze Schwadronen; selbst der Mainzer Erzbischof steigt in seiner Münzstätte Heiligenstadt auf den „dextrarius", auf dem Haupte statt des Helmes die Mitra, in der Rechten den Hirtenstab statt des Rennspeers.

Auch die zweiseitigen Pfennige, welche, wie bemerkt, die Reihe der Brakteaten da und dort zeitweilig unterbrechen, weisen die gleichen Verschiedenheiten in Mache und Stil, in Schrot und Korn auf, obgleich sie, wenigstens in manchen Gegenden, z. B. am Rhein, nicht so vielen *abjectiones* unterworfen gewesen sind wie die Brakteaten. Aus dieser Fülle seien zunächst die brandenburgischen erwähnt, die, so zahlreich sie auch sind, doch so gut wie ausnahmslos auf der Hauptseite den Herrscher, oft mit wunderlichen Emblemen, u. a. auch Bierkrügen und Trinkhörnern, ausgestattet zeigen. Sie sind die Vorbilder gewesen für Pommern, wo ganz wie in Brandenburg lange Zeit hindurch ein- und zweiseitige Münzen völlig gleichmäßig nebeneinander umgelaufen sind, und für die mehr vereinzelten Denare von Mecklenburg, Lausitz, Halberstadt, Magdeburg, Quedlinburg und anderen Harzfürsten. Die Braunschweiger Denare halten sich zusammen mit denen von Hildesheim, Lübeck usw. mehr für sich, während die Hessen sich den Westfalen nähern. Westfalen steht, wie schon S. 114 bemerkt, stark unter kölnischem Einfluß: von seinen beiden kaiserlichen Münzstätten, Dortmund

und Duisburg, prägt die letztere so gut wie ausschließlich unter dem Namen von Köln, und dieses Erzstift selbst münzt in einer sehr großen Anzahl von Städten, die ihm aus der Beute nach dem Sturz Heinrichs des Löwen zugefallen sind. Daneben gibt es noch sehr zahlreiche geistliche und weltliche Prägeherren. Unter den ersteren verdienen die Bischöfe von Münster Erwähnung, ebensowohl wegen der Ordnung, die sie in ihrem Münzwesen hielten — einer von ihnen wird als *restaurator*, ein anderer als *promotor monete* gerühmt —, als weil sie eine ganz besondere Sorte Geld eingeführt haben. Ludolf von Holte (1226—48) schlug zuerst die merkwürdiger Weise nach seinem anderthalb Jahrhunderte später lebenden Nachfolger Florenz von Wevelinghofen genannten „Wevelinghöfer", kleine dicke Pfennige, mit einem zu großen Stempel geprägt, so daß auf jedes Stück immer nur ein Teil des Gepräges hat kommen können. Diese wunderlichen Münzen, neben denen übrigens zuweilen breite Pfennige mit denselben Bildern vorkommen, sind eine Besonderheit Westfalens geblieben, das sie dafür bis nach Bremen („Swaren") und Oldenburg fast zwei Jahrhunderte hindurch beherrscht haben. Im übrigen scheinen namentlich die weltlichen Prägeherren Westfalens ihr Münzwesen nicht anders halten gekonnt zu haben als durch Nachahmung fremden Geldes. Am ärgsten haben es in dieser Beziehung die Herren von Lippe getrieben, die nebeneinander die Münzen von Münster, Osnabrück, Mark, Paderborn usw. kopieren, dazu mit besonderer Dreistigkeit die im nächsten Abschnitt zu erwähnenden Sterlinge, indem sie nicht nur den englischen Königsnamen, sondern auch den englischen Münzmeister und die englische Münzstätte übernehmen, so daß allenfalls der Stil und der schlechte Gehalt den Beischlag verraten. Bezeichnet doch einer dieser Pfennige in geradezu grotesker Harmlosigkeit den englischen Königskopf als CAPVT DE LIPPIA! So geht es durch das ganze Mittelalter, dessen Ausgang für Westfalen noch eine große Reihe der unverschämtesten Nachahmungen sogar süddeutscher, böhmischer und schlesischer Münzen bezeichnet. Unter den rheinischen Pfennigen stehen die der Kölner Erzbischöfe obenan, neben ihnen die von Aachen, wo u. a. die Prätendenten Richard von England und Wilhelm von Holland gemünzt haben. Am Niederrhein zeigen sich niederländische Einflüsse, insbesondere in den kleinen ältesten Münzen der Grafen von Kleve und den verschiedenen Nachahmungen der „Köpfchen" von Holland. Am ärgsten ist die Buntscheckigkeit des Geldes wohl am Oberrhein: zweiseitige Denare von jeder Größe und Dicke, darunter solche aus den kaiserlichen Münzstätten Frankfurt, Gelnhausen, Friedberg, Oppenheim, Wetzlar, Kalsmunt, dazu Halbbrakteaten und einseitige Pfennige. Bayerns schöne älteste Münzen werden schon um 1050 durch sehr breite Pfennige abgelöst, deren Darstellungen zwar den Reichtum der Erfindung in zahlreichen Belehnungsszenen und insbesondere in jenen, der kirchlichen Kunst und ihren „drôleries" entlehnten religiösen Allegorien, nicht aber die Sorgfalt der Ausführung bewundern lassen und die mindestens bis zum Sturze Heinrichs des Löwen reichen. Die Münzen der neuen Dynastie der Wittelsbacher, ebenfalls noch lange von der Kirche stark beeinflußt, gehen rasch abwärts in ihrem Durchmesser und nähern sich unter dem Einfluß des sogenannten *quadratum supercusum*, einer Behämmerung der fertigen Münze zu unbekanntem Zweck, vielfach der viereckigen Form, verfallen allmählich auch der größten Roheit des Stils und der schlimmsten Herabsetzung des Feingehalts. Ein Niedergang, den sogar der wittelsbachische Kaiser Ludwig IV., dem wir schöne Reichsmünzen verdanken, nicht aufgehalten hat. Dasselbe Schauspiel zeigt sich in den von Bayern fortgesetzt abhängigen österreichischen Landen (LUSCHIN in NZ. NF. Bd. II), doch gibt es unter den „Wiener Pfennigen", die durch die große Anzahl typengleicher Hälblinge bemerkenswert sind, noch zu Ende des 13. Jahrhunderts einige Schriftmünzen. Auch Herzog Bernhard von Kärnthen (1201—56) hat noch einige verhältnismäßig gut gearbeitete

Stücke hinterlassen, die, aus der Münzstätte Laibach stammend, italienischen Einfluß verraten, während andere z. T. in Gemeinschaft mit dem Salzburger Erzbischof in der Stadt Friesach geschlagen sind. Den Tiefstand bezeichnen hier die „Schinderlinge" Kaiser Friedrichs III. In Franken endlich prägen vornehmlich die Bischöfe von Würzburg und Bamberg, die Meranier und die Reichsmünze zu Nürnberg breite dünne, oft einseitig ausgefallene und nicht immer sicher zuzuteilende Denare. Fürwahr, nichts gibt einen besseren Begriff von der Zerrissenheit des damaligen Deutschen Reiches als die in jeder Beziehung ungeheuerliche Mannigfaltigkeit seines Geldes. Die Zeitgenossen aber sind nicht einmal einig über die Beurteilung dieses Übels. Neben den zahlreichen Versuchen zur Einschränkung der Münzprägung, neben den Bemühungen angesehener Münzhöfe, ihr Gepräge reichsgesetzlich vor Nachahmung schützen zu lassen, steht die seltsame Urkunde Friedrichs I. für Aachen 1166, die das Verbot der Annahme fremder Münze als *„lex iniqua"* bezeichnet und befiehlt, *„ut unaquaeque moneta juxta qualitatem suam in loco nostro currat"*. Man weiß nicht, ist das Sprichwort: Der Pfennig gilt nur dort, wo er geschlagen ist, ein Programm, eine Utopie oder ein Hohn.

FÜNFTER ABSCHNITT.
Der Ausgang des Mittelalters.

Literatur: Goldmünzen: Frhr. v. SCHRÖTTER in ZfN. Bd. XXIV, S. 167; W. SCHWINKOWSKI ebd. Bd. XXVIII, S. 317; DANNENBERG in NZ. Bd. XII, XVII u. XXXII; NAGL ebd. Bd. XXVI u. XXX; P. JOSEPH, Beschreib. der Funde von Bretzenheim u. Disibodenberg 1882, 83. — Turnosen: ZfN. Bd. X, S. 223, XI, S. 39; MENADIER, D. M. Bd. IV, S. 11. — Englische: DANNENBERG in ZfN. Bd. XV, S. 302; dazu namentlich KRUSE (s. o. S. 101) S. 22, JNAMA-STERNEGG Bd. III, 2, S. 398 f., ENGEL u. SERRURE Bd. III, S. 1427 f. u. dort Angeführte.

Mit der Beendigung des Interregnums und der Wiederherstellung der Reichsgewalt kam noch nicht sogleich eine wesentliche Besserung des Münzwesens. Der neue Herrscher der Welt hatte in der Tat Dringenderes zu tun und ist über die übliche *bannitio* der Münzfrevler und ein Abkommen mit Köln (1282), wonach dort und in den Reichsmünzen nach gleichem Fuß geprägt werden sollte, nicht viel hinausgekommen, wie er denn auch selbst in Würzburg schlechtes Geld geschlagen hat. Die Zahl der alten Reichsmünzen schmolz jetzt rasch dahin: mit Aachen erreicht sie noch Karl IV., mit Dortmund und Frankfurt Maximilian I., während Sigismund nicht nur für seine Goldmünze neue Prägestätten eröffnete (S. 124), sondern auch sogar noch einmal in Mainz — wie es heißt: für den Rheinzoll — silbernes Kaisergeld schlug. Im allgemeinen ist der Kaiser fortab auf die Prägestätten seiner Erblande angewiesen.

Allmählich fing man denn doch an, sich von der Schädlichkeit des bisherigen Zustandes zu überzeugen, und an den verschiedenen Orten bemühte man sich, besseres Geld zu schaffen. In Meran prägten seit etwa 1250 die Grafen von Tirol schöne, breite Stücke im Wert von 20 der bisher üblich gewesenen Veroneser Pfennige. Erzbischof Konrad von Magdeburg beklagt 1276 wortreich den Niedergang der guten alten hallischen Pfennige, die *„librati in statera, stateram cras et hodie non teneant uniformem, imo de die in diem cudi soleant leviores, pro parvissima vi flaminis usque quaque volatiles"*, und schlägt statt der Brakteaten wieder zweiseitiges Geld. Auch in Schwaben ging man, und zwar schon um 1230, zu einer zweiseitigen Münze über, dem nach seiner Ursprungsstätte Hall am Kocher benannten Haller, später „Heller", der sich mit seinem Gepräge, der Hand und dem Kreuz, ganz Schwaben, einen Teil von Franken und des Oberrheinlandes mit Nürnberg und Frankfurt eroberte und sogar bis Altenburg in Thüringen vordrang. Ihm erwuchs ein Rivale in dem Ratisponenser, dem Pfennig auf Regensburger Schlag, dessen Hauptkennzeichen ein Brustbild zwischen zwei Buchstaben bildete; eine Abart von ihm ist der nach dem Würzburger Bischof Gerhard von Schwarzburg (1372—1400) genannte Schwarzburger mit dem Anfangsbuchstaben des Münzherren oder der Münzstätte. Karl IV. und sein Sohn Wenzel haben solche Pfennige nicht nur selbst in ihrem neuböhmischen Besitz zu Auerbach, Erlangen und Lauf geprägt, sondern die Münzprivilegien, die sie den Burggrafen von Nürnberg (1361), den Grafen von Wertheim (1363) und Württemberg (1374) und anderen Großen erteilten, vielfach ausdrücklich auf Regensburger oder Haller Pfennige gestellt, um auf diese Art wenigstens streckenweise eine Münzeinheit zu schaffen. Sie erreichten diesen Zweck um so vollständiger, als die Regensburger und Schwarzburger auch von Bamberg, Nürnberg, Fulda, Hessen, Henneberg, im mainzischen Miltenberg und in den fränkischen Münzstätten der Markgrafen von Meißen übernommen wurden, und so konnte König Wenzel den merkwürdigen, für weite Zeiträume alleinstehenden Versuch machen, das deutsche Münzwesen durch Reichsgesetz zu regeln. Im Jahre 1382 bestimmt er Schrot und Korn der Regensburger und Schwarzburger: 24 auf 1 Nürnberger Lot und $10^{1}/_{2}$ Lot fein, 1385 verfügte er entsprechend bezüglich der Heller: 37 auf 1 Lot und $^{1}/_{3}$ fein, auch sollen Pfennige in halber Feine, einer = 2 Hellern, geschlagen werden. Bald zeigte es sich, daß man in für diese Gesetze später ständig gewordenem Optimismus Gewicht und Gehalt zu hoch angesetzt hatte, und die Reichsmünzordnung von 1390, die jedem Münzherrn auf sein Gepräge „ein sichtig czeichen", d. h. ein deutliches Unterscheidungsmerkmal zu setzen gebot, mußte die Aufzahl der Regensburger schon auf 25 erhöhen, ihre Feine auf 8 Lot ermäßigen. Obwohl alsbald Beitrittserklärungen von den Bischöfen zu Bamberg, Würzburg, Augsburg, den oberpfälzer Wittelsbachern, den Burggrafen von Nürnberg, von Öttingen, Leuchtenberg, Wertheim, Hohenlohe und den Markgrafen von Meißen ergingen, auch eine kaiserliche Münzprägung in Nürnberg ins Werk gesetzt wurde, mußte 1396 bereits wieder eine Verschlechterung der Münze angeordnet werden (Reichstagsakten Bd. I, S. 354, 471; Bd. II, S. 390 f.). Immerhin hatten diese Bestrebungen wenigstens den Erfolg, daß sich teils im Anschluß an die kaiserlichen Verordnungen, teils auch durch das wirtschaftliche Übergewicht alter angesehener Münzstätten (S. 114) größere Bezirke mit einheitlichem Geldwesen bildeten, die sich allerdings gemeinhin nicht gegenseitig ausschlossen, sondern einem Netzwerk gleich in- und durcheinander griffen, so daß in manchen Gegenden noch immer 7, 10 und mehr verschiedene Sorten gleichzeitig umliefen, die man im Gegensatz zu den hauptsächlich dem Großverkehr dienenden Währungsmünzen als Pagament oder Usualmünze zusammenfassend bezeichnete.

Weitere und weitergehende Besserung erzielte, wenn auch nur vorübergehend, die Herübernahme von Geldsorten, mit denen ausländische Staaten das auch bei ihnen eingerissene Münzelend erfolgreich bekämpft hatten. Da ist zunächst der englische Sterling, der einst wohl als Geld der deutschen Kaufleute, der Osterlinge, nach England gekommene karolingische Pfennig, der jetzt wieder in seine alte Heimat zurückkehrte. Schon seit Ottos IV. letzten Jahren, als die kölnische Münze sich zu verschlechtern anfing, ward er am Rhein und in Westfalen (S. 118) unter mehr oder minder vollständiger Wiederholung seines Gepräges — Königskopf und Zwillingsfadenkreuz, von vier Häufchen zu drei oder vier Kugeln umwinkelt — nachgeprägt. Den Verkehr beherrschte er zwischen 1260 und 1320, nur die Stadt Frankfurt prägt noch nach 1500 die *Moneta nova Anglie* in ihrer spätesten Erscheinungsform. Die Rücksicht auf den Sterling scheint auch die Hansen (GRAUTOFF, Gesch. d. lüb. Mfusses bis 1463 in Bd. III s. Ges. Schriften) zur Einführung einer neuen Münze, des Witten (d. i. Weißpfennig), veranlaßt zu haben: vier alten Pfennigen gleich ist er vom Ende des

14. Jahrhunderts ab die herrschende Münze an der ganzen Wasserkante von Pommern bis Oldenburg, dazu in Lüneburg und zeitweise sogar in Hannover. Er wird am Rhein wiederholt nachgeprägt und von Dänemark und Schweden übernommen; seit 1379 wird seine Prägung von den Hansastädten unter einheitlichem Zeichen ausgeführt und in zahlreichen Rezessen den Zeitverhältnissen immer wieder neu angepaßt. Die Pfennige werden daneben teils in Brakteatenform, teils zweiseitig („Vierchen") weiter geprägt, dazu auch halbe und Doppelpfennige („Blaffert"); Dreilinge und Sechslinge kommen 1403 dazu. In noch größerem Umfange als den Sterling hat man den zuerst von König Ludwig IX. von Frankreich geschlagenen *gros tournois*, den „Turnosen", übernommen, dessen wesentliches Kennzeichen das von zwei Umschriften umgebene Kreuz ist, während die Rückseite ein stark stilisiertes Stadtbild und die Umschrift TVRONVS CIVIS zeigt. Bereits 1276 und 1288 ist für die Mosellande, 1295 für Köln, 1302 für Konstanz eine Zahlung in Turnosen bezeugt, doch beginnt, abgesehen von Brabant, Holland und Lothringen, dessen Herzog Ferri IV. mit der Aufschrift *Phirillus rex* sich eine besonders dreiste Kopie gestattet, die deutsche Nachprägung erst nach 1310, um dann alsbald so häufig zu werden, daß 1328 Kaiser Ludwig dem Grafen von Berg das Recht verleihen kann, Turnosen zu prägen „*aliis Turonensibus aequales*": der Turnose hat den ausländischen Charakter abgestreift und ist völlig zu einer im Reich anerkannten Münzsorte geworden. Als solche wird er zunächst noch unter Beibehaltung sogar der Worte TVRONVS CIVIS, also nur mit geändertem Namen des Münzherren, dann unter Ersetzung dieser Worte durch die Bezeichnung der Münzstätte, endlich unter Einführung eines völlig neuen Gepräges der Rückseite, des thronenden oder stehenden Landesherren, den Rhein entlang von Kleve bis Mainz, in Aachen und Trier, in Frankfurt, Heidelberg und Nassau geschlagen, weniger häufig in Westfalen: Essen, Werden, Oldenburg und Jever. Während im allgemeinen die Turnosenprägung das Jahr 1400 nicht überschreitet, füllt sie in Frankfurt unter Ersetzung des Stadtzeichens durch den Adler die Zeit von 1428 bis 1450, erlebt unter Hermann IV. von Köln (1480—1508) eine Auferstehung unter dem alten Typus und gibt verschiedenen Groschenmünzen von Meißen, Ostfriesland und Jülich bis nach 1500 ihre doppelte Umschrift. Von den zahlreichen sonstigen Nachahmungen, die der Turnose in der gesamten Kulturwelt bis nach Cypern fand, ist für Deutschland die breite Münze besonders wichtig geworden, die König Wenzel II. von Böhmen seit 1300 schlagen ließ, indem er die doppelte Umschrift um seine Krone setzte, während auf der Rückseite der böhmische Löwe angebracht war. Diese Münzsorte, bis in die Regierungszeit König Ferdinands I. mit denselben Bildern geschlagen, nannte sich selbst GROSSI PRAGENSES, woraus das deutsche Wort Groschen sich bildete, neben welches in der Umgangssprache des Ostens die noch jetzt lebende Bezeichnung „Böhm" tritt. Der Groschen ist eine der am massenhaftesten geprägten Geldsorten, noch heute sind Funde von Tausenden von Stücken nichts Seltenes. Diese böhmische Groschenprägung gab endlich auch den Meißner Markgrafen (J. Fr. KLOTZSCH, Vers. einer chursächs. Mgeschichte, 1779) Anlaß, ihre scheußlichen Brakteaten zu beseitigen: sie schlugen fortab „Meißner" Groschen, nach bisheriger Annahme seit Friedrich I., dem Freidigen, was durch den den ersten Böhmen gleichen hohen Feingehalt (15 Lot) bestätigt zu werden scheint, wenngleich die Urkunden der Berg- und Münzstadt Freiberg sich über das Ereignis selbst ausschweigen und in ihren Summenangaben unsicher und schwankend sind. Der Meißner Groschen zeigt ein Blumenkreuz in vierbogiger Einfassung, auf der Rückseite den Thüringer Löwen, ist also dem Gepräge nach nicht eigentlich eine Nachahmung des Pragers. Er behält diese Münzbilder übrigens mit geringen Abänderungen bis zur Regierung Friedrichs des Weisen bei, daneben freilich ersteht eine große Anzahl neuer Gepräge, die

den verschiedenen Sorten dann die Namen geben: Löwen-, Rauten-, Horn-, Spitz-, Engel-, Schwert-, Judenkopfgroschen u. a. Der Meißner Groschen, ebenfalls in Massen geprägt, ist das eigentliche Geld Mitteldeutschlands geworden: in Hessen, Braunschweig, Anhalt und von verschiedenen Thüringer Herren mehr oder minder genau nachgeprägt, hat er, anderwärts auch in abgestempeltem Zustande ebenso wie der Böhme, diejenigen Münzstände versorgt, die über eine eigene breite Münze nicht verfügten.

Noch in einem Punkte brachte die Einführung der Heller, Ratisponenser, Englische, Turnosen und Groschen eine Vereinfachung, nämlich in bezug auf die Münzbilder: das Gepräge wird überall moderner, zweckentsprechender. Die Heraldik hilft für deutlichere Heimatsangaben sorgen, sie verdrängt das Herrscherbild und selbst die religiösen Darstellungen, doch diese unter Schonung der Heiligen, die nach wie vor die Prägestätte bezeichnen müssen. Auch jetzt noch manche künstlerische Leistung, insbesondere am Rhein, namentlich in der prachtvollen Verzierung der als Gepräge der Rückseite zahlreicher Münzen auftretenden Kreuze und der dem gotischen Stil eigenen geschmackvollen Ausgestaltung der Helmdecken, wie auch in vielen Heiligenbildern. Aber auch jetzt noch viele Beischläge und eine Zunahme der Sitte, die Münze nach dem Gepräge zu benennen. Denn der Gebrauch der Groschenmünze führte allmählich zur weiteren Zersplitterung des deutschen Münzwesens, das alsbald wieder den größten nicht nur territorialen, sondern oft genug auch lokalen Verschiedenheiten und ständigen Schwankungen anheimfiel. Alles dies um der kleinen Münze willen, für die man nirgends ein geeignetes Verhältnis zum Groschen fand. Vom Englisch gab es Halbstücke und Viertel, vom Turnosen auch noch Drittel, wie überhaupt die Teilstücke der Groschenmünze sehr mannigfaltig sind. Abgesehen hiervon zerfielen der böhmische und der meißnische Groschen in je zwölf „parvi" (sc. denarii). Diese parvi verschmolzen bald mit den Hellern (S. 119), und nun verloren beide Bezeichnungen, Heller und Pfennig, ihre ursprüngliche feste Bedeutung, bedeuteten schlechthin die kleine Münze überhaupt und mußten es sich gefallen lassen, durch die Münzordnungen unterschiedslos verwendet zu werden. Ungeheuer mannigfach war diese kleine oder „schwarze" Münze, wie sie an vielen Orten in Rücksicht auf ihren Mangel an weißem Silber hieß. In ihr lebten die Brakteaten nicht nur fort in Schwaben, Thüringen, Niederdeutschland, Schlesien, Preußen — in Braunschweig bis nach 1650, in Goslar sogar bis 1708! —, sondern eroberten noch Teile von Westfalen und Franken, als Vierschildheller auch das rheinische Münzgebiet. Dazu kommen zahlreiche einseitige Gepräge in Sachsen, Thüringen, Franken, seltsame, wie kleine Schüsseln geformte, daher Schüsselheller genannte Stücke in Schwaben und am Rhein, die bis ins 18. Jahrhundert blieben; sogar verschiedene Halbstücke (Scherfe, auch wieder Heller genannt) gab es, zu bequemerer Unterscheidung zuweilen in viereckiger Form, wie in Bayern. Unablässig mühten sich die Münzordnungen der Landesherren und Städte, in dieses Chaos Ordnung zu bringen, indem sie entweder die Anzahl der Stücke festsetzten, die auf einen Groschen gehen sollten, oder umgekehrt Groschen, oft mehrere Sorten zugleich, zu einer bestimmten Anzahl Kleinstücke einführten. So sieht z. B. Herzog Heinrichs von Braunschweig Münzordnung von 1510 die Prägung von nicht weniger als 4 Groschen, 2 Pfennigen und 1 Scherf vor, während Goslar sich um dieselbe Zeit dreier Groschen (Marien-, Matthias- und Bauerngroschen, vom Volkswitz unter Umdeutung der Bilder der alten Stadtheiligen St. Simon und Judas so genannt) bedient und die Stadt Braunschweig ebenfalls große, mittlere und kleine Groschen schlägt. Am Rheine löst den Turnosen der sogleich zu besprechende Weißgroschen ab, der auch nach Westfalen hinübergreift; die Hansen führen Schillinge zu 3 Witten, die sich gleich den letzteren in Lüneburg und Hannover mit den braunschweigischen Groschen berühren und von Mecklenburg übernommen werden. Auch in Pommern hat man Schillinge, es sind aber nur Doppelwitten, vielleicht aus dem Ordenslande Preußen herübergenommen, dessen Gepräge auch ein paarmal kopiert wird, während der Orden selbst sich unter den Hochmeistern Johannes und Friedrich (1489—97—1510) der polnischen Münze zu nähern sucht. In Süddeutschland gibt es ebenfalls sehr verschiedene Arten Groschen: Plappharte, Schillinge, Batzen, Vierer. Hier hielt im Elsaß und der deutschen Schweiz der Rappenmünzbund (S. 105) mit leidlichem Erfolg auf Ordnung, während Konstanz sich wiederholt mit verschiedenen Schweizer und Bodensee-Städten verband und der Vertrag von Kirchheim 1396 eine größere Anzahl schwäbischer Fürsten und Städte zur Prägung nach gemeinsamen Grundsätzen vereinigte (H. GÜNTER, Münzwesen in d. Grafsch. Württemberg. Stuttgart 1897). Dementsprechend haben wir viele schöne Münzen von Freiburg, Breisach, Kolmar, Thann, später auch von Straßburg, der Stadt und dem Bistum Konstanz, den Grafen und Herzögen von Württemberg, zuletzt von Markgraf Christoph von Baden, dazu ab 1501 die Gemeinschaftsprägung von Ulm, Überlingen, Ravensburg. Münzvereinigungen spielen auch in Franken eine große Rolle: ständige Genossen sind Bamberg, Würzburg und die fränkischen Markgrafen von Brandenburg, ihnen schließen sich zuweilen die oberpfälzischen Wittelsbacher und die Stadt Nürnberg an. Diese Verträge beziehen sich meist auch auf die kleine Münze und bestimmen Schrot und Korn sehr genau. In Bayern und Österreich gab, wie bereits erwähnt, die Elendigkeit der aus den alten Pfennigen entstandenen Kleinmünze fortwährend zu Klagen Anlaß: Kaiser Friedrich mußte 1490 den Umlauf einer für ihn selbst in Wien geprägten Münze für Steiermark verbieten. Trotzdem ist man in beiden Ländern erst sehr spät zur Groschenprägung gekommen: in Graz hat man solche seit 1462, in Wien seit 1481, in Straubing seit 1506 geschlagen.

Im Rechnungswesen bringt der Heller ein Wiederaufleben des Pfundes, während die Groschenmünze, wie es nach den vorstehenden Tatsachen auch gar nicht anders sein konnte, wiederum weitere Komplikationen zur Folge hat, zumal wohl eine jede Sorte dem Erbgebrest des mittelalterlichen Münzwesens, der betrügerischen bzw. durch die Kleinmünze erzwungenen Herabsetzung des Feingehalts verfiel. Selbst im Königreich Böhmen, das sich einer fortlaufenden sorgfältigen Gesetzgebung über das Münzwesen erfreute, stimmen die wirklich geprägten Groschen weder im Schrot noch im Korn zu den staatlichen Satzungen (vgl. Graf STERNBERG, Gesch. d. böhm. Bergwerke I 2, S. 169f. Anm. 165), und nirgends läßt sich der Groschen als ein bestimmtes, festes Vielfaches der kleinen Münze halten. Der Verkehr ist daher genötigt, sich die Zahl der Heller und Pfennige auszubedingen, denen der Wert der zu gebenden Groschen entsprechen muß, und damit stellt sich entsprechend der Zählmark und dem Zählpfund (S. 106) auch noch der Zählgroschen ein, als die Summe von Hellern, die man auf den Groschen zu rechnen hat. Der Großhandel hatte namentlich im Osten mit Schocken gleich 60 Stück, anderwärts mit Marken Groschen gearbeitet: die unselige Neigung zur Differenzierung schuf nun große, kleine, polnische, mährische, meißnische und andere Schocke, und auch die Vielzahl der Marken wurde nun noch weiter vermehrt.

Die Verrottung des deutschen Münzwesens war so tiefgehend, daß ihm nicht einmal das Gold aufhelfen konnte. Von den verschiedenen Versuchen des Mittelalters, eine Goldmünze zu schaffen — Kaiser Friedrich II. in seinem neapolitanischen Reich, Genua, Venedig, Ludwig IX. von Frankreich, England 1257 — hat, abgesehen von einer kurzen Prägung der französischen „*Chaise d'or*" durch Kaiser Ludwig IV., nur die von der Republik Florenz seit 1252 geschlagene Münze aus ganz feinem Golde, im Gewicht von 3,5 g und einem Zählpfund Pfennige an Wert gleichgesetzt, in Deutschland Eingang gefunden. Man nannte dieses Goldstück nach seinem Bilde, der blühenden Lilie, Floren, auch kurzweg Gulden; es wurde unter diesem Namen und Gepräge in einem Umfange zur Weltmünze, wie vor ihm nur der Solidus der

Römer. Nach Deutschland kam der Floren vielleicht durch die päpstlichen Kollektoren und tritt schon im Jahre 1300 in Frankfurt auf, das Beispiel der Nachahmung gaben aber wohl die Niederlande, weshalb die ersten deutschen Florene im Westen entstanden sein werden. Jedenfalls prägen um 1350 die Herzöge von Kleve und Jülich, die rheinischen Kurfürsten, der Graf von Nassau, die Herren von Eppstein und von Heinsberg, dazu die Äbtissin von Essen, die Stadt Lübeck, der Bischof von Bamberg, die Erzherzöge von Österreich, der Graf von Görz, endlich auch der König von Böhmen und ein paar schlesische Herzöge, zum Teil in großen Mengen, Florene. Bald ersetzte man die Lilie wie den heiligen Täufer der Rückseite durch das schematische Bild des Münzherrn in ganzer Figur und das Wappen: schon um 1380 ist das ursprüngliche Gepräge allgemein aufgegeben. Die Befürchtung aber, daß auch die Goldmünze der allmählichen Verschlechterung anheimfallen könne, lenkte die ohnehin auf Münzverträge gerichtete Politik der rheinischen Kurfürsten schon sehr bald auf Schutzmaßregeln: 1354 bereden Trier und Mainz eine gemeine Münze von Gold und Silber, 1372 schaffen dieselben Stände als Korrelat des Goldguldens den — wegen des darauf angebrachten Mainzer Rades auch „Raderalbus" genannten — Weißgroschen und nehmen auch verschiedene kleine Münzen zu genau bestimmtem Feingehalt in Aussicht. Diese Abmachung wurde 1386 in einem Rezeß aller vier rheinischen Kurfürsten wiederholt, doch sahen sie sich schon jetzt zur Herabsetzung des Feingehalts der einzelnen Sorten genötigt. Dies ist die Entstehung des eigentlich deutschen, des sogenannten rheinischen Guldens, der zunächst unter dem Einfluß der namentlich in den Niederlanden betriebenen Prägung geringhaltiger Münze noch eine Periode weiteren Sinkens durchzumachen hatte. Die Kurfürsten beschränkten dementsprechend ihre Politik auf die genaue Festlegung dieser Verschlechterungen, die den Goldgulden schon 1419 auf etwa drei Viertel seines ursprünglichen Wertes herabdrückten: zu diesem Satz hielt er sich dann bis ins 18. Jahrhundert. Im Jahre 1402 hatte allerdings der Kaiser, Ruprecht von der Pfalz, versucht, dem Niedergang der Goldmünze mit einer Verordnung über ihren Feingehalt entgegenzutreten, auch hatte er selbst seit 1400 in Frankfurt Gold geprägt. Sein Nachfolger Sigismund dehnte die kaiserliche Goldmünzung auf Nördlingen, Nürnberg, Dortmund und Basel aus und verlieh verschiedenen Ständen ebenfalls das Recht der Goldmünze. Doch ward sein Plan einer Reichsgoldwährung, der schon bei des Kaisers Lebzeiten den eigennützigen Widerstand der rheinischen Kurfürsten gegen sich gehabt hatte, mit ihm begraben. Die Reichsmünzen zu Frankfurt und Nördlingen hatte Sigismund bereits 1431 an den Erbkämmerer Konrad von Weinsberg verpfändet, der seit 1423 die Seele, mindestens der technische Berater dieser Bestrebungen war; nach dessen Tode kamen sie durch Vererbung erst an die Grafen von Königstein, dann an die von Stolberg und wurden so, da von einer Einlösung natürlich keine Rede war, zu landesfürstlichen Münzstätten. Der Gulden selbst begegnete verschiedentlicher Anfeindung: 1441 nahmen die Hansen, 1454 der fränkische Münzverein gegen ihn Stellung, doch ward er dadurch nicht verdrängt. Nicht nur, daß er um des der Goldmünze von jeher anhaftenden Glanzes ein besonders begehrtes „munus" des Kaisers blieb, das 1512 auch einmal päpstliche Anmaßung der Stadt Basel verlieh, auch der Handel konnte sie, namentlich für den Verkehr mit Italien, nicht mehr entbehren, und so wird der Goldgulden zur Ware, die nach dem ausdrücklichen Sprachgebrauch der Urkunden zu wechselnden Sätzen „gekauft" wird. Außerdem natürlich auch zum Zählwert: 1527 z. B. ist das Verhältnis des Guldens „in Gold" zu dem „in Münze" beim rheinischen Floren wie 6:5, beim ungarischen wie 28:25.

So herrschen am Ende des Mittelalters wiederum Verhältnisse, die kein Heutiger sich mehr vorstellen kann. Selbst wer diese Dinge jahrzehntelang studiert hat, versteht kaum, wie der Handel hat bestehen können, wie man es mit Abgaben und Zinsen gehalten hat, die doch oft jahrhundertelang auf Grund derselben Verschreibung bezahlt wurden, ja wie man auch nur auf dem Markt hat kaufen und verkaufen können. Ein schwaches Abbild dieser Zustände hatte sich bis in unsere Tage in einzelnen Teilen Deutschlands, insbesondere in Bayern, erhalten, wo vor Einführung des Reichsgeldes Münzen aus den verschiedensten Jahrhunderten und Reichen umliefen, zu einer vom Verkehr selbst gesetzten Taxe gegeben und genommen, mehr auf Treu und Glauben als in der Überzeugung von ihrem Werte.

SECHSTER ABSCHNITT.
Von Maximilian I. bis zum Vertrage von Zinna.

Literatur: S. Becher, D. österr. Mwesen von 1524 bis 1838, Wien 1883. — Die Schriften von J. Newald über d. österr. Mwesen unter Ferdinand I., Wien 1883, unter Maximilian II., Rudolph II. u. Matthias, Wien 1885, von 1622 bis 1650 in Bl. d. Vereins f. Landeskunde 1882. — R. Wuttke, Probationsregister d. obersächs. Kreises in NZ. Bd. XXIX, S. 237. — Frh. v. Schrötter, Mwesen des D. Reiches 1500—1566 im Jb. GesW. Bd. XXXV u. XXXVI. — Kipperzeit: HZ. Bd. XVI, S. 213; vgl. auch G. Freytag, Bilder a. d. deutsch. Vergangenh. Bd. III.

Der Beginn der „Neuzeit" bestimmt sich für die Numismatik ebenso wie in der großen Geschichte nicht ohne weiteres durch die zwingende Maßgeblichkeit eines genau festzulegenden Zeitpunktes. Am richtigsten ist es, sie mit dem Auftreten der Taler anheben zu lassen, das sich allerdings langsamer vollzieht als seiner Zeit das der Goldgulden. In demselben Zeitraum beginnt auch die Ausbreitung des Kreuzers, des Nachkommen jener mit zwei übereinandergelegten Kreuzen bezeichneten Münze der Grafen von Meran (S. 119), der Dukat, das Goldstück nach altem, vollem Gewicht, dringt von Osten, Ungarn und Böhmen, herein, um allmählich den rheinischen Goldgulden zu verdrängen, und endlich tut die Reichsgewalt von jetzt ab, wenn nicht ernsthaftere, so doch häufigere Schritte zur Beseitigung des Münzelends. Dazu treten ein paar Äußerlichkeiten: das — wirkliche, nicht bloß typische — Bildnis wird unter dem Einfluß Italiens wieder heimisch auf den Münzen der Fürsten, auch der Geistlichen, man verwendet für die Inschriften mit fortschreitender Ausschließlichkeit die moderne statt der Mönchsschrift, und an die Stelle der uralten einfachen Technik des Münzschlags mit dem Hammer tritt die Prägung mit der Maschine.

Der Wunsch, eine größere Silbermünze als den Groschen zu besitzen, hat abgesehen von verschiedenen andern Versuchen — dem Dicken in Schwaben, dem Pfundner in Tirol — den Erzherzog Sigismund veranlaßt, in den Jahren 1484 und 1486 aus der Ausbeute seiner Bergwerke bei Innsbruck ein Stück prägen zu lassen, das den Wert eines rheinischen Goldguldens in Silber darstellte. Seinem Beispiel folgte alsbald nach Erwerbung der Schwazer Silbergruben Kaiser Maximilian selbst, neben ihm schlugen eine große Anzahl süddeutscher und schweizer Stände, aber auch der Kurfürst von Sachsen (1500), der Erzbischof von Bremen (1511), der Herzog von Kleve (1513) und die Stadt Köln (1516) solche „Guldengroschen", meist in geringem Umfange, der Sachse allein in Menge, dank der reichen Ausbeute des Erzgebirges. Ausbeutemünzen sind auch die Guldengroschen, die die Grafen von Schlick in Joachimstal seit 1517 prägten; von ihnen, den Joachimstalern, Joachimici, erhielt die neue Münze, die sonst wohl von ihrem Gewicht *uncialis* (*uncia* = 2 Lot), auch bloß Pfennig (so noch auf dem Rigaer Taler von 1574) hieß, den herrschend gewordenen und gebliebenen Namen Taler. Der Taler wurde rasch die beliebteste und und verbreitetste Münze aller Zeiten: binnen wenigen Jahrzehnten eroberte er ganz

Europa, später als „dollar" auch die neue Welt und Ostasien, als Mariatheresien- und Levantetaler den Orient. Es förderte seine Beliebtheit ungemein, daß er mit Vorliebe als Tendenz- und Geschichtsmünze verwendet wurde: unendlich groß ist die Zahl der Hochzeits-, Sterbe-, Sieges- und Ausbeutetaler wie der Taler, die eine nützliche Weisheit predigen, den Glauben befördern, den politischen Gegner bekämpfen. Namentlich die Herzöge von Braunschweig und die verschiedenen sächsischen Linien haben hierin Hervorragendes geleistet. Auch wer unter den Fürsten um sein Münzwesen sich sonst wenig kümmerte, seine Taler putzte er mit einem sinnreichen Spruch, einer verzwickten Allegorie heraus, denn solche Stücke wurden viel beachtet, gern gekauft und lange aufbewahrt. So berührt sich denn der Taler vielfach mit der nach 1400 in Italien aufgekommenen, fast ein Jahrhundert später auch in Deutschland üblich gewordenen Medaille, und es gibt zahlreiche „Schautaler", bei denen man zweifeln kann, ob sie noch Münzen und nicht vielmehr Medaillen sind. Der gleichen Tendenz, die öffentliche Meinung zu beeinflussen, machte man aber auch die kleinen und kleinsten Münzen dienstbar, daher besitzen wir viele Groschen, Dreier und Kreuzer zur Erhaltung geschichtlicher Erinnerungen, die letzten noch aus dem 19. Jahrhundert vom Großherzogtum Baden. Das Gepräge wird im übrigen von der Heraldik beherrscht, neben ihr und der Allegorie zeigt sich aber auch der Heimatstolz in Stadtbildern und Ansichten von Bergwerken, Schlössern, Kirchen usw. Bloßer Prunksucht dienen fast immer die Vielfachen des Talers und Dukatens, wie die in viereckiger Form („Klippe") hergestellten Stücke, doch stellen die riesigen Lösertaler der Braunschweiger Herzöge, die die Untertanen einwechseln und aufbewahren mußten, eine Zwangssparkasse vor, während die Zehndukatenstücke von Hamburg („Portugaleser") wohl weniger für den Handel als wie viele ihresgleichen zu Geschenken bestimmt gewesen sein mögen und die Klippe die für Not- und Belagerungsmünzen übliche Form wird. In den Aufschriften bewahrt sich die Religion einen Teil ihres Einflusses bis in die allerneueste Zeit, doch finden sich auch klassische Zitate und viele, oft recht geistreiche Devisen, wobei auch die deutsche Sprache sich bemerklich macht, die sonst nur sehr allmählich das Latein verdrängt.

Auch der Taler ist, wenigstens in den beiden ersten Jahrhunderten seines Daseins vielfach Ware gewesen, also daß sich Taler „in specie" (daher „Speziestaler") oder „harte" Taler versprechen lassen mußte, wer nicht mit Kleingeld bezahlt sein wollte. Denn auch in der Neuzeit ist und bleibt der Verderb des Münzwesens das Kleingeld, die Scheidemünze, die Landmünze, wie sie sich heuchlerisch nennt, als sei sie nur zum Verkehr im Lande des Prägeherren bestimmt. An ihr ist immer und überall zu verdienen: wenn man sie nur recht geringhaltig ausprägt, dann verdrängt sie das gute Geld und treibt es in den Schmelztiegel. Denn sie ist unentbehrlich, nicht nur „um des lieben Armuts willen", wie es in den Münzerlassen mit Vorliebe heißt, sondern für Handel und Wandel des Alltags, die nicht auf die großen Gesichtspunkte eingestellt sind, und die man nicht mit Patenten, Tarifen, Valvationen belehren und behüten kann wie den Verkehr mit Talern und Gulden. Der Fürst, der mit seiner Münze „Merkanz treibt", sie gewissenlos ausnützt zu augenblicklichem Vorteil, reißt soundso viel andere in der Nachbarschaft mit, schließlich kann keiner zurückbleiben. Ein so pflichtgetreuer Regent und guter Rechner wie Friedrich Wilhelm I. von Preußen verschwört sich, wie er selbst sagt, beim Antritt seiner Regierung, keine Scheidemünze mehr prägen zu lassen, und wiederholt diese Versicherung noch mehrfach in feierlicher Form: 1730 muß er sich schließlich doch dazu bequemen.

Der alte Traum einer Reichsmünzordnung wurde auf den Reichstagen unentwegt weiter geträumt. In Worms beschloß man 1495 die Abschaffung aller alten Gepräge und ihre Ersetzung durch ein neues, das für die eine Seite im Belieben des

Münzherren stehen, auf der andern aber die Kaiserkrone mit der Umschrift *Adjutorium nostrum in nomine domini* tragen sollte — eine glatte Utopie. 1524 erschien die Eßlinger Münzordnung Karls V., die die kölnische Mark (S. 106) zum Reichsmünzgewicht erhob, den Taler, jetzt „Guldener" genannt, zur Grundlage des Münzsystems — also Silberwährung — machte, sein Gewicht auf 2 Lot = 1 Unze, seinen Feingehalt auf 15 Lot bestimmte und siebenerlei gemeine Reichsmünze bis $1/_{84}$ Taler herab mit dem Adler als einheitlichem Gepräge auf einer Seite vorschrieb. Daneben sollten nur noch Pfennige und Heller „zu gemeinem Gebrauch und Notdurft" geprägt werden, aber auch sie nicht unter einem festgesetzten Mindestfeingehalt und, wer zehn Mark solcher kleinen Münzen schlug, sollte daneben auch drei Mark Reichsmünze zu schlagen gehalten sein. Ein verständiges Gesetz, das aber niemand befolgte. Der Kaiser selbst entband schon im folgenden Jahre auf Betreiben seines Bruders Ferdinand, der für seine Bergwerke in Ungarn und Böhmen fürchtete, das Haus Habsburg für ewige Zeiten davon. König Ferdinand schloß 1535 mit den Wittelsbachern und den Städten Augsburg und Ulm ein besonderes Abkommen, ebenso 1536 der Markgraf Georg von Brandenburg in Franken mit Bamberg, Leuchtenberg und Nürnberg. Die Hansen, die schon 1506 ihre Marken in einem Stück ausgeprägt hatten, münzten im gleichen Fuß weiter, und auch der Kurfürst von Sachsen gab seinem Lande eine eigene Münzordnung. Der steigenden Verwirrung ein Ende zu machen, wurde 1551 auf dem Reichstag zu Augsburg eine zweite Reichsmünzordnung geschaffen, die einen „Reichsgulden" zu 72 Kreuzern und daneben einen Zählgulden zu 60 Kreuzern einführte. Diesen „Guldentaler" machte 1559 der ebenfalls zu Augsburg abgehaltene Reichstag zu einer wirklichen Münze, die sich aber nur kurze Zeit hielt, da die althergebrachten Taler nicht mehr zu verdrängen waren. Der Augsburger Reichstagsabschied von 1566 erkannte ausdrücklich an, daß sie „nicht wol unverhinderlich des ganzen Handels ausgeschlossen werden möchten", und befahl ihre Prägung aufs neue: 8 Stück auf die kölnische Mark zu 14 Lot 4 Grän fein; der Wert des einzelnen wird diesmal auf 68 Kreuzer gesetzt. Von einer Beschränkung der Fürsten in der Ausprägung kleiner Münze ist keine Rede mehr.

Es hat keinen Zweck, die Ansätze dieser — übrigens von den Forschern oft sehr verschieden beurteilten — Münzordnungen hier wiederzugeben oder auf die mannigfachen Bestimmungen näher einzugehen, die in der Folgezeit von zahlreichen deutschen Landesherren ergingen. Es genügt festzustellen, daß der eben erwähnte Satz für den Taler bis ins 18. Jahrhundert maßgebend blieb, daß das Haus Habsburg an seinem Privileg hinsichtlich des um 1 Quentchen geringeren Feingehalts seiner Taler festhielt, daß Taler mit den verschiedensten Wertangaben im Reichsapfel auf der Brust des Adlers der Rückseite umliefen — Angaben, die noch obendrein von Betrügern ausgekratzt wurden — und daß das Kleingeld ebenfalls die mannigfaltigsten Teilungsziffern aufwies, je nachdem welcher Münzordnung es zu folgen vorgab. Nachdem die in den ersten dreißig Jahren des Jahrhunderts geradezu riesig angeschwollene Flut der Groschenmünze — bestehend namentlich aus Sachsen und Brandenburgern, auch fränkischen Batzen — in der Folge etwas abgeebbt hatte, ward in Norddeutschland allmählich die Teilung des Talers in 24 Groschen herrschend, deren jeder also 3 Kreuzer galt; noch lange zeigen zahlreiche Münzen beide Wertziffern gleichzeitig. Immerhin beginnt der Kreuzer sich mehr und mehr auf Österreich und Süddeutschland zu beschränken: auch hier machen 3 Kreuzer einen Groschen, daneben ist der hauptsächlich in seinem Halbstück ausgeprägte Batzen zu 4 Kreuzern häufig. Die Funde dieser Zeit zeigen ein überaus buntes Gemisch: neben Deutschen aus allen Gauen Polen, Italiener und Niederländer, große und kleine, oft hundert und mehr Jahre alte, in ihrer Heimat längst verrufene und durch neue Prägungen ersetzte

Stücke, alles nebeneinander einträchtiglich im Umlauf. Im Grunde genommen blieb also alles beim alten (S. 119), nur daß man eine große Anzahl neuer Werte hatte, deren Verhältnis zu einander festzustellen die ständige — nutzlose — Arbeit der Wardeine, den hauptsächlichen Inhalt der zahllosen Verordnungen in Münzsachen und die Entstehungsursache einer dem rein praktischen Zweck richtiger Bewertung dienenden numismatischen Literatur bildet.

Ohne Erfolg bleiben auch die 1570 und 1571 getroffenen Einrichtungen, die darauf abzielten, mittels Einteilung des Reiches in drei Kreise den Münzständen, die nicht eigene Bergwerke besaßen, das „Pagamentieren", d. i. das Aufkaufen guter Sorten und ihre Umprägung in böse Scheidemünze, unmöglich zu machen, indem sie fortab nur in den Kreismünzstätten sollten prägen dürfen, deren Wardeine in erweiterter Anwendung einer schon 1551 erlassenen Probationsordnung über das gesamte Münzwesen ihrer Bezirke zu wachen hatten. Schon im Jahre 1596 klagte man im oberrheinischen Kreise, daß fast jeder Graf und Herr Münzstätten errichte und sie an Leute verpachte, die sich um die Anordnungen der Kreisaufsichtsbeamten nicht kümmerten; man zählte dort im Jahre 1615 statt der vorschriftsmäßigen vier Münzstätten deren 20. In Pommern beginnt 1581 die Prägung unansehnlicher kupferner Scherfe in den Münzstätten zu Rügenwalde, Franzburg, Köslin, Wolgast; sie überschütten das Land und die Nachbarschaft später auch mit höchst unterwertigen Groschen und insbesondere Doppelschillingen, deren Kennzeichen, die verschlungenen Buchstaben DS, in Magdeburg, Anhalt, Barby, Sachsen und Brandenburg übernommen wird: dieses üble Geld hat sich also offenbar bei den Spekulanten (S. 129) großer Beliebtheit erfreut. Im Jahre 1612 eröffnet der Kurfürst Johann Sigismund von Brandenburg in Driesen eine neue Münzstätte eigens zu dem Zwecke, darin schlechte Groschen nach polnischem Muster, sogenannte Dreipölker, zu schlagen. Aber nicht nur in solchen „Heckenmünzen" vollzieht sich die neue Raubmünzung, sondern ganz öffentlich und in den angesehensten Münzhäusern, bei weltlichen und geistlichen Herren wie bei den Städten, im Osten und Norden, wie im Süden und Westen. Dies ist die Zeit der „Kipper und Wipper" oder, wie sie im Münzedikt von 1566 mit schönem Sprachreichtum genannt werden: der „Seigerer, Granalierer, Ringerer, Beschneider, Schwächer, Wescher, Abgießer, Auswieger, Aufwechsler", die größte Katastrophe der deutschen Münzgeschichte, ein Landschaden ohnegleichen, der seinen Höhepunkt in den Jahren 1619 bis 1622 ersteigt. Die Zahl der Münzstätten wächst jetzt ins Ungeheure, weil das „Geschäft" den Betrieb zu nie gekanntem Umfang erweitert; gern frischt man Erinnerungen an das Mittelalter auf, indem man dort, wo seit drei und vier Jahrhunderten der Hammer geruht hatte, aufs neue Geld schlägt. Den Wettinern rechnet man volle 45 Münzstätten nach, dem Braunschweiger Friedrich Ulrich 40, in Schlesien prägen neben 8 Landesherren und den vereinigten Ständen 9 Städte, in Brandenburg der Kurfürst außer in Berlin und Kölln in der eigens zu diesem Zweck eingerichteten Münzstätte zu Krossen, neben ihm 9 seiner Städte; Anhalt hat 7, Württemberg 3, Vorderösterreich 5 Münzstätten. Auf Kreuzer sind die meisten dieser Erzeugnisse bewertet, insbesondere der — lucus a non lucendo! — „Silbergroschen" auf 3; er entfaltet in Braunschweig eine höchst interessante heraldische Mannigfaltigkeit, die aber ebenso nur zur Verheimlichung des Ursprungs dieser elenden Stückchen dient, wie ihre moralischen Sinnsprüche hier unangebracht erscheinen, der sächsische Schreckenberger wird als Zwölfkreuzerstück ausgegeben, und eine wahre Proteusnatur zeigt der böhmisch-schlesische „Vierundzwanziger", von dem niemand so recht weiß, ob seine Wertziffer 24 Kreuzer, Zwei- oder Dreikreuzerstücke bedeutet, die aber schließlich doch noch weggelassen wird, um die Münze als Vierteltaler ausgeben zu können. Das kleinste Geld erscheint oft in Gestalt eines Hohlpfennigs, in

Brandenburg den entsprechenden Stücken aus dem Anfang des 16. Jahrhunderts zum Verwechseln ähnlich, wie denn auch die Namen Flitter und Strauben (S. 115) wieder auftauchen; anderwärts begnügt man sich vielfach der Eile halber, mit der man dem Gewinn nachjagt, mit einseitigen Münzen. Jetzt wird das lange gemiedene Kupfer allgemein beliebt; keine Pfanne und kein Tiegel, keine Ofenblase und kein Waschkessel ist mehr sicher: „wo eine Kirche ein altes kupfernes Taufbecken hatte, das mußte fort zur Münze, und half ihm keine Heiligkeit; es verkauftens, die darin getauft waren." Merkwürdigerweise wagt der Betrug sich aber auch an die großen Stücke: wir haben Kippertaler und -gulden von den Sachsen, aus Württemberg, Bayern und Salzburg, trotz der fabelhaften Wertziffern nicht besser als die „Silber"groschen. Das Ärgste aber leistet der Kaiser in großem und kleinem Gelde. Während anderwärts die Kipperei bereits teils durch Entschließung der Münzherren, teils durch die Erschöpfung des Vorrats an Pagament und durch die Volksbewegung ihr Ende gefunden hatte, läßt er noch einmal alle Schrecknisse dieses Landschadens auf seine unglücklichen Lande los, indem er durch Vertrag vom 18. Januar 1622 sein ganzes Münzwesen in Österreich, Böhmen und Mähren einer großen Gesellschaft, bestehend aus Fürsten, Herren und Geistlichen, dazu etlichen Juden, von denen Jakob Bassevi die Leitung des gesamten Geschäfts übernahm, verpachtete. Diese Gesellschaft hat dann noch lange die Kippermünzen geschlagen, die man anderwärts zu beseitigen angefangen hatte.

Die Schuld an dieser, alle bisherigen Münzschäden in den Schatten stellenden Erscheinung tragen nicht allein die Münzherren und ihre Beamten. Ihre Lieferanten, unter denen sich außerordentlich viele Juden befinden, und die, zuweilen unter witziger Selbstverspottung als Herren von Kipphausen u. ä., durch die Lande zogen, überall Pagament aufzukaufen, fanden nur zu williges Entgegenkommen in allen Schichten der Bevölkerung. Der alte Taler und der Dukat stiegen mit reißender Schnelligkeit, so daß ihnen keine Tarifierung folgen konnte und eine entsprechend ausgeprägte Münze schon veraltet war, wenn sie das Licht der Welt erblickte. Von den 72 Kreuzern des Jahres 1551 kam der Taler um 1600 gemeinhin auf 76, 1615 auf 90 Kreuzer, um von 1619 ab jeden Monat weiter zu steigen und schließlich gegen Ende 1623 das Zwanzigfache seines Zählwertes, wo nicht mehr, zu erreichen; entsprechend verhielt sich der Dukaten. „Aus damaliger empfundener Blindheit", mit einer etwa dem Goldfieber und dem Aktienschwindel vergleichbaren, aber noch viel weiter verbreiteten Gier suchte jedermann durch Umwechslung guter Münze in „Usualgeld" sich rasch und mühelos zu bereichern; jung und alt, arm und reich spekulierte in Pagament à la hausse, in eingebildetem Reichtum schwelgend. Ebenso schrankenlos schlug natürlich die öffentliche Meinung in das Gegenteil: Wut, Verzweiflung und Moralisieren um, als der „Krach" kam, der imaginäre Wert des „Strohtalers" sich in seiner Nichtigkeit enthüllte und jedermann die Usualmünze ebenso entschieden zurückwies, wie er sie vorher leidenschaftlich begehrt hatte. In ziemlich drakonischer Weise machte Kaiser Ferdinand dem Unwesen schließlich auch in seinen Erblanden ein Ende, indem er mittels Patentes vom 14. Dezember 1623 das schlechte Geld herabsetzte oder ganz verrief, den Taler auf 90 Kreuzer und den Dukaten auf 2 Gulden (zu 60 K.) + 20 Kreuzern valvierte und im übrigen fortab reichlich gute Münze schlug. Von jetzt ab besteht ein Unterschied zwischen dem Norddeutschland eigentümlichen „guten" Groschen = $1/_{24}$ Taler und dem Silbergroschen = $1/_{30}$ Taler; der Kreuzer wird immer ausschließlicher die kleine Münze Österreichs und Süddeutschlands.

SIEBENTER ABSCHNITT.
Die neueste Zeit.

Literatur: Frhr. v. SCHRÖTTER, Preuß. Mwesen im 18. Jahrh., Berlin 1904 f. — J. NEWALD, Österr. Mwesen im 1. Viertel des 18. Jahrh., Wien 1881. — G. SCHÖTTLE in NZ. N. F. Bd. I. — ZfN. Bd. XXIII, S. 1; Bd. XXVIII, S. 113. — Geldumlauf bei Einführung der Reichswährung: Bl. f. Mfr. Nov. 1911.

Aber die Menschen lernen nicht, weder die einzelnen aus ihrer Erfahrung noch die Völker aus ihrer Geschichte. Kaum war der große Krieg beendet und hatte das deutsche Münzwesen begonnen, sich wieder ein wenig zu beruhigen, als die durch die Franzosen- und Türkenkriege geschaffene Finanznot des Kaisers schon wieder neue Bedrängnis brachte, und zwar in Gestalt der namentlich in seinen ungarischen und schlesischen Münzstätten massenhaft ausgeprägten geringhaltigen Fünfzehn- und Sechskreuzerstücke. Die schlesischen Münzherren benutzten natürlich die Gelegenheit, um mit denselben Sorten, wenn auch in stetem Kampf mit dem kaiserlichen Oberamt, einen Teil des Gewinns an sich zu ziehen, auch die alten Gröschel ließen die Konkurrenten wieder aufleben und überschwemmten weithin die Lande mit der neuen Usualmünze. Dem immer weiter um sich greifenden Übel zu steuern, vereinigten sich 1667 Brandenburg und Sachsen im Vertrage von Zinna zur Prägung einer Münze, die dem Werte jenes Zählguldens entsprechen sollte, den Kaiser Ferdinand in seinem vorhin erwähnten Edikt vom 14. Dezember 1623 auf zwei Drittel des zu 90 Kreuzern tarifierten Talers festgesetzt hatte. Diese Zweidrittelstücke, wiederum Guldiner (S. 127) genannt, konnten sich jedoch wegen ihres guten Gehaltes und der vielen bösen Beischläge nicht halten. Daher schufen die genannten Kurfürsten 1690 in Gemeinschaft mit Braunschweig den Leipziger Fuß, wonach aus der feinen Mark gegen früher 10½ jetzt 12 Taler in Zweidrittelstücken geschlagen werden sollten, und dieser Fuß schien eine Zeitlang allgemeine Anerkennung erringen zu sollen. Aber es wiederholte sich alles, was 1½ Jahrhunderte vorher geschehen war. Trotz unsäglich umfangreicher Denkschriften und Gutachten ließ sich das richtige, den noch immer überaus zahlreichen Münzherren überall zusagende Verhältnis „*inter valorem intrinsecum et extrinsecum*" nicht finden, die Hoffnung: „es werde diesem nach Ihro Kaiserliche Majestät sammt den ganzen Reich vorgedachten vor jetzo durchaus praktikablen Interimsfuß *ad evitandum majus malum pro nunc* und, bis man sich eines Besseren mit Bestand resolvieren könne, einhelliglich mitbeliebeen", erfüllte sich trotz vielfachen Supplizierens nicht, neue Heckenmünzen taten sich auf, unter denen die des Grafen Johann von Sayn-Wittgenstein in Stettin besonders stark arbeitete, endlich schlugen auch wieder zahlreiche Stände elendes Geld, z. B. Kursachsen die „Seufzer" genannten Sechspfennigstücke, Lindau für sich kleine Kupfermünzen und in Gemeinschaft mit Isny, Buchhorn, Überlingen und Ravensburg Silbermünzen — alles nach Art der Kipperzeit. Nach wie vor überall die Sucht, an der Münze leichten Gewinn zu machen. So sieht denn auch das 18. Jahrhundert eine ganze Reihe verschiedener Münzverträge und Münzfüße entstehen und vergehen: das Reich nimmt 1738 den Leipziger Fuß an, der Kaiser führt in seinen Landen 1748 den Zwanziggudenfuß ein, 1753 tritt dem Bayern in einer Konvention bei, und der Konventionsfuß wird nun seinerseits wieder von zahlreichen Münzständen adoptiert. Alles dies selbstredend unter vielen Schwankungen.

Das Heil kam auch hier von Preußen, dessen großer König, offenbar auf Grund ernsthaftester Beschäftigung mit dem Gegenstande, von Anfang seiner Regierung an sein eigener Finanzminister war und es bis ans Ende blieb, die leitenden Gedanken nicht nur hergebend, sondern auch die Einzelheiten ihrer Ausführung bis ins Kleine und Kleinliche überwachend. Er bediente sich dabei der Dienste des braunschweigischen Münzkommissärs Johann Philipp Graumann, nach dem der durch das Edikt vom 14. Juli 1750 eingeführte Münzfuß — 14 Taler auf die feine Mark — genannt ist. Diese Münzordnung vollzog endlich die reinliche Scheidung zwischen Kurant und Scheidemünze, ließ den zunächst noch nicht zu beseitigenden Provinzialmünzen von Schlesien, Westfalen, Preußen usw. ausreichenden Spielraum und wies namentlich auch dem Golde und dem Kupfer gebührliche und zweckdienliche Rollen an.

Zu Beginn des 18. Jahrhunderts hatte auch die deutsche Goldmünze eine Art Auferstehung erlebt. Ihr Dukat war im Verkehr gegen die Weltmünze der holländischen Dukaten mit dem stehenden Ritter mit dem Pfeilbündel zurückgetreten und zur Schau-, Denk- und Geschenkmünze geworden, vielfach nur auf eigene Rechnung des Münzmeisters ausgeprägt. Damals strömten die in ihrer Heimat herabgesetzten französischen Louisdors nach Deutschland ein, wo sie sich mit Vorteil verkaufen ließen, gaben aber hier zugleich die Anregung zu einer neuen Goldprägung, deren verschiedene Werte — 2, 3, 4, 5, 10 Goldgulden, auch 5 und 10 Taler — in der Regel nach den Münzherren genannt sind: Maxdor, Karolinen usw., auch die Bezeichnung „Pistole" (von *piastra, piastola*) ist namentlich in der Umgangssprache häufig. Diese Münze wurde 1737 auch in Preußen, und zwar auf eigenste Anregung Friedrich Wilhelms I., eingeführt, zunächst als Zehntalerstück, dem im folgenden Jahre das Halbstück zu fünf Talern folgte. Kupfer war bisher in Deutschland wenig gemünzt worden. Zu Ende des 15. Jahrhunderts aus den Niederlanden an den Rhein (Kleve), dann nach Westfalen gekommen, hatte es sich in letzterem Lande zwar für längere Zeit Stellung und Beliebtheit erworben, anderwärts aber keine Erfolge errungen und sich in der Kipperzeit ziemlich allgemein verhaßt gemacht. Auch jetzt vermochte es sich nur langsam durchzusetzen, obwohl seine Nützlichkeit im Kampfe gegen die Pagamentierer so einleuchtend war, daß Österreich, das sich den preußischen Münzen im übrigen durch Vorrufung verschloß, 1760 ebenfalls zur Kupferprägung überging. Auch die Friedrichsdor machten viel Mühe und Not, hielten sich aber doch Dank den Bemühungen des sich für sie ganz besonders interessierenden Königs: sie blieben aber weniger Geld als Ware, die schließlich mit einem Aufschlag von 20 Silbergroschen auf das einfache, $1\frac{1}{3}$ Taler auf das doppelte Stück bezahlt wurde.

Das Münzsystems Graumanns, schon 1754 einmal wegen der Schwierigkeit der Goldbeschaffung nahe am Bankerott, überstand aber doch selbst die furchtbare Katastrophe des Siebenjährigen Krieges, die für die Münzgeschichte durch den Namen des „Münzjuden" Ephraim gekennzeichnet wird. Mit rücksichtsloser, nur von der „Staatsraison" geleiteter Hand leerte Friedrich damals noch einmal die Pandorabüchse aller mittelalterlichen Fälscherkünste, indem er nicht nur den Gehalt seines eigenen Geldes ständig herabsetzte und Münzsorten schlug, die er früher selbst verboten hatte, sondern auch unter fremdem Stempel, insbesondere sächsischem, geringhaltige Sorten prägte und sogar die Münzbuchstaben und Jahreszahlen zur Verdeckung des Betruges fälschte. Das böse Beispiel fand weithin bis nach Trier, Neuwied und Öttingen Nachahmung, selbst bei „religiösen und rechtschaffenen" Landesherren von „zartem Gemüt", wie der Schweriner Herzog. Aber mit ebenso starker Hand stellte der König sofort nach erkämpftem Frieden sein Münzwesen auf verbesserter Grundlage wieder her, so daß es nunmehr die entsetzliche Erschütterung der napoleonischen Zeit mit ihrer Raubmünzung durch den fremden Eroberer aushalten konnte, der das bereits verrufene schlechte Geld mit den alten Stempeln in Massen prägen ließ. Mehr noch: es wurde die Grundlage und das Vorbild für den Münzfuß des Deutschen Zollvereins (1838) und später im Wiener Münzvertrage von 1857 für den des ganzen

9*

Deutschen Bundes, Österreich und sogar Liechtenstein einbegriffen, und hat sich, wenn auch in beschränktem Umfange, schließlich noch in das Münzwesen des geeinten Deutschen Reiches hinübergerettet.

Durch Gesetz vom 4. Dezember 1871 wurden zunächst Reichsgoldmünzen eingeführt, dann folgte das Gesetz vom 9. Juli 1873, das „an Stelle der in Deutschland geltenden Landeswährungen" die Reichsgoldwährung setzte und sie in ihren Einzelheiten festlegte. Wenige Lebende haben jetzt nach 40 Jahren noch eine Vorstellung, wie buntscheckig selbst noch damals das deutsche Geldwesen aussah. Nicht bloß hinsichtlich der Menge der verschiedenen Geldsorten, die überall, am mannigfaltigsten in Bayern und Hamburg, umliefen, sondern auch der Münzsysteme. Man hatte Taler zu 30 Silbergroschen, zu 24 guten Groschen, zu 36 Mariengroschen, zu 40 und zu 48 Schillingen, Taler Gold, Gulden zu 60 und 100 Kreuzern, Dukaten, Friedrichsdor und Kronen: eine letzte Abspiegelung der deutschen Kleinstaaterei.

Hermann Grote hat einmal gesagt: Darstellung des fruchtlosen Kampfes, den etwa hundert ignorante Falschmünzer gegen den sich allmählich entwickelnden Welthandel führen, das sei die Geschichte des deutschen Münzwesens während der vorletzten drei Jahrhunderte. Man kann den Gedanken auch wenden: die gesamte deutsche Münzgeschichte von Karl dem Großen bis zum Jahre 1873 ist nichts anderes als ein fruchtloser Kampf des Welthandels gegen Unwissenheit und Betrug, denn es ist immerfort von dem Erliegen der glücklich einmal eingeführten oder geschaffenen guten Münze zu berichten. Aber wenn auch diese Eintönigkeit, die Flüchtigkeit und Vergänglichkeit der einzelnen Erscheinung, den Forscher manchmal eher abschrecken als anlocken mag, so wird doch selbst diese kurze Skizze, die vieles nur streifen, nichts eingehend ausführen durfte, gezeigt haben, welch reichen Stoff das alte deutsche Münzwesen jeder Art von geschichtlicher Betrachtung bietet. Allerdings ist für solche Betrachtungen überall die höchste Vorsicht, namentlich bei Übertragung heutiger münzpolitischer Anschauungen auf die eigentümlichen Verhältnisse der Vorzeit, dringend zu empfehlen. Denn vielleicht nirgends ist der Unterschied zwischen heute und ehemals so stark und so tief als auf dem Gebiet des Münzwesens.

Verlag von B. G. Teubner in Leipzig und Berlin

Quellensammlung zur deutschen Geschichte

Herausgegeben von E. Brandenburg und G. Seeliger

Die Sammlung soll in erster Linie pädagogischen, in zweiter Linie auch wissenschaftlichen Zwecken dienen. In jedem Bändchen wird das für die erschöpfende seminaristische Behandlung eines bestimmten Problems erforderliche Material zugänglich gemacht. Einmal gilt es, die Quellen für die historische Erörterung jener Fragen zu sammeln, die in den historischen Seminaren der deutschen Universitäten behandelt zu werden pflegen. Dann aber soll auch die Besprechung solcher Probleme ermöglicht werden, die bisher wegen der Verstreutheit des Materials in den historischen Übungen an den Universitäten nicht erörtert werden konnten.

„Der Gedanke ist vortrefflich, und seine Ausführung scheint nicht weniger gelungen. Es ist hier in der Tat eine Lücke auszufüllen, und daß das Geleistete billigen Erwartungen durchaus entspricht, zeigt am besten die Benutzung der bis dahin vorliegenden Hefte in der Praxis des abgelaufenen Semesters." (Dtsch. Literaturztg.)

„So wird die Sammlung nicht nur ihren Hauptzweck, in den Übungen historischer Seminare als Grundlage zu dienen, ganz erfüllen, sondern auch ein wertvolles Nachschlagehandbuch für einen jeden sein, der sich über die einschlägigen Fragen rasch orientieren oder einen Überblick über sie verschaffen will." (Neue Preußische [Kreuz-] Zeitung.)

====================== Bisher sind erschienen: ======================

Die Quellen zur Geschichte der Entstehung des Kirchenstaates. Von Johannes Haller. Doppel-Heft. [XVI u. 260 S.] 8. 1907. Steif. geh. M. 3.60.

Quellen zur Geschichte des Investiturstreites. Von Ernst Bernheim.
I. Heft: Zur Geschichte Gregors VII. und Heinrichs IV. [VI u. 104 S.] 8. 1907. Steif geh. M. 1.40.
II. Heft: Zur Geschichte des Wormser Konkordats. [VI u. 88 S.] 8. 1907. Steif geh. M. 1.20.

Die deutschen Parteiprogramme. Von Felix Salomon.
I. Heft: Von 1844—1871. [VIII u. 112 S.] 8. 1912. Steif geh. M. 1.40.
II. Heft: Von 1871—1900. [VI u. 136 S.] 8. 1912. Steif geh. M. 1.60.

Briefe und Aktenstücke zur Geschichte der Gründung des Deutschen Reiches (1870/71). Von Erich Brandenburg.
I. Heft: Vorverhandlungen. (Bis zur Eröffnung der Konferenzen in Versailles 23. Oktober 1870.) [VI u. 94 S.] 8. 1911. Steif geh. M. 1.80.
II. Heft: Hauptverhandlungen in Versailles. [147 S.] 8. 1911. Steif geh. M. 2.—

Die politischen Testamente der Hohenzollern nebst ergänzenden Aktenstücken. Von Georg Künzel und Martin Haß.
I. Heft: Die Hofordnung Joachims II. Die politischen Testamente des Großen Kurfürsten von 1667 und Friedrich Wilhelms I. von 1722. [VI u. 94 S.] 8. 1911. Steif geh. M. 1.60.
II. Heft: Friedrich der Große. Das politische Testament von 1752 nebst Ergänzungen. — Friedrich Wilhelm III. „Gedanken über die Regierungskunst" von 1796/97. Denkschrift über das preußische Heerwesen vom November 1797. Generalinstruktion für die Kommission der Finanzen vom 19. Februar 1798. [VI u. 155 S.] 8. 1911. Steif geh. M. 2.20.

Quellen zur Geschichte der deutschen Königswahl und des Kurfürstenkollegs. Von Mario Krammer.
I. Heft: Zur Entwicklung der Königswahl vom X. bis zum XIII. Jahrhundert. [X u. 96 S.] 8. 1911. Steif geh. M. 1.80.
II. Heft: Königswahl und Kurfürstenkolleg von Rudolf von Habsburg bis zur Goldenen Bulle. [VII u. 160 S.] 8. 1912. Steif geh. M. 2.20.

Quellen zur Geschichte der ostdeutschen Kolonisation im 12.–14. Jahrhundert. Von Rudolf Kötzschke. [VIII u. 142 S.] 8. 1912. Steif geh. M. 2.—

Weitere Bändchen sind in Vorbereitung

Prospekt mit ausführlichen Inhaltsangaben umsonst und postfrei vom Verlag

══ Verlag von B. G. Teubner in Leipzig und Berlin. ══

Moritz von Sachsen. Von E. Brandenburg. Erster Band: Bis zur Wittenberger Kapitulation (1547). Mit Titelbild. [VIII u. 558 S.] gr. 8. 1898. Geh. *M.* 12.—, geb. *M.* 14.—

Politische Korrespondenz des Herzogs und Kurfürsten Moritz von Sachsen. Herausgegeben von Prof. Dr. Erich Brandenburg.
Erster Band: Bis zum Ende des Jahres 1543. [XXIV u. 761 S.] gr. 8. 1900. geh. *M.* 24.—, geb. *M.* 26.—
Zweiter Band: Bis zum Ende des Jahres 1546. [XVIII u. 1063 S.] gr. 8. 1904. geh. *M.* 34.—, geb. *M.* 38.—
Auch in 2 Abteilungen. Erste Hälfte: 1544 und 1545. [468 S.] gr. 8. 1903. geh. *M.* 14.—. Zweite Hälfte
Bis zum Ende des Jahres 1546. [XVIII u. 596 S.] gr. 8. 1904. geh. *M.* 20.—

Der Herzog und spätere Kurfürst Moritz von Sachsen (geb. 1521, gest. 1553) ist ebenso oft in historischen Arbeiten behandelt, wie verschieden beurteilt worden. Die einen sehen in ihm einen kalt, schlau und skrupellos rechnenden Politiker, den einen bis zur Vermessenheit waghalsigen Spieler; die einen verabscheuen ihn als Verräter, die anderen feiern ihn als Retter des deutschen Protestantismus. Der Verfasser dieser Biographie hat sich zwei Ziele gesetzt: den Charakter und die inneren Handlungen des Herzogs zu verstehen, und die Bedeutung seines Wirkens für Deutschland und für Sachsen zu bestimmen. Für die Klarlegung der einzelnen Handlungen des Herzogs war unerläßlich eine systematische Durcharbeitung des ganzen seiner Kanzlei entstammenden Aktenmaterials, wie es in ziemlicher Vollständigkeit das Hauptstaatsarchiv zu Dresden bewahrt; auch die Archive von Weimar und Marburg boten reiche Ausbeute. Ein großer Teil dieser Akten ist noch ganz unbenutzt. Zunächst galt es, an den einzelnen Handlungen des Herzogs das Werden seines Charakters zu entwickeln. Die Zustände im Reiche und in Sachsen zur Zeit seines Regierungsantrittes mußten geschildert und die Entwicklung der inneren Angelegenheiten im Albertinischen Sachsen bis zum Schmalkaldischen Kriege verfolgt werden, denn auf die gesamte Politik des jungen Fürsten haben sie großen Einfluß geübt. Die Aktenpublikation bietet das Material. Freilich war der Idee der Veröffentlichung Beschränkung geboten. Die vorliegende Publikation, die im ganzen vier Bände umfassen soll, beschäftigt sich ausschließlich mit der auswärtigen Politik des Kurfürsten Moritz und nimmt auf die inneren Verhältnisse nur so weit Rücksicht, als dies zum Verständnis der äußeren erforderlich schien.

Des kursächsischen Rates Hans von der Planitz Berichte aus dem Reichsregiment in Nürnberg 1521—1523. Gesammelt von Ernst Wülcker, nebst ergänzenden Aktenstücken bearbeitet von Hans Virck. [CLII u. 688 S.] gr. 8. 1899. Geh. *M.* 26.—, geb. *M.* 28.—

Die Berichte gehören zu den wichtigsten Quellen jenes Zeitraums, die allen neueren Darstellungen von Ranke bis auf Baumgarten zugrunde liegen. Sie gewähren den besten Einblick in die damalige politische, kirchliche und soziale Lage des Reiches und in die ganzen Schwierigkeiten, die zu überwinden waren, um der von Luther entfachten Bewegung zum Siege zu verhelfen. Namentlich aber klären sie uns auch über das Verhältnis des Kurfürsten Friedrich des Weisen zu der religiösen Bewegung und zu Luther auf, das bisher keineswegs genügend bekannt war. Dabei sind sie von einer ursprünglichen Frische und dramatischen Lebendigkeit, die in der damaligen Prosa ihresgleichen sucht.

Das Lehnbuch Friedrichs des Strengen, Markgrafen von Meißen und Landgrafen von Thüringen, 1349/1350. Von Woldemar Lippert und Hans Beschorner.
[CCLVIII u. 642 S. nebst 9 Tafeln in Lichtdruck.] gr. 8. 1903. geb. *M.* 28.—, geb. *M.* 31.—

Dem ersten Teile der Einleitung, der sich allgemein mit der Entstehung und Entwicklung der deutschen Lehnregister befaßt, schließt sich die besondere Einleitung zum Lehnbuch Friedrichs des Strengen und seiner Brüder an, die zunächst eine Reihe territorialgeschichtlicher Fragen, wie den Erwerb einzelner Herrschaften und Ämter seitens der Wettiner, behandelt, um danach die Anlage der einzelnen Teile dieses ältesten wettinischen Lehnbuches zu bestimmen. Es folgen dann Untersuchungen über die Handschrift, über ihre Schrift, Sprache und Form der Einträge, über die auftretenden Lehnsherren, die Bestimmung der Örtlichkeiten, die rechts-, wirtschafts-, orts- und familiengeschichtliche Bedeutung des Lehnbuchs u. a. Das Lehnbuch erstreckt sich über die Marken Meißen, Landsberg, das Osterland, Pleißenland und die Landgrafschaft Thüringen, also über den größten Teil des heutigen Königreichs Sachsen und der thüringischen Staaten und die südliche Hälfte der königlich preußischen Provinz Sachsen. Der Text ist begleitet von einem ausgedehnten Kommentar. Den dritten Teil des Werkes bilden mehrere Übersichten und Register. Zur Erläuterung der schwierigen Untersuchungen über die verschiedenen Hände, die bei der Herstellung des Lehnbuches beteiligt waren, sind 9 Faksimiletafeln in Lichtdruck beigegeben, die dem Paläographen Material zur Kenntnis des Schriftwesens der territorialen Kanzleien Mitteldeutschlands liefern.

Luthers Tischreden in der Mathesischen Sammlung. Aus einer Handschrift der Leipziger Stadtbibliothek herausgegeben von Ernst Kroker, Bibliothekar an der Leipziger Stadtbibliothek. [XXII u. 472 S.] gr. 8. 1903. geh. *M.* 12.—, geb. *M.* 14.—

Für die Überlieferung der Tischreden Luthers und ihre Datierung ist es von hohem Werte, die Sammlung kennen zu lernen, die der Joachimstaler Pfarrer Johannes Mathesius durch eigene Nachschriften und durch Abschriften aus den Sammlungen anderer Tischgenossen zusammengebracht hat. Eine gute, vollständige Abschrift der Mathesischen Sammlung liegt in einer bisher unbeachtet gebliebenen Handschrift der Leipziger Stadtbibliothek vor. Die Königlich Sächsische Kommission für Geschichte hat die Veröffentlichung der wichtigsten Abschnitte dieser Handschrift unter ihre Publikationen aufgenommen. Die Publikation enthält 847 fest datierte Reden; die kleinere Hälfte davon wird hier zum erstenmal veröffentlicht.

Die reichsstädtische Haushaltung Nürnbergs auf Grund ihres Zustandes von 1431—1440 dargestellt von Paul Sander. Mit zahlreichen Tabellen. [XX u. 938 S.] gr. 8. In zwei Halbbänden. I. Halbband geh. *M.* 16.—, II. Halbband geh. *M.* 20.—

Die musterhafte Ordnung, die in Nürnberg von alters her auf allen Gebieten des öffentlichen Lebens besonders auch im Archivwesen geherrscht hat, ermöglichen uns noch heute, an der Hand der im Nürnberger Kreisarchiv aufbewahrten Akten und Register bis in alle Einzelheiten hinein eine klare Vorstellung von dem Idealtypus der älteren deutschen Stadtverwaltung zu gewinnen. Unser Buch schildert die öffentliche Haushaltung der Reichsstadt in ihrem Wesen und ihrer Entwicklung. Zu diesem Zweck stellt es für die zehn Jahre von 1431 bis 1440, für welche eine Fülle wertvollsten Materials vorhanden ist, die Aufgaben und Hilfsmittel der nürnbergischen Verwaltung in möglichster Vollständigkeit systematisch dar.

===== Verlag von B. G. Teubner in Leipzig und Berlin =====

A. Christensen
Politik und Massenmoral
Zum Verständnis psychologisch-historischer Grundfragen der modernen Politik
Geh. ℳ 3.—, in Leinwand geb. ℳ 3.60

Das Buch gibt eine geistvolle, durchaus wissenschaftliche, d. h. sachlich und unparteiisch gehaltene Analyse der Massenmoral als der Grundlage der äußeren und inneren Politik, die sie nach der Anschauung des Verfassers in allem Wandel der äußeren Verhältnisse immer ist. Die Massenmoral wieder erscheint bestimmt durch die Seelenregungen, für die alle die Masse ausmachenden Individuen empfänglich sind und deshalb immer primitive bleiben. Darum herrschen in der zwischenstaatlichen Politik „Raubtrieb und Machttrieb durch diplomatische Heuchelei dürftig maskiert." Ebenso bestimmend ist die Massenmoral für die innere Politik, deren unerfreuliche Begleiterscheinungen darum im Zeitalter des Parlamentarismus keine anderen sind wie im Zeitalter des Absolutismus.

Das Buch, das so den ganzen Umfang der politischen Probleme der Gegenwart behandelt (so u. a. die der öffentlichen Meinung, der Parteityrannei und Berufspolitik, des Weltfriedens), dürfte von Interesse für jeden **politisch interessierten Gebildeten** sein, darüber hinaus aber auch dem **Historiker** wertvolle Anregungen bieten wie als Beitrag zu der Frage der **staatsbürgerlichen Erziehung** gelten können.

Das moderne Italien
Geschichte der letzten 150 Jahre bis zum Ende des neunzehnten Jahrhunderts
Von Pietro Orsi
Übersetzt von F. Goetz. Geh. ℳ 5.60, in Leinwand geb. ℳ 6.40.

„Auf streng wissenschaftlicher Grundlage ist hier das gesamte gedruckt vorliegende Material für die politische Geschichte Italiens in den letzten anderthalb Jahrhunderten zu einem organischen Ganzen verarbeitet. Das Schlußkapitel bietet dann in großen Zügen jenen Überblick über die Haupterscheinungen auf den Gebieten von Kunst und Wissenschaft. Das ganze Buch zeichnet sich dadurch aus, daß, um trockene Aufzählung der Daten und Ereignisse zu vermeiden, in äußerst geschickter Weise Auszüge aus politisch wichtigen Gedichten, Parlamentsreden und ähnlichem in die Darstellung verflochten sind." (Deutsche Literaturzeitung.)

„Geschichte der letzten 150 Jahre, insbesondere Darstellung der italienischen Einheitsbestrebungen, von klarem, gerechtem, aber warm patriotischem Standpunkte aus geschrieben. Die Übersetzung ist glatt und gut." (Gymnasium.)

„Ich bezeichne das Werk als verdienstlich und freue mich, daß durch die deutsche Übersetzung den zahlreichen deutschen Besuchern und Freunden Italiens Gelegenheit geboten wird, sich über die bedeutungsvollste Periode der italienischen Geschichte wenigstens in den großen Zügen zu unterrichten." (Zeitschrift der Gesellschaft für Erdkunde.)

Aus Natur und Geisteswelt
Sammlung wissenschaftl.-gemeinverständlicher Darstellungen aus allen Gebieten des Wissens
Geschichte und Kulturgeschichte.

Das Altertum im Leben der Gegenwart. Von Prof. Dr. P. Cauer. (Bd 356.)
Kulturbilder aus griechischen Städten. Von Oberl. Dr. E. Ziebarth. 2. Aufl. Mit 23 Abb. u. 2 Taf. (Bd. 131.)
Pompeji, eine hellenist. Stadt in Italien. Von Prof. Dr. Fr. v. Duhn. 2. Aufl. Mit 62 Abb. (Bd. 114.)
Soziale Kämpfe im alten Rom. Von Privatdoz. Dr. L. Bloch. 2. Aufl. (Bd. 22.)
Roms Kampf um die Weltherrschaft. Von Prof. Dr. J. Kromayer. (Bd. 368.)
Byzantinische Charakterköpfe. Von Privatdoz. Dr. K. Dieterich. Mit 2 Bildn. (Bd. 244.)
Germanische Kultur in der Urzeit. Von Prof. Dr. G. Steinhausen. 2. Aufl. Mit 13 Abb. (Bd. 75.)
Mittelalterliche Kulturideale. Von Prof. Dr. V. Vedel. 2 Bände. Bd. I: Heldenleben. (Bd. 292.) Bd. II: Ritterromantik. (Bd. 293.)
Deutsches Frauenleben im Wandel der Jahrh. Von Dir. Dr. E. Otto. 2. Aufl. Mit 27 Abb. (Bd. 45.)
Deutsche Städte u. Bürger i. Mittelalter. Von Prof. Dr. B. Heil. 3. Aufl. Mit zahlr. Abb. u. 1 Doppeltaf. (Bd. 43.)
Historische Städtebilder a. Holland u. Niederdeutschl. Von Reg.-Baum. u. D. A. Fr be. Mit 59 Abb. (Bd. 117.)
Kulturgeschichte des deutschen Bauernhauses. Von Reg.-Baum. Chr. Rauck. Mit 70 Abb. (Bd. 121.)
Geschichte des deutschen Bauernstandes. Von Prof. Dr. H. Gerdes. Mit 21 Abb. (Bd. 320.)
Das deutsche Handwerk i. seiner kulturgesch. Entwickl. Von Dir. Dr. E. Otto. 3. Aufl. (Mit 27 Abb. Bd. 14.)
Die Münze als histor. Denkmal sowie ihre Bedeutung im Rechts- u. Wirtschaftsleben. Von Prof. Dr. A. Luschin v. Ebengreuth. Mit 53 Abb. (Bd. 91.)

Das Zeitalter der Entdeckungen. Von Prof. Dr. S. Günther. 2. Aufl. Mit 1 Weltkarte. (Bd. 26.)
Von Luther zu Bismarck. 12 Charakterbilder aus dtsch. Gesch. Von Prof. Dr. O. Weber. (Bd. 123. 124.)
Friedrich der Große. Sechs Vorträge. Von Prof. Dr. Bitterauf. Mit 2 Bildn. (Bd. 246.)
Geschichte der Französischen Revolution. Von Prof. Dr. Th. Bitterauf. Mit 2 Bildn. (Bd. 346.)
Napoleon I. Von Prof. Dr. Th. Bitterauf. 2. Aufl. Mit 1 Bildn. (Bd. 195.)
Politische Hauptströmungen in Europa im 19. Jahrh. Von Prof. Dr. K. Th. v. Heigel. 2. Aufl. (Bd. 129.)
Restauration u. Revolution. Skizzen z. Entwicklungsgeschichte der deutschen Einheit. Von Prof. Dr. R. Schwemer. 3. Aufl. (Bd. 37.)
Die Reaktion und die neue Ära. Skizzen zur Entwicklungsgeschichte der Gegenwart. Von Prof. Dr. R. Schwemer. 2. Aufl. (Bd. 101.)
Vom Bund zum Reich. Neue Skizzen zur Entwicklungsgeschichte der deutschen Einheit. Von Prof. Dr. R. Schwemer. (Bd. 102.)
1848. Sechs Vorträge Von Prof. Dr. O. Weber. 2. Aufl. (Bd. 53.)
Österreichs innere Geschichte von 1848—1907. Von Richard Charmatz. 2 Bde. [2. Aufl.] Bd. I: Die Vorherrschaft der Deutschen. (Bd. 242.) Bd. II: Der Kampf der Nationen. (Bd. 243.)
Gesch. d. auswärt. Politik Österreichs. Teil I: Bis zum Sturze Metternichs. Von R. Charmatz. (Bd. 374.)
Englands Weltmacht in ihrer Entwickelung vom 17. Jahrhundert bis auf unsere Tage. Von Prof. Dr. W. Langenbeck. Mit 19 Bildn. (Bd. 174.)

===== Ausführliches Verzeichnis unentgeltlich und postfrei vom Verlag =====

===== Verlag von B. G. Teubner in Leipzig und Berlin =====

Die stauffischen Kaiserwahlen und die Entstehung des Kurfürstentums. Von Dr. Hermann Bloch, Professor an der Universität in Rostock i. M. Geh. ℳ 12.—, geb. ℳ 14.—

„Es gibt nicht viele Arbeiten, die so wie Blochs Abhandlung geeignet sind, altherbebrachte Ansichten über Kaisertum und Papsttum im hohen Maße zu korrigieren." (Theologischer Jahresbericht.)

Die Entwicklung des deutschen Städtewesens. Von Dr. Hugo Preuß, Professor an der Handelshochschule Berlin. 2 Bände. I. Band. Entwicklungsgeschichte der deutschen Stadtverfassung. Geh. ℳ 4.80, geb. ℳ 6.—. II. Band. Problem der Verfassung und Verwaltung. [In Vorbereitung.]

„... Das Buch ist so klar und fesselnd geschrieben, bei aller Gründlichkeit so gemeinverständlich, daß es recht eigentlich ein Lesebuch für das gesamte Bürgertum zu werden verdient und verspricht. Eine Überfülle rechtshistorischen, kulturgeschichtlichen, juristischen Materials hat Preuß mit geschickter Hand gesichtet und geformt; nirgends wird er von den Einzelheiten erdrückt, überall hält er die leitenden Gedanken fest, findet er die Ideen in der Erscheinungen Flucht, richtet sich den Sinn auf das Ganze. Dabei beweist er durchweg eine Selbständigkeit der Auffassung, die erfrischt, und eine Eindringlichkeit des Vortrages, die überzeugt." (Vossische Zeitung.)

Mittelalterliche Kulturideale. Von Prof. Dr. Vald. Vedel, Dozent a. d. Universität Kopenhagen. Band I. Heldenleben. Geh. ℳ 1.—, geb. ℳ 1.25.

„Mit staunenswerter Belesenheit weiß der Verfasser die bunte Mannigfaltigkeit der einzelnen Züge zu einheitlichen, klar geschauten Gesamtbildern zu vereinigen und uns den Heldengeist wieder empfinden zu lassen, der diesen Traum einst schuf und der die erste Form sittlicher Kultur im Leben der Menschheit darstellt...." (Hamb. Correspondent.)
— Bd II. Ritterromantik. Geh. ℳ 1.—, geb. ℳ 1.25.

Schildert die mittelalterliche Kulturatmosphäre des romantischen Rittertums und Minnedienstes nach ihrem Entstehen, ihrer Zusammensetzung aus germanischen, romanischen, antiken, christlichen und orientalischen Elementen, endlich ihre Auflösung und das Fortleben mancher ihrer Bestandteile bis zur Gegenwart.

Die Renaissance in Florenz und Rom. Acht Vorträge von Dr. Karl Brandi, Professor an der Universität Göttingen. 3. Auflage. Geh. ℳ 5.—, geb. ℳ 6.—

„... Meisterhaft sind die Erscheinungen von Politik, Gelehrsamkeit, Dichtung, bildender Kunst zum klaren Entwickelungsgebilde geordnet, mit großem Takte die Persönlichkeiten gezeichnet, aus freier Distanz die Ideen der Zeit betrachtet. Die Ausstattung des kleinen Buches entspricht durchaus dem gewählten Inhalte; sie dürfte zum Geschmackvollsten der neueren deutschen Typographie gehören " (Historisches Jahrbuch.)

===== Verlag von B. G. Teubner in Leipzig und Berlin =====

Beiträge zur Kulturgeschichte des Mittelalters und der Renaissance

Herausgegeben von **Dr. Walter Goetz**, Professor an der Universität Tübingen

Die „Beiträge" gehen von dem Grundsatz aus, daß die historisch-kritische Methode Grundlage jeglicher Arbeit auch auf dem Gebiete der Geistesgeschichte sein muß, und daß nur von diesem Boden aus besondere Richtlinien für geistesgeschichtliche Forschungen gezogen werden dürfen. Die vielfach irrigen Schlüsse über das geistige Leben des Mittelalters haben in dem Mangel methodischer Grundsätze ihren Ursprung — es wäre sonst nicht möglich gewesen, daß Einzelerscheinungen planlos verallgemeinert, daß Lücken der Überlieferung als Lücken des geistigen Lebens angesehen und selbstverständliche Bestandteile dieses geistigen Lebens als Ausnahmeerscheinungen bezeichnet worden wären. Die „Beiträge" vermessen sich nicht, eine fertige Methode zur Anwendung zu bringen; aber sie wollen versuchen, an der Ausbildung einer zuverlässigen Methode mitzuarbeiten. Einzeluntersuchungen über das geistige Leben des Mittelalters und der Renaissance in seinem weitesten Umfang werden auch schon deshalb willkommen sein, damit Zusammenhang und Gegensatz dieser beiden Zeitalter sich deutlicher noch als bisher erschließen.

Erschienen sind:

Heft 1. **Das Heiligen-Leben im 10. Jahrhundert.** Von Dr. Ludwig Zoepf. [VI u. 250 S.] gr. 8. 1908. Geh. M. 8.—

Heft 2. **Papst Leo IX. und die Simonie.** Ein Beitrag zur Untersuchung der Vorgeschichte des Investiturstreites. Von Dr. Johannes Drehmann. [IX u. 96 S.] gr. 8. 1908. Geh. M. 3.—

Heft 3. **Jakob von Vitry, Leben und Werke.** Von Dr. Philipp Funk. [VI u. 188 S.] gr. 8. 1909. Geh. M. 5.—

Heft 4. **Über das Naturgefühl in Deutschland im 10. und 11. Jahrhundert.** Von Dr. Gertrud Stockmayer. [VI u. 86 S.] gr. 8. 1910. Geh. M. 2.40.

Heft 5. **Die Wundmale des heiligen Franziskus von Assisi.** Von Dr. Joseph Merkt. [IV u. 68 S.] gr. 8. 1910. Geh. M. 2.—

Heft 6. **Geschichtsauffassung und Geschichtschreibung in Deutschland unter dem Einfluß des Humanismus.** Von Professor Dr. Paul Joachimsen. 1. Teil. [VI u. 360 S.] gr. 8. 1910. Geh. M. 8.—

Heft 7. **Die Podestàliteratur Italiens im 12. und 13. Jahrhundert.** Von Dr. Fritz Hertter. [VI u. 84 S.] gr. 8. 1910. Geh. M. 2.40.

Heft 8. **Abt Heriger von Lobbes, 990—1007.** Von Dr. Oskar Hirzel. [VI u. 44 S.] gr. 8. 1910. Geh. M. 1.80.

Heft 9. **Die Bettelorden und das religiöse Volksleben Ober- und Mittelitaliens im 13. Jahrhundert.** Von Dr. Hermann Hefele. [IV u. 140 S.] gr. 8. 1910. Geh. M. 4.80.

Heft 10. **Bischof Salomo III. von Konstanz, Abt von St. Gallen.** Von Dr. Ulrich Zeller. [XII u. 108 S.] gr. 8. 1910. Geh. M. 4.—

www.ingramcontent.com/pod-product-compliance
Lightning Source LLC
Chambersburg PA
CBHW021859230426
43671CB00006B/450